# 医学免疫学

（第四版）

主　编　吴敏毓　刘恭植
副主编　祝文娴　孙汶生　李柏青
　　　　刘钟滨　司传平
主　审　周瑶玺

中国科学技术大学出版社
2010·合肥

**图书在版编目(CIP)数据**

医学免疫学/吴敏毓,刘恭植主编. —4 版. —合肥:中国科学技术大学出版社,2002. 1 (2011. 11 重印)

ISBN 978-7-312-01357-7

Ⅰ. 医… Ⅱ. ①吴… ②刘… Ⅲ. 医药学:免疫学-高等学校-教材 Ⅳ. R392

中国版本图书馆 CIP 数据核字(2001)第 084366 号

中国科学技术大学出版社出版发行
(安徽省合肥市金寨路 96 号,230026)
中国科学技术大学印刷厂印刷
全国新华书店经销

开本:850×1092/16 印张:17 字数:430 千
1993 年 4 月第 1 版 2002 年 1 月第 4 版
2011 年 11 月第 18 次印刷
印数:117001—120000 册
定价:23.00 元

# 第四版前言

医学免疫学是医学基础学科，具有高理论、高技术、多边缘、多交叉的特点，又是发展最快的学科之一。

本书为五年制临床医学专业学生用的教科书。已于1993年、1995年和1999年先后出版第一版、第二版和第三版，连续得到同行和读者们的好评，近年来又有要求编写第四版的呼声，都是对我们的鼓励和鞭策。

根据学科发展和以往使用的经验，每次再版都有较大幅度改写。随着科技发展和知识更新步伐，第四版各章均有若干更改，改写幅度在20%～40%。有些章，例如"MHC"章，改写幅度达80%。

第四版增加三章内容。分别为"CD分子和粘附分子"、"淋巴细胞"和"抗原递呈细胞"，均由浅入深地反映了当前分子水平的演变过程。减少了两章，分别为"抗感染免疫"和"免疫增生病"。前者因与《医学微生物学》相应章节的内容有很多的重复，后者内容可以压缩而并入"免疫缺陷病"章中。

第四版共有21章，前13章属于基础免疫学内容，第十四章至第十八章属于临床免疫学，尚有两章为"免疫学诊断"和"免疫学防治"。第二十一章为"免疫学实验"，主要包括非特异性免疫实验、体液免疫实验、细胞免疫实验、细胞因子检测和过敏反应实验等。保留附录中"CD分子的主要特征"表和"《医学免疫学》教学大纲"并注明"掌握"、"熟悉"和"了解"三级基本要求。最后列出"中英文名词对照表"，以便查考。

第四版的教材内容中有区分为大号字、小号字的编排方式，在文句中新出现又是较为重要的专业术语也以黑体字出现，以示教学要求上有主次之分，让学生一目了然。

本书各版编写都力求简明扼要，层次清楚，着重"三基"——基本知识、基本理论、基本技能的培养。选材的深度与广度力求针对五年制医学本科学生的需要，结合临床实践，文字务求畅达易懂，以期学生较易学习、教师较易讲授，不致遇到过多的困难，这就是这本书的特色，也是我们一贯追求的目标。

在编写和出版过程中得到各校领导的支持，邀请第二军医大学免疫学研究室孙卫民教授对部分章节给予审核修改，第四版的编写规划会议得到宁波大学医学院提供多方面的关照，在此一并致谢。由于水平有限，编写中有缺点和错误在所难免，欢迎同行和广大师生提出宝贵意见和批评指正。

参加编写的单位和执笔者(以单位笔画为序)如下：

| | | | |
|---|---|---|---|
| 山东大学医学院 | 孙汶生 | 张利宁 | |
| 江苏大学医学院 | 刘恭植 | 许化溪 | 邵启祥 |
| 宁波大学医学院 | 祝文娴 | 胡　荫 | |
| 同济大学医学院 | 刘钟滨 | 盛红华 | |
| 扬州大学医学院 | 季明春 | 申厚凤 | |
| 南京医科大学 | 周瑶玺 | | |
| 贵阳医学院 | 左　丽 | | |
| 济宁医学院 | 司传平 | | |
| 蚌埠医学院 | 夏佩莹 | 李柏青 | |
| 泰山医学院 | 曲　迅 | 宋文刚 | |
| 皖南医学院 | 吴敏毓 | 董　群 | |

编者

2001.秋

# 目　次

# 第一章　免疫学概论

免疫学是一门既古老又年轻的学科，是在人类与传染病作斗争中发展起来的，最早是研究机体抗微生物感染的问题，如公元16世纪前就已观察到某些传染病患者，在其康复后，不再患同样的传染病，对该病具有终身免疫。长期以来免疫学的研究主要用于防治传染病，但随着实验研究的进展，发现许多免疫现象与感染无关，因此现代免疫学已经超出了机体抗感染的范畴，在医学中已成为与众多领域相关的主要学科，也是实验生物医学的一门基础课程。

## 第一节　免疫的基本概念

### 一、免疫的含义

免疫(immune)是从拉丁字 immunis 而来，其原意是免税(except from "charges")，引伸为免除疾病。从抗感染角度来说，免疫性(immunity)是指机体接触抗原性异物(如各种微生物)后，能产生一种特异性排除这些异物的保护性生理反应，因此长期以来的传统概念认为：免疫只是针对外来病原微生物而产生对机体有利的抗感染防御能力，对机体的自身成分不发生免疫应答。

**现代免疫的概念**是指机体对"自己"(self)或"非己"(nonself)的识别，并排除"非己"以保持体内环境稳定的一种生理反应。当抗原性异物进入机体后，机体能识别"自己"或"非己"，并通过特异性免疫应答，排除非己的抗原性异物，对自身物质不发生免疫应答而形成免疫耐受性。

**表 1-1　免疫的传统概念和现代概念**

| | 传统概念 | 现代概念 |
|---|---|---|
| 对异物抗原 | 抗感染 | 抗感染及排除非己抗原 |
| 对自身成分 | 有利 | 有利也可有害 |
| 对机体作用 | 不发生免疫应答 | 耐受，也可发生免疫应答 |

### 二、免疫的功能

免疫功能包括：①**免疫防御**(immunologic defence)：是指机体防御外来病原生物的抗感染免疫，但异常情况下免疫反应过分强烈可引起超敏反应，或免疫功能过低(或缺如)则表现为易受感染或免疫缺陷病。②**免疫稳定**(immunologic homeostasis)或称免疫自身稳定：正常情况下机体对自身组织成分不发生免疫反应，处于自身耐受状态，即免疫自身稳定功能。若此功能失调可导致自身免疫性疾病。③**免疫监视**(immunologic surveillance)：体内细胞在增殖过程中，总有极少数由于种种原因而发生突变(mutation)，这种突变的或异常的有害细胞可能成为肿瘤，机体的免疫功能可识别并清除这些有害细胞，称为免疫监视。若此功能失调可导致肿瘤的发生或持续的病毒感染(见表1-2)。

**表1-2　三大免疫功能的表现**

| 功　能 | 正常表现(有利) | 异常表现(有害) |
|---|---|---|
| 免疫防御 | 抗病原微生物的侵袭 | 超敏反应、易受感染或免疫缺陷病 |
| 免疫稳定 | 对自身组织成分的耐受 | 自身免疫性疾病 |
| 免疫监视 | 防止细胞癌变或持续性感染 | 肿瘤或持续性病毒感染 |

## 三、免疫的类型及其特征

根据作用方式及其特点的不同，机体存在两类免疫：一类是先天性免疫或固有性免疫(innate immunity)，是个体出生时就具有的天然免疫，可通过遗传获得，是机体在长期进化过程中逐渐建立起来的主要针对入侵病原体的天然防御功能。其主要特征是反应迅速，针对外来异物的范围较广，不针对某个特定异物抗原，也称**非特异性免疫**(nonspecific immunity)；另一类是适应性免疫(adaptive immunity)，是个体出生后，接触到生活环境中的多种异物抗原，并在不断刺激中逐渐建立起来的后天免疫，也称**获得性免疫**(aquired immunity)。其主要特征是针对某个特定的异物抗原而产生免疫应答，开始的应答过程比较缓慢，一旦建立起特异性免疫后，清除该抗原的效率很高，特异性很强，所以也称**特异性免疫**(specific immunity)。这两类免疫的主要特征见表1-3 。

**表1-3　两类免疫的主要特征比较**

| | 固有性免疫(非特异性免疫) | 适应性免疫(特异性免疫) |
|---|---|---|
| 获得方式 | 出生时即具有，先天遗传获得 | 出生后，在环境中抗原刺激下，后天产生获得 |
| 针对异物 | 范围广，无抗原特异性及免疫记忆性 | 特定抗原，有抗原特异性及免疫记忆性 |
| 作用时间 | 迅速，几分钟至几小时，在感染早期起防御作用，排异效率低 | 缓慢，要经过对抗原的识别、细胞活化，克隆扩增和分化等，约5～6天后才建立免疫，作用时间长，排异效率高 |
| 表现方式 | 天然防御屏障反应等 | 特异性免疫应答 |
| 参与的免疫细胞 | 粒细胞，单核/巨噬细胞，NK细胞等 | 抗原递呈细胞(APC)，T细胞和B细胞 |
| 参与的免疫分子 | 补体、溶菌酶等体液成分，细胞因子等 | 抗体，细胞因子等 |

### (一)固有性免疫

其表现方式是一种天然的防御性屏障反应，包括以下四个方面：

1. 解剖学屏障　指机体完整的皮肤和粘膜组织，有机械阻挡病原体入侵的作用，皮肤表面的酸性环境可阻止病原体侵犯，粘膜表面的正常菌群可抑制病原体生长，粘膜纤毛可排出病原体。

2. 生理学屏障　机体的正常体温及发热可抑制某些病原体的生长，胃酸可杀死大多数吞入的病原体；体液中存在着多种抵抗病原体的物质，如溶菌酶可溶解细菌细胞壁，干扰素的抗病毒活性，补体可溶解细菌或促进吞噬细胞的吞噬。

3. 吞噬细胞屏障　许多种细胞具有内吞和分解生物大分子的作用，还有些专职吞噬细胞可以吞噬、杀死和消化病原体。

4. 炎症屏障　在组织损伤局部，由于炎症反应导致血管渗出，血清中的杀菌物质可在炎症局部发挥杀菌作用，炎症反应性产物可吸引吞噬细胞游出血管并促进其吞噬病原体的功能。

(二)适应性免疫

其表现方式是在抗原刺激后产生特异性免疫应答,根据参与的免疫细胞及免疫应答产物的不同,特异性免疫应答又可分为两个分支,分别称为体液免疫和细胞免疫。

1. 体液免疫　由B淋巴细胞介导。当病原体等外来抗原进入体内时,B细胞可直接识别和结合,并发生激活,在T细胞及其产生的细胞因子协助下,B细胞发生增殖并分化成浆细胞,浆细胞可产生和分泌抗体,抗体具有结合、中和以及清除外来异物抗原的作用。

2. 细胞免疫　由T淋巴细胞介导。病原体等抗原进入体内后,首先由吞噬细胞等**抗原递呈细胞**(antigen presenting cell,APC)吞噬或摄取抗原,加工处理后递呈给T细胞,T细胞可发生活化、增殖和分化,产生效应性T细胞,当再次遇到抗原时,效应性T细胞可释放细胞因子及杀伤性T细胞,可杀伤抗原性靶细胞。

适应性免疫的基本特征有:①**特异性**,对某个特定的异物性抗原能引起特异性免疫应答;②**多样性**,机体可针对环境中多种多样的异物抗原,分别建立起不同的特异性免疫应答;③**记忆性**,当异物抗原再次入侵时,可产生快而强的再次免疫应答效应;④**耐受性**,正常情况下,免疫系统对自身成分有保护性的免疫耐受;⑤**自限性**,异物抗原激发免疫应答的程度和水平可以自我调控在一定的范围内,以免扩大和累及正常组织。

虽然固有性免疫和特异性免疫在许多方面有明显的不同,但实际上两者是相互密切联系,相互促进的。例如,当异物抗原进入机体后,首先由吞噬细胞摄取和处理,并将加工的抗原递呈给淋巴细胞,淋巴细胞受到抗原激活和增殖分化后可产生特异性抗体和多种细胞因子等免疫分子,这些免疫分子又具有增强吞噬细胞活性的作用。

### 四、免疫学的分类

免疫学是一门重要的实验生物学科,来源于微生物学和病理学,是研究机体免疫系统识别和排除抗原性有害物质,产生免疫应答的防卫机制和病理过程,从而有利于对免疫性疾病的诊断和防治的一门学科。当前将医学免疫学分为两大部分:一部分为**基础免疫学**(fundamental immunology):主要研究抗原物质、机体的免疫系统、免疫应答过程及免疫耐受、免疫调节、免疫效应、免疫遗传等生理现象。研究的对象包括人体和各种动物,从而阐明机体免疫现象的基本问题;另一部分为**临床免疫学**(clinical immunology),主要研究人体健康和临床疾病密切相关的各种免疫现象,如超敏反应(hypersensitivity)、免疫缺陷病、自身免疫病、肿瘤免疫和移植免疫等,用免疫学的理论和方法来阐明发病机理和用于疾病的诊断与防治。

临床免疫学根据其结合各专业研究方向的不同,又可分为很多领域,如生殖免疫学、老年免疫学、神经免疫学和免疫药理学等。

## 第二节　免疫学发展简史

自从17世纪我国明代已有接种人痘预防天花的正式记载和18世纪英国乡村医生Jenner接种牛痘预防天花至今,免疫学的发展已达三个多世纪,说明免疫学是一门古老的科学。但长期以来发展缓慢,直到1957年Burnet全面总结当时免疫学的成就,提出淋巴细胞克隆选择学说,推动了细胞免疫学时代的来临,使免疫学的发展有了突飞猛进的变化。因此,免疫学又是一门崭新的年轻科学。

根据所用的技术和方法，免疫学的发展历史可分为三个时期，简述如下。

## 一、免疫学的经验时期

公元16世纪前人们就观察到很多曾患某种传染病的人，康复后，一般不再患同种传染病的经验。根据这些事实，我国最早创立了用人痘苗(如衣苗、旱苗、水苗等)接种预防天花，是人工地使健康儿童感染人痘而患轻度天花，达到预防目的。此法曾被传到俄国、日本、朝鲜、东南亚及欧洲各国。这一发明可说是免疫学应用的开端。

1796年英国乡村医生Jenner发现奶牛患牛痘时的局部病变酷似天花，挤奶姑娘受到传染后，只发生局部牛痘性疱疹而不再患人的天花。他经过对8岁男孩的实践后，证实了接种牛痘液后只产生局部疱疹，再接种天花液就不患天花，却获得了对天花的永久免疫力。他创造了接种牛痘预防天花的方法称为牛痘苗接种法或种痘(vaccination)。Vacca在拉丁文中为牛的意思，并在1798年公布了他的种痘论文。

## 二、免疫学的兴盛(科学免疫学)时期

### (一)人工主动和被动免疫的研究

Jenner创造牛痘苗之后，对免疫学的研究几乎近一个世纪没有很大进展，主要由于传染病的病原没有解决，一直到19世纪中叶随着显微镜的发明并提高了放大倍数后，能在显微镜下直接观察到细菌和用人工方法培养的细菌，从而发现了病原性细菌。19世纪末法国科学家Pasteur和德国科学家Koch解决了若干传染病的病原主要是细菌，并能将其分离培养，从而奠定了制备疫苗的基础。

1880年Pasteur发现鸡霍乱杆菌的陈旧培养物给鸡接种后，能预防鸡霍乱的感染，首先创造了减毒疫苗，他为了纪念一个世纪前Jenner的功勋而将这种方法称之为疫苗接种(vaccination)，并将这种制剂称之为疫苗(vaccine)，相继他又创造了炭疽杆菌减毒疫苗、狂犬病的减毒疫苗，开创了疫苗**主动免疫**(active immunization)的方法。

1888年Roux和Yersin发现了白喉的致病机制是因白喉杆菌产生的外毒素所致。Behring和Kitasato(北里)，用白喉杆菌外毒素免疫马匹，然后用这种免疫血清，即抗毒素血清来治疗白喉，首先在人体获得成功，他们又用甲醛处理白喉及破伤风外毒素，制成失去毒性保留免疫原性的类毒素。类毒素能够更安全地制备抗毒素以治疗白喉和破伤风，开创了**人工被动免疫**(passive immunization)的方法。

### (二)免疫应答机制的研究

最早探讨免疫机制的有两派学说：①细胞学说。这是俄国科学家Metchnikoff研究游走细胞即海星幼虫细胞的游走作用时，发现它能吞噬外来的异物，并观察到水蚤(daphnia)的血液细胞能杀灭霉菌孢子，后来在兔及人体中用各种细胞进行实验，也发现白细胞有吞噬各种细菌的作用，因此认为机体的免疫机制，主要就是以吞噬细胞所发挥的吞噬作用(phagocytosis)，称为细胞学说；②体液学说。这是以Ehrlich为首的学者们提出的，认为主要是体液中产生了针对各种病原微生物的相应抗体，并发现在试管中这些抗体能与相应的病原微生物发生凝集、沉淀等现象，从而确立了体液免疫学说。此时两派学说有很大争论。1903年Wright及Douglas仔细观察了Metchnikoff提出的吞噬作用(phagocytosis)，并证明相应的抗体能增强吞噬细胞对相应细菌的吞噬，这种抗体被称之为调理素(opsonin)，从此把细胞学说与体液学

说统一起来。近代免疫机制的研究仍然可分为细胞免疫和体液免疫两大类，先驱者的理论对后继者的影响是深远的。

（三）免疫病理概念的形成

早在20世纪初Richet和Portier用海葵(actinia equina)触角的甘油提取液给狗注射的实验中，观察到该液体对狗有毒性，而引起狗的死亡，但也有因种种原因而存活的狗，经3～4周后，若再注射这种提取液时，这些狗却出现反常现象，即使注射量极少，仅原注射量的1/20也会立即死亡。Richet和Portier称此现象为无保护作用(anaphylaxis)，临床上习惯译为**过敏反应**。用动物来源的抗毒素血清作治疗时易引起血清病，重者可致过敏性休克。后来Pirguet证明用结核菌素皮肤划痕法可致结核患者局部产生以单核细胞浸润为主的病理改变，并说明这是由免疫应答所致的**变态反应**(allergy)现象。后来证明免疫应答的效应是双重的，一种是生理性的保护作用，另一种对机体有损伤，形成了**免疫病理**现象，即表现为各型超敏反应和多种免疫性疾病。

## 三、近代免疫学时期

第二次世界大战以后，自然科学和各种新技术的快速发展，为免疫学的发展创造了有利条件，并使免疫学从抗感染的概念中解脱出来。

1959年Burnet提出克隆选择学说认为：免疫细胞在分化成熟过程中，能随机地形成多样性的细胞克隆(clone，即细胞系)每一克隆只表达同一特异性的**抗原受体**，体内有很多针对各种抗原的相应细胞系，抗原进入机体后选择相应的细胞系与之结合、活化使之增殖并产生大量特异性抗体，因此称为**克隆选择学说**。若在胚胎期间某种抗原选择了相应细胞系接触后，这些细胞系即被排除或失去活性，处于抑制状态，称此为**禁忌克隆**(forbidden clone)，致使机体失去针对这种抗原的反应性，形成免疫耐受性(immune tolerance)，从而解释机体对自身抗原的耐受性。此学说不仅能说明抗体形成的机制，而且能解释不少免疫生物学现象，如对抗原的识别、免疫记忆、免疫耐受性和自身免疫等。Bunner认为一株细胞系只产生一种特异性抗体的预见已在1975年被Koehler和Milstein发明的单克隆抗体技术所证明。这一学说对近代免疫学的全面发展起了很大的推动作用。但还有一些免疫现象尚未得到满意的解释。

（一）免疫系统的研究

1960年Gowans证明外周淋巴细胞不是终末细胞，可以**再循环**(recirculation)，同时在再次接触抗原时，又可以母细胞化，进行分化和增殖，其中一小部分成为记忆细胞。在免疫系统的研究中，主要确证了淋巴系统是执行免疫功能的主导实体，其中小淋巴细胞按其成熟时的来源不同可分为T细胞和B细胞两大类。在抗原的作用下，T细胞可转化为淋巴母细胞，最后分化为致敏淋巴细胞，在转化的过程中释放各种生物活性因子即淋巴因子(lymphokine)或细胞因子及表达相应的受体，完成细胞免疫应答。B细胞可转化为浆母细胞，最后成为浆细胞，产生免疫球蛋白(immunoglobulin，Ig)，完成体液免疫应答。已证明T细胞和B细胞均不是单一的群体，有很大的异质性，在免疫应答和免疫反应中具有不同的功能。

在免疫系统的研究中，发现胸腺是中枢免疫器官，并证明来自骨髓的干细胞，通过胸腺作用发育成T细胞。T细胞的成熟与胸腺微环境及一系列激素有关。1967年Caman和Mitchell等人证明免疫应答需要T-B细胞协作才能诱导B细胞产生抗体，以后Mitchison等证明T-B细胞必需协作是因为T、B细胞识别同一抗原分子上的不同决定簇，T细胞可向B细胞提供辅助信号使B细胞分化为浆细胞产生特异性抗体。同时发现胚胎期T淋巴细胞迅速增殖后又迅速**凋亡**(Apoptosis,见后),这也许与自身免疫耐受的形成有关。

(二)抗体的研究

自从发现抗体后,除了利用抗原抗体特异性反应作为诊断或用免疫血清作为治疗外,还对抗体的本质进行了大量研究。1949年Fagreus证明了浆细胞产生抗体。Tiselius和Kabat于1938年创建了血清蛋白电泳技术,并证明抗体的活性部分主要存在于丙种球蛋白组分中。20世纪50年代Porter及Edelman等利用多发性骨髓瘤患者的血清及尿液作为研究材料,用酶切等多种化学方法,阐明了抗体的基本化学结构。1964年世界卫生组织将其统一命名为免疫球蛋白(immunoglobulin,Ig)。

1978年Tonegawa(利根川进)等应用分子生物技术克隆出编码免疫球蛋白V区与C区的基因,同时用克隆cDNA片段为探针的基因重排技术证明了B细胞在分化发育中编码免疫球蛋白基因的重排,重排后可形成由不同基因节段组成的功能性基因,再编码出不同氨基酸序列的Ig产生了不同特异性的游离抗体,尚有膜结合性Ig,此即为B细胞的抗原识别受体(B cell receptor,BCR)。从此阐明了抗体多样性形成的原因及其遗传基础,因而获得了1987年诺贝尔奖。

1984年M. Davis和T. Mak等分别克隆出人和小鼠T细胞抗原识别受体(T cell receptor,TCR)的编码基因,并证明也是经基因重排而编码出不同特异性的膜受体。

(三)免疫遗传学的研究

免疫应答的产生与否与遗传因素密切相关。人们早就注意到免疫应答的强弱具有个体差异性和种系特异性,并受遗传基因控制。现已证明人类免疫应答基因(immune responsegene,Ir-gene)存在于第六对染色体的短臂上,即**主要组织相容性复合体**(major histocompatibility complex,MHC)中。主要组织相容性复合体是由高度多态性基因座位所组成的、染色体上的一个遗传区域,其基因产物能在各种细胞表面表达,称为MHC分子。最早是在研究小鼠肿瘤移植时发现的,现已证明是同种异体器官移植排斥反应的主要决定簇。除上述功能外,大量资料证明其在免疫应答中如识别抗原、细胞活化和杀伤靶细胞等均起了重要作用,在许多临床疾病、法医学乃至人类学、古生物学中亦占有重要的地位(详见第五章)。

(四)单克隆抗体技术的发展(详见第三章)

每个B细胞系表面的抗原受体(BCR)只能特异地识别一种抗原决定簇,因此产生的抗体非常纯粹,这种从一株细胞系(克隆)产生的抗体称为单克隆抗体(monoclonal antibody,McAb)。要获得大量的单克隆抗体,必须借体外繁殖的方法获得这种分泌抗体的B细胞系,但淋巴细胞很难在体外生长繁殖。1975年Koehler及Milstein用杂交瘤技术解决了此问题,并能大量制备单克隆抗体,这对免疫学的研究起了很大的推动作用。利用单抗技术检测免疫细胞表面所表达的各种不同的特异抗原,这些抗原统称为CD抗原(cluster of differentiation antigen,CD-Ag),相应的抗体以CD来编码,如CD3、CD4、CD8单抗,可用于对各种免疫细胞的鉴定。

## 第三节　免疫学发展近况及展望

由于分子生物学理论与技术的迅猛发展,免疫学亦随之很快地发展,几乎在基础免疫学和临床免疫学的各个领域中均有明显突破，成立了独立的分子免疫学学科。

分子生物学技术除了将各种生物大分子提取纯化并测定其沉降系数、分子量和氨基酸序列外，常用 Southern 印迹法分析样本中的 DNA、Northern 印迹法分析样本中的 mRNA、Western 免疫印迹法分析样本中的蛋白质等技术。现已广泛应用的分子克隆技术、转基因技术、蛋白工程和聚合酶链反应(PCR)等对免疫学的研究起了更大的促进作用。分子克隆技术已进入商品化，可以购到各种成套的试剂及酶，方便了科学工作者进行深入研究。

在预防方法上，20 世纪 90 年代发展了核酸免疫的方法，又称为 DNA 免疫或基因免疫，即由一段外源性的目的基因，如由一段编码病原体有效免疫原的基因与细菌质粒构建的重组体，可以直接免疫机体，使其持续表达保护性抗原，诱导机体产生特异性免疫。作为疫苗，可称为基因疫苗、DNA 疫苗，这在疫苗学上又开辟了一种新途径(详见第二十章)。

近年医学免疫学发展的内容很多，结合临床感兴趣的举例如下。

## 一、淋巴细胞信号转导途径的发现

现已确证淋巴细胞在接受外来抗原向胞内传递信号的活化过程中，需要双(多)信号的作用使之充分活化后才能产生免疫效应。其特异性活化的第一信号是由 APC 递呈的 MHC-抗原肽-TCR 途径。特异性活化的第二信号是 APC 表达的 B7 分子等协同刺激分子与淋巴细胞的相应受体(CD28 分子等)结合的信号转导途径，从而产生激酶间的级联活化，使转录因子活化，传至核内，使基因活化，同时编码出活性产物(如细胞因子等)，产生细胞增殖和分化，成为能清除抗原的效应细胞发挥免疫效应。若没有 APC 表达协同刺激信号来作为活化的第二信号，则淋巴细胞不能充分活化而产生免疫耐受。这一信号转导途径的发现使免疫应答的细胞水平和分子水平融为一体。

## 二、免疫突触的研究

免疫突触(immunological synapse)最早(1987 年)由 Allen 提出，是指 T 细胞与 ACP 之间有一个接触区。1999 年 Grakui 及其同事在实验研究的基础上对 T 细胞的活化过程提出免疫突触的概念，认为 T 细胞与 APC 之间的这个接触区相当于神经元与神经元之间或神经元与细胞之间的信号交流部位。并给予了定义：在 T 细胞活化过程中，T 细胞与 APC 之间形成一圈被整合素家族的粘附分子所包围的中心簇 TCR-MHC-多肽结合的特殊结构。Grakoui 等利用功能性免疫突触的实时显影技术和定量分析方法证明了免疫突触形成的模式是一个多阶段过程。第一阶段是 TCR 与 MHC-多肽连接的形成，是在最初的 0.5 分钟内完成。此时 T 细胞停止迁移，许多粘附分子(如 LFA-1，ICAM-1 等)锚着于早期免疫突触的中央，提供一个紧密连接的支点，使 TCR 有合适的空间去选择与特异性的 MHC-多肽结合，依赖于 $Ca^{2+}$ 的增加。第二阶段是 MHC-多肽的运输，约需 5 分钟，由肌动蛋白为基础介导 MHC-多肽到达免疫突触中央，形成中央群，可被细胞松弛素所抑制。第三阶段是稳定状态的维持，可存在 1 小时以上，使 MHC-多肽锁定在中央区，其机制尚不清楚。对免疫突触形成的分析，有助于更好地理解细胞表面分子的相互作用与 T 细胞活化间的联系。

## 三、免疫耐受的研究

免疫耐受性是免疫学中一个重要的理论问题，也是与临床免疫密切相关的实际问题，如探究自身免疫性疾病的发病机制，抗器官移植的排斥反应，肿瘤的免疫治疗等，因此，仍然是临床感兴趣的问题。目前已进入分子水平的研究，发现 APC 和 T 细胞所携带的不同信号将导致不同的免疫效果，有的起活化作用，有的造成耐受。研究不同的刺激信号可能是解决免疫耐受性的方法之一(详见第十二章)。

总之免疫应答的过程,有很多因素或因子参与。这些因素或因子在体内的作用均是双重性的,即诱导活化或抑制,使达到生理平衡状态。因此,免疫学中所提出的网络学说(network theory)必然亦适用于说明这些因素或因子的作用机制,相信将来定能从分子水平彻底解决免疫应答和免疫耐受的规律。

## 四、危险信号假说

在免疫的基本理论方面,对于"免疫是识别自己和非己"的现代概念提出了新的假说。1996 年 Matzinger 提出了危险信号(danger signal)的假说,认为免疫系统的功能并不能区分自己和非己,而是对危险信号和无害信号产生不同的反应。当危险信号出现时,能触发静止的 APC 激活、递呈抗原给淋巴细胞(第一活化信号),并表达协同刺激分子(第二活化信号),使淋巴细胞充分活化产生免疫应答效应。反之,则 APC 不表达协同刺激分子,淋巴细胞就不能充分活化而产生免疫耐受。危险信号来源于受损伤的组织、非正常死亡的细胞和病原微生物及其产物等。因此 APC 对刺激能否提供第二信号起了决定性的作用。该假说虽然尚不完善,其正确与否有待进一步考证,但对"免疫是识别自己和非己"的传统观念提出了质疑,能启示人们在解决问题受阻时,应对免疫学基本理论作进一步反思和研究。该假说对移植排斥问题、自身免疫问题和肿瘤的发生、发展问题做出了较好的解释,正引起学术界的广泛关注。

## 五、细胞凋亡的研究

细胞凋亡(Apoptosis)或细胞程序性死亡(programmed cell death,PCD),是细胞自我结束生命的生理性死亡,与炎症和细胞的坏死绝然不同,其特点是细胞发生皱缩、核崩解、细胞膜内折,形成凋亡小体(Apoptotic body)。近年在对免疫系统的发生和免疫应答过程的研究中有大量资料表明与细胞凋亡有密切关系。例如 T 杀伤细胞(即 CTL 或 TC )杀伤靶细胞时,CTL 表达 FasL 配体与靶细胞表达的 Fas 受体结合后即可使靶细胞内一组能启动凋亡的半胱天门冬氨酸蛋白酶(Caspase)活化,继而呈级联反应性活化,使 DNA 断裂,细胞凋亡;各种依赖细胞因子增殖的免疫细胞,一旦细胞因子缺乏,将造成这些细胞自然消亡,也属于 PCD;免疫耐受机制中 T 细胞的消亡可能也属于凋亡现象;同种异体器官移植时发生的移植排斥反应,可能亦有凋亡的机制;在肿瘤免疫中,若能活化肿瘤抑制基因 p53 基因,可以造成某些肿瘤细胞的凋亡;当细胞进入正常衰老死亡时也活化凋亡过程。总之许多重要的免疫生物现象与细胞凋亡有关。

## 六、蛋白工程新技术(参见第三章)

自 1975 年单克隆抗体(单抗)问世以来,使抗体的制备产生了一次重大的革命,但单克隆抗体多属鼠源性蛋白,在人体内应用易产生人抗鼠抗体,引起超敏反应,而人杂交瘤抗体的制备,尚存在很多障碍。因此蛋白工程或抗体工程于 20 世纪 80 年代兴起。1984 年第一次报道人免疫球蛋白恒定区与鼠免疫球蛋白可变区基因连接,并在骨髓瘤细胞中表达人一鼠嵌合体;第二代为重组抗体,即将鼠的 CDR 区与人的 FC 区和恒定区连接构建"人源化抗体";第三代抗体的设计是利用抗体库技术获得了全人源化抗体。这代抗体工程是 20 世纪 90 年代发展起来的,主要应用噬菌体抗体基因文库,又称之为噬菌体显示技术(phagedisplay technology),使用的载体都含有噬菌体的外壳蛋白基因。在构建抗体基因库时,用 PCR 扩增的抗体基因,以适当的内切酶消化,克隆于载体中。由于扩增的抗体基因是多样性的,因此有很大的可塑性。

这种技术是继杂交瘤技术后，在制备抗体上的又一次革命。

## 七、转基因动物和基因敲除动物模型的应用

这种动物模型近来应用很广，所谓转基因动物(gene transfected animal)，即将一个机体的某基因，用基因工程的方法转入另一个机体，来观察这种基因的功能。所谓基因敲除(knockout)动物模型，就是造成该动物缺失某基因后，观察该动物的免疫功能。例如在不同系大鼠心脏移植的研究中，有人将甲系大鼠的MHC Ⅰ类和Ⅱ类基因转入乙系大鼠L细胞，然后将甲系大鼠的心脏移植给乙系大鼠，结果不用免疫抑制剂，远比对照组存活时间长。总之，这些技术已有广泛的应用成果。

## 八、展望免疫学的发展

在基础免疫学方面：由于分子生物学的兴起，已从基因水平揭示了T、B细胞抗原识别受体(TCR,BCR)多样性产生的机制、细胞活化与细胞凋亡时信号传导的主要类型和通路，原始造血干细胞(hemopoietic stem cell,HSC)是多能的，可以产生自我更新和定向分化等现象。现今免疫学家正深入研究其内在规律和相互关系。例如：细胞活化与细胞凋亡是如何加以控制或调整的；免疫细胞均来源于多能干细胞，如何在体内适时地调控其定向分化(体外培养时加入骨髓或胸腺的基质细胞，在不同细胞因子和激素的支持下，已可刺激和诱导产生多种不同谱系的定向干细胞)；各类细胞的表面分子和受体的表达与结合的量化关系及数学模型是什么；要深入研究对"免疫突触"的形成机制及其普遍意义和动力学常数的分析；抗原对机体刺激的性质、强度、时间及其量效关系和时效关系的有关规律；如何启动非特异性免疫功能使之定向地发展成特异性免疫应答；各种细胞因子的网络联系及其关键性的输入敏感点和输出敏感点何在；等等。现阶段基础免疫学研究的进展极快，各种纷繁的细胞内部现象已逐渐深入，逐步展开。但这些彼此关联又相互制约的网络关系尚未进入量化研究，各种现象还有待于综合性地分析它们与机体整体间的功能关系，才能进一步揭示细胞生命活动的基本规律，促进整个生命科学的发展。

在临床免疫学方面：下述问题已成为普遍关注的前沿热点 。是什么样的危险信号能破坏机体对自身成分的免疫耐受性而导致自身免疫病？突变的自身细胞是在怎样的信号条件下才能逃避免疫监视而发展成为恶性肿瘤细胞的？如何启动或促进体内抗肿瘤免疫功能的重建？Ⅱ、Ⅲ、Ⅳ型超敏反应与自身免疫病的关系是怎样转化和相互交杂的？在异体移植成功者身上其免疫识别与免疫耐受的分子机制是如何变化的？这些属于免疫学范畴的临床实际问题，正吸引着许多科学家去进行深入研究。揭示其内部奥秘，探索有效的对策，必将为人类的健康和延长寿命作出重要贡献。

**附:免疫学方面获得医学诺贝尔奖的科学家及其成果**

| 年份 | 姓名(国籍、生卒年份) | 成　果 |
| --- | --- | --- |
| 1901 | Emil von Behring(德,1854～1917) | 1892年与 Kitasato 及 Wernicke 生产白喉及破伤风抗毒素,开创了免疫血清治疗法 |
| 1905 | Robert Koch(德,1843～1910) | 既是免疫学家,又是微生物学家,主要研究结核病,创造了结核菌素反应和 Koch 现象 |
| 1908 | Elie Metchnikoff(俄,1845～1916) | 发现吞噬作用,创立细胞免疫学说 |
|  | Paul Ehrlich(德,1854～1916) | 创立体液免疫学说,建立检测白喉抗毒素标准化方法,提出抗体形成的侧链学说,化学治疗梅毒 |
| 1912 | A Carrel(法,1873～1944) | 器官移植 |
| 1913 | Charles Richet(法,1850～1935) | 与 Portier 发现了过敏反应 |
| 1919 | Jules Bordet(比,1870～1961) | 补体结合反应,补体等 |
| 1930 | Karl Landsteiner(澳地利,美,1868～1943) | ABO 血型系统,MNP 系统,获得诺贝尔奖后,进行了半抗原与抗体的作用等研究 |
| 1951 | Max Theier(南非,美,1899～1986) | 创造黄热病疫苗 |
| 1957 | Daniel Bovert(意,1907～ ) | 抗组织胺药物治疗超敏反应阐明 Schultz Dale 现象 |
| 1960 | F Macfarlane Burnet(澳,1899～1986)<br>Peter B Medawar(英,1915～ ) | Burnet 与 Medawar 合作,提出抗体形成的克隆选择学说,获得性免疫耐受 |
| 1972 | Rodney R Porter(英,1917～1986)<br>Gerald M Edleman(美,1929～ ) | 此二人阐明了免疫球蛋白的结构 |
| 1977 | R S Yallow(美,1929～ ) | 同年与另两位研究下丘脑激素的放射免疫测定的科学家分享 |
| 1980 | Baruj Benacerraf(美,1920～ )<br>Jean Dausset(法,1916～ )<br>George Snell(美,1903～ ) | 此三人发现主要组织相容性复合体 |
| 1984 | G Koehler(德,1946～19 )<br>C Milstein(英,阿根廷,1927～ ) | 此二人制备了单克隆抗体 |
|  | NK Jerne(丹,1912～ ) | 免疫网络学说,提出一个B细胞系产生一种抗体 |
| 1987 | S Tonegawa(日,利根川进,1939～ ) | 免疫球蛋白基因结构,抗体多样性遗传原理 |
| 1990 | Joseph E Murray(美,1928～ ) | 1954年第一个肾移植成功,创立全身照射免疫抑制 |
|  | E Donnall Thomas(美,1920～ ) | 1950年骨髓移植降低移植物抗宿主反应 |
| 1996 | Doherty(美,奥地利)<br>Zinkernagel(瑞士) | 1974年首先发现在免疫应答中的 MHC 限制性 |

(刘恭植　吴敏毓)

# 第二章 抗　原

## 第一节 抗原的概念

**抗原**(antigen,Ag)是能刺激机体免疫系统启动特异性免疫应答,并能与相应的免疫应答产物在体内或体外发生特异性结合的物质。抗原具有两种特性:①**免疫原性**(immunogenicity)即抗原能刺激特定的免疫细胞,使之活化、增殖、分化和产生免疫效应物质(抗体和效应淋巴细胞)的特性。②**免疫反应性**(immunoreactivity)即抗原能与相应的免疫效应物质(抗体和效应淋巴细胞)特异性结合,产生免疫反应的特性。具有这两种特性的物质称为**全抗原**(complete antigen)或免疫原(immunogen),各种微生物和大多数蛋白质属全抗原。有些小分子物质单独存在时虽能与相应的抗体结合而具有免疫反应性,但不能诱导免疫应答,即无免疫原性,称**半抗原**(hapten)。半抗原与蛋白质载体(carrier)结合后才具有免疫原性,如多糖、类脂、某些药物等。

在某些情况下,抗原也可诱导机体对该抗原表现为特异性的负免疫应答,称为**免疫耐受**(immune tolerance)(见第十二章)。有时,抗原还可能引起病理性的免疫应答即**超敏反应**(hypersensitivity)(见第十四章)。这些抗原分别称为**耐受原**(tolerogen)或**变应原**(allergen)。

## 第二节 影响抗原分子免疫原性的因素

### 一、异物性

异物性是指抗原与自身成分相异或未与宿主胚胎期免疫细胞接触过的物质。正常情况下,机体的免疫系统具有精确识别"自己"和"非已"物质的能力。抗原是指非己的异种或异体物质。抗原与机体之间种系关系越远、组织结构差异越大、免疫原性越强。例如鸭血清蛋白对鸡的抗原性较弱,而对家兔则是强抗原;各种病原微生物、动物血清等对人也是强抗原。同种异体间,由于遗传类型不同、组织细胞结构也有差异,因而也具有免疫原性,例如人体红细胞表面的血型抗原、白细胞及一切有核细胞表面的组织相容性抗原系统等。凡胚胎时期未与免疫活性细胞接触过的自身成分也具有免疫原性,如精子、眼晶体蛋白等。

### 二、理化状态

#### (一)分子量大小

凡具有免疫原性的物质,分子量一般在 10.0 kD 以上,分子量越大,免疫原性越强。在有机物中,蛋白质的免疫原性最强,某些复杂的多糖也具有免疫原性。大分子物质免疫原性较强的原因是：①分子量越大，其表面的化学基团（抗原决定簇）越多，而淋巴细胞要求有一定数量的抗原决定簇才能活化。②大分子的胶体物质，化学结构稳定，在体内停留时间长，能使淋巴细胞得到持久刺激，有利于免疫应答的发生。分子量小于 4.0 kD 的物质一般无免疫原性（少数例外，如胰高血糖素等）。

（二）化学结构的复杂性

抗原物质必须有较复杂的化学结构。含有大量的芳香族氨基酸（尤其是酪氨酸）的抗原，免疫原性较强；以直链氨基酸为主组成的蛋白质，免疫原性较弱。例如明胶蛋白，分子量虽高达 100kD 但由于其主要成分为直链氨基酸，在体内易被降解，故免疫原性很弱；在明胶分子中加入少量酪氨酸（2%），就可增强其免疫原性。

## 三、分子结构和易接近性

抗原分子中一些特殊化学基团的立体**构象**（conformation）是决定此分子是否能与相应淋巴细胞表面受体结合，从而启动免疫应答的物质基础。抗原表面分子构象发生轻微变化，就可导致免疫原性发生改变。

**易接近性**（accessibility）是指抗原表面这些特殊的化学基团与淋巴细胞表面相应受体相互接触的难易程度。易接近性常与这些化学基团在抗原分子中分布的部位有关，如图 2-1 所示：氨基酸残基存在于侧链分子表面者，免疫原性强（A＞B）；氨基酸残基存在于侧链分子内部时，免疫原性较弱；如增大侧链间距，免疫原性随之增强（C＞B）。

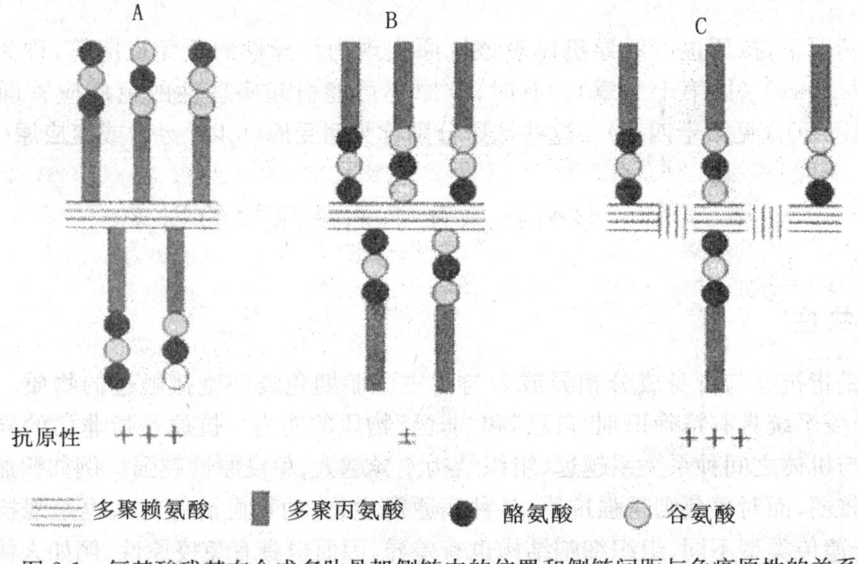


图 2-1　氨基酸残基在合成多肽骨架侧链中的位置和侧链间距与免疫原性的关系

## 四、机体因素

决定某一物质是否具有免疫原性，除与上述条件有关外，还受机体的遗传、年龄、生理状态、个体差异等诸多因素的影响。此外，抗原进入机体的方式和途径也与免疫原性的强弱有关。

## 第三节 抗原的特异性与交叉反应

**特异性**(specificity)是免疫应答中最重要的特点,也是免疫学诊断和免疫学防治的理论依据。抗原的特异性既表现在免疫原性上,也表现在免疫反应性上。前者指抗原只能激活具有相应受体的淋巴细胞系,使之发生免疫应答,产生特异性抗体和效应淋巴细胞;后者指抗原只能与相应的抗体和效应淋巴细胞特异性结合而发生免疫反应。

### 一、表位或抗原决定簇

**表位**(epitope)或称**抗原决定簇**(antigenic determinant)指存在于抗原分子中决定抗原特异性的特殊化学基团。表位的性质、数量和空间构象决定了抗原的特异性。抗原藉表位与相应淋巴细胞表面的受体结合,激活淋巴细胞引起免疫应答;也藉表位与相应抗体发生特异性结合并产生免疫反应。因此,表位是被免疫细胞识别的标志及免疫反应具有特异性的物质基础。表位一般由5～8个氨基酸、单糖或核苷酸残基组成。表位中与抗原特异性相关的关键化学基团称为**免疫优势基团**。

表位或抗原决定簇分两类:**构象决定簇**(conformational determinants)和**顺序决定簇**(sequential determinant)。构象决定簇指序列上不相连而依赖于蛋白质或多糖的空间构象形成的决定簇,一般暴露于抗原分子的表面。顺序决定簇是指一段相连的氨基酸序列所形成的决定簇,又称**线性决定簇**(linear determinant),多存在于抗原分子的内部。

一个抗原分子可具有一种或多种不同的表位。位于分子表面的表位,易被相应的淋巴细胞识别,具有易接近性,可以启动免疫应答,称为**功能性表位**。位于抗原分子内部的表位,一般不能引起免疫应答,称为**隐蔽性表位**。若各种理化因素使抗原结构发生改变,暴露出分子内部的表位,即成为变性抗原。例如因创伤、感染或射线等作用,可使自身组织变性,成为自身抗原,可诱发自身免疫病。

**抗原结合价**(antigenic valence)指能和相应抗体结合的功能性表位的数目。半抗原为单价。大多数天然抗原的分子结构十分复杂,由多种、多个表位组成,是多价抗原,可以和多种和/或多个抗体结合。

### 二、T细胞表位与B细胞表位

用牛血清蛋白(BSA)免疫动物后,既可获得抗BSA抗体,又可获得针对BSA的效应淋巴细胞。天然BSA既可以与相应的抗体结合,又能刺激T淋巴细胞发生增殖反应。而加热变性的BSA不能与抗BSA抗体结合,但仍能刺激T细胞发生增殖反应,提示BSA中含有两类不同性质的表位,分别称为T细胞表位和B细胞表位。

T、B细胞表面均存在着特异性抗原受体,能识别相应的抗原决定簇,分别称T细胞抗原受体(**TCR**)及B细胞抗原受体(**BCR**)。

**B细胞表位**为构象决定簇或顺序决定簇,一般存在于抗原分子表面或转折处,呈三级结构,现认为B细胞决定簇可直接与BCR结合,无需加工变性,也无需与MHC Ⅱ类分子结合。**T细胞表位**为顺序决定簇,需经**抗原递呈细胞**(antigen presenting cell,**APC**)加工处理,并与其MHC Ⅱ类分子结合后,才能被T细胞识别(图2-2)。

迄今为止尚未发现一个抗原表位既可与抗体结合又可与T细胞受体(TCR)结合。因此T细胞表位与B细胞表位是两种不同的决定簇。T细胞依赖性抗原(TD-Ag)的分子中必然

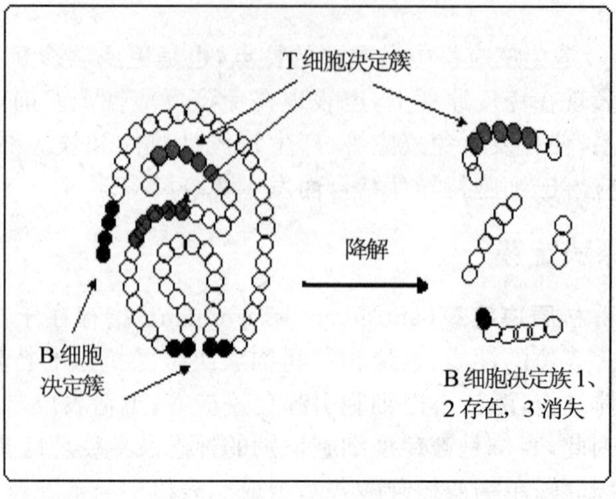


图2-2　抗原分子中的T、B细胞决定簇及降解后的抗原分子表达

既有B细胞表位也含T细胞表位。例如小分子免疫原胰高血糖素(由29个氨基酸组成)分子的氨基端(N端，1～18个氨基酸残基)为B细胞表位，羧基端(C端，19～29个氨基端残基)为T细胞表位。两种表位的主要特性见表2-1。

**表2-1　T细胞决定簇与B细胞决定簇的主要特点**

| | T细胞决定簇 | B细胞决定簇 |
|---|---|---|
| 受体 | TCR | BCR |
| MHC递呈 | 必需 | 不需 |
| 决定簇构型 | 顺序决定簇 | 构象决定簇、顺序决定簇 |
| 决定簇位置 | 抗原分子任意部位 | 多存在于抗原分子表面 |
| 决定簇性质 | 多为加工变性后的短肽 | 天然多肽、多糖、脂多糖等 |

## 三、半抗原—载体效应

将一种半抗原连接到蛋白质载体上，制备成人工复合抗原。用此复合抗原免疫动物后可获得分别针对半抗原和载体蛋白的相应抗体。因为这种复合抗原除有蛋白质载体上原有的表位，还附加了半抗原这一表位。因此，每一种半抗原可以理解为单一的表位，而天然蛋白质抗原，常带有多种不同的表位(包括T细胞表位及B细胞表位)，可以说是带有多种半抗原的大分子。

免疫应答中，B细胞识别半抗原，并递呈载体表位给T细胞；T细胞识别载体表位，并以此将T、B细胞连接起来，方能激活B细胞产生特异性免疫应答(参见第十章)，此称为半抗原—载体效应。

## 四、抗原抗体反应的特异性

抗原抗体反应的高度特异性能精确区分抗原物质间的微细差异，这种特异性是由抗原分子表面决定簇的化学结构、位置及空间构象决定的。如表2-2所示：用连接有不同化学基团的苯氨衍生物与蛋白质载体偶联制备成复合抗原，将其分别免疫动物得到相应抗体后与上述抗

原进行反应，结果证明各种复合抗原均只能与相应抗体发生特异性结合，说明化学基团的结构(免疫优势基团)决定了抗原抗体反应的特异性。

**表 2-2 不同化学基团对抗原特异性的影响**

| 各类抗体 | 含有不同化学基团的合成抗原 | | | |
|---|---|---|---|---|
| | 苯 胺 | 对氨基苯甲酸 | 对氨基苯磺酸 | 对氨基苯砷酸 |
| | 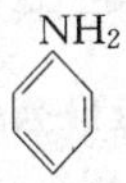 | 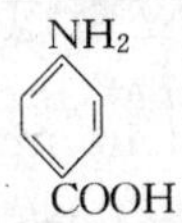 | 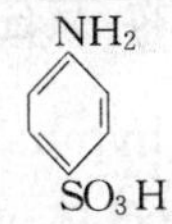 | 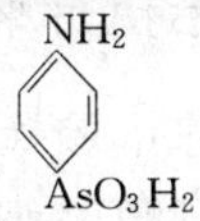 |
| 抗一苯胺 | + | — | — | — |
| 抗一对氨基苯甲酸 | — | + | — | — |
| 抗一对氨基苯磺酸 | — | — | + | — |
| 抗一对氨基苯砷酸 | — | — | — | + |

即使是同种化学基团，仅是连接位置不同(对位、邻位、间位氨基苯磺酸)所获得抗体也只与相应抗原发生强结合反应，与另两种抗原仅出现弱结合反应。同样，抗左旋、抗右旋和抗消旋的酒石酸抗体也仅能对相应的酒石酸起反应，说明抗原一抗体反应的特异性与化学基团的位置和空间构象均有关。

## 五、共同抗原和交叉反应

天然抗原表面常带有多种抗原决定簇，每种决定簇都能刺激机体产生一种特异性抗体，因此，复杂抗原能使机体产生多种抗体。例如一种细菌感染机体后可测到体内有针对其鞭毛、菌体等不同成分的多种抗体。有时两种不同的微生物有相同或相似的表位，称为**共同抗原**(common antigen)。抗体与具有相同或相似表位的抗原之间出现的反应，称**交叉反应**(图 2-3)。交叉反应在表位构型相似情况下发生时，由于两者之间并不完全吻合，故结合力较弱，为低亲和力。进行血清学诊断时应予注意，以免造成误诊。

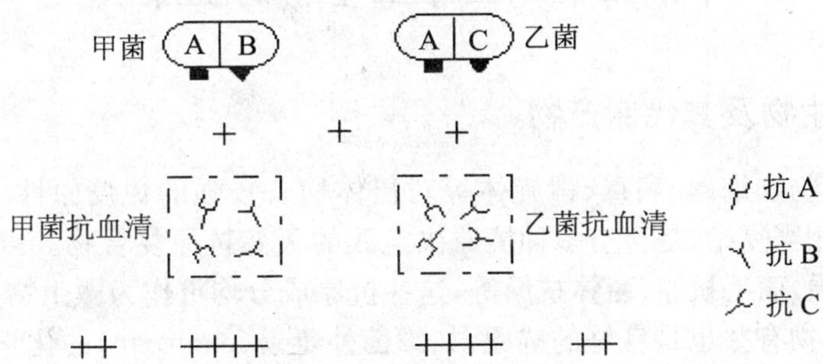


图 2-3 共同抗原和交叉反应

# 第四节 抗原的分类

抗原的分类方法不一，一般按以下几种方法分类。

## 一、根据抗原与机体的亲缘关系分类

分为**异种抗原**（xenoantigen）、**同种异型抗原**（alloantigen）、**自身抗原**（autoantigen）（见第五节）。

## 二、根据抗原刺激机体发生免疫应答过程中是否需要 T 细胞的协助分类

### （一）胸腺依赖性抗原（thymus dependent antigen，**TD-Ag**）

**TD-Ag** 刺激 B 细胞产生抗体过程中需 T 细胞的协助，TD-Ag 分子既有 T 细胞决定簇又有 B 细胞决定簇，绝大多数蛋白质抗原（如细胞、细菌、血清蛋白）属于此类。TD-Ag 刺激机体产生的抗体有 IgM 和 IgG 等，同时还可引起细胞免疫，并有免疫记忆。

### （二）胸腺非依赖性抗原（thymus independent antigen，**TI-Ag**）

**TI-Ag** 的结构特点是抗原分子上有多个重复的 B 细胞表位。

**TI-Ag** 又分为 **TI-1Ag** 与 **TI-2Ag** 二类：TI-1Ag 含有 B 细胞丝裂原及重复的 B 细胞决定簇，能使不成熟的 B 细胞（B1）及成熟的 B 细胞（B2）产生免疫应答，如细菌脂多糖等；TI-2Ag 仅由多个重复的 B 细胞决定簇组成，仅能使成熟的 B2 细胞系产生免疫应答，如细菌荚膜多糖、聚合鞭毛素等。TI-Ag 刺激 B 细胞产生抗体时不需要 T 细胞的协助，且产生的抗体主要为 IgM，不引起细胞免疫应答，也无免疫记忆。

## 三、其他分类方法

根据抗原的化学组成不同，可分为**蛋白质抗原**、**脂蛋白抗原**、**糖蛋白抗原**、**多糖和核蛋白抗原**等。根据抗原的性质，可分为**全抗原**、**半抗原**。根据抗原获得方式，可分为**天然抗原**（natural antigen），**人工抗原**（artificial antigen）和**合成抗原**（synthetic antigen）等。

# 第五节　医学上重要的抗原

## 一、病原微生物及其代谢产物

各种病原微生物如细菌、病毒、螺旋体等对机体均有较强的免疫原性。微生物虽结构简单，但化学组成却相当复杂，是含有多种抗原决定簇的天然抗原复合物。以细菌为例，就具有**表面抗原**、**鞭毛抗原**、**菌毛抗原**、**菌体抗原**等，这些抗原成分均可作为微生物鉴定、分型的依据。

细菌的代谢产物有些也是良好的抗原，如**细菌外毒素**（exotoxin）的化学本质为蛋白质，具有很强的免疫原性，能刺激机体产生相应的抗体即**抗毒素**（antitoxin）。外毒素经 0.3%～0.4%甲醛处理后，失去毒性而保留免疫原性，称为**类毒素**（toxoid）。类毒素可作为人工自动免疫制剂，刺激机体产生相应的抗毒素以中和外毒素的毒性作用，在预防相应疾病中起重要作用，例如白喉类毒素和破伤风类毒素等。

## 二、动物免疫血清

用类毒素免疫动物（如马）后，动物血清中可含有大量抗毒素，即动物免疫血清。临床上常用抗毒素作为对相应疾病的特异性治疗及紧急预防。这种来源于动物的抗毒素，对人体具有

二重性：一方面向机体提供特异性抗体（抗毒素）中和细菌产生的相应外毒素，起到防治疾病的作用；另一方面，对人而言，又是一种具有抗原性的异种蛋白质，可以刺激机体产生针对抗毒素的抗体，当机体再次接受此种抗毒素时，有可能发生超敏反应（详见第十四章）。

### 三、异嗜性抗原

**异嗜性抗原**（heterophile antigen）是一类与种属特异性无关，存在于不同种系生物间的共同抗原。异嗜性抗原首先由 Forssman 发现。他用豚鼠脏器悬液免疫家兔后获得抗体，发现此抗体除能与豚鼠脏器发生特异性凝集反应外，还能与绵羊红细胞发生交叉凝集反应，故异嗜性抗原又称为 **Forssman 抗原**。后又陆续发现了多种异嗜性抗原：如溶血性链球菌的多糖抗原或蛋白质抗原与人的心肌、心瓣膜或肾小球基底膜之间有异嗜性抗原；机体感染溶血性链球菌并产生抗体后，该抗体可与含有异嗜性抗原的上述组织结合，通过免疫反应造成机体的组织损伤，临床表现为心肌炎、风湿病或肾小球肾炎。大肠杆菌 O14 型的脂多糖与人的结肠粘膜之间也有异嗜性抗原，此与溃疡性结肠炎的发病机制有关。

有些异嗜性抗原可以协助疾病的诊断。例如肺炎支原体与链球菌 MG 株之间、斑疹伤寒立克次体菌株与变形杆菌之间、EB 病毒与绵羊红细胞之间均有异嗜性抗原，因此可分别用链球菌 MG 株、变形杆菌或绵羊红细胞，通过异嗜性抗原的交叉凝集反应来协助诊断支原体肺炎、斑疹伤寒或传染性单核细胞增多症。

### 四、同种异型抗原

在同一种属的不同个体之间，由于遗传基因的不同而表现的不同抗原称为同种异型抗原。例如人类的红细胞、白细胞、免疫球蛋白、血小板等组织上均有同种异型抗原存在。

#### （一）红细胞抗原（血型抗原）

血型抗原存在于红细胞表面，迄今为止已发现的红细胞抗原系统在 40 个以上，其中以 ABO 血型系统最为重要，其次是 Rh 血型系统（详见生理学）。

#### （二）白细胞抗原

人类白细胞抗原（human leucocyte antigen，HLA）存在于白细胞、血小板和一切有核细胞表面，尤以淋巴细胞密度最高。此类抗原参与免疫应答、免疫调节，且与移植排斥及某些疾病相关（详见第五章）。

#### （三）免疫球蛋白的抗原性

不同物种间、同一物种不同个体间、同一个体中不同克隆的细胞系所产生的免疫球蛋白之间，由于遗传学上的差异，其免疫球蛋白分子在抗原性上也有差异。人类免疫球蛋白可分为同种型、同种异型和独特型 3 种抗原性（详见第三章）。

### 五、自身抗原

能引起自体发生免疫应答的自身成分称为自身抗原。正常情况下，机体对自身成分不产生免疫应答，即免疫耐受。但在病理情况下，机体对自身抗原可产生强免疫应答，导致自身免疫病（详见第十五章）。

### 六、肿瘤抗原

肿瘤抗原是细胞在癌变过程中出现的新抗原及过度表达的抗原物质的总称，肿瘤抗原分为**肿瘤特异性抗原**和**肿瘤相关抗原**两大类(详见第十八章)。

## 七、超抗原

**超抗原**(superantigen **SAg**)是一类可直接结合抗原受体,激活大量(2%～20%)T 细胞或B 细胞克隆,并诱导强烈免疫应答的物质,主要包括细菌和病毒的成分及其产物等。命名为超抗原是因为它们与普通抗原(只能激活极少数具有抗原特异性受体的 T 细胞或 B 细胞克隆)和**有丝分裂原**(mitogens,可非特异性激活几乎全部的 T 细胞或 B 细胞)的作用机理均不相同。SAg 可分为 T 细胞超抗原和 B 细胞超抗原。前者包括大多数细菌产物和一些病毒成分,后者包括金黄色葡萄球菌蛋白 A(staphylococcus protein A,SPA)、人类免疫缺陷病毒(human immunodeficiency virus,HIV)、表面糖蛋白 gp120 等。

T 细胞超抗原可直接特异性结合 TCRβ 链的 Vβ 区,一种 T 细胞超抗原只能选择性结合特定的一到数种 Vβ 亚型,并激活具有该亚型 TCR Vβ 的 T 细胞。通常,T 细胞超抗原与 APC 的 MHC Ⅱ类分子结合形成复合体,再结合到 TCR Vβ 链外侧,而不需结合在 TCR α、β 链组成的构槽内(图 2-4)。因此 T 细胞超抗原激活 T 细胞不需 APC 加工处理、无 MHC 限制性,MHC Ⅱ类分子可能只起**站台**(platform)作用。

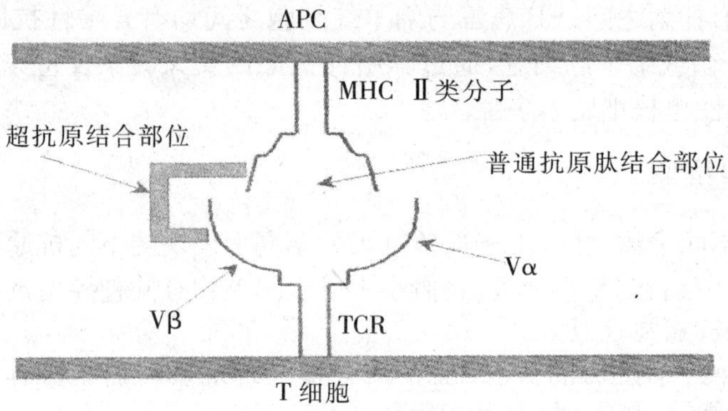


图 2-4　超抗原与 TCR Vβ 链外侧结合示意图

B 细胞超抗原可直接特异性结合 BCR H 链的 VH 区,一种 B 细胞超抗原只能选择性结合特定的一到数种 VH 亚型,并激活具有该亚型 BCR VH 的 B 细胞产生大量抗体,引起体液免疫应答和补体的级联反应。例如,SPA 和 gp120 能结合 VH3 基因产物,并使含有 VH3 的 BCR B 细胞激活。

**超抗原的种类:**超抗原多为一些微生物及其代谢产物,如细菌性超抗原与病毒性超抗原。

细菌性超抗原主要是一些革兰阳性菌产生的外毒素,如金黄色葡萄球菌肠毒素(SEA-E)、葡萄球菌表皮剥脱毒素(ET)、金黄色葡球菌毒性休克综合征毒素 1(TSST-1)、链球菌致热外毒素(SPE)、链球菌 M 蛋白等。

病毒性超抗原有内源性与外源性二种。内源性病毒超抗原有鼠乳腺瘤病毒(mouse mammary tumor virus, Mtv)基因编码的鼠次要淋巴细胞刺激决定簇(minor lymphocyte-stimulating determinant, Mls)。外源性病毒超抗原如外源性鼠乳腺瘤病毒(MMTV)或鼠白血病病毒(MuLV)的产物等。

近年来还报道了一类应激抗原,如热休克蛋白(heat shock protein,HSP)属 T 细胞超抗原,能强烈刺激 γδT 细胞的增殖并增强其杀伤肿瘤细胞的活性。

**超抗原的生物学作用及临床意义:**

超抗原可以激活多克隆 T 细胞,释放大量的细胞因子(IL-2、IFN-γ、TNF-β、CSF 等)。如

SEB 可诱导 TNF-β 的产生，选择性诱导 TH1 细胞的活化，诱导 IL-2 受体的表达。研究发现超抗原对 T 细胞的作用具双重性，即不仅是 T 细胞激活剂，也可诱导 T 细胞耐受。如将 SEA 或 SEB 注入成年小鼠，很快引起某些特定的 Vβ T 细胞增殖，但达峰值后 2～3 天即显著降低，此时再注入同种超抗原，则表现为免疫无反应性（anergy），即出现了免疫耐受。超抗原反应性 T 细胞减少可能是由于细胞活化后凋亡所致。

B 细胞在整个发生分化阶段均表达 MHC Ⅱ类分子，因此是超抗原结合和作用的靶细胞。体外研究证明：TSST-1 不能单独引起高度纯化的 B 细胞增殖分化，但在 T 细胞同时存在时，TSST-1 可诱导 B 细胞增殖，并促进其分化为抗体形成细胞。超抗原所致的 B 细胞多克隆激活，可抑制机体对普通抗原的体液免疫应答，这可能是毒性休克综合征病人不能对 TSST-1 产生有效的体液免疫的原因。

研究证明：超抗原活化 T 细胞后产生的各种细胞因子（IL-2、IFN-γ）可活化 NK 细胞。TSST-1 及其相关抗原是人类单核细胞的强激活剂。

大多数细菌超抗原参与感染性疾病的发病机制，若大量超抗原进入机体，可刺激多克隆 T 细胞活化，释放大量的细胞因子如 IL-2、IFN-γ、TNF-β 等，引起发热、食物中毒反应、多器官衰竭、休克、甚至死亡。毒性休克综合征（TSS）是超抗原致人类疾病的一个典型例子。该病主要发生于月经期使用阴道塞而感染金黄色葡萄球菌的妇女，但在非月经期妇女、儿童、男性中也有发生。顽固性红斑脱皮综合征是发生于 AIDS 病人的烈性 TSS，常导致病人的死亡。超抗原还可能参与的疾病有川崎综合征（KS）、婴儿突然死亡综合征、特应性皮炎等。

MuLV 可引起小鼠获得性免疫缺陷综合征（MAIDS），其特征是 B 细胞和 T 细胞多克隆扩增、细胞因子表达的调节紊乱和免疫缺陷。其原因可能是 MuLV gag 基因编码一种超抗原表达于 B 细胞，再选择性刺激 $CD4^+$ Vβ5 T 细胞扩增，产生大量细胞因子并随后细胞凋亡。人类免疫缺陷病毒（HIV）感染的免疫病理机理不同于 MuLV，但多克隆 B 细胞扩增和选择性的 $CD4^+$ T 细胞缺失可能是超抗原所致。HIV 感染者和 AIDS 病人的 TCR 库中均缺乏同样的 Vβ 成分（如 Vβ14、15、16、17、18、19、20），提示 T 细胞 Vβ 库的紊乱与病毒超抗原诱导的 $CD4^+$ T 细胞亚群缺失有关。

总之，超抗原可能参与机体的多种生理和病理效应，与许多毒素性疾病的发病机制、机体的抗肿瘤免疫及自身免疫病发生均有密切关系。

### 八、其他

除上述抗原外，还有某些蛋白类食物、花粉、激素与药物等抗原或半抗原成分，可作为变应原引起超敏反应（详见第十四章）。

此外，在淋巴细胞活性及功能检测中常使用**有丝分裂原**。由于 T、B 淋巴细胞表面具有有丝分裂原的受体，因此在体外实验中可利用有丝分裂原刺激静止的淋巴细胞转化为淋巴母细胞。有丝分裂原的作用是非特异的，它可以在体外使多克隆的淋巴细胞活化，临床上常以此种方法进行淋巴细胞活性检测。有丝分裂原多为细菌产物或植物蛋白，常用的有丝分裂原有**植物血凝素**（phytohemagglutinin，PHA），**刀豆蛋白 A**（concanavalin，ConA）、**细菌脂多糖**（LPS）和**聚合鞭毛素**等。

## 第六节　佐　剂

**佐剂**（adjuvant）是一种非特异性免疫增强剂，预先或同抗原一齐注射到机体，能增强机体对该抗原的免疫应答或改变免疫应答的类型。

## 一、佐剂的种类

佐剂尚无统一的分类方法，一般可分为以下几类。

1. 无机佐剂：如氢氧化铝、明矾、磷酸铝等。

2. 有机佐剂：如微生物及其代谢产物。主要有分枝杆菌（结核杆菌、卡介苗、耻垢杆菌）、短小棒状杆菌、百日咳杆菌、革兰阴性菌的内毒素（脂多糖）等。

3. 合成佐剂：人工合成的双链多聚核苷酸，如多聚肌苷酸：胞苷酸（poly I：c）、多聚腺苷酸：尿苷酸（polt A：U）等。

4. 弗氏佐剂：是目前在动物实验中最常用的佐剂，分为**弗氏不完全佐剂**（incomplete Freund's adjuvant，IFA）和**弗氏完全佐剂**（complete Freund's adjuvant，CFA）二种。前者是将抗原加入油剂（石蜡或花生油）和乳化剂（羊毛脂或吐温 80）的混合物中，使成为油包水乳剂，即为 IFA。在 IFA 中加入分枝杆菌（杀死的结核杆菌或卡介苗）就成为 CFA，CFA 作用较强，但易在注射部位形成肉芽肿和持久性溃疡，因而不适于人体使用。

人工合成的卡介苗细胞壁中的有效佐剂成分——**胞壁酰二肽**（muramyl dipeptid，MDP），分子量小于 0.5 kD，并含有 D-异谷氨酰胺，对生物学降解作用有抵抗力，易溶于水，可口服，无副作用。由于 MDP 可增强机体的免疫机能，故可提高疫苗接种的效果。

5. **新型佐剂：C3d** 是补体 C3 分子裂解后的小片段，是不能被蛋白酶再裂解且仍可与抗原共价结合的最小分子。近来研究发现，C3d 能增强 B 细胞对抗原的递呈能力，降低 B 细胞的活化阈，提高抗原的免疫原性。而且 C3d 对机体无毒性作用，可望成为一种新型的分子佐剂。

(1)CpG 基序（CpG motif）是存在于细菌、病毒和无脊椎动物 DNA 中的、以非甲基化胞嘧啶—鸟嘌呤二核苷酸为核心的片段，典型序列为嘌呤—嘌呤—CpG—嘧啶—嘧啶六核苷酸。CpG 基序对 T 细胞、B 细胞、NK 细胞、树突状细胞和单核巨噬细胞均有强烈的活化作用，是一种应用前景广阔的佐剂。

(2)新近有报道：用纳米颗粒（Nanoparticles）作为载体（相当于佐剂材料）与抗原分子结合，制成新型疫苗，可提高免疫效果。纳米颗粒分子小、颗粒均匀（常用约 200 nm）；与抗原分子结合力强且稳定性好；吸附抗原的纳米颗粒无毒性，进入体内后可慢慢被 Mϕ 吞噬，经处理后递呈给淋巴细胞。这一过程十分持久，可延长抗原在体内的存留时间，更有利于抗原对免疫系统的刺激，从而增强疫苗的免疫原性。

## 二、佐剂的作用机理

佐剂增强免疫应答的可能机制包括：①改变抗原的物理性状（如油剂等），有利于抗原在体内缓慢地释放，延长抗原在体内存留的时间。②使抗原易被巨噬细胞吞噬，并增强巨噬细胞对抗原的处理和递呈。③促进淋巴细胞的增殖、分化，从而增强机体的免疫应答。

由于佐剂的综合效应是增强机体的免疫机能，故应用范围很广，例如免疫动物时加用佐剂可获得高效价的抗体；预防接种时加用佐剂可增强疫苗的免疫效果；临床上可用佐剂作为免疫增强剂，用于肿瘤或慢性感染患者的辅助治疗等。

（夏佩莹）

# 第三章　免疫球蛋白

B淋巴细胞在有效的抗原刺激下分化为浆细胞，产生具有与相应抗原发生特异性结合的免疫球蛋白，这类免疫球蛋白称**抗体**。抗体是机体免疫应答的重要产物，主要存在于血清内，也可存在于其他体液或外分泌液中。因此，通常将抗体介导的免疫称为体液免疫，将含有抗体的血清称为抗血清或免疫血清。抗体在电泳时，大部分存在于 $\gamma$ 区带，故曾有 $\gamma$ 球蛋白（或丙种球蛋白）之称。

20世纪50年代美国学者Edelman发现多发性骨髓瘤是一种浆细胞瘤，可合成大量均一的与抗体结构类似的球蛋白。这种几乎占患者血清球蛋白95%的骨髓瘤蛋白（myeloma protein，M蛋白）虽然其对应的特异性抗原尚不明确，却为抗体结构的分析研究提供了纯度良好的实验材料。

1968年世界卫生组织决定，将具有抗体活性或化学结构与抗体相似的球蛋白统称为**免疫球蛋白**（immunoglobulin，Ig）。**Ig**是化学结构的概念，它包括了正常的抗体球蛋白和尚未证实抗体活性但结构与抗体相似的球蛋白，如骨髓瘤病人血液中的M蛋白。因此，抗体是生物学功能的概念，所有的抗体都是Ig，但Ig并非都有抗体活性。

## 第一节　免疫球蛋白的分子结构

### 一、免疫球蛋白的基本结构

Ig的基本结构是由四条对称的多肽链构成的单体。Ig单体包括两条相同的分子量较大的重链和两条相同的分子量较小的轻链。重链间及重、轻链间有二硫键相连，N端对齐，形成对称结构。如图3-1所示。

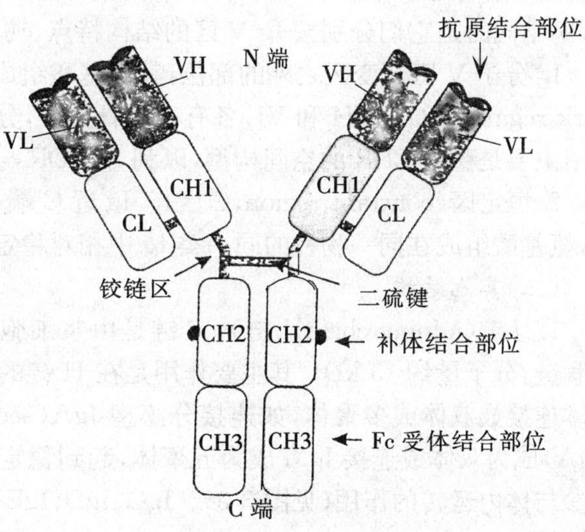


图3-1　Ig的基本结构

#### （一）重链与轻链

1. 重链（heavy chain，H链）　重链由450～550个氨基酸残基组成，分子量约55 kD～75 kD。不同的Ig分子由于重链氨基酸组成及氨基酸序列的差异，其抗原性也不相同。根据Ig重链抗原性的差异，免疫球蛋白可分为五类，即IgG、IgM、IgA、IgD及IgE，其相应的重链分别称为γ、μ、α、δ及ε链。

2. 轻链(light chain,L链)　轻链约为重链的1/2,约由214个氨基酸残基组成,分子量约25kD。根据轻链抗原性的不同,分为κ、λ两型。各类Ig的轻链均有κ型或λ型,正常人血清Ig的κ∶λ之比约为2∶1。天然的Ig单体结构中,两条重链同类,两条轻链同型。

(二)可变区和恒定区

Ig分子的各条肽链按其结构特点均可分为可变区和恒定区。

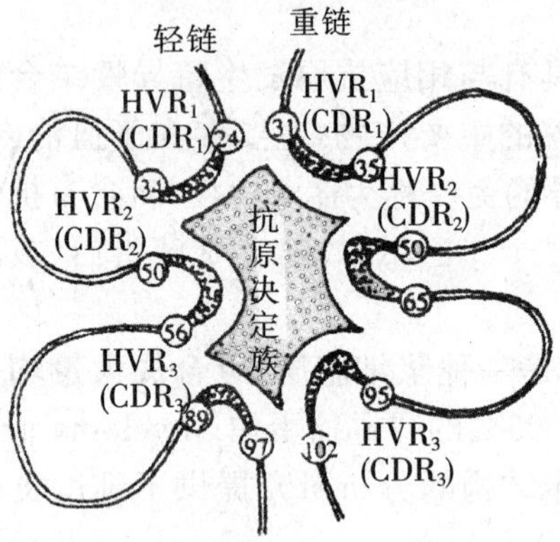


图3-2　Ig互补性决定区CDR结构示意图

1. 可变区(variable region,V区)　在Ig近N端轻链的1/2和重链的1/4(γ、α、δ)或1/5(μ、ε)范围内,因氨基酸组成及序列变化较大故称可变区。重链和轻链的V区分别以VH、VL表示。V区内氨基酸组成及排列顺序的变化程度并不均一,其中变化最为剧烈的特定部位称为**超变区**(hypervariable region,HVR)。VL有3个HVR,分别位于第24～34、50～56、89～97位氨基酸,VH的3个HVR位于第31～35、50～65、95～102位氨基酸。VL与VH的3个HVR共同组成Ig的抗原结合部位(antigen-binding site),该部位因在空间结构上可与抗原决定簇形成精密的互补,故超变区又称**互补性决定区**(complementarity determining region,CDR)。VH与VL各有3个CDR分别称为CDR1、CDR2、CDR3(见图3-2),其中CDR3变异程度最大,是决定与抗原特异性结合的重要部位。超变区氨基酸的多种变化是Ig能与数量庞大的不同抗原特异性结合的分子基础。

不同Ig分子在超变区结构上各自具有该分子独特的氨基酸排序和构型特点,故Ig的超变区也称为该Ig分子的**独特型**(idiotype)或**独特型决定簇**(idiotypic determinants). Ig的独特型结构可诱导独特型抗体的产生,发挥重要的免疫调节作用(见第十三章)。其实,Ig V区的超变区、Ig与抗原结合的CDR区及Ig的独特型决定簇均指的是Ig分子V区中的同一结构部分,所不同的是它们分别按Ig V区的结构特点、功能及该区抗原性3个不同角度阐述而已。

Ig分子V区超变区之外的部位,其氨基酸组成及排列相对保守,通常称为**骨架区**(framework region,FR)。VH和VL各有四个骨架区,分别称为FR1、FR2、FR3及FR4。骨架区的作用主要是稳定CDR的空间构型,以利Ig CDR与抗原表位精细的特异性结合。

2. 恒定区(constant region,C区)　Ig近C端在L链的1/2及H链的3/4(或4/5)区域内,氨基酸组成在同一物种的同一类Ig中相对稳定,称**恒定区**。

(三)其他结构

1. J链(joining chain,J链)　J链是由浆细胞合成的一条多肽链,分子量约15 kD。其主要作用是在H链的羧基端将Ig单体连接成双体或多聚体,如连接分泌型IgA(secretory IgA,SIgA)成为双体或连接IgM成为五聚体,起到稳定多聚体结构及参与体内运转的作用(见图3-3)。IgG、IgD、IgE为单体,无J链结构。

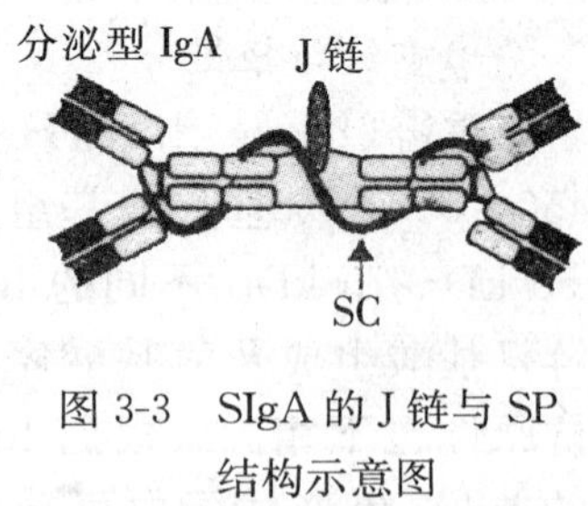


图3-3　SIgA的J链与SP结构示意图

2. 分泌片(secretory piece,SP)　SP是SIgA的结构成分,为含糖肽链,分子量约75 kD,

由粘膜上皮细胞合成，以非共价形式与 IgA 二聚体结合，一起被分泌到粘膜表面。SP 具有保护 SIgA 抵抗外分泌液中蛋白酶的降解作用和介导多聚 IgA 向粘膜上皮外主动输送的作用。

## 二、免疫球蛋白的功能区

Ig 的 H、L 链每隔 110 个氨基酸残基即由链内二硫键连接并经 β-片层折叠(β-sheet fold)形成一个能行使特定功能的球形单位，称为 Ig 的**功能区**或称**结构域**(domain)。L 链具有 VL、CL 两个功能区。H 链则具有一个 VH 区及 3～4 个 CH 区，其中 IgG、IgA、IgD 的 C 区具有 CH1、CH2、CH3 三个功能区，而 IgM、IgE 尚有 CH4 功能区。Ig 的功能区及其功能概括如下：

### (一) VH、VL

是 Ig 特异性识别和结合抗原的功能区。经链内二硫键连接及 β 折叠后，使 VH 及 VL 区的 3 个 CDR 特异序列(每个 CDR 约 10～12 个氨基酸残基)推向 Ig 分子的 N 端，共同构成**凹槽**或口袋状空间结构供抗原表位特异性结合。CDR 的结构差异，决定了 Ig 分子与抗原结合的特异性。该区也是 Ig 分子独特型决定簇的存在部位。

### (二)CH、CL

具有 Ig 部分**同种异型**(allotype)的遗传标记，即同种异体间的 Ig 在该区存在着结构的差异。这种差异能够诱发抗同种异型 Ig 抗体的产生。

### (三)IgG 的 CH2 和 IgM 的 CH3

具有补体 C1q 的结合点，与补体经典途径的激活有关。母体的 IgG 借助 CH2，可主动通过胎盘传递给婴儿，发挥**被动免疫**作用。SIgA 则通过 CH2 完成在粘膜细胞的主动运输和分泌。

### (四)CH3/CH4

具有与多种细胞 Fc 受体(FcR)结合的功能，不同的 Ig 在结合不同的细胞时可产生不同的免疫效应，如 IgG CH3 与巨噬细胞 FcγR 结合，具有促进吞噬的**免疫调理**作用，而 IgE CH3 与肥大细胞结合能引起Ⅰ型超敏反应(详见十四章)。

### (五)绞链区(hinge region)

位于 CH1 与 CH2 之间，约含 30 个氨基酸残基。该区富含脯氨酸，对蛋白酶敏感，易被木瓜蛋白酶、胃蛋白酶水解，不易形成 α 螺旋，故易伸展弯曲。其作用是：①通过铰链区的弯曲使 Fab 段的 V 区可与不同距离的抗原表位结合；②当抗体与抗原结合时，绞链区可使 Ig 分子发生“T”→“Y”的构型改变，从而使位于 CH2 功能区的补体结合点得以暴露，为**补体经典激活途径**提供条件。五类 Ig 的铰链区结构有所不同，其中 IgG 1、2、4 和 IgA 的铰链区较短，而 IgG 3、IgD 的铰链区较长，IgM、IgE 则不存在铰链区结构。Ig 的功能区见图 3-4。

## 三、Ig 的水解片段

用酶将 Ig 水解为小片段是研究 Ig 结构与功能的重要方法之一，以 IgG 为例简述如下：

### (一)木瓜蛋白酶的水解作用

木瓜蛋白酶(papain)使 Ig 在铰链区重链间二硫键近 N 端处切断，形成 3 个水解片段：即两个相同的单价抗原结合片段(fragment of antigen-binding)简称 **Fab 段**；一个可结晶的片段(crystalizable fragment)简称 **Fc 段**，如图 3-5 上所示。Fab 段由一条轻链和近 N 端的 1/2 重链组成，保留了特异性结合抗原的功能。Fab 为单价，与抗原结合后，体外检测不能形成可见的凝集反应或沉淀反应。Fc 段由两条重链近 C 端的 1/2 构成，保留了重链的抗原性和 Ig 相应功能区的生物活性。

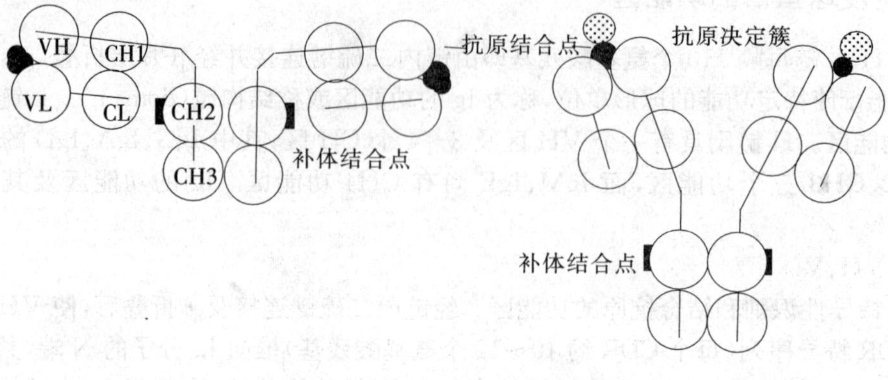


图 3-4 Ig 的功能区及构型变化

(二)胃蛋白酶的水解作用

胃蛋白酶(pepsin)可使 Ig 于铰链区重链间二硫键近 C 端处断开，形成一个具有与抗原双价结合 **F(ab′)₂片段**和无生物活性的小分子**多肽碎片**(pFc′)，见图 3-5 右。

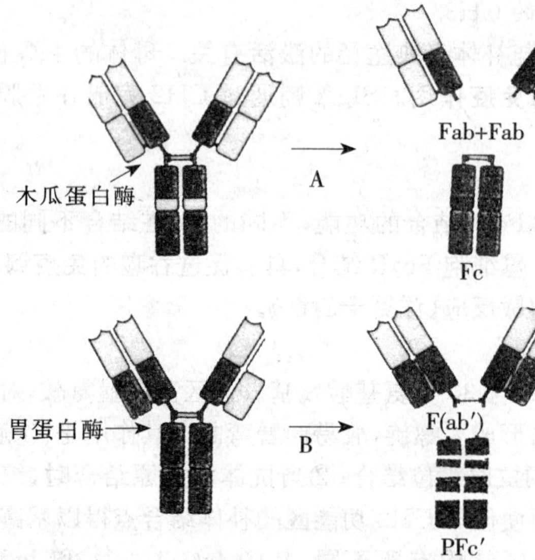


图 3-5 Ig 的水解片段

免疫球蛋白水解片段的研究不仅对阐明 Ig 的结构及生物活性十分重要，而且对生物制品的生产及临床应用均有重要意义。经酶水解的免疫球蛋白或抗毒素去除 Fc 段后，不仅可精制纯化，提高疗效，而且可明显减少因 Fc 段具有免疫原性所致超敏反应的发生。

## 第二节 五类免疫球蛋白的特点与功能

五类免疫球蛋白在体液免疫中起重要作用，其特点与功能有所不同。IgG 浓度最高，是体液中主要的 Ig；IgM 为五聚体，有强大的抗原结合能力；IgA 在局部粘膜免疫中有特定作用；IgE 有高度亲细胞性，是参与Ⅰ型超敏反应的重要因素；IgD 与 B 细胞分化或耐受性的形成相关。

## 一、IgG

IgG 的血清含量最高，约占血清 Ig 总量的 75%。出生 3 月后开始合成，3～5 岁接近成人水平。IgG 是唯一能主动穿过胎盘的 Ig，对防止新生儿感染具有重要的**自然被动免疫**作用。IgG 的半衰期约 16～24 天，故临床应用以 2～3 周重复给予为宜。IgG 以单体形式存在，分子结构式为 $\gamma_2\kappa_2$ 或 $\gamma_2\lambda_2$。IgG 可分为 4 个亚类，即 IgG1、IgG2、IgG3 和 IgG4。各亚类 γ 链氨基酸序列相似，但绞链区二硫键数目、位置及含糖量不同，故各亚类的生物活性亦有差异。IgG 通过**经典途径**激活补体，人 IgG 激活补体的能力依次为 IgG3＞IgG1＞IgG2，IgG4 无此活性。IgG 是机体**再次免疫应答**的主要抗体，具有高亲和力，是主要的抗感染抗体，具有抗菌、抗病毒、中和毒素及免疫调节作用。治疗用的丙球蛋白常以成人正常血清或胎盘血制备（后者称胎盘球蛋白），其主要成分为 IgG。由于成人多曾经有过潜伏感染或感染后恢复的经历，故血清内常含有抗多种病原微生物的抗体活性，用于**人工被动免疫**能有效地预防相应传染病。此外，有些自身抗体如抗甲状腺球蛋白抗体也属于 IgG。在Ⅱ、Ⅲ型超敏反应中 IgG 也是参与免疫损伤的重要因素（详见第十四章）。

## 二、IgM

血清中的 IgM 为五聚体（图 3-6），分子量最大，又称巨球蛋白（macroglobulin），约占血清总 Ig 的 5%～10%。其分子结构式为 $(\mu_2\kappa_2)_5$-J 或 $(\mu_2\lambda_2)_5$-J。五聚体的 IgM 因分子巨大，一般不易透出血管，主要分布在血液中，具有较多的抗原结合部位，因此，其激活补体和免疫调理作用较 IgG 强，具有重要的抗感染作用。

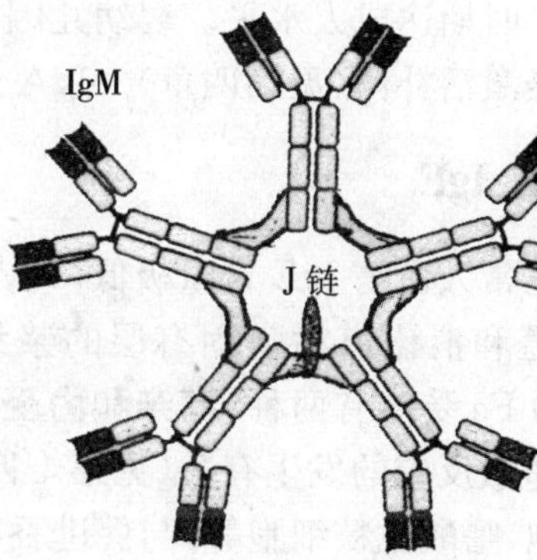

图 3-6 IgM 的五聚体结构

IgM 是个体发育中最早合成的 Ig（胚胎晚期开始合成）。IgM 不能通过胎盘，如脐血中 IgM 异常升高，提示胎儿有宫内感染。IgM 在抗原诱导的体液免疫中最早合成并分泌，其半衰期较短（约 5 天），因此血清 IgM 升高提示有近期感染，有助于感染性疾病的早期诊断。人体天然血型抗体为 IgM，是造成血型不符输血反应的重要因素。IgM 也参与某些自身免疫病及Ⅱ、Ⅲ型超敏反应的病理过程（详见第十四章）。

B 淋巴细胞膜表面存在的单体 IgM，称为膜表面型免疫球蛋白（surface membrane immunoglobulin，SmIg）。SmIgM 是 B 细胞最早出现的重要表面标志，也是 B 细胞抗原受体（BCR）的主要组成部分。

## 三、IgA

IgA 有血清型及分泌型，血清型 IgA 为单体（7S），免疫作用较弱，有 IgA1、IgA2 两个亚类。分泌型 IgA (SIgA)广泛存在于唾液、呼吸道粘膜、胃肠道及泌尿生殖道分泌液中，以初乳中含量较高。SIgA 有双体(11S)、三体(16S)及多体结构。分子结构内有 J 链及 SP。SIgA 双体结构式为$(\alpha_2\kappa_2)_2$-J-Sp 或$(\alpha_2\lambda_2)_2$-J-Sp。

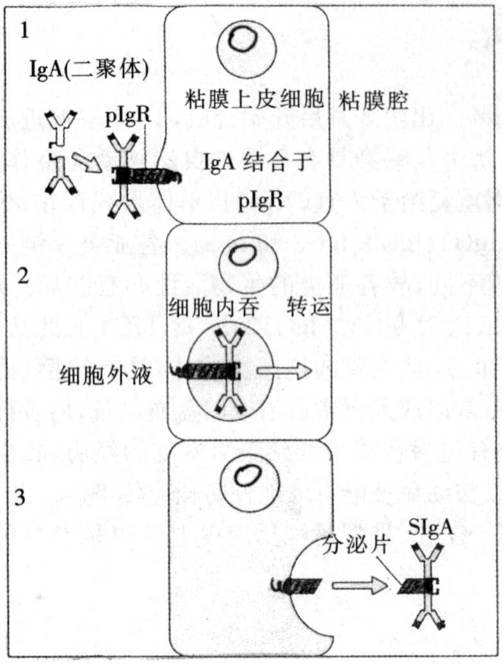


图 3-7 SIgA 的形成及分泌过程

SIgA 的 SP 由粘膜上皮细胞合成，是粘膜上皮细胞的**多聚 Ig 受体**(poly-Ig-R, p-IgR)的胞外区肽链结构(见图 3-7)。当 IgA 双体从粘膜固有层的浆细胞合成并分泌后，即与粘膜上皮细胞基底膜的 pIgR 结合，经吞饮并转运至粘膜上皮细胞的游离面，在酶作用下 pIgR 于跨膜区与胞外区之间断开，形成带 SP 的 SIgA。SP 以二硫键与 SIgA 的 CH2 结合，起到保护 SIgA 免受蛋白酶降解的作用。

皮肤和粘膜表面的 SIgA 具有局部抗感染作用，粘膜表面的 SIgA 可与入侵的微生物结合，发挥免疫屏障、中和病毒及抑制病毒复制的作用(详见第十一章)。SIgA 虽不能通过胎盘，但新生儿可从初乳中获得高浓度的 SIgA，对早期抗感染具有十分重要的作用。SIgA 于出生后 4～6 月开始合成，至青少年时期达成人水平。婴幼儿因 SIgA 合成不足，易患呼吸道、胃肠道感染。IgA 能通过**替代途径**激活补体(见第四章)。IgA 也参与Ⅲ型超敏反应。

## 四、IgE

正常人血清 IgE 含量极低，约占 Ig 总量的0.002%。其结构式为 $\varepsilon_2\kappa_2$ 或 $\varepsilon_2\lambda_2$。IgE 主要由呼吸道和消化道粘膜固有层的浆细胞产生，对肥大细胞及嗜碱性粒细胞具有高度亲和性。IgE 的 Fc 受体有两种：**高亲和力受体**(FcεRI)，主要分布在肥大细胞与嗜碱性粒细胞膜上，与Ⅰ型超敏反应的发生有关(见第十四章)；**低亲和力受体**(FcεRII)，主要分布在巨噬细胞(Mϕ)、B 细胞、嗜酸性粒细胞等，与促进吞噬、调节 IgE 产生及抗寄生虫感染等功能相关。

## 五、IgD

IgD 的血清含量很低，仅占血清总 Ig 的 1%。血清中的 IgD 因绞链区长，对蛋白酶非常敏感，极易被降解，故半衰期短，约为 2.5 天。IgD 为单体，结构式为 $\delta_2\kappa_2$ 或 $\delta_2\lambda_2$，其确切功能尚不清楚。研究证实，IgD 对防止免疫耐受的发生有一定作用。一般情况下，不成熟的 B 细胞仅表达 SmIgM，此类细胞极易形成耐受。当 B 细胞同时表达 SmIgM 及 SmIgD 时，该 B 细胞将继续分化成熟。

## 第三节　免疫球蛋白的生物学活性

### 一、特异性结合抗原

抗体与抗原结合的特异性是由 Ig V 区的氨基酸组成及空间构型所决定。重链及轻链的 CDR 共同构成供抗原表位互补结合的构象。抗体与抗原的结合是特异性的、可逆性的表面结合。抗体与抗原之间的总结合力称为**亲和力**(avidity)。抗体本身不能溶解或杀伤带有特异抗原的靶细胞,通常需要补体或吞噬细胞等共同发挥效应,以清除病原生物或导致病理损伤。

### 二、激活补体

IgM、IgG1、IgG2 和 IgG3 可通过**经典途径**激活补体,当抗体与抗原结合时,其绞链区发生构型变化,使 IgM CH3 或 IgG CH2 的补体结合位点暴露,与补体 C1q 结合,激发补体活化的级联反应,导致对靶细胞的杀伤或溶解作用。凝聚的 IgA、IgG4 和 IgE 可通过**替代途径**激活补体(详见第四章)。

### 三、通过与细胞 Fc 受体结合发挥生物效应

体内多种细胞具有 Ig 的 Fc 受体。不同类的 Ig 其 Fc 段可与不同细胞的相应 FcR 结合,产生不同的生物效应。

(一)调理作用

IgG、IgM 的 Fc 段与吞噬细胞表面的 FcγR、FcμR 结合,通过抗体的"搭桥"使颗粒抗原被固定于吞噬细胞表面,减少了与吞噬细胞间的静电斥力,易被吞入。另外,Ig Fc 段与 FcR 结合可促使 Mϕ 活化,增强其吞噬能力,通常将抗体促进吞噬细胞吞噬功能的作用称为抗体的**调理作用**(opsonization)。

(二)发挥抗体依赖的细胞介导的细胞毒作用

当 IgG 与带有相应抗原的靶细胞结合后,其 Fc 段可与 NK 细胞、Mϕ 细胞、单核细胞的 FcγR 结合促使细胞毒颗粒的释放,发挥**抗体依赖的细胞介导的细胞毒作用**(antibody-dependent cell-mediated cytotoxicity,ADCC),导致靶细胞的溶解。

(三)介导Ⅰ型超敏反应

IgE 为亲细胞抗体,游离状态下其 Fc 段即可与肥大细胞及嗜碱性粒细胞的 FcεR 结合,使之致敏,当相应抗原再次进入机体时,可立即与上述细胞表面的 IgE 结合、交联,诱发Ⅰ型超敏反应(详见第十四章)。

(四)人 IgG 的 Fc 段与 SPA 结合

人 IgG 的 Fc 段能非特异地与葡萄球菌 A 蛋白(straphylococcus protein A,SPA)结合。SPA 与 IgG Fc 段结合后,在体内可阻断 IgG 对吞噬细胞的调理作用。该效应在体外已用于 IgG 的纯化及临床检测(详见第十九章)。

### 四、选择性传递

人类 IgG 能借助 Fc 段选择性地与胎盘微血管内皮细胞可逆性结合,主动穿过胎盘进入

胎儿血循环。此外，SIgA 可经粘膜上皮细胞进入消化道及呼吸道发挥局部免疫作用。IgG 穿过胎盘及 SIgA 经初乳传递给婴儿，是构成机体天然被动免疫的重要因素。

### 五、具有免疫原性

抗体是大分子球蛋白，因此具有免疫原性。Ig 分子的不同结构部分（如 V 区、C 区），其免疫原性不同。根据 Ig 的抗原特异性不同而分为同种型、同种异型及独特型。

#### （一）同种型（isotype）

指同一物种内所有个体共有的 Ig 的抗原特异性结构。以人为例，所有人类的 IgG 均具有相同的抗原特异性。因此，以某人的 IgG 免疫羊，可获得羊抗人 IgG 抗体。该抗体可与所有人类的 IgG 特异性结合，而不与其他动物的 IgG 结合。同种型 Ig 的抗原表位存在于 CH 与 CL，根据 C 区抗原性的不同，可将人类 Ig 分为类、亚类、型及亚型。

#### （二）同种异型（allotype）

指同一种属内不同个体间的 Ig 的抗原特异性差异。这是因为个体间某些基因座位的等位基因不同，故编码表达有微细不同，称同种异型决定簇。此种决定簇存在于同一种属某些成员的 CH 或 CL 上。人类 IgG1～IgG4、IgA2 和 κ 链有同种异型。IgG 同种异型至少已鉴定出 30 个，如 G1m(1)、G2m(23)、G3m(11)、G4m(4a)等；IgA2 的同种异型有 2 个，即 A2m(1)和 A2m(2)；κ 链有 3 个同种异型，称为 κm(1)、κm(2)、κm(3)。由于不同个体有不同的同种异型决定簇，故可作为遗传标志。当多次输入与自身不同的同种异型 Ig 时，可引起超敏反应（详见第十四章）。

#### （三）独特型（idiotype）

同一个体体内不同 B 细胞克隆产生的 Ig V 区的抗原特异性各不相同，其 VH/VL 超变区各自具备的独特型抗原决定簇结构，称为**抗体的独特型**。Ig 的独特型结构可在异种、同种及自身体内诱导产生相应的抗体称为**抗独特型抗体**。Ig 的独特型与抗独特型抗体构成机体重要的**免疫调节网络**（见第十三章）。

## 第四节　免疫球蛋白的基因结构与抗体多样性

人类 B 淋巴细胞内存在 3 个编码 Ig 的基因库，即**重链 H 基因库及轻链 κ、λ 基因库**，分别位于第 14、2 及 22 号染色体。Ig 的 H、L 链的 V 区及 C 区分别由 V 基因及 C 基因编码。人类 Ig 的 H 链基因由 VDJC 组成，L 链基因由 VJC 组成。

Ig 重链 V 基因（$V_H$）是由 VDJ 3 个基因片段拼接而成。在 B 细胞胚系基因中存在众多的 V 基因片段（Variable segment）、多个 D 基因片段（Diversity segments）和数个 J 基因片段（Joining segment）。这些基因片段被间隔在不同的区域。然而，在一个成熟的 B 细胞中其 $V_H$ 基因只是这些众多基因片段中某一特定的 VDJ 基因片段的组合。研究证实不同 B 细胞 $V_H$ 基因是在一**种重组信号序列**（recombinant signal segment，RSS）作用下，把分隔在不同区域的 V、D、J 基因片段拼接、剪切，形成众多不同的 VDJ 组合，此过程即谓 Ig V 基因重排（gene rearrangement）。经过重排，不同的 B 细胞克隆获得各自特异的 V 基因，并由此决定了该 B 细胞克隆产生 Ig 的 V 区特异性。Ig 轻链 V 基因由 V-J 基因片段组成，无 D 基因片段存在。

Ig 的 C 区基因存在于 V 基因下游，H 链 C 区由 9 个 C 基因片段串排，负责编码各类 Ig 的 H 链 C 区，如 Cμ 编码 IgM 的 μ 链，Cα 编码 α 链，依次类推。κ 链 C 区只有一个基因片段，λ 链 C 区有 6 个基因片段。人类

Ig 的基因结构图见图 3-8。

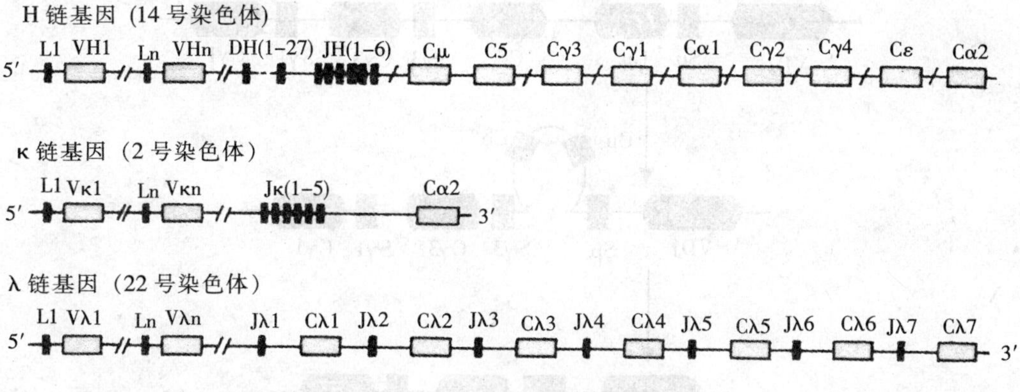


图 3-8 人类 Ig 的基因结构

## 一、Ig 重链 VDJ 基因重排及 C 基因类别转换

### (一)重链 V 基因重排

人类 Ig H 基因由 VDJC 组成。V 基因位于 Ig 基因的 5′端,约 95 个基因片段,其前有编码先导链的 L 基因,其后有 27 个 D 基因片段及 6 个 J 基因片段。V 基因的众多基因片段并非全部具有功能。所谓功能性基因片段是指具有开放读码框(open reading frame,ORF),并在 B 细胞发生中经过重排的片段。9 个 C 基因片段位于 Ig 基因的 3′端。Ig 各基因间均有间隔插入序列,VDJ 基因经基因重排构成编码 Ig V 区的基因,然后再与 C 基因片段重排形成编码 Ig 重链的 VDJC 全套完整的基因。

V、D、J 基因片段之间连接的精确机制尚未完全阐明。分析发现,V 基因片段下游、J 基因片段上游以及 D 基因片段两侧,均存在能触发 V、D、J 基因片段重排的特殊序列,称为 RSS,其结构为"7 核苷酸序列—间隔序列(12bp 或 23bp)—9 核苷酸序列"。重排遵循"12bp～23bp"规则,即一侧有含 12bp 间隔序列的 RSS 基因片段,只能与一侧有含 23bp 间隔序列的 RSS 基因片段重组,反之亦然。现知,H 链 V 基因片段下游及 J 基因片段上游的 RSS,其间隔序列均为 23bp,D 基因片段两侧的 RSS,间隔序列均为 12bp。因此,只有 V-D 之间和 D-J 之间能重排(重排顺序为先 D J 重排成为 DJ,然后 V-DJ 重排成为 VDJ)。VDJ 基因重排成功后,中间多余的其他片段连成环状被切除(称环出)。一旦 VDJ 基因重排成功并得到功能性表达,其产物就会抑制另一条染色体上 V、D、J 等位基因重排,称为**等位基因排除**。同时,基因产物触发 **κ** 链 V 基因重排。

RSS 仅在不成熟的 B 细胞中表达。成熟的 B 细胞不再出现 V 区基因的重排,故一个成熟的 B 细胞克隆产生的 Ig 其特异性是不变的。

VDJ 基因重排后编码成为 3 个超变区(CDR1～CDR3)及 4 个骨架区(FR1～FR4)。其中:①V 基因编码 CDR1、CDR2;②D 基因及 V-D 连接处编码大部分 CDR3。③D-J 基因重排编码 CDR 的其余部分及其骨架区。由于 V-D 连接部位碱基的重排与拼接及 D-J 连接部位存在 7～10 个碱基的突变热点,导致 CDR3 结构的高度多样性变化。

### (二)重链 C 区基因结构与 Ig 的类别转换

编码人类重链 C 区的基因有 9 个外显子,均位于 J 基因下游。由 5′端依次为 Cμ、Cδ、Cγ3、Cγ1、Cα1、Cγ2、Cγ4、Cε 及 Cα2。各 C 区基因前(δ 基因除外)均有一段重复序列,称**转换区**(switch region,S 区),分别以 Sμ、Sγ3、Sγ1 等表示。当 B 细胞表达某类 Ig 如 IgG3 时,Sμ 与 Sγ3 发生重组,并将位于其间的 Cμ、C8 基因片段全部环出,由此使原来与 VDJ 结合的 Cμ 基因转换为 Cγ3 基因,使 B 细胞由表达 IgM 转换为表达 Ig G3。C 基因转换也称 **S-S 转换**。由于 S-S 转换中 VDJ 基因保持不变,仅 C 区基因转换,故 S-S 转换后的 B 细胞仅合成

Ig 的类或亚类发生转变，而其结合抗原的特异性不变。见图 3-9。

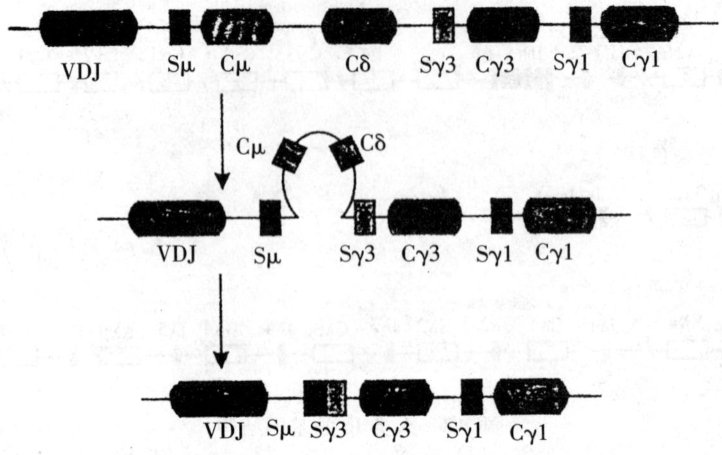


图 3-9 Ig 的类别转换

在 B 细胞的发生过程中，早期膜上仅表达 IgM，成熟后表达 IgM 和 IgD，受 Ag 激活后，膜上表达和分泌的 Ig 可能转换为 IgG 或 IgA、IgE 等其他类别或亚类，该现象称为 Ig 的**类别转换**(class switch)。Ig 类别转换对促使 B 细胞产生各类高亲和力的 Ig 具有重要意义。

## 二、Ig 轻链基因结构与 VJ 重排

人类 Igκ、λ 轻链基因分别为 V、J、Cκ 及 V、J、Cλ。L 链的基因重排首先在 κ 链发生。当 V-J 基因片段重排成功后，其产物就引起等位基因排除并抑制 λ 链基因重排，后者称为**同种型排除**。只有在重排失效时，λ 链基因才发生重排(即 L 链同种型排除或等位基因排斥)。因此一个 B 细胞克隆在其一生中仅能产生两种轻链中的一种。若 κ/λ 等位基因均无功能，则 B 细胞发生凋亡。

人类 Ig Vκ、Vλ 约有 100 个 V 基因片段，1～5 个 J 基因片段。与 H 链 V 区基因相比 L 链没有 D 基因，重排过程中首先 V-J 基因随机构成 VL 基因。VL 基因编码 CDR1、CDR2，V-J 重排结构编码 CDR3 区，由于此区存在 4～5 个碱基突变热点，故导致 L 链 CDR3 区的高度多样性。轻链 Cκ 仅 1 个基因片段。Cλ 至少有 6 个基因片段，且每个 Cλ 与各自的 J 基因片段相连。VJ 与 Cλ 的重排方式尚不明确。

## 三、抗体多样性机理

Ig 的基因库虽然仅储存了有限数量的抗体基因，却能组合表达出数量庞大的多样性抗体。现代分子生物学技术的应用包括基因重组、转基因技术、基因敲除技术等，为抗体多样性机制提供了有力的证据。在自然界中结构复杂、数目庞大的抗原分子及抗原决定簇是构成抗体多样性的外因。但最重要的是编码 Ig 基因的遗传控制。包括：①Ig 受多基因控制，H、L 链各自有特定的编码基因库、存储大量的基因片段。②D-J 及 V-D-J 连接的多样性，这些连接位点的碱基突变、移位及插入等变异使 CDR3 区数目极为繁多。③抗原刺激后，体细胞的基因高频突变，只发生在已重排过的 V 基因上，增加了抗体的多样性。体细胞高频突变，还与抗体的亲和力成熟有关(见第十一章)。④Ig 的类别转换及 H、L 链的随机组合，使抗体特异性类型倍增。⑤不同的 Ig 分子均存在着结构有一定差异的膜型与分泌型。抗体的多样性对机体适应复杂的外环境及调控机体自身稳定的内环境具有重要意义。

## 第五节　人工制备的抗体

人工制备的抗体可用于抗体的分子结构、理化特性及其功能的研究。同时，在疾病的免疫学诊断和防治中也具有重要的临床意义。根据抗体制备的原理和方法，人工制备的抗体可分为多克隆抗体、单克隆抗体和基因工程抗体。

### 一、多克隆抗体（polyclonal antibody，PcAb）

一般天然抗原具有多种抗原表位，注入机体将诱发多个B细胞克隆发生免疫应答，产生多种针对不同表位的相应抗体，这种由多个克隆细胞所产生的多种抗体的混合物即多克隆抗体，也称**第一代人工抗体**。用通常方法免疫动物制备的抗体均为多克隆抗体（参见第二十一章），因可产生交叉反应，其应用受到限制。

### 二、单克隆抗体（monoclonal antibody，McAb）

由一个始祖细胞分化、增殖所产生的遗传性状完全相同的细胞群称为克隆（clone）。由一个克隆B细胞产生的、只作用于单一抗原表位的高度特异性抗体称为单克隆抗体。

1975年Koehler和Milstein利用杂交瘤技术首次制备了McAb，见图3-10。其原理是免疫小鼠的B细胞具有合成并分泌特异抗体的能力，但体外不能长期传代，而小鼠骨髓瘤细胞不能分泌抗体，但可在体内、体外长期传代。因此，以免疫小鼠的脾细胞（含大量B细胞）与同系小鼠骨髓瘤细胞融合，形成具有亲本细胞共同特点的杂交瘤（hybridoma）细胞，由于杂交瘤细胞是由一个B细胞融合产生的，因此，一个杂交瘤细胞增殖形成的细胞群是单克隆，所产生的抗体是仅能识别一种抗原表位的单克隆抗体。杂交瘤细胞既有脾细胞产生特异性抗体的功能，又有瘤细胞可长期在体外传代培养的特点。小鼠脾细胞和小鼠骨髓瘤细胞在融合

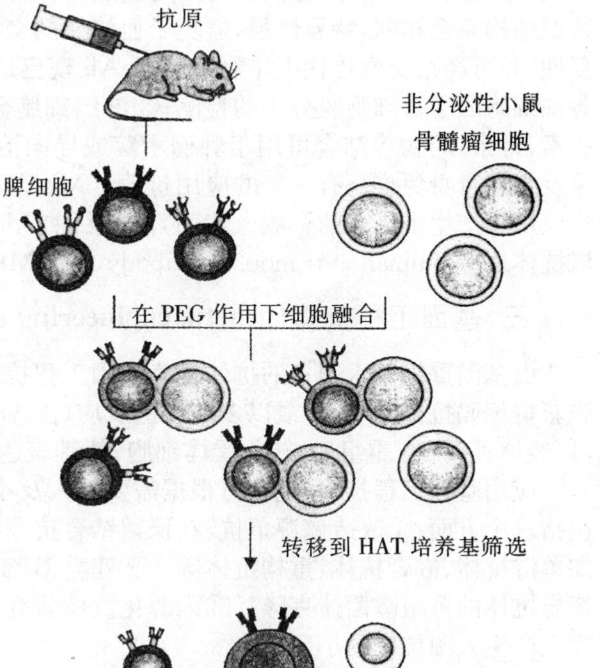


图3-10　McAb制备原理示意图

剂作用下，经 HAT 选择培养基筛选后，未融合的脾细胞因不能体外传代而死亡。未融合的骨髓瘤细胞因 HTA 培养基中存在氨基喋呤，使 DNA 合成的途径被阻断也不能存活。仅已融合成功的杂交瘤细胞因获得了脾细胞 HGPR 的转化酶，故可在 HAT 培养基中存活、增殖，并在体内或体外大量分泌单克隆抗体（详见第二十一章）。由杂交瘤技术制备的 McAb 又称**第二代人工抗体**。McAb 具有很多突出的优点，其一，结构均一，一种 McAb 分子的重链、轻链及独特型结构完全相同，特异性强，避免了血清学的交叉反应。其二，McAb 效价高，具有高度可重复性，并可经杂交瘤传代大量制备。McAb 现已广泛用于：①传染病病原及肿瘤抗原检测；②各种细胞因子及细胞膜分子的检测；③淋巴细胞分类、鉴定及结构与功能的研究；④McAb 与核素、毒素、药物等结合可用于肿瘤示踪或导向治疗。⑤抗 T 细胞 McAb 对防治器官移植排斥及某些自身免疫病有一定的应用价值。McAb 问世后，对生命科学理论研究及临床诊断治疗应用均产生了巨大的影响。然而，由于目前 McAb 多为鼠源性的，体内应用会诱发人抗小鼠抗体反应（human anti-mouse antibody，HAMA），在一定程度上限制了临床治疗应用。

### 三、基因工程抗体（genetic engineering antibody，GeAb）

由基因重组技术制备的抗体称为基因工程抗体，也称**第三代人工抗体**。其原理是由 B 细胞获得编码抗体的基因，或以多聚酶链反应（polymerase chain reaction，PCR）扩增抗体基因片段，经体外 DNA 重组后，转化受体细胞，使其表达特定抗体。

应用基因工程技术，现在可根据需要对人及小鼠抗体基因组进行设计、重组和改造，主要包括三个方面：①改造鼠源单抗，在保留结合抗原特异性的前提下，尽量减少抗体的鼠源成分，如单链抗体、嵌合抗体、重构抗体等。②建立 B 细胞抗体库，以重组噬菌体展示系统筛选表达特异抗体的重组噬菌体克隆。③人源化抗体研究，以人的 Ig 基因组取代小鼠 Ig 基因组成分，建立产生人源抗体的小鼠。

#### （一）嵌合抗体（chimeric antibody）

抗体分子中 VH 、VL 为鼠源的，因而保留了鼠源单抗的抗原特异性和亲和力。CH、CL 为人源的，因此降低了鼠源蛋白的免疫原性，使 HAMA 反应减弱。

#### （二）重构抗体（reshaping antibody）

也称 CDR 移植抗体（CDR grafted antibody），该技术是将鼠源单抗的 3 个 CDR 取代人抗体的 CDR 相应部分，基本实现了抗体人源化，所以抗体分子也称人源化抗体（humanized antibody）。由于 FR 区对 CDR 空间构型具有支持和稳定作用，所以单纯 CDR 替换后的人源化抗体其亲和力难以达到鼠源单抗的水平。

#### （三）单链抗体（single chain Fv，ScFv）

利用一条短肽作为接头（linker）将 VH 和 VL 连接成为 VH-linker-VL 单链抗体。ScFv 分子小，易于构建表达，容易穿入组织发挥效应，但其亲和力较 Fab 为低。

#### （四）双特异性抗体（bispecific antibody）

是具有两种抗原特异性的抗体片段，其中一个针对靶抗原，另一个针对效应分子或细胞，由此增强抗肿瘤、抗病原体的效应。如果将 Ig 的结构域连接上其他蛋白，如酶、毒素、细胞因子、信号传导蛋白等，由此设计的重组抗体可具备特异识别和效应分子两种功能，故称为双功能抗体（bifunction antibody）。如 CD4-Ig 双功能抗体是将 CD4 分子的结构域与 IgG C 区结构域连接，所构建表达的抗体同时具备了 CD4 结合 HIVgp120 的功能和 IgGFc 介导的 ADCC 双功能，这类重构分子又称为免疫粘合分子。

#### （五）噬菌体抗体（phage antibody）

其基本原理是体外将抗体编码序列（如 VH、VL 基因）与噬菌体外壳蛋白基因重组后，可在噬菌体表面表达 VH、VL 和外壳融合蛋白，即在噬菌体表面展示重组的噬菌体抗体，经固相抗原吸附技术很容易筛选出表达特异抗体的重组噬菌体，用以大量表达和制备相应的抗体或有效的抗体片段。

（孙汶生）

# 第四章　补体系统

## 第一节　概　　述

补体(complement,C)是存在于人或脊椎动物血清与组织液中的一组具有酶活性的蛋白质。19世纪末,在发现体液免疫不久,Charles Bordet即证实,新鲜血清中含有一种能辅助特异性抗体发挥溶菌作用的不耐热蛋白成分,这种蛋白成分是抗体介导免疫溶菌和溶细胞作用的必要补充条件,故被称**补体(complement,C)**。补体并非单一分子,而是由近40种可溶性蛋白和膜结合蛋白组成的多分子系统,其中包括直接参与补体激活的各种补体固有成分、调控补体激活的各种灭活因子和抑制因子及分布于多种细胞表面的补体受体等。故称**补体系统**(complement system)。

补体系统是机体固有性免疫的重要效应机制,也是体液免疫的重要效应机制之一,广泛参与机体的抗微生物防御反应和免疫调节作用。在生理情况下多数补体成分以非活动形式存在。在补体激活过程中,可产生多种生物活性效应,引起一系列反应,某些活性成分可介导炎症反应,导致病理性损伤。因此,补体系统是机体具有重要生物学功能的效应系统和放大系统。

### 一、补体系统的组成与命名

补体系统是迄今已知机体内最复杂的一个限制性蛋白酶解系统(limited proteolysis system)。根据各成分在补体活化中的生物学功能,可将其分为三类,即①**补体系统固有成分**(表4-1);②以可溶性或膜结合形式存在的各种**补体调节蛋白**(表4-2);③分布于多种细胞膜上的**补体受体分子**。

根据WHO命名委员会对补体各成分的命名,把参与**经典途径**的固有成分,以符号"C"表示,按其发现的顺序分别称为C1,C2,…C9,其中C1由C1q、C1r和C1s 3个亚单位组成。**替代途径**的补体成分以因子命名,用大写英文字母表示,如B因子、D因子、P因子等。补体调节蛋白则根据其功能命名,如C1抑制物,C4结合蛋白等。对于补体受体,则以其结合对象来命名,如C1qR、C5aR,各种C3片段的受体则用CR1,CR2,…CR4表示。补体活化的裂解片段一般在该成分的符号后附加小写字母表示,如C3a、C3b,即小片段用a,大片段用b。具有酶活性的成分或复合物在其符号上加一横线表示,如C$\overline{1}$、C$\overline{3bBb}$,已失活的补体成分则在其符号前冠以"i"(inactivated的首字母)表示,如iC3b。

### 二、补体成分的理化特性

补体系统各成分的主要理化特性见表4-1。补体系统各成分的化学组成均为糖蛋白,多数为β球蛋白，少数几种属α或γ球蛋白，分子量在25～390 kD之间。补体在血清中的含量约为4 g/L，其中C3含量最高，高达1.2 g/L，约为补体总量的1/3，D因子含量最低，仅为0.001～0.002 g/L。不同动物血清的补体含量各有差异，豚鼠血清中补体含量丰富，故实验用的补体多取自豚鼠新鲜血清。人类胚胎发育早期即可合成补体各成分，出生后3～6个月达到成人水平。补体系统各固有成分分别由肝细胞、巨噬细胞、小肠上皮细胞及脾细胞等产生。

某些补体成分（如C1、C2、C5、C8）性质极不稳定，加热56℃ 30分钟即被灭活，在室温下会很快失活，在0℃～10℃中活性仅能保持3～4天，故补体应保存在－20℃以下，冷冻干燥后能较长时间保存。许多理化因素如机械震荡、紫外线照射、强酸强碱、乙醇及蛋白酶等均可使补体失活。

**表4-1 补体系统固有成分的主要理化性状**

| 补体成分 | 分子量(kD) | 电泳位置 | 肽链数目 | 血清含量(g/L) | 合成部位 |
|---|---|---|---|---|---|
| 经典激活途径组分 | | | | | |
| C1q | 390 | γ2 | 18 | 0.07～0.18 | *小肠上皮细胞、脾、巨噬细胞 |
| C1r | 85 | α | 1 | 0.035～0.11 | *小肠上皮细胞、脾、巨噬细胞 |
| C1s | 85 | α | 1 | 0.035～0.11 | *小肠上皮细胞、脾、巨噬细胞 |
| C4 | 180 | β1 | 3 | 0.40～0.64 | *巨噬细胞、肝、脾、肺 |
| C2 | 117 | β1 | 1 | 0.025～0.03 | *巨噬细胞、肝、脾、肺、骨髓 |
| C3 | 190 | β1 | 2 | 1.20～1.60 | *肝、淋巴组织、巨噬细胞、骨髓 |
| 替代激活途径组分 | | | | | |
| B因子 | 95 | β2 | 1 | 0.225～0.25 | 肝 |
| D因子 | 25 | α | 1 | 0.001～0.002 | ? |
| P因子 | 220 | γ2 | 4 | 0.02～0.025 | ? |
| MBL途径组分 | | | | | |
| MBL | | | | | |
| MASP-1 | | | | | |
| MASP-2 | | | | | |
| 膜攻击复合物组分 | | | | | |
| C5 | 190 | β1 | 2 | 0.075～0.08 | 骨髓、肝、肾、肺、*脾 |
| C6 | 128 | β2 | 1 | 0.06～0.075 | *肝、巨噬细胞 |
| C7 | 120 | β2 | 1 | 0.05～0.065 | ? |
| C8 | 153 | γ1 | 3 | 0.05～0.08 | *脾、肺、肝、小肠、肾 |
| C9 | 79 | α | 1 | 0.06～0.09 | *肝 |

*代表主要合成部位

## 第二节 补体系统的激活

在生理情况下，补体系统各成分多以非活化状态存在于血清和体液中。补体系统的激活是在某些激活物质的作用下，各补体成分按一定顺序，以连锁的酶促反应方式依次活化，并表现出各种生物学活性的过程，故亦称为**补体级联**(complement cascade)反应。补体系统的激活过程按其起始顺序的不同，可分为3条途径，即①由C1q结合于免疫复合物(immune complex，IC)而启动激活的途径称为**经典途径**(classical pathway)；②由病原微生物等提供接触表面，从而使C3启动激活的途径为**旁路途径**(alternative pathway)；③由MBL结合至细菌表面启动激活的途径为MBL**途径**(MBL pathway)。以上3条激活途径具有共同的终末通路(terminal pathway)和生物学效应，即由 C5～C9 构成的**膜攻击复合物**(membrane attack complex,MAC)并发挥其溶细胞效应。

## 一、经典激活途径

补体激活的经典途径又称传统途径或第一途径，参与此途径的补体固有成分包括 C1(C1q、C1r、C1s)、C4、C2、C3。经典途径的主要**激活物质**是特异性抗体(IgG 或 IgM)与相应抗原结合所形成的免疫复合物(IC)。此外，一些非免疫因素如葡萄球菌 A 蛋白(SPA)、C 反应蛋白(CRP)、变性 DNA、某些 RNA 病毒包膜蛋白、胰蛋白酶、纤溶酶等也能直接激活经典途径。其激活过程按反应性质可分为两个阶段。

### (一)识别阶段

即 C1 识别 IC 而活化形成 C1 酯酶的阶段。C1 是由一个 C1q 分子和两个 C1r 和两个 C1s 分子组成的大分子蛋白复合物。其中 C1q 起识别作用，C1r 和 C1s 发挥催化作用。C1q 是最大的补体成分，由 6 个相同的亚单位共价结合形成对称的六聚体。每个亚单位又由 A、B、C 三条肽链盘绕而成，其羧基端为球形结构，呈辐射状排列，构成 C1q 分子的头部，是 C1q 与 Ig Fc 段结合的部位。C1r 和 C1s 均为单体，在 $Ca^{2+}$ 存在下，它们以 C1s-C1r-C1r-C1s 的顺序连接成四聚体，缠绕于 C1q 分子辐射状排列的六聚体之间(图 4-1)。

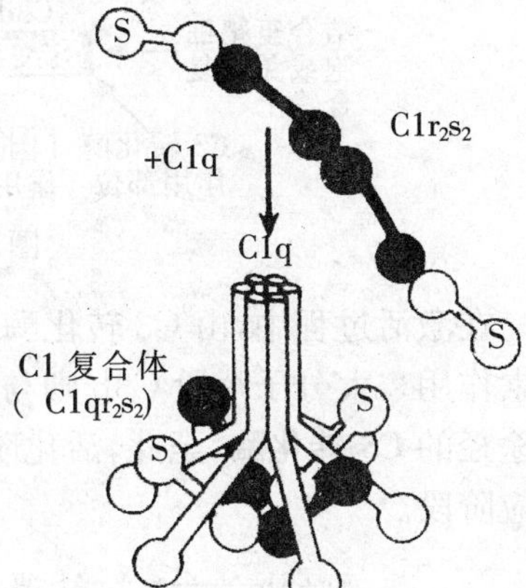


图 4-1　C1 分子结构模式图

抗体与抗原的结合，导致抗体分子的构型改变，使 Fc 段上的补体结合部位(IgG 的 CH2 区或 IgM 的 CH3 区)暴露出来，C1q 分子识别并与之结合后，发生构象改变，使 C1r 活化成为具有酶活性的 $C\overline{1r}$，后者进而激活 C1s，从而形成具有丝氨酸蛋白酶活性的 $C\overline{1}$ 复合物，即 C1 酯酶，其天然作用底物为 C4 和 C2。

每一个 C1q 分子必须同时与两个或两个以上 Ig 的 Fc 段结合，才能启动补体经典途径。由于 IgM 分子为五聚体，至少可同时提供 5 个补体结合点，故一个 IgM 分子与抗原结合即可有效地启动经典途径。IgG 分子为单体，与抗原结合后至少需两个相邻的 IgG 分子共同与 C1q 桥联，才能使 C1 活化。C1q 只能与 IgM 的 CH3 区、IgG 的 CH2 区结合，而且对 IgG 亚类的亲和力不同，依次为 IgG3＞IgG1＞IgG2。IgG4 和 IgA、IgE、IgD 等不能通过经典途径激活补体。

### (二)活化阶段

活化的 $C\overline{1}$ 依次裂解 C4、C2，形成具有酶活性的 **C3 转化酶**($C\overline{4b2b}$)，后者进一步裂解 C3 并形成 **C5 转化酶**($\overline{C4b2b3b}$)。此即经典途径的活化阶段。

C4 分子由 α、β、γ 三条肽链经二硫键连接而成。$C\overline{1}$ 裂解 C4，产生两个片段，小分子片段为 C4a 游离于液相，具有过敏毒素活性，大分子片段为 C4b，在 C4b 的 α 链断端面上暴露出一个高度不稳定的膜结合位点，可与邻近细胞表面的蛋白质或多糖共价结合，使补体活化稳定而有效地进行下去。未能与膜结合的 C4b 在液相中很快被灭活。

C2 为单链多肽，在 $Mg^{2+}$ 存在下，C2 与结合在细胞膜上的 C4b 结合，继而被 $C\overline{1}$ 裂解为大分子的 C2b 和小分子的 C2a。C2a 释放入液相，C2b 则与邻近结合在细胞表面的 C4b 结合，形成稳定的 C $\overline{4b2b}$复合物，此即经典途径的 **C3 转化酶**(C3 convertase)。C $\overline{4b2b}$中的 C4b 可与 C3 结合，而 C2b 可裂解 C3。

C3 是 C3 转化酶的天然底物，在补体系统激活的三条途径中起**枢纽**作用。C3 由二硫键连接的两条肽链组成，α 链较长，分子量为 115 kD；β 链较短，分子量为 70 kD。在 α 链上有两个酶的裂解部位，第一个部位在近 N 端，可被 C3 转化酶裂解为 C3a 和 C3b 两个片段。第二个裂解部位为 C3b 灭活因子(I 因子)的作用点(图 4-2)。C3b 在 I 因子和 H 因子的作用下可逐级裂解成 iC3b、C3c、C3d、C3dg、C3f、C3g 等片段。

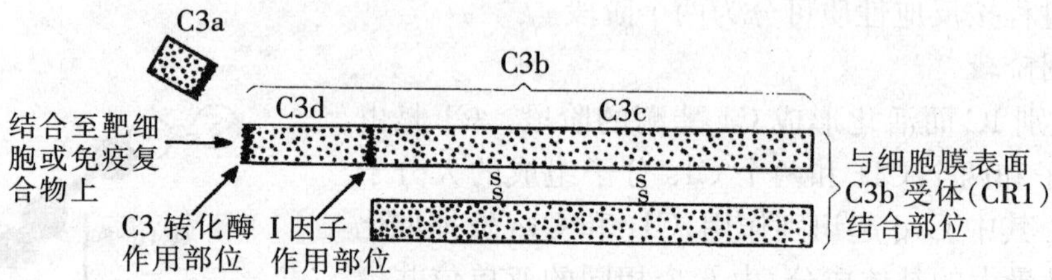


图 4-2　C3 分子及其裂解产物示意图

在激活过程中，由 C3 转化酶裂解 C3 所形成的小分子片段 C3a 游离于液相中，具有过敏毒素作用。大分子片段 C3b 则与细胞膜上的 C $\overline{4b2b}$共价结合，形成 C $\overline{4b2b3b}$复合物，此即经典途径的 **C5 转化酶**，至此，活化阶段已完成(图 4-3)。C5 转化酶裂解 C5，即进入共同的终末效应阶段。

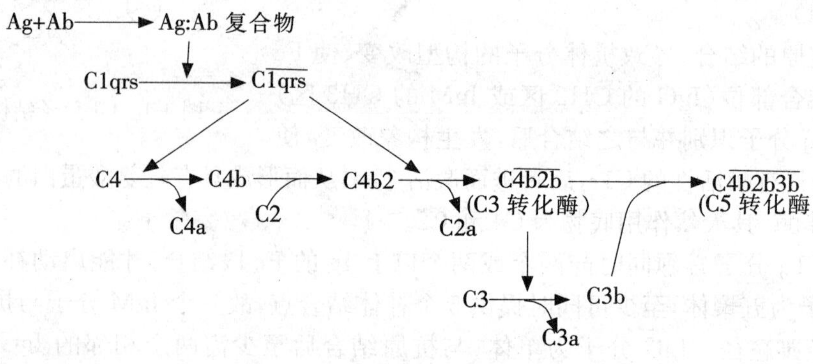


图 4-3　补体经典激活途径示意图

## 二、旁路激活途径

补体激活的旁路途径又称替代途径或第二途径。与经典途径不同，旁路途径越过了 C1、C4、C2，直接激活 C3。参与这一激活途径的补体成分除 C3 外，还包括 B、D、P、H、I 等因子。旁路途径的**激活物质**主要是细菌细胞壁成分即脂多糖、肽聚糖、磷壁酸、酵母多糖，尚有凝聚的 IgA 和 IgG4、眼镜蛇毒素等物质。这些物质实际上是提供了使补体激活级联反应得以进行的接触表面。这种激活方式不依赖于特异性抗体的存在，因而在感染早期为机体提供了有效的防御机制。

### (一)C3b 和 C3 转化酶的形成

在生理条件下，血清中的 C3 可受蛋白酶等作用，缓慢、持续地产生少量的 C3b，液相中的

C3b 迅速被 I 因子灭活。在 $Mg^{2+}$ 存在下，B 因子可与 C3b 结合形成 C3bB 复合体。体液中同时存在着无活性的 D 因子和有活性的 $\overline{D}$ 因子(B 因子转化酶)。$\overline{D}$ 因子作用于 C3bB，可使此复合物中的 B 因子裂解成 Ba 和 Bb 两个片段，前者游离于液相，后者与 C3b 形成 C$\overline{3bBb}$，此即旁路途经的 C3 **转化酶**。C$\overline{3bBb}$可不断裂解 C3 产生低水平的 C3b，但实际上此酶很不稳定，且效率低。C$\overline{3bBb}$可与正常血清中活化的 P 因子(备解素)结合成 C$\overline{3bBbP}$，而使其趋于稳定，半衰期延长。同时，体液中存在的 H 因子可置换 C3$\overline{bBb}$ 复合物中的 Bb，使 C3b 与 Bb 解离，解离或游离的 C3b 立即被 I 因子灭活(图 4-4，左)。因此，在生理情况下，I 因子和 H 因子控制着液相中的 C$\overline{3bBb}$，使之保持在很低的水平，避免 C3 大量裂解和后续补体成分的激活。但是，这种 C3 的低速度裂解和低浓度 C$\overline{3bBb}$的形成，对补体的激活具有重要意义，可认为是生理情况下的准备阶段。

(二)C5 转化酶的形成

旁路途径的激活在于**激活物质**(细菌脂多糖、酵母多糖等)的出现。因为，激活物质的存在为 C3b 或 C$\overline{3bBb}$提供了不易被 I 因子、H 因子灭活的保护性微环境，使替代途径从缓和进行的准备阶段过渡到正式激活阶段。

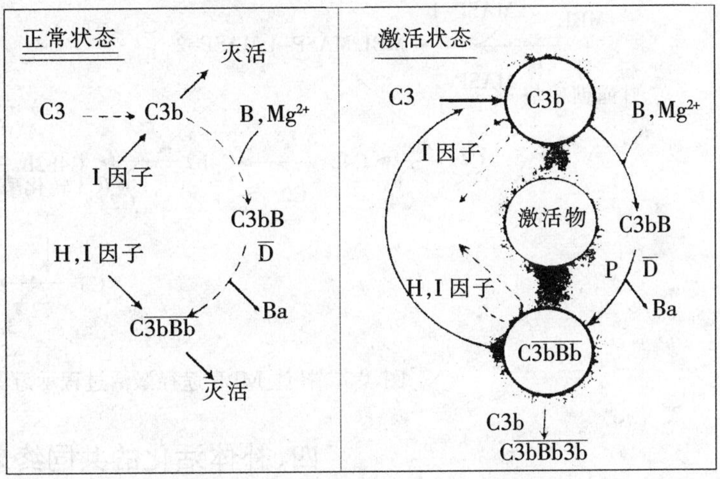


图 4-4　补体旁路途径激活过程示意图

结合于细胞表面的 C$\overline{3bBb}$或 C$\overline{3bBbP}$，即**固相 C3 转化酶**，可使 C3 大量裂解，并与其裂解产物 C3b 结合成多分子复合物$\overline{C3bBb3b}$，此即替代途径的 **C5 转化酶**，其作用类似于经典途径的 C5 转化酶 C$\overline{4b2b3b}$，能够裂解 C5，再进入与经典途径共同的终末效应阶段(图 4-4，右)。

(三)补体激活的放大

旁路途径的激活过程也是补体系统的一个重要放大机制。因此在有激活物质存在的情况下，C$\overline{3bBb}$能不断地裂解 C3，产生更多的 C3b，C3b 又可在 B 因子、D 因子参与作用下合成更多的 C$\overline{3bBb}$，继而进一步使 C3 裂解产生 C3b。这样，C3b 既是 C3 转化酶的组成成分，又是 C3 转化酶的作用产物，由此形成了旁路途径的正反馈放大环路，称为 **C3b 正反馈环**或称 **C3b 正反馈途径**。此外，经典激活途径产生的 C3b 也能启动该正反馈放大环路，并对经典途径产生放大效应。

## 三、MBL 途径

补体激活的 MBL 途径又称**凝集素途径**(lectin pathway)或第三途径。该激活途径与经典途径的激活过程相似，但不依赖抗体、IC 和 C1q。

**甘露糖结合凝集素**(mannose-binding lectin，MBL)又称甘露糖结合蛋白(mannose-binding protein，MBP)，是一种钙依赖性糖结合蛋白，可与细菌等微生物表面的甘露糖残基结合，但不与哺乳动物细胞结合。

MBL是由肝细胞产生的一种重要急性期蛋白。在病原微生物感染早期，巨噬细胞和中性粒细胞可产生TNF-a、IL-1和IL-6等炎症性细胞因子，导致机体发生急性期反应（acute phase response），并诱导肝细胞合成和分泌MBL及C反应蛋白等。

MBL为六聚体，在结构上与C1q相似，它首先与细菌表面糖蛋白和多糖的甘露糖（mannose）残基结合，然后与**MBL相关丝氨酸蛋白酶**（MBL-associated serine protease，MASP-1和MASP-2）发生作用。MASP与C1r和C1s在结构上具有同源性，因此MBL与MASP1和MASP2的相互作用与C1q与其C1r、C1s的相互作用具有同样的生物学活性，可水解C4和C2，继而形成C3转化酶（C$\overline{4b2b}$），其后续反应过程与经典途径相同。MBL途径也是机体固有性免疫的重要效应机制。

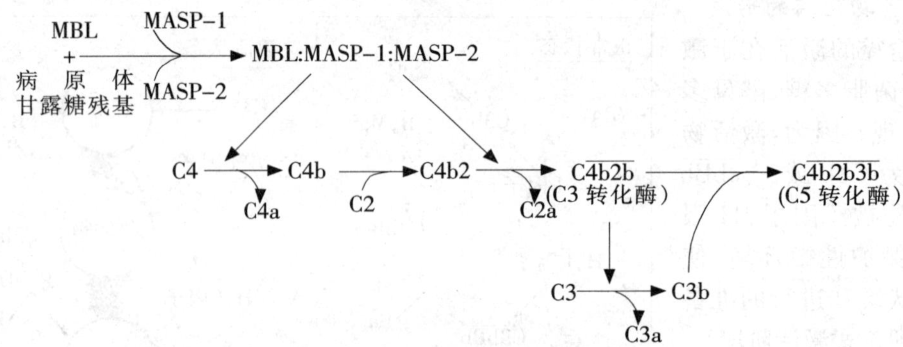


图4-5　补体MBL途径激活过程示意图

## 四、补体活化的共同终末效应

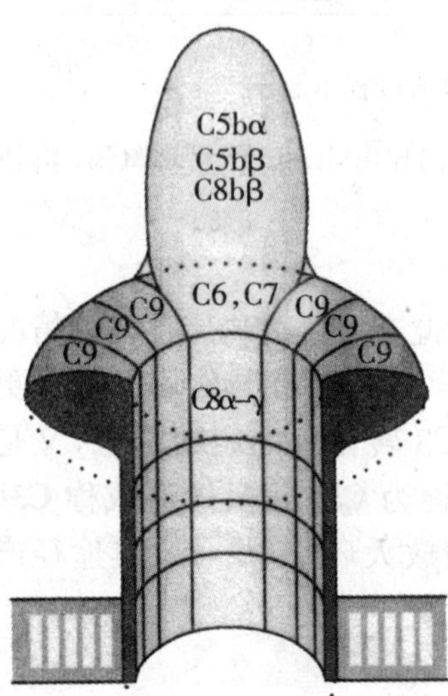


图4-6　膜攻击复合物（MAC）结构示意图

上述三条途径均可产生C5转化酶，启动补体系统终末成分（C5、C6、C7、C8、C9）的活化，并形成具有溶细胞效应的**膜攻击复合物**（membrane attack complex，MAC），导致靶细胞的溶解。

C5转化酶裂解C5形成C5a和C5b两个片段，这是补体级联反应的最后一个酶促反应过程，其后续过程只涉及补体蛋白成分的结合及聚合反应。小分子C5a游离于液相，具有过敏毒素和趋化作用；C5b首先与C6结合成C5b6复合物，继而与C7结合形成C$\overline{5b67}$三分子复合物，并通过C7上的疏水片段插入靶细胞膜脂质双层结构中。C$\overline{5b67}$复合物中的C7对C8具有高亲和力，C8结合到此复合物后，通过其γ链插入靶细胞膜中，使C$\overline{5b678}$复合物稳定地粘附在靶细胞表面。补体活化的最终效应需要C9分子的参与。C9与C$\overline{5b678}$结合并进行环状聚合，形成一个由C5b678并与12～15个C9分子组成的大分子量管状复合物，即MAC。MAC贯穿整个靶细胞膜，形成内经约11nm的跨膜孔道（图4-6）。

MAC的形成使靶细胞膜失去通透屏障作用，使可溶性小分子物质、离子和水分子可自由透过细胞膜，但由于孔道太小，不允许蛋白质等大分子物质从胞浆逸出，最终导致胞内渗透压降低，细胞溶解。此外，钙离子大量进入细胞内，可导致有核细胞溶解。

补体三条激活途径及其共同终末效应的全过程见图4-7。

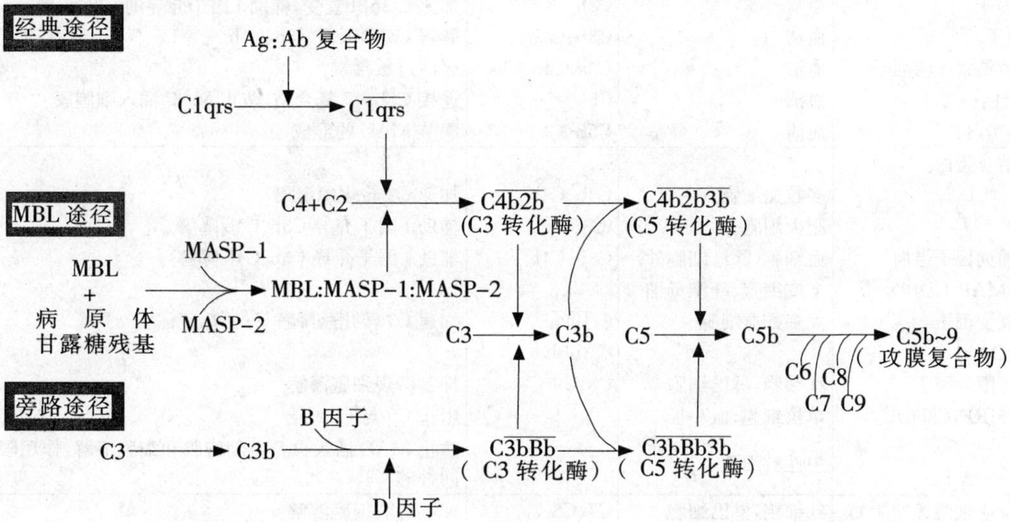


图 4-7　补体三条激活途径全过程示意图

## 第三节　补体活化的调节

补体系统的激活反应在体内受到一系列精细调节，以保持补体激活与灭活的动态平衡，防止补体成分过度消耗和对自身组织的损伤。这是机体自身稳定功能的主要表现之一。补体系统激活的调控可通过补体自身衰变及体液内和细胞膜上存在的各种调节因子来实现。当这些调节因子缺陷时，就会引起相应的临床病症。

### (一)自身衰变的调节

补体系统活性成分的自身衰变(decay)是补体自身控制的重要机制。补体活化片段C4b、C3b、C5b极不稳定，若不与细胞结合，很快就会失去活性；三条激活途径中的**C3转化酶**(C$\overline{4b2b}$、C$\overline{3bBb}$)和**C5转化酶**(C$\overline{4b2b3b}$、C$\overline{3bBb3b}$)均易衰变失活，从而限制了后续补体成分的连锁反应。

### (二)调节因子的作用

体内存在多种可溶性和膜结合型补体调节因子，它们以特定方式与相应补体成分相互作用，使补体的激活与抑制处于平衡状态，这样既可以防止补体过度活化对自身组织造成损害，又能有效地杀灭外来微生物。目前已发现的补体调节蛋白有十余种，按其作用特点可分为三类：①防止或限制补体在液相中自发激活的抑制剂；②抑制或增强补体对底物正常作用的调节剂；③保护机体组织细胞免遭补体破坏作用的抑制剂。各种补体调节蛋白及其功能见表4-2。

**表 4-2　补体调节蛋白及其功能**

| 种类 | 分　布 | 作用的靶分子 | 功　能 |
|---|---|---|---|
| 可溶性血浆蛋白 | | | |
| C1 抑制物 | 血清 | C1r、C1s | 抑制 C $\overline{1r}$、C $\overline{1s}$与无活性 C1 结合 |
| C4 结合蛋白 | 血清 | C4b | 加速 C $\overline{4b2a}$衰变，辅助 I 因子介导的 C4b 裂解 |
| H 因子 | 血清 | C3b | 加速 C $\overline{3bBb}$衰变，辅助 I 因子介导的 C3b 裂解 |
| I 因子 | 血清 | C3b、C4b | 裂解 C3 和灭活 C3b、C4b |
| 过敏毒素灭活因子 | 血清 | C3a、C4a、C5a | 灭活过敏毒素 |
| S 蛋白 | 血清 | C5b～7 | 连接 C5b～7 复合物，防止 MAC 插入细胞膜 |
| SP-40，40 | 血清 | C5b～9 | 调节 MAC 的形成 |
| 膜结合蛋白 | | | |
| CR1(CD35) | 多数血细胞 | C3b、C4b | 加速 C3 转化酶解离 |
| | 肥大细胞 | iC3b | 辅助 I 因子介导 C3b、C4b 降解 |
| 膜辅助因子蛋白 | 血细胞(除红细胞外) | C3b、C4b | 辅助 I 因子介导 C3b、C4b 降解 |
| (MAP、CD46) | 上皮细胞、纤维母细 | | |
| 促衰变因子 | 大多数血细胞 | C $\overline{4b2a}$ | 加速 C3 转化酶降解 |
| (DAF) | | C 3bBb | |
| 同源限制因子 | 红细胞，淋巴细胞 | C8、C9 | 抑制旁观细胞溶解 |
| (HRF，C8bp) | 单核细胞，血小板 | | 阻止 C9 与 C8 结合 |
| | 中性粒细胞 | | 防止 MAC 插入自身血细胞膜和细胞溶解，作用限于同种的 C9、C8 |
| 膜反应性溶解抑制物 | 红细胞，淋巴细胞 | C7、C8 | 抑制旁观细胞溶解 |
| | 单核细胞，血小板 | | 阻断 C7、C8 与 C5b 结合 |
| (MIRL，CD59) | 中性粒细胞 | | 防止 MAC 形成及其溶细胞作用 |

## 第四节　补体受体

补体受体(complement receptor，CR)是表达于细胞表面能与某些补体成分或补体片段特异性结合的糖蛋白分子。补体系统激活后所产生的一系列生物效应大多是通过补体受体介导的。另外，补体受体对补体活化也可产生调节作用。不同类型的细胞可具有不同的补体受体，其表达数量也有所不同。

### 一、Ⅰ型补体受体

Ⅰ型补体受体(type 1 complement receptor，CR1)即 CD35，是单链膜结合蛋白，其配体为 C3b/C4b(高亲和力)及 iC3b 和 C3c(低亲和力)。CR1 广泛分布于各种血细胞表面，包括红细胞、中性粒细胞、单核/巨噬细胞、嗜酸性粒细胞、T 细胞、B 细胞。在淋巴结和脾脏中的滤泡树突状细胞也表达 CR1。CR1 的主要功能为：

1. **调理吞噬**　中性粒细胞和单核/巨噬细胞表面的 CR1 是一种调理素受体，可增强吞噬细胞对 C3b、C4b 结合的细菌或病毒的吞噬作用。

2. **促进免疫复合物清除**　红细胞表面的 CR1 可结合带有 C3b 的 IC，并将 IC 携带至肝、脾等处加以清除。

3. **抑制补体激活**　CR1 可作为 I 因子的辅助因子，促进 C3b 和 C4b 的裂解。

### 二、Ⅱ型补体受体

Ⅱ型补体受体(type 2 complement receptor，CR2)即 CD21，是单链膜结合蛋白，其配体为 C3b 的裂解片段 C3d、C3dg 和 iC3b。CR2 主要分布于 B 细胞、树突状细胞和鼻咽部上皮细胞表面。CR2 的主要功能为：

1. **免疫调节作用** CR2(CD21)可增强抗原诱导的B细胞活化。CD21是B细胞的表面分子,它与另外两种B细胞表面分子CD19、CD81结合成为CD21/CD19/CD81复合物,作为B细胞活化辅助受体。当B细胞通过BCR与抗原结合后,CD21的胞外区也同时与包被有C3d的抗原结合,并通过CD21/CD19/CD81复合体加强抗原诱导下的信号转导,促进B细胞的活化(详见第十一章)。

2. **作为EB病毒受体** 在人类,CR2是EB病毒的特异性受体。EB病毒感染的大多数是成年人,并终身潜伏在感染者的B细胞和鼻咽部上皮细胞中。初次可表现为亚临床感染,也可以引起传染性单核细胞增多症。EB病毒与人类的几种恶性肿瘤有关联,包括非洲Burkitts淋巴瘤(一种恶性B细胞肿瘤)、鼻咽癌,以及与治疗性药物或HIV引起的免疫缺陷有关的B细胞淋巴瘤等,EB病毒是一种多克隆B细胞激活剂,在体外可使正常B细胞转化成传代的淋巴母细胞系。

### 三、Ⅲ型补体受体

Ⅲ型补体受体(type 3 complement receptor, CR3)也称为Mac-1(CD11b/CD18),是iC3b的受体。CR3主要表达于中性粒细胞、单核/吞噬细胞、肥大细胞和NK细胞表面,属于**整合素家族**成员。CR3的主要功能为:

1. **促进吞噬** CR3可介导iC3b包被的微生物或颗粒与吞噬细胞的结合,从而促进吞噬作用。CR3也可直接识别细菌而促进吞噬作用。

2. **参与粘附作用** Mac-1含有一条α链(CD11b)和一条β链(CD18),两者非共价结合,其中β链与整合素分子LFA-1的β链相同。因此,中性粒细胞和单核细胞上的Mac-1可与内皮细胞上的ICAM-1结合,从而促进白细胞与内皮细胞的粘附。这种粘附作用使大量白细胞向炎症和组织损伤部位募集,并介导一系列生理或病理效应。

### 四、Ⅳ型补体受体

Ⅳ型补体受体(type 4 complement receptor,CR4)即CD11c/CD18,是iC3b的受体,其细胞分布与CR3相同。CR4与Mac-1相比,只是α链(CD11c)不同,但β链(CD18)完全相同,因此,CR4与CR3也具有相似的功能。此外,树突状细胞表达丰富的CD11c,故可作为树突状细胞的重要标志之一。

## 第五节 补体系统的生物学作用

在补体系统激活过程中,可产生多种补体成分的复合物和游离的补体裂解片断,其生物学作用如下。

### 一、溶菌、溶细胞作用

补体系统激活后,通过级联反应可在靶细胞表面形成许多MAC,导致靶细胞溶解。补体的溶解活性是机体抵抗病原生物感染的重要防御机制。在感染早期,主要通过旁路途径和MBL途径,待特异性抗体产生后,主要依靠经典途径来完成。补体溶解作用的靶细胞如果是自身细胞,则可造成自身组织的损伤,临床上所见的因药物或血型不符的输血引起的免疫性溶血,就是补体溶解红细胞所致。

### 二、调理作用

补体裂解产物(C3b、C4b)与细胞或其他颗粒性物质结合,可促进吞噬细胞的吞噬作用,称为补体的**调理作用**(opsonization)。C3b的氨基端可与靶细胞结合,羧基端则与带有C3b受体的吞噬细胞结合。这样，C3b 在靶细胞（或免疫复合物）与吞噬细胞间作为桥梁使两者连接起来，从而促进吞噬作用。补体成分 C3b、C4b、iC3b 均有调理作用，这种调理作用在机体的抗感染过程中具有重要意义。

### 三、免疫粘附与清除免疫复合物

免疫粘附（immune adherence）是指抗原抗体复合物激活补体后，可通过 C3b 或 C4b 粘附于具有 CR1 的红细胞、血小板或某些淋巴细胞上，形成较大的聚合物，易被吞噬细胞吞噬和清除。免疫粘附在抗感染免疫和免疫病理过程中具有重要意义。

补体的存在，可减少 IC 的产生，并能使已生成的 IC 溶解，发挥自我稳定作用，借以避免因 IC 过度生成和沉积所造成的组织损伤。已证实，C3b 可嵌入 IC 的网格结构，与 Ig 分子结合，致使抗体与抗原之间的亲和力降低，复合物中的一部分抗原与抗体解离，导致 IC 变小，易于排出和降解。此外，IC 可通过 C3b 介导的免疫粘附而结合于红细胞上，随血液进入肝和脾脏，被吞噬细胞吞噬和清除。循环中的红细胞数量大，受体丰富，是清除 IC 的重要机制。

### 四、中和及溶解病毒

病毒与相应抗体结合后，在补体的参与下，可显著增强抗体对病毒的中和作用。其机理可能是直接溶解有包膜的病毒，阻止病毒对易感细胞的吸附和穿入；或干扰病毒在细胞中增殖。近年发现，C 型 RNA 病毒可不依赖抗体的参与，而能被灵长类动物新鲜血清所溶解，这种病毒溶解现象与病毒包膜上存在 C1 特异性受体有关。

### 五、炎症介质作用

1. **激肽样作用**　C2 裂解所产生的小分子片段 C2a 具有激肽样作用，能增加血管通透性，引起炎症性充血，故称为**补体激肽**。遗传性血管神经性水肿即因先天缺乏 $C\overline{1}INH$，血中 C2a 增高而导致水肿。

2. **过敏毒素作用**　C3a、C5a 具有过敏毒素作用，与肥大细胞、嗜碱性粒细胞表面的相应受体结合后，可使细胞脱颗粒，释放组胺等血管活性介质，导致血管扩张、通透性增强、平滑肌痉挛和局部水肿。C5a 的过敏毒素作用最强，C3a 的作用是 C5a 的 1/20，C4a 是 C5a 的 1/2500。

3. **趋化作用**　C3a、C5a 和 $C\overline{567}$ 具有趋化因子作用，能吸引中性粒细胞向炎症部位聚集，发挥吞噬作用，增强炎症反应。

## 第六节　补体系统与疾病

### 一、补体的遗传缺陷

几乎所有补体蛋白成分都可发生遗传缺陷。遗传性血管神经性水肿是一种较为常见的补体缺陷病，为常染色体显性遗传。本病 85% 患者缺乏 $C\overline{1}INH$。由于 $C\overline{1}INH$ 缺陷，C1 的活化得不到有效的控制，致使 C4 和 C2 消耗增多，产生大量 C2 裂解产物 C2a，后者具有激肽样活性，能使血管扩张，毛细血管通透性增高，从而引起皮肤和粘膜水肿，严重的喉头水肿可导致窒息死亡。

## 二、血清补体水平与临床疾病

正常人血清中补体的含量相对稳定，但在患某些疾病时，补体蛋白的含量可显著降低，出现低补体血症。主要有以下几方面原因：①消耗增多。主要见于 SLE、冷球蛋白血症、自身免疫性溶血性贫血、类风湿性关节炎、链球菌感染后肾小球肾炎、同种异体移植排斥反应等疾病；②大量丧失。多见于大面积烧伤、大出血及肾病综合征；③合成不足。多见于急、慢性肝炎，肝硬化或肝癌患者。

相比而言，补体成分的增高多见于组织损伤和感染性疾病的早期和恢复期。某些肿瘤患者可表现为高补体血症，但其生物学意义不明。

## 三、补体与Ⅱ、Ⅲ型超敏反应

补体系统的激活，尚可引起病理性免疫应答而导致组织损伤，这种免疫病理现象属于Ⅱ型或Ⅲ型超敏反应（详见第十一章）。

（司传平）

# 第五章　主要组织相容性复合体

**主要组织相容性复合体**(major histocompatibility complex, **MHC**)在免疫应答的发生与调节中均有十分重要的作用。MHC 的发现始于组织移植实验。20 世纪 40 年代,George Snell 等以近交系小鼠(除性染色体外,其余各对染色体的等位基因均为纯合)作皮肤移植时发现,在同系小鼠间移植皮肤组织,均不排斥,即组织相容;在不同近交系小鼠间移植,则发生排斥,即组织不相容。此后,用同类系小鼠(两个品系之间仅有一个或一群基因不同)的实验证实,第 17 号染色体编码小鼠血型抗原Ⅱ的基因与移植排斥有关,该基因命名为组织相容性-2(histocompatibility-2,H-2)。以后发现,还有几个基因与 H-2 紧密连锁,均与组织相容性有关,共同命名为主要组织相容性复合体,即 MHC。小鼠的 MHC 称为 H-2 复合体。人的 MHC 发现于 1958 年,Dausset 等发现肾移植排斥者或有白细胞输血反应的病人血清中,存在着针对供者组织或供者白细胞抗原的抗体。此后,国际合作研究证实,至少有 6 个基因座位紧密连锁于人第 6 号染色体上,其编码的分子表达于人白细胞上,称为**人类白细胞抗原**(human leucocyte antigen, **HLA**),这些基因合称为 **HLA 复合体**,即人类的 MHC。

困扰免疫学家的是,移植并非生理现象,什么原因使这些基因在进化中得以保存?终于在 20 世纪 60～70 年代被揭开。Baruj Benacerraf 等发现近交系豚鼠、小鼠对简单的合成多肽产生抗体的能力不同,其相关基因称为**免疫应答**(immune response, **Ir**)**基因**,位于 MHC 内,能产生应答者是由于该动物的 Ir 基因编码分子能结合该合成多肽,形成 MHC-多肽复合体,被 TH 细胞识别后,帮助 B 细胞产生抗体;非应答者是动物的 Ir 基因编码分子不能结合此多肽,因而不能产生免疫应答。现在认为:MHC 是由一群紧密连锁的基因群组成,其编码分子参与细胞间的识别,将抗原肽递呈给 T 细胞并激活 T 细胞,在启动特异性免疫应答时起重要作用。用"组织相容性"给这一基因群定名显然是不确切的,仅由于习惯和尊重历史而沿用至今。各种脊椎动物均具有自己的 MHC,如小鼠的 MHC 称为 H-2 复合体,人 MHC 称为 HLA 复合体。本章侧重介绍 MHC 基因及其编码分子的结构与功能。

## 第一节　MHC 的结构与特点

### 一、MHC 的基因组成

MHC 结构十分复杂,表现为**多基因性**(polygenic)和**多态性**(polymorphism),前者是指个体的 MHC 由紧密连锁的多个基因座位(locus)组成,后者是指每个基因座位在群体中有 2 个或 2 个以上的等位基因。HLA 复合体的多基因性和多态性比 H-2 复合体更为突出。

H-2 复合体定位于小鼠第 17 号染色体,长约 1 500 kb,分为Ⅰ、Ⅱ和Ⅲ类基因区。Ⅰ类基因区有 K、D、L 3 个座位,编码 H-2K、H-2D、H-2L 等Ⅰ类分子。Ⅱ类基因区(即 Ir 基因)有

Aβ、Aα、Eβ 和 Eα 4 个座位，分别编码各自的肽链，组成 I-A(Aα-Aβ)和 I-E(Eα-Eβ)等Ⅱ类分子。Ⅲ类基因区编码补体成分等(图 5-1)。

HLA 复合体位于人类第 6 号染色体短臂(6q21.31)，全长 3 600 kb，迄今共鉴定出 224 个基因座位，其中 128 个为功能性基因，余为假基因。Ⅰ类基因区位于远离着丝点一端，包括 HLA-A、-B、-C、-E、-F、-G、-H 等座位，其中 A、B、C 为**经典Ⅰ类基因(又称Ⅰa 基因)**，余为非经典基因(又称Ⅰb 基因)。Ⅱ类基因区位于近着丝点一侧，结构复杂，包括 HLA-DP、-DQ、-DR 3 个经典Ⅱ类基因，HLA-DN、-DO、-DM 非经典基因及某些免疫功能相关基因。Ⅲ类基因区位于Ⅰ、Ⅱ基因区之间，包括编码补体 C4、C2、B 因子的基因及某些与炎症相关的基因(图 5-2)。

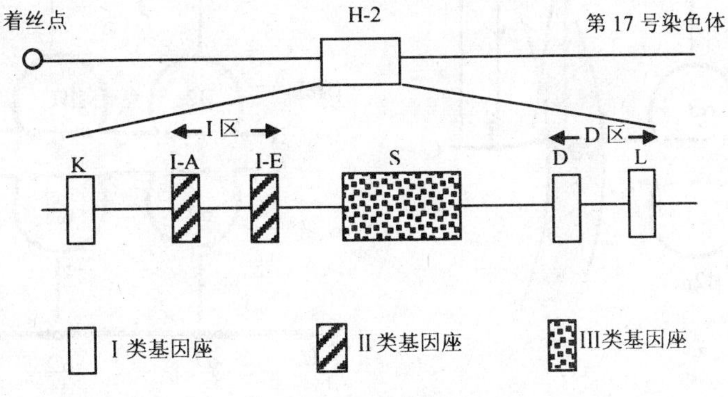


图 5-1　H-2 复合体简图

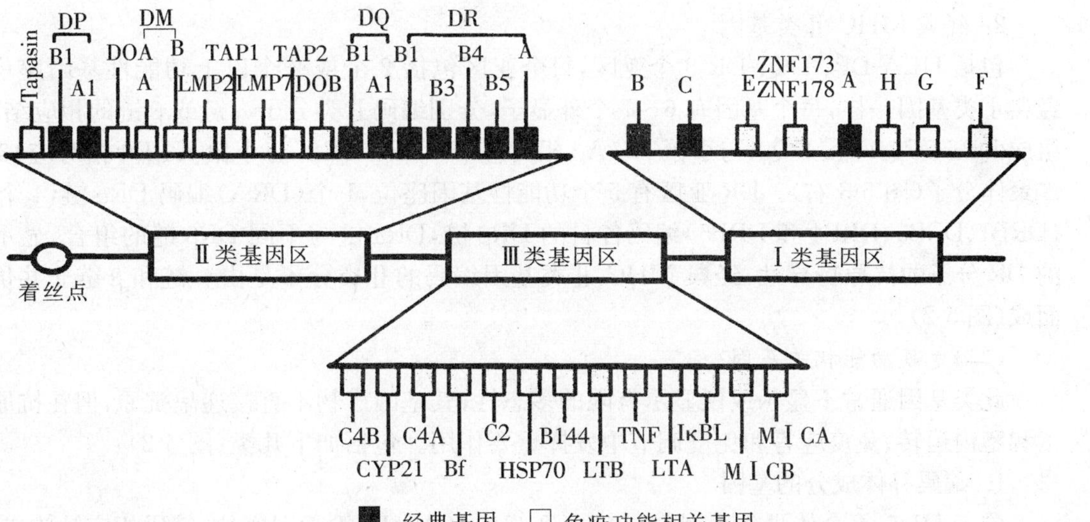


图 5-2　HLA 复合体基因图

根据基因结构与功能特点，下面将人 MHC 的 3 大类基因归纳为经典 MHC 基因和免疫功能相关基因两方面加以阐述。

(一)经典 MHC 基因

经典 MHC 基因具有高度多态性,决定个体组织特异性,其编码分子直接参与抗原递呈。

1. 经典 MHC Ⅰ类基因

经典 MHC Ⅰ类基因又称Ⅰa 基因,在 HLA 复合体中包括 HLA-A、-B、-C 3 个座位,每个基因的 5′端有一个编码信号肽的外显子,其下游的 3 个外显子,分别编码重链(α 链)胞外区的 α1、α2 和 α3 结构域,其后的数个外显子分别编码跨膜区(Tm)和胞浆内区(C),Ⅰ类基因编码的 α 链与第 15 号染色体编码的 β2 微球蛋白(β2-microglobulin,β2m)非共价结合组成Ⅰ类分子。(图 5-3,左)。

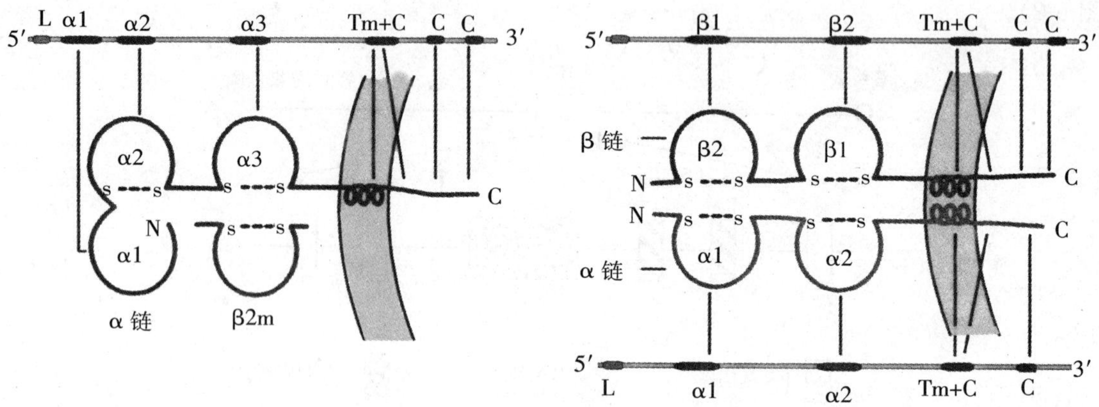


图 5-3　MHC Ⅰ类、Ⅱ类基因结构及其编码分子图解

L:前导序列　　Tm:跨膜序列　　C:胞浆序列

2. 经典 MHC Ⅱ类基因

包括 HLA-DP、-DQ、-DR 3 个亚区,每个亚区包括 2 个或 2 个以上功能性基因座位。与经典Ⅰ类基因一样,每个基因有 6～7 个外显子,分别编码Ⅱ类分子 α 链或 β 链的相应结构域,组成 DPα-DPβ、DQα-DQβ(与小鼠 Aα-Aβ 相对应)和 DRα-DRβ(与小鼠 Eα-Eβ 相对应)3 种异二聚体分子(图 5-3 右)。DR 亚区有 5 个功能性基因座位,1 个(DRA)编码 DRα 链,4 个 DRB(DRB1、DRB3、DRB4 和 DRB5)编码各自的 DRβ 链,DRα 链与不同 DRβ 链的组合,显示不同的 DR 分子的抗原特异性,经典 MHC Ⅱ类基因编码的Ⅱ类分子是由 α 链和 β 链非共价结合而成(图 5-2)。

(二)免疫功能相关基因

此类基因通常不显示或仅显示有限的多态性,其基因产物不直接递呈抗原,但在抗原的加工和胞内运转、免疫应答和免疫调节中发挥重要作用。包括如下几类(图 5-2):

1. 编码补体成分的基因

位于 HLA 复合体Ⅲ类基因区,包括 C2、C4A、C4B、Bf 等基因座位,编码相应补体成分。

2. 抗原加工递呈相关基因

位于Ⅱ类基因区。

(1)低分子量多肽基因　低分子量多肽(low molecular-weight peptide,LMP)基因包括 LMP2 和 LMP7 两个座位,编码胞质中蛋白酶体(proteasome)的亚单位,参与对内源性抗原的酶解。

(2)抗原肽转运体基因　抗原肽转运体(transporter of antigen peptide，TAP)基因包括TAP1和TAP2两个座位，其编码分子TAP是内质网膜上的异二聚体分子，参与内源性抗原肽的转运，使经蛋白酶体降解的抗原肽从胞质中进入内质网腔，与新合成的MHC Ⅰ类分子结合。

(3)HLA-DM、HLA-DO基因　为非经典Ⅱ类基因。DM包括DMA和DMB两个座位，其编码分子HLA-DM，参与外源性抗原肽与MHC Ⅱ类分子结合的过程。DO基因有DOA和DOB两个座位，其编码分子HLA-DO是HLA-DM功能的负调节因子。

(4)TAP相关蛋白基因　其产物TAP相关蛋白(tapasin)参与内源性抗原的加工和递呈。

LMP、TAP、DM、DO和tapasin的功能详见第十章。

3. 非经典Ⅰ类基因

非经典Ⅰ类基因又称Ⅰb基因，在HLA复合体中包括HLA-E、-F、-G、-H等。目前研究较多的为HLA-E和HLA-G基因。

(1)HLA-E基因　位于HLA-C和HLA-A座位之间，已发现有5个等位基因。HLA-E基因编码HLA-E分子的α链。HLA-E分子的结构与经典Ⅰ类分子相似，也与$\beta_2$M非共价结合而成。多种组织细胞可检测到HLA-E mRNA，但HLA-E分子的表达量很低，滋养层细胞和羊膜细胞表达HLA-E分子。HLA-E分子可特异地结合经典Ⅰ类分子和HLA-G分子的引导序列，递呈给NK细胞的抑制性受体(CD94/NKG2A)，抑制NK细胞的杀伤活性。因此HLA-E分子与维持母胎界面稳定有关，病毒感染细胞与肿瘤细胞可通过表达HLA-E分子逃避NK细胞的杀伤。

(2)HLA-G基因　位于HLA-H和HLA-F座位之间，已发现16个等位基因。由于mRNA的不同拼接，HLA-G至少有6种异构体(膜结合性的HLA-G1、G2、G3、G4和可溶性的HLA-G5和G6)。HLA-G的分子结构与经典Ⅰ类分子相似，主要表达于滋养层细胞、绒毛膜血管内皮细胞、羊膜液和胸腺髓质上皮细胞。HLA-G分子的生物学功能有：①膜性和可溶性HLA-G分子均可与子宫蜕膜NK细胞的抑制性受体结合，诱导免疫抑制活性而保护胚胎；②可能参与妊娠期血管生成；③可能参与胸腺细胞选择的某些过程；④一定条件下，对HLA-E的表达有调控作用。此外，某些肿瘤浸润部位的**巨噬细胞(Mϕ)**和**树突状细胞(DC)**也表达HLA-G，提示HLA-G分子参与抑制NK细胞和CTL的抗肿瘤作用。

4. 炎症相关基因

此类基因位于Ⅲ类基因区内靠近Ⅰ类基因区的一侧。由于在应激、炎症、感染中有作用，近年有学者建议将其称为Ⅳ类基因区。

(1)肿瘤坏死因子基因家族　肿瘤坏死因子(tumor necrosis factor，TNF)基因家族包括TNF(TNF-α)、LTA(TNF-β)和LTB(TNF-C)3个座位，其产物参与炎症、抗病毒和抗肿瘤免疫应答(见第七章)。

(2)热休克蛋白基因家族　热休克蛋白(heat shock protein，HSP)基因家族在进化上高度保守，其基因产物(如HSP70)参与炎症和应激反应，并作为分子伴侣在内源性抗原的加工、递呈中发挥作用。

(3)MHC Ⅰ类相关基因家族　MHC Ⅰ类相关(MHC class Ⅰ related，MⅠC)基因家族包括MⅠCA和MⅠCB等基因，主要表达于小肠粘膜，与HSP的作用密切相关。

(4) IκB样基因、B144基因、锌指基因ZNF173和ZNF178(位于Ⅰ类基因区HLA-A座位附近)等，参与调节DNA结合因子NF-κB的活性。

此外，在Ⅲ类基因区内还有一些与免疫无关的基因，如21-羟化酶(CYP21)基因等。

## 二、MHC的遗传特点

### (一)单元型遗传

**HLA单元型**(HLA haplotype)是指同一条染色体上不同HLA座位等位基因的组合。由于各基因紧密连锁，很少发生同源染色体间的交换，通常以一个完整的遗传单位由亲代传给子代。个体中的两个 HLA 单元型（分别来自父亲和母亲）组成 **HLA 基因型**（HLA genotype），基因型表达产物构成该个体 HLA 抗原的特异性型别，称为 **HLA 表型**（HLA phenotype）。根据 HLA 单元型遗传方式，家庭各成员 HLA 单元型的型别分布有以下规则：亲代与子代之间必然有一个单元型相同；在同胞之间则有 3 种可能性：①两个单元型完全相同的机率为 25%；②两个单元型完全不同的机率也是 25%；③一个单元型相同的机率为 50%（图 5-4）。这一遗传特点可应用于器官移植时供者的选择和法医中亲子鉴定。

（二）多态性

同一个体，染色体某一基因座位最多只能有两个等位基因，分别出现在来自父母双方的同源染色体上。在随机婚配的群体中，染色体同一基因座位上存在多个等位基因，这就是**多态性**。多态性可导致群体中不同个体所拥有的等位基因的差别。多态性和前面提及的多基因性从不同水平反映了 MHC 的**高度多样性**（diversity）；**多基因性**是指同一个体中 MHC 基因座位在数量和结构上的多样性；而**多态性**是指群体中 MHC 各基因座位等位基因（及其产物）在数量构成上的多样性。

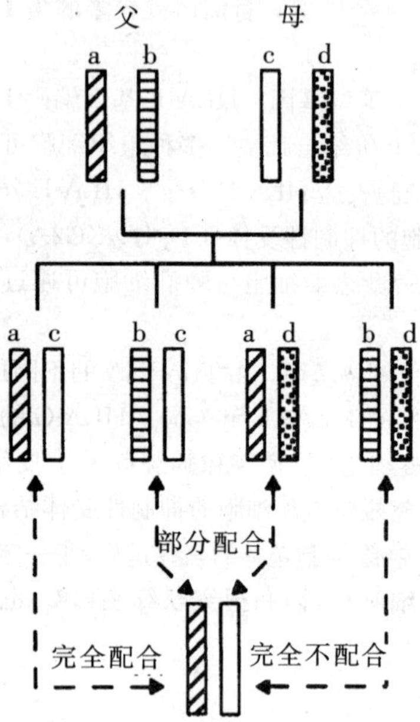

图 5-4　HLA 单元型家系遗传示意图

现知 HLA 复合体是人体多态性最为明显的基因系统。截止 1999 年，HLA 复合体等位基因总数已达 1031 个，其中 HLA-A、-B、-C 座位分别有 151、301 和 83 个等位基因，HLA-DPA1、-DPB1、-DQA1、-DQB1、-DRA 和 -DRB1座位分别有 18、87、20、43、2 和 227 个等位基因。对上述各基因座位和等位基因的命名原则是：星号（＊）前为基因座位，星号后为等位基因。例如 HLA-B＊2702 代表 HLA 复合体Ⅰ类基因 B 座位的第 2702 号等位基因（第 27 主型第 02 号等位基因）；HLA-DQA1＊0301 代表Ⅱ类基因 DQA1 座位第 0301 号等位基因（第 03 主型第 01 号等位基因）。

HLA 多态性形成的原因主要有二：

1. HLA 基因结构变异　一般认为，多态性的形成是由于基因突变、基因重组和基因转换等导致基因结构发生变异，产生新的等位基因，通过自然选择，那些能有效递呈抗原诱导免疫应答，使个体具有较强抗病能力的新等位基因，有较多机会传递给后代，从而使新等位基因在群体中得以延续。通过漫长的历史积累，HLA 复合体形成了为数众多的等位基因，这是形成 HLA 高度多态性的主要原因。

2. 共显性　一对等位基因均为显性遗传者称为共显性（codominance）。HLA 复合体每一对等位基因均为共显性，都有相应产物表达，因此，大大增加了人群中 HLA 表型的数量。

HLA 复合体的高度多态性具有重要的生物学意义。不同的 HLA 等位基因产物，可递呈不同的抗原肽，诱导出强弱不同的免疫应答。因而从基因储备上造就了对抗原（例如病原体）入侵的反应性和易感性不同的个体，这就赋予群体对各种内外环境的刺激具有巨大的适应能力，有利于维持人群的生存与延续。但是，HLA 的高度多态性却给器官移植选择供者带来了很大的困难。

(三)连锁不平衡

HLA 复合体等位基因在人群中有各自的基因频率。基因频率是指群体中携带某一等位基因的个体数目与携带该基因座位各等位基因个体数目总和的比例。随机婚配的群体中，在无新的基因突变和自然选择的情况下，基因频率可代代不变。由于 HLA 复合体各座位的等位基因紧密连锁，在理论上，若各座位的等位基因随机组合构成单元型，则某一单元型出现的频率应等于组成该单元型各基因频率的乘积。但实际上，各基因并非随机地组成单元型，某些等位基因经常(或很少)连锁在一起，从而出现**连锁不平衡**(linking disequilibrium)。例如，在白人中 HLA-A1 和 HLA-B8 的基因频率分别为 0.16 和 0.09，若随机组合，则单元型 A1-B8 的预期频率应为 0.16×0.09=0.0144，但实际测得的 A1-B8 单元型频率为 0.088，表明 A1 与 B8 处于连锁不平衡，该两基因经常同时出现。已发现在 HLA 复合体中有 50 余个等位基因显示连锁不平衡，其产生机制尚不清楚。连锁不平衡的存在告诉人们在寻找调控免疫应答或决定疾病易感性基因的时候，不要被假象所迷惑，应根据连锁分析，找出与疾病关联的主要、次要成分(见第四节)。

## 第二节 MHC 分子的结构与功能

### 一、MHC 分子的结构与分布

(一)MHC 分子的结构

MHC Ⅰ类分子是由 α 链(44～47 kD)和 β2 微球蛋白(β2m，由人的 15 号染色体、小鼠的 2 号染色体编码)非共价结合的异二聚体分子。α 链由胞外区、跨膜区和胞内区组成。胞外区折叠成 α1、α2 和 α3 三个结构域，各有 90 个氨基酸残基。α1 和 α2 结构域形成 8 股反向平行的 β 片层和 2 个 α 螺旋组成的**肽结合槽**(cleft or groove)，β 片层为槽底，两侧为 α 螺旋，槽两端封闭，槽大小为 2.5 nm×1.0 nm×1.1 nm，可容纳 8～12 个氨基酸残基组成的抗原肽。组成槽的氨基酸变化大，是Ⅰ类分子多态性的基础。α3 的序列高度保守，与 Ig 的 C 区同源，属**免疫球蛋白超家族**(IgSF)。α3 结构域与 β2m 非共价结合，各自形成反向平行的 β 片层。α3 能与 T 细胞表达的 CD8 分子相互作用，参与诱导 T 细胞的活化。跨膜区由 25 个疏水性氨基酸组成，以螺旋状穿过胞膜脂质双层。其后的 30 个氨基酸位于胞浆中，其中一组碱性氨基酸与脂质双层内侧磷脂头部相互作用，将Ⅰ类分子锚于细胞膜。

β2m 无种属特异性，通过与 α3 结构域结合，同时与 α1、α2 结构域的相互作用，对Ⅰ类分子的表达和维持Ⅰ类分子天然构象的稳定性有重要意义(图 5-5、图 5-6，表 5-1)。

MHC Ⅱ类分子是由 α 链(32～34 kD)和 β 链(29～32 kD)非共价结合的异二聚体分子。两条肽链均由胞外区、跨膜区和胞内区组成。胞外区各含两个结构域，即 α1、α2 和 β1、β2。α1 与 β1 组成肽结合槽，由 8 股(α1 与 β1 各有 4 股)反向平行的 β 片层组成槽底，2 个(α1 与 β1 各 1 个)α 螺旋组成槽的两侧。槽两端开放，可容纳 13～17 个甚至更多氨基酸残基的抗原肽。槽外侧可结合**超抗原**(见第二章)。组成槽的氨基酸变化大，是Ⅱ类分子多态性的基础。α2 和 β2 结构域与Ⅰ类分子的 α3-β2m 一样，无多态性，属 IgSF。β2 结构域能结合 T 细胞表达的 CD4 分子。跨膜区由 25 个疏水性氨基酸组成，其后是一组含碱性氨基酸及亲水性氨基酸的胞内区，与Ⅰ类分子类似(图 5-5，表 5-1)。

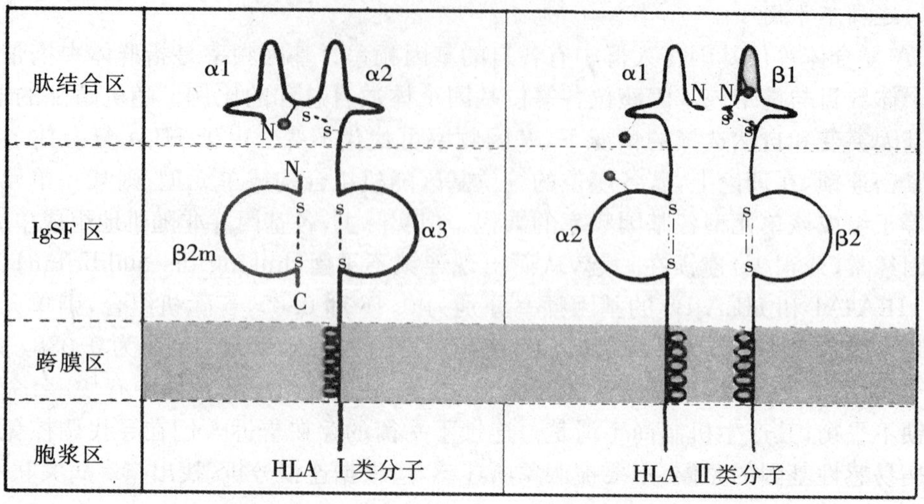


图 5-5　HLA Ⅰ类、Ⅱ类分子结构示意图

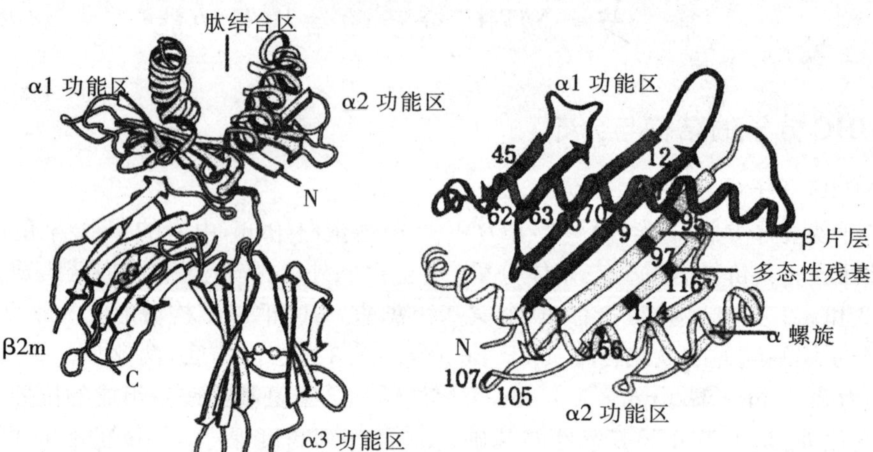


图 5-6　HLA Ⅰ类分子肽结合槽示意图

**表 5-1　MHC Ⅰ类分子与Ⅱ类分子的特征**

| 特　　征 | MHC Ⅰ类分子 | MHC Ⅱ类分子 |
|---|---|---|
| 多肽链 | α 链(44～47 kD)<br>β2m(12 kD) | α 链(32～34 kD)<br>β 链(29～32 kD) |
| 多态性残基位置 | α1 和 α2 结构域 | α1 和 β1 结构域 |
| 与 T 细胞共受体结合 | α3 区结合 CD8 | β2 区结合 CD4 |
| 肽结合槽大小 | 容纳 8～12 残基的肽 | 容纳 10～30 个残基的肽 |
| 名称　　人 | HLA-A、HLA-B、HLA-C | HLA-DP、HLA-DQ、HLA-DR |
| 　　　　小鼠 | H-2K、H-2D、H-2L | I-A、I-E |

(二)MHC 分子的分布与调节

经典 MHC Ⅰ类分子(人类为 HLA-A、HLA-B 和 HLA-C)广泛分布于所有有核细胞表面,包括血小板和网织红细胞,各种细胞表达Ⅰ类分子的密度不同,淋巴细胞密度最高($5\times10^5$分子/细胞),成纤维细胞、肌细胞、肝细胞和神经细胞则表达水平很低,少数细胞如分化某一阶段的滋养层细胞、神经原和精细胞不表达Ⅰ类分子。

经典 MHC Ⅱ类分子(人类为 HLA-DP、HLA-DQ 和 HLA-DR)主要分布于单核/巨噬细胞(Mon/Mϕ)、树突状细胞(DC)和 B 细胞等**抗原递呈细胞**(APC)表面。其表达水平与细胞分化及抗原刺激有关,如 DC 和成熟 B 细胞高表达Ⅱ类分子,前 B 细胞则不表达,Mon/Mϕ 在与抗原接触前低表达Ⅱ类分子,被抗原激活后表达量明显增多。某些情况下(如细胞因子刺激),活化的 T 细胞、胸腺上皮细胞、血管内皮细胞等也表达Ⅱ类分子,行使 APC 功能。

MHC Ⅰ、Ⅱ类分子主要以跨膜分子形式分布于细胞表面,也可出现于体液中,如血清、唾液、尿液、精液及乳汁中均可检测到游离的可溶性 MHC Ⅰ、Ⅱ类分子。

MHC 分子在各型细胞不同表达的机制研究尚处于初期阶段,MHC 基因的转录因子、细胞因子和病毒感染可能对 MHC 分子表达起调控作用。例如,转录因子 CⅡTA (MHC Ⅱ transactivator)和 RFX 均结合于 MHC Ⅱ类基因的启动子序列,如果此种转录因子缺陷,细胞就不表达Ⅱ类分子,可造成严重免疫缺陷,临床上称为**裸淋巴细胞综合征**。IFN-γ 能诱导产生一种特殊的转录因子结合于 MHC Ⅰ类基因的启动子序列,并协同上调编码Ⅰ类分子 α 链、LMP 和 TAP 基因的转录。IL-4 可使静止的 B 细胞表达Ⅱ类分子增多。类固醇激素和前列腺素亦可使Ⅱ类分子表达下降。感染**巨细胞病毒**(CMV)、**乙型肝炎病毒**(HBV)和**腺病毒 12**(Ad12)均可使 MHC 分子表达减少。

## 二、MHC 分子的生物学功能

(一)MHC 分子是抗原递呈分子

引起 T 细胞应答的内源性抗原或外源性抗原,都需经 APC 处理成抗原肽,并与 MHC 分子结合成 MHC-肽复合体,表达于胞膜,才能被 T 细胞识别,引起各种免疫应答。因此,MHC 分子在免疫应答中起着递呈抗原的重要作用。关于抗原肽在 APC 中的处理及在胞内的运转,将在第十章阐述,本节仅介绍 MHC 分子是如何结合抗原肽的。

1. MHC 分子与抗原肽相互作用的分子基础

能诱导 T 细胞免疫应答的任一抗原肽必需含有某些能与 MHC 分子肽结合槽相结合的氨基酸残基和另一些被 T 细胞识别的残基。分析从肽结合槽中洗脱下来的抗原肽的一级结构发现,与 MHC Ⅰ类分子结合的抗原肽往往带有 2 个或 2 个以上专司与肽结合槽相结合的部位,称为**锚定位**。该处的氨基酸残基称为**锚定残基**(anchor residue)。与同一型别 MHC Ⅰ类分子相结合的不同抗原肽,其锚定位和锚定残基往往相同或相似(表 5-2)。

**表 5-2　抗原肽锚定位与锚定残基**

| 肽洗脱自 | 共同基序 | | | | | | | | |
|---|---|---|---|---|---|---|---|---|---|
| | 1 | 2 | 3 | 4 | 5 | 6 | 7 | 8 | 9 |
| H-2D$^d$ | $N_3$H-V | G | P | Q | K | N | E | N | L-coo$^-$ |
| | $N_3$H-S | G | P | R | K | A | I | A | L-coo$^-$ |
| | $N_3$H-V | G | P | S | G | K | Y | F | I-coo$^-$ |
| | $N_3$H-S | G | P | E | R | I | L | S | L-coo$^-$ |
| H-2K$^d$ | $N_3$H-S | Y | F | P | E | I | T | H | I-coo$^-$ |
| | $N_3$H-T | Y | Q | R | T | R | A | L | V-coo$^-$ |
| | $N_3$H-S | Y | I | G | S | I | N | N | I-coo$^-$ |

表 5-2 显示，从小鼠 H-2D$^d$肽结合槽洗脱的 4 条不同 9 肽，其第 2 位(P2)，第 3 位(P3)和第 9 位(P9)为锚定位，其锚定残基分别为甘氨酸(G)、脯氨酸(P)和亮氨酸或异亮氨酸(L/I)；从小鼠 H-2K$^d$洗脱的 3 条肽，P2 为酪氨酸(Y)，P9 为异亮氨酸或缬氨酸(I/V)；非锚定位的氨基酸则带有较大的任意性。由此表明，与 H-2D$^d$或 H-2K$^d$结合的 9 肽均有一个特征性的共同基序—XGPXXXXXL/I 或 XYXXXXXXI/V。与人类 HLA-Ⅰ类分子结合的 9 肽亦有共同基序，如 HLA-A2 分子结合的 9 肽，其共同基序为 XL/MXXXXXX V/L。

MHC Ⅰ类分子肽结合槽的底部(β片层)有数个接纳抗原肽锚定残基的相应结构，称为**小袋**(pocket)，由多态性残基构成，与相应的锚定残基侧链互补结合，将抗原肽锚定在Ⅰ类分子的肽结合槽内，部分非锚定残基可向上拱起，其侧链供 T 细胞识别(图 5-7)。

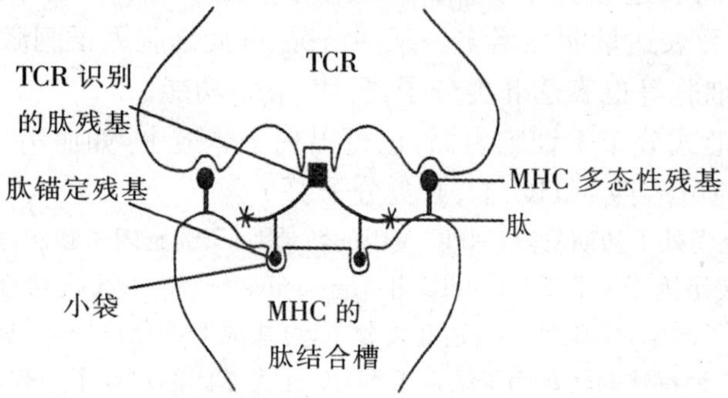


图 5-7　MHC-肽-TCR 三者关系示意图

与 MHC Ⅱ类分子结合的抗原肽较长，但其中段有 7～10 个残基组成的核心序列，通过锚定残基与肽结合槽结合，两端可伸于槽外，犹如面包夹热狗状。其结合的部位与方式比Ⅰ类分子复杂。

2. MHC 分子与抗原肽相互作用的特点与意义

(1)MHC 分子接纳与递呈抗原肽有一定的选择性　如上所述，不同型别的 MHC 分子，通过其多态性残基组成的小袋，可选择性结合不同的抗原肽。这种选择性可导致不同个体对同一抗原出现免疫应答强弱的差异，例如某一病毒抗原经处理后有 3 个肽段，其锚定位和锚定残基各不相同，可引起 3 种不同功能的抗病毒免疫应答，但 MHC 型别不同的个体，结合和递呈这 3 种肽的能力存在差异，从而导致不同个体对同一病毒抗原出现强弱不一的免疫应答。

(2)MHC 分子接纳和递呈抗原肽具有相当的灵活性　深入研究发现，MHC 分子对抗原肽的识别并无严格的专一性，而是一种 MHC 分子可以识别并结合带有特征性共同基序的一群肽段，由此显示两者相互作用的**灵活性**(flexibility)。此种灵活性表现在 3 个方面：①组成特征性共同基序的"X"氨基酸，其性质和顺序可不相同；②特定 MHC 分子所"选择"的锚定残基常不止一种，因此，使一种 MHC 分子能接纳和递呈多个抗原肽；③不同 MHC 分子所接纳的抗原肽可拥有相似的共同基序，例如，已确认 HLA-A2 家族中的不同成员(由不同型别等位基因编码)均可识别具有相似共同基序的抗原肽。HLA-A3、B4 和 B44 家族也是如此。MHC 分子与抗原肽结合灵活性的意义在于，任何个体只表达有限型别的 MHC 分子(杂合个体有 6 种不同的Ⅰ类分子和 12 种以上的Ⅱ类分子)，却可将大量不同的抗原肽递呈给 T 细胞，使得免疫系统对环境中不同抗原的攻击能作出充分的特异性应答。这一点对设计和应用多肽疫苗或 T 细胞疫苗进行免疫预防和免疫治疗提供了方便。

(3)MHC 分子与抗原肽的结合具有低亲和性　抗原与抗体结合具有高亲和性，其解离常数(Kd)为 $10^{-7}$～$10^{-11}$mol/L，而 MHC-肽的结合为低亲和性，其 Kd 为 $10^{-6}$mol/L，两者的结合与解离均很缓慢，一旦结合，可维持数小时甚至数天，这将确保被 T 细胞识别。

(二)参与 T 细胞分化及中枢性免疫耐受的建立

胸腺上皮细胞、Mϕ 及 DC 等的 MHC Ⅰ类、Ⅱ类分子，参与胸腺细胞的**阳性选择**与**阴性选择**，在 $CD4^+$ T 细胞和 $CD8^+$ T 细胞的分化、消除**自身反应性 T 细胞**、建立**中枢性免疫耐受**过程中均起重要作用(见第九章)。

(三)MHC 限制性

1974 年，Rosenthal 与 Shevach 用抗原致敏的 2 系豚鼠 Mϕ 分别与来自 2 系、13 系和 F1 子代(2×13)豚鼠的 TH 细胞混合培养，结果只有 2 系和 F1 豚鼠的 TH 细胞有增殖应答，因为它们有相同的 MHC Ⅱ类分子。同年，Zinkernagel 和 Dcherty 用小鼠的细胞毒性 T 细胞(CTL,Tc)杀伤病毒感染靶细胞的实验也表明，CTL 细胞只杀伤与其相同 MHC Ⅰ类分子的靶细胞。上述实验表明，TCR 在识别抗原肽的同时，必需识别自身 MHC 分子，此即**MHC 限制性**(MHC restriction)。现知 MHC 分子肽结合槽 α 螺旋的多态性残基正是 TCR 的识别配体。TCR 必须同时识别相应的抗原肽和相应的 MHC 分子肽结合槽 α 螺旋的多态性残基，才能诱导 T 细胞活化；如果抗原肽不同或 MHC 分子肽结合槽 α 螺旋的多态性残基不同，TCR 就不能识别。TCR 识别自身 MHC 的能力是 T 细胞在胸腺发育中获得的(见第九章)。

## 第三节　HLA 等位基因分型技术

传统的**血清学分型技术**和**细胞学分型技术**主要用于 MHC 表型的检测。血清学分型技术是用**微量补体依赖细胞毒**(complement dependent cytotoxicity, CDC)试验检测 HLA-A、-B、-C、-DQ 和-DR 分子。细胞学分型技术用的是**单向混合淋巴细胞培养**(mixed lymphocyte culture, MLC)试验测定 HLA-DP 分子。上述方法需用标准分型血清或标准分型细胞，因来源困难、方法繁琐等缺点，细胞学分型技术已基本淘汰，对 HLA Ⅰ类分子的检测仍可用血清学分型技术。20 世纪 90 年代初开始，应用分子生物学技术直接检测 HLA 等位基因 DNA 序列，具有准确、可靠、操作简便等优点。下面介绍几种常用的 HLA 等位基因分型方法。

### 一、多聚酶链反应一限制性片段长度多态性(PCR-RFLP)技术

PCR-RFLP(restriction fragment length polymorphism)的基本原理是：应用(HLA 等位基因)组间特异性引物，以 PCR 扩增目的 DNA，用多种核酸内切酶将扩增产物切割成长度不一的片段，通过聚丙烯酰胺凝胶电泳加以分析。由于不同等位基因的限制性酶切位点不同，故电泳后显示不同 DNA 片段的条带，根据条带分布的格局可判断 HLA 的类型。优点：明显提高了目的 DNA 的特异性，操作简便，所需设备简单，分型时间短。缺点：试剂昂贵，对某些杂合子个体的结果判断有一定困难。

### 二、多聚酶链反应一序列特异性寡核苷酸探针(PCR-SSOP)技术

原理：借助 PCR 技术，应用等位基因或等位基因组特异性引物对目的基因进行扩增；将扩增产物转移至硝酸纤维素膜上，以放射性核素($^{32}$p)或非放射性物质(生物素、地高辛等)标记的序列特异性寡核苷酸探针(sequence specific oligonucleotide probe, SSOP)进行杂交，可以分辨出几乎所有等位基因的特异性亚型间的差异。优点：敏感性高(可分辨 1～2 个碱基对的差异)、特异性强，是目前用于 HLA Ⅱ类基因分型的快速而精确的分法。缺点：需用大量探针，且对试验条件要求较高。

### 三、多聚酶链反应一序列特异性引物(PCR-SSP)技术

PCR-SSP(sequence specific primer)技术的原理：应用 HLA 等位基因序列特异性引物，通过控制 PCR 反应条件，特异地扩增相应的等位基因，而不扩增其他无关基因。根据特异 PCR 扩增产物的有无，分析相应等位基因的型别。优点：操作简单、快速，实验结果容易判断，杂合子也易检出。缺点：属低分辨率分型技术，为准确检出所有已发现的 HLA 等位基因型别，必需使用多个引物。

### 四、多聚酶链反应一单链构象多态性(PCR-SSCP)技术

PCR-SSCP(single strand conformation polymorphism)技术是对目的 DNA 进行 PCR 扩增后，再进行单链

DNA 多态性分析。其基本原理为：HLA 各等位基因间的核苷酸序列不同，其二级结构存在差异，可自身折叠成具有一定空间结构的构象，从而在非变性聚丙烯酰胺凝胶电泳中呈现不同的迁移率，经硝酸银染色后表现为不同的泳动区带，藉此可鉴别编码基因的多态性。优点：可直接比较供、受者间 HLA-Ⅱ类基因是否一致，可精确到 1～2 个碱基之差，具有相对简捷而精确的特点。在骨髓移植的配型中，已得到初步应用。缺点：稳定性较差，实验影响因素多。

### 五、多聚酶链反应—指纹图谱(PCR-fingerprinting)技术

原理：PCR 反应过程中，在特异性扩增 DNA 最后一个循环的退火期，单链 DNA 互相结合形成同一个体完全互补的同质双链，但某些单链 DNA 还可能与不同个体的单链 DNA 形成不完全互补的异质双链。由于不同个体的 DNA 具有不相同的分子构象，在非变性聚丙烯酰胺凝胶电泳中呈现特异的区带图谱，称为 PCR 指纹图谱。进行 HLA 基因分型鉴定时，将供、受者的 DNA 扩增产物混合，电泳后得出一指纹图，再与两者各自的 PCR 指纹图谱进行比较，根据指纹图的一致性，作为选择供者的依据。优点：用于选择非亲缘关系的骨髓和器官移植供者时，可节约大量时间。缺点：精确性不如上述其他方法。

## 第四节　HLA 与医学

### 一、HLA 与疾病的关系

#### (一)HLA 与疾病的相关性

20 世纪 60 年代末发现，某些疾病的发生与一些 HLA 分子的检出率有关。最典型的例子是**强直性脊柱炎**患者中有 90%以上患者带有 HLA-B27。HLA 与疾病的相关性通常用**关联**(association)进行研究。关联是指两个遗传学性状在群体中的同时出现呈非随机分布，以**相对危险率**(relative risk, RR)来评估。其计算公式为 $RR=P^{+}C^{-}/P^{-}C^{+}$，式中 $P^{+}$ 代表携带某种 HLA 分子的病人数；$C^{-}$ 代表不带此分子的对照组人数；$P^{-}$ 代表不带此分子的病人数；$C^{+}$ 代表带有此分子的对照组人数。RR 表示携带某种 HLA 分子的个体与不携带此种 HLA 分子个体患某种疾病的危险性的比值。RR＝1 时，两者无关联；若 RR＞1，则认为某病与某一 HLA 分子有关联，RR 值越大，表示带此 HLA 分子的人患某病的危险性越大；若 RR＜1，表示带某 HLA 分子者对某病有抵抗性(表 5-3)。

**表 5-3　HLA 与某些疾病的关联**

| 疾　病 | HLA 型别 | RR |
|---|---|---|
| 强直性脊柱炎 | B27 | ＞100 |
| Reiter's 病 | B27 | 37 |
| 牛皮癣关节炎 | B17 | 6 |
| | Cw6 | 13 |
| Ⅰ型糖尿病 | DR3/DR4 | 20 |
| 多发性硬化症 | DR2 | 4 |
| 类风湿性关节炎 | DR4 | 6 |
| 系统性红斑狼疮 | DR3 | 5.8 |

随着分型技术的进展，目前已有可能在 DNA 水平上探讨 HLA 与疾病的相关性。现举数例简要说明。

1. 强直性脊柱炎　强直性脊柱炎(ankylosing spondylitis，AS)是与 HLA 关联最强的疾病，不同地区、不同民族均发现 HLA-B27 与 AS 呈强相关，其 RR 值都非常高。2000 年 2 月 WHO 正式命名的 B27 亚型达 20

个(HLA-B*2701～HLA-B*2720)，其中HLA-B*2705分布最广，见于所有人种。实验显示，与B27分子结合的多数为9肽，P2和P9为锚定位；其锚定残基分别为精氨酸(P2)和碱性氨基酸、脂肪族或芳香族氨基酸(P9)。B27肽结合槽能将其识别、结合，并递呈给$CD8^+$ T细胞，因而，HLA-B27是决定AS的关键遗传成分，或原发关联成分。

2. 乳糜泻　乳糜泻(celiac disease, CD)是由谷蛋白引起的小肠吸收不良综合征。已明确CD的原发关联成分是与DR3(或DR5、DR7)呈连锁不平衡的HLA-DQ2(HLA-DQA1*0501-DQB1*0201)分子。DQA1*0501和DQB1*0201两个等位基因顺式互补(在同一条染色体上)、反式互补(在两条同源染色体上)均与CD的易感性关联(图5-8)。

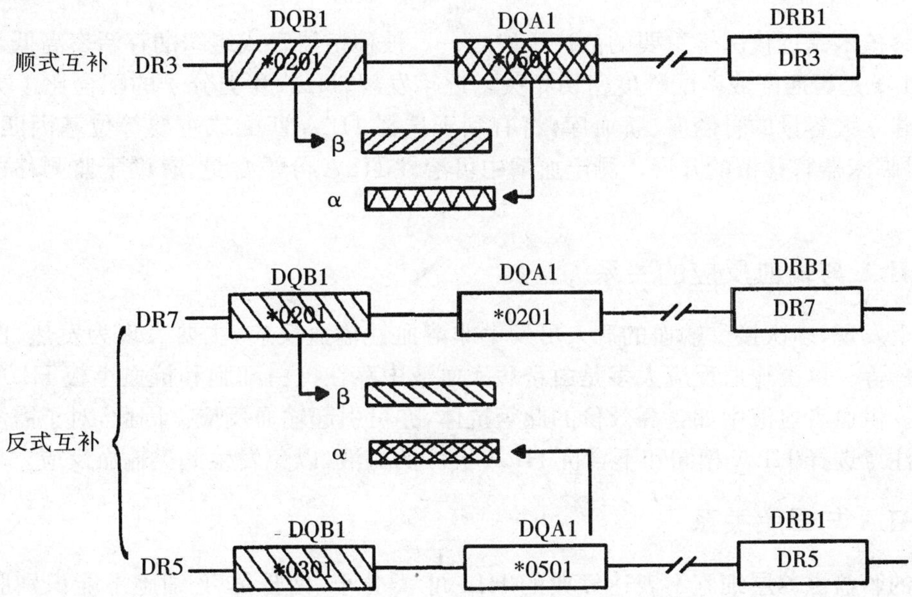


图5-8　DQA1与DQB1顺式、反式互补示意图

3. 胰岛素依赖型糖尿病　早先用血清学分型法发现，高加索人的HLA-DR3、DR4与**胰岛素依赖型糖尿病**(insulin dependent diabetes mellitus, IDDM)的易感性关联，东方人是HLA-DR3、DR9与IDDM关联。DNA分型以及DR与DQ连锁分析表明，原发关联成分并非DR，而是与之连锁的DQA1*0301-DQB1*0302、DQA1*0501-DQB1*0201单元型，且DQ两个等位基因顺式、反式互补均与易感性关联。DQA1*0102-DQB1*0602单元型则与IDDM的抵抗性关联。

4. 类风湿性关节炎　**类风湿性关节炎**(rheumatoid arthritis, RA)与HLA-DR4呈强关联，不同人种的不同DR4等位基因(白人的DRB1*0401、DRB1*0404、DRB1*0408，中国人、日本人的DRB1*0405)，所编码的DRβ链，从67位～74位的8个氨基酸完全相同或基本相同，为YYEQRRAA(酪－酪－谷－谷酰－精－精－丙－丙)，成为与RA高度相关的共同表位。该现象为阐明RA发病的免疫遗传学机制提供了重要依据。

(二)HLA表达异常与某些疾病的关系

1. HLAⅠ类分子表达异常　研究发现，许多肿瘤细胞表面HLAⅠ类分子缺失或密度降低，或HLA型别变异，使Tc不能对其识别，从而逃避了Tc对肿瘤细胞的杀伤，促进肿瘤的生长与转移。

2. HLAⅡ类分子表达异常　裸淋巴细胞综合征(bare lymphocyte syndrome, BLS)患者的B细胞及其他APC表面，HLAⅡ类分子表达缺陷，APC抗原递呈功能障碍，不能诱导T、B细胞免疫应答，病人表现为严重的免疫缺陷，常于婴儿期死亡。某些器官特异性自身免疫病的靶细胞可异常表达 HLAⅡ类分子，如 Graves 病患者的甲状腺上皮细胞、Ⅰ型糖尿病患者的胰岛β细胞、原发性胆管性肝硬化患者的胆管上皮细胞等均可出现 HLAⅡ类分子异常表达。其机理可能是局部感染诱生 IFN-γ，后者诱导组织细胞表达Ⅱ类分子。靶细胞异常表达Ⅱ类分子，就可能以组织特异性方式将自身抗原递呈给自身反应性 T 细胞，从而启动致病性自身免疫应答。激活的自身反应性 T 细胞又能分泌大量 IFN-γ，诱导更多的靶细胞表达Ⅱ类分子，加重和延续自身免疫应答，最终导致迁延不愈的自身组织损伤。

## 二、HLA 与器官移植的关系

器官移植术是近代医学重要的治疗手段之一。被移植器官或组织的存活率高低，与供、受者间的 HLA 是否匹配或匹配程度密切相关。近年发现，HLAⅡ类分子的配合比Ⅰ类分子更为重要。建立大容量的骨髓库、脐血库，将有利于选择 HLA 匹配或主要等位基因匹配的供、受者，促进临床器官移植的开展。测定血清中可溶性 HLA 分子含量，有助于监测移植物的排斥危象。

## 三、HLA 与输血反应的关系

临床上发现，多次接受输血的病人可发生非溶血性输血反应，主要表现为发热、白细胞减数与荨麻疹等。这类输血反应大多是由于病人血液中存在抗白细胞和抗血小板 HLA 分子的抗体所致。供血者血液中如含高效价的此等抗体，亦可引起输血反应。因此，对于需多次接受输血者应注意选择 HLA 相同和不含抗 HLA 抗体的血液，以免发生此类输血反应。

## 四、HLA 与母胎关系

成熟的胎盘滋养层细胞不表达经典的 HLAⅠ类分子，使母体 T 细胞不能识别胎儿组织中来自父方的 HLA 分子，同时滋养层细胞表达非经典Ⅰ类分子 HLA-G、HLA-E，可与子宫蜕膜的 NK 细胞、CTL 细胞的抑制性受体（KIR）结合，从而抑制母体免疫细胞对胚胎细胞的杀伤作用，形成母体对胎儿的耐受。

## 五、HLA 在法医学上的应用

由于 HLA 复合体的高度多态性，个体的 HLA 复合体可视为伴随个体终生的特异性遗传标记。由于无血缘关系人群中，HLA 的基因型或表现型完全相同的几率极低，以及家庭内 HLA 以单元型方式遗传，因而 HLA 基因型和/或表现型的检测，已成为法医学上个体识别（如犯罪血渍鉴定、死亡者的鉴定）和亲子鉴定的重要手段。

（祝文娴）

# 第六章　CD 分子和粘附分子

免疫细胞表面有着各种各样的膜分子，其中有些是受体（或配体），有些是酶，有些是信号转导分子，也有些是离子通道或其他功能分子，统称为细胞表面标记。

不同的细胞常有不同的细胞膜分子。对同一类细胞而言，膜分子往往伴随着细胞的发育、分化和活化而出现或消失。由于膜分子大多是蛋白质或糖蛋白，常有其独特的抗原性，因此可用相应的单克隆抗体对其进行检测。CD 分子和粘附分子都属于细胞膜分子。不同的是：CD 分子是从抗原角度采用的概念，而粘附分子则是一个功能性的概念。

## 第一节　CD 分子

### 一、CD 分子的概念

CD(cluster of differentiation)最初是指分化（抗体）群。20 世纪 80 年代初在 WHO 和国际免疫学联合会(IUIS)的倡议下，将识别各种细胞分化抗原的单克隆抗体进行了统一命名，用 CD 加阿拉伯数字序号表示，这样原先识别同一分化抗原，却因来自不同实验室而有不同名称的单抗就有了统一的名称。而与这些单抗相对应的各种分化抗原称为 CD 分子或 CD 抗原。第七届人类白细胞分化抗原（Human Leukocyte Differentiation，HLDA）国际会议命名的，在 2001 年公布的 CD 分子已达 247 种(参见附录 1)。

CD 分子指的是与人类细胞发育、分化、活化有关的膜抗原。由于最初发现该类抗原存在于白细胞，故习惯上也将其称为白细胞分化抗原。

### 二、常用的 CD 分子

（一）T 细胞表面的 CD 分子

1. CD3　CD3 分子分布于成熟的 T 细胞表面。由 6 条肽链组成。主要构型为 γδεεζζ 型，少数为 γδεεζη 型。CD3γ、δ 和 ε 链都属于免疫球蛋白超家族(IgSF)，不直接参与特异性识别抗原。γ、δ 和 ε 链的跨膜区含有带负电荷的谷氨酸和/或天冬氨酸残基。与 TCR α、β 链跨膜区中带正电荷的赖氨酸、精氨酸以及 δ、γ 链跨膜区中的赖氨酸呈非共价连接，形成盐桥。进而形成稳定的 TCR/CD3 复合体。（TCR/CD3 复合体模式图见图 6-1。）CD3 的胞浆部分含有免疫受体酪氨酸活化基序（immunoreceptor tyrosine-based activation motif，ITAM)，当 TCR 接受抗原刺激信号后，ITAM 的酪氨酸磷酸化，可激活有关激酶，导致细胞活化。

2. CD4 和 CD8　人 CD4 分子为细胞膜表面单链糖蛋白结构，分子量 55 kD，由 458 个氨基酸残基组成，胞膜外区具有 4 个免疫球蛋白 V 样结构域，属 IgSF 成员。CD4 除分布于部分 T 细胞外，也分布于胸腺细胞、某些 B 细胞、EBV 转化的 B 细胞、单核吞噬细胞和脑细胞的表面。可用抗 CD4 McAb 检测 CD4 抗原。CD4 分子的功能为：在免疫应答过程中，当 TCR 识别 APC 递呈的 Ag-MHC Ⅱ类分子复合体时，CD4 第 1、2 功能区与 MHC Ⅱ类分子的非多态部分配对结合，作为细胞与细胞之间的粘附分子起稳定 T 细胞与 APC 结合的作用；CD4 分子胞浆区的蛋白酪氨酸激酶 $P56^{lck}$ 由此激活 T 细胞并与活化信号转导相关；CD4 的 V 样结构的第 1 结构域是人类免疫缺陷病毒（human immunodeficiency virus，HIV）的受体，与 HIVgp120 结合。

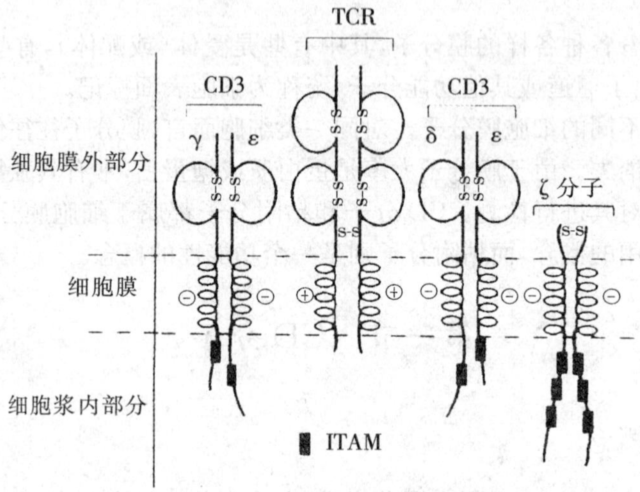


图 6-1　TCR/$CD_3$ 复合物模式图

CD8 分子是由 α、β 两条多肽链组成的穿膜糖蛋白，α 链分子量 34 kD，β 链 30 kD，每条链各包括 1 个 Ig V 样结构域、连接肽、穿膜区和胞浆区。α 和 β 链在连接肽处有二硫键相连。除分布于部分 T 细胞外，还分布于胸腺细胞和 NK 细胞。CD8 分子的功能为：MHC Ⅰ类分子是 CD8 分子的配体，CD8 分子与 MHC Ⅰ类分子结合可以使 CTL 与带有 MHC Ⅰ类分子—抗原复合体的靶细胞稳定结合。目前发现 CD8 也与蛋白酪氨酸激酶 $P56^{lck}$ 相关，在 T 细胞增殖和分化的信号转导中起重要作用。

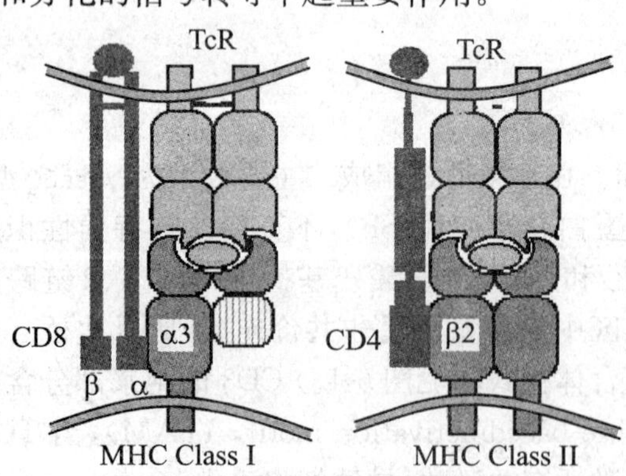


图 6-2　CD4/CD8 与 MHC 分子结合模式示意图

3. CD2 和 CD58　CD2 又称淋巴细胞功能相关抗原-2（lymphocyte function associated antigen-2，LFA-2）、绵羊红细胞（SRBC）受体。CD2 是单链糖蛋白结构，分子量 50 kD。表达于成熟 T 细胞、大部分胸腺细胞及部分 NK 细胞表面。CD58（LFA-3）是 CD2 的天然配体，CD2 与 CD58 结合，可增强 T 细胞和 APC 细胞或靶细胞之间的粘附、促进 TCR/CD3 复合体聚合而活化 T 细胞，并完成 CD2 分子介导的信号转导。

4. CD28 和 CTLA-4　CD28 分子是由两条肽链组成的跨膜糖蛋白，分子量 90 kD。成熟的人 CD28 分子属于 IgSF 成员，有一个 Ig V

样区。CD28 表达于大部分 T 细胞及部分活化 B 细胞的表面，部分浆细胞表面也可表达。CD28 分子的配体是 B7 家族，包括 B7-1(CD80)和 B7-2(CD86)。CD28 作为协同刺激分子，当与 B 细胞或 APC 表面的 B7 家族结合时，CD28 可提供 T 细胞活化的辅助(第二)信号，增强抗原诱导的免疫应答。

CTLA-4 与 CD28 具有高度同源性。CTLA-4 主要表达于活化 T 细胞。也能与 B7-1(CD80)和 B7-2(CD86)结合，CTLA-4 与 CD80/CD86 的亲和力显著高于 CD28，但发挥的作用不一样，认为可能与机体自身的免疫调节功能有关。CD28 发挥作用主要在免疫应答的早期，通过协同刺激作用，刺激 T 细胞的活化。而 CTLA-4 则对已活化的 T 细胞的增殖起抑制作用，维持机体的免疫平衡。

(二)B 细胞表面的 CD 分子

1. CD79a/CD79b　是 B 细胞的特异性标志。CD79a 分子量 47 kD，CD79b 为 37 kD。均属于 IgSF 成员。CD79a/CD79b 通过二硫键形成异二聚体表达于 B 细胞的表面，和 SmIgM(SmIgD)构成 BCR 的一部分。在免疫过程中的作用与 CD3 更相似，均可作为蛋白酪氨酸激酶的底物，参与 BCR 信号的转导。

2. CD21 和 CD19　CD21 又称 2 型补体受体(CR2)，为分子量 140 kD 的单链糖蛋白，作为 B 细胞的重要标记，表达于成熟 B 细胞、滤泡树突状细胞(FDC)、部分 T 细胞和鼻咽部上皮细胞等。CD21 是补体 C3 裂解片段 C3d、C3dg、iC3b 的受体，也是 EB 病毒的受体。

CD19 是属于 Ig 超家族成员、分子量 95 kD 的穿膜糖蛋白，分布于 B 细胞表面，常与 CD21 结合后以复合体的形式存在。CD21/CD19 复合体的功能主要与 B 细胞活化和信号转导有关。BCR 与抗原结合后，使 CD19 与 CD21 相互接近形成复合体，外来抗原及包裹抗原的 C3dg 分别被 BCR 和 CD21 所结合，而使 CD19 分子胞浆内酪氨酸发生磷酸化，为 B 细胞的活化提供辅助刺激因子。此外，还参与 B 细胞免疫记忆过程，介导 EB 病毒转化 B 细胞。EBV 与 CD21(CR2)结合后激活磷脂酶 C，水解磷脂酰肌醇，并活化钙调蛋白和 PKC，从而导致 B 细胞的转化和增殖。

另外，在 CD21/CD19 活化 B 细胞的过程中，CD81 也起一定的作用。因抗 CD81 抗体具有抗细胞增殖的作用，故 CD81 又称为 TAPA-1(the target of an anti-proliferative antibody)，为一跨膜蛋白，广泛表达于淋巴细胞、单核细胞、胸腺细胞、嗜酸性粒细胞、纤维母细胞以及某些肿瘤细胞等，和 CD19/CD21 复合体一同参与 B 细胞的活化。

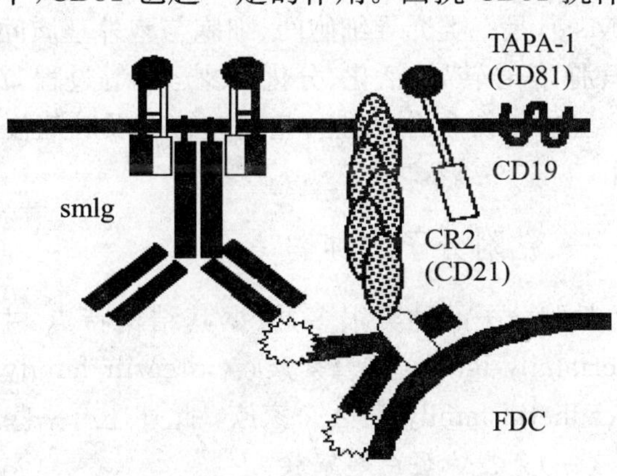

图 6-3　B 细胞 CD19/CD21 作用模式示意图

3. CD40　为Ⅰ型跨膜蛋白，属于肿瘤坏死因子受体家族。分布较广，主要表达于成熟和不成熟 B 细胞、B 细胞原型淋巴瘤和白血病细胞。CD40 的配体(CD40L)属于Ⅱ型跨膜蛋白，主要表达于活化的 $CD4^+$ T 细胞，也表达于 $CD8^+$ T 细胞。CD40 与 CD40L 的相互结合，在 B 细胞的活化过程中起第二活化信号的作用，最终导致 B 细胞的增殖、分化和抗体的产生。

（三）其他CD分子

CD95，又称Fas或Apo-1。与程序性细胞死亡(programmed cell death，PCD)密切相关，近年来一直成为研究的热点，习惯上称其为Fas抗原。Fas分子量48 kD，广泛表达于机体的组织细胞，如激活的T细胞、B细胞、单核细胞、嗜酸性粒细胞、中性粒细胞等。细胞表面Fas通过与Fas抗体交联或与其天然配体(Fas ligand，FasL)结合导致细胞内半胱天冬氨酸蛋白酶caspase 8活化，启动细胞凋亡通路，是免疫杀伤细胞的效应机理之一，与肿瘤的免疫耐受、免疫系统的阴性选择等生命过程有关，对于细胞自稳和疾病的发生有重要作用。

在NK细胞的表面，除有T、B细胞表面某些CD分子外，还有CD16和CD56分子。CD16除表达于NK细胞外，在巨噬细胞、肥大细胞和中性粒细胞上也有表达，是IgG Fc段的低亲和力受体，主要结合IgG1、IgG3。通过结合可转导活化信息，介导ADCC和吞噬作用。CD56是NK细胞的特异性标志，分子量136 kD，主要功能为介导细胞间的粘附作用。

免疫球蛋白还可通过与细胞表面各种类型相应的Fc受体结合而发挥作用。目前已将这些Fc受体归属于相应的CD分子。

**表6-1　CD分子与免疫球蛋白Fc受体的对应关系**

| CD号 | 分子量(kD) | 相应的Ig受体 | 主要功能 |
|---|---|---|---|
| CD64 | 72 | FcγRI | IgG的Fc受体(高亲和力) |
| CD32 | 32 | FcγRⅡ | IgG的Fc受体(低亲和力) |
| CD16 | 50 | FcγRⅢ | IgG的Fc受体(低亲和力) |
| CD89 | 65 | FcαR | IgA的Fc受体(中亲和力) |
| CD23 | 45 | FcεRⅡ | IgE的Fc受体(低亲和力) |

## 第二节　粘附分子

粘附分子(adhesion molecules，AMs)，其全称为细胞粘附分子(cell adhesion molecules，CAMs)，是一类介导细胞间、细胞与胞外基质间相互接触和结合的膜表面糖蛋白。参与细胞的识别、信号转导、活化、分化以及运动等过程，在胚胎的发育和分化、机体正常组织结构的维持、凝血、创伤愈合、炎症、免疫应答以及肿瘤浸润和转移等多种生理和病理过程中发挥重要作用。

### 一、粘附分子的种类

粘附分子的种类很多，根据其结构特点，主要分为免疫球蛋白超家族(immunoglobulin superfamily IgSF)、整合素家族(integrin family)、选择素家族(selectin family)和钙粘蛋白家族(cadherin family)等4个家族，此外还有一些尚未归类的粘附分子。

（一）免疫球蛋白超家族

这一家族成员均具有一个或数个Ig样结构域，因其成员数量较庞大，故名为IgSF。IgSF广泛分布于各种细胞，如T、B、NK细胞、巨噬细胞以及内皮细胞等，其配体主要是细胞表面的各种粘附分子，有的也是IgSF成员，有的则是整合素家族成员。该类粘附分子主要介导细胞间相互粘附和信号转导，参与机体的免疫应答、炎症和淋巴细胞的分化发育等。IgSF主要成员的分布和配体见表 6-2。

**表 6-2 IgSF 主要成员的分布和配体**

| 成员 | 分布 | 配体 |
| --- | --- | --- |
| CD4 | TH、TD | MHC Ⅱ |
| CD8 | Tc、Ts | MHC Ⅰ |
| MHC Ⅰ | 有核细胞 | CD8 |
| MHC Ⅱ | APC、活化 T 细胞 | CD4 |
| CD2(LFA-2) | T、NK | CD58(LFA-3) |
| CD58(LFA-3) | WC、RBC、EC、EP、F | CD2(LFA-2) |
| CD28 | T、活化 B | B7-1、B7-2 |
| CD80(B7-1) | APC、EC | CD28、CTLA-4 |
| ICAM-1 (CD54) | EC、DC、EP、M、B、T | LFA-1 |
| ICAM-2 (CD102) | EC、T、B、M、NK、Plt | LFA-1 |
| ICAM-3 (CD50) | M、N | LFA-1 |
| VCAM-1(CD106) | APC | VLA-4 |

注：WC(white cell)：白细胞；DC(dendritic cell)：树突状细胞；RBC(red blood cell)：红细胞；EC(endothelial cell)：内皮细胞；EP(epithelial cell)：上皮细胞；M (macrophage)：巨噬细胞；N(neutrophilic granulocyte cell)：中性粒细胞；Plt (platelet)：血小板；F(fibroblast)：成纤维细胞；LFA-1(lymphocyte function associated antigen-1)：淋巴细胞相关功能抗原-1；ICAM(intercellular adhesion molecule)：细胞间粘附分子；VCAM-1(vascular cell adhesion molecule-1)：血管细胞粘附分子；VLA-4(very late appearing antigen-4)：迟现抗原-4。

(二)整合素家族

整合素家族包括一群细胞膜上有类似结构的粘附分子，均为非共价键连接的 α、β 多肽链组成的跨膜异二聚体分子。因多表达于白细胞，故曾称为白细胞整合素。广泛表达于白细胞，有的成员也分布于血小板或某些非造血系统细胞。

整合素的配体除了细胞表面其他家族的粘附分子如 ICAM、VCAM 外，更多见于细胞外基质(extracellular matrix, ECM)成分，如血浆纤维蛋白原(fibrinogen, FB)、纤维粘连蛋白(fibronectin, FN)、组织中的胶原(collagen, CO)、基底膜的层粘连蛋白(laminin, LM)、玻璃粘连蛋白(vitronectin, VN)等。整合素往往识别 ECM 中某些特定的短肽序列，有的可识别 FN 和 VN 的精—甘—天冬氨酸序列，有的则识别Ⅰ型胶原的天冬—甘—谷—丙氨酸序列等。

根据目前已发现的 14 种 α 链和 8 种 β 链，整合素家族大致分为 8 组，同一组成员中 β 链均相同，而 α 链不同。其中发现较早且较重要的有 3 组，分别是 VLA 组(β1 组)、白细胞粘附受体组(β2 组)和血小板糖蛋白组(β3 组)。

1. VLA 组(β1 组) VLA 组整合素由共同的 β1 链分别与不同的 α 链组成异二聚体分子，由于最初在刺激剂激活 2～4 周后的 T 细胞上发现，故命名为晚现抗原(very late appearing antigen, VLA)。该组至少包括 8 个成员，分别分布于淋巴细胞、单核细胞、血小板及上皮细胞、肌细胞、神经细胞等多种组织细胞中，其配体主要是 ECM。表达于各种白细胞(除外中性粒细胞)的 VLA-4 除能同 ECM 粘附外，还能同 VCAM-1 结合而介导白细胞与血管内皮细胞的粘附。VLA 组的主要功能是介导细胞与 ECM 的粘附，与细胞的伸展、变形、移动、吞噬等多种生理活动有关，并介导白细胞与内皮细胞结合，参与炎症反应。

2. 细胞粘附受体组（LFA-1 组，β2 组） 包括 4 个成员：LFA-1（CD11a/CD18）、Mac-1（CR3，CD11b/CD18）、gP150，95（CR4，CD11c/CD18）、αdβ2（CD11d/CD18），均有共同的 β2 链（CD18）及不同的 α 链。其中以 LFA-1 最为重要，故该组又称为 LFA-1 组。LFA-1 广泛分布于淋巴细胞、粒细胞、单核细胞等白细胞，其配体是 ICAMs，通过介导 T 细胞与 APC、靶细胞和内皮细胞的相互作用，在免疫应答和炎症反应中发挥重要作用。

3. 血小板糖蛋白组（β3 组） 该组的 2 个成员都有共同的 β3 链（CD61），分别是 αbβ3（CD41/CD61）和 αvβ3（CD51/CD61）。主要分布于巨核细胞和血小板，在内皮细胞、单核细胞和 B 细胞也有表达。配体是 ECM 的某些成分，通过与配体的结合而促进血小板粘附和凝聚，可使白细胞移向组织间质。

（三）选择素家族

选择素（selectin），又称选择凝集素，包括 L-选择素（CD62L）、P-选择素（CD62P）和 E-选择素（CD62E）3 个成员。L-选择素广泛分布于各种白细胞。E-选择素主要分布于炎症性细胞因子如 IL-1、TNF-α 等激活的内皮细胞。P-选择素主要分布于血小板和血管内皮细胞。选择素成员具有相似的结构，均为跨膜糖蛋白，膜外区含有 3 个类似的结构域，从 N 末端起依次为钙依赖的凝集素样结构域、上皮细胞生长因子样结构域和数个补体调节蛋白样结构域。选择素的结构模式见图 6-4。

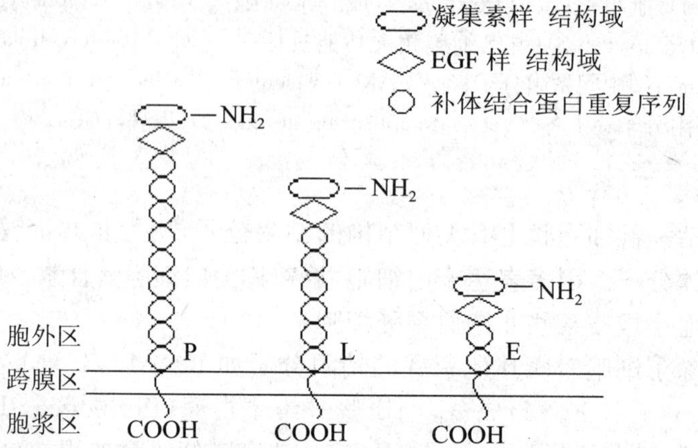


图 6-4 选择素结构示意图

选择素识别的配体主要是一些寡糖基团。3 种选择素成员均可以与唾液酸化路易斯寡糖（sialyl lewis$^x$，S-Le$^x$，CD15s）结合，其共同配体还有 PSGL-1（选择素糖蛋白配体-1），这些配体表达于白细胞、内皮细胞等多种细胞。此外不同选择素成员还有某些特有的配体，如 L-选择素可识别外周淋巴结地址素（peripheral lymphonode addressin，PNAD），这也是一种含有唾液酸化寡糖的结构，主要位于外周淋巴结高内皮小静脉（HEV）。E-选择素的配体 CLA（皮肤淋巴细胞相关抗原）也是一种寡糖结构，主要分布于皮肤炎症部位的淋巴细胞，特别是有记忆功能的 T 细胞。选择素的主要功能是介导白细胞与内皮细胞结合，参与炎症及淋巴细胞归巢和再循环等过程。

### (四)钙粘蛋白家族

钙粘蛋白家族又称钙依赖性粘附分子(calcium dependent cell adhesion molecule)。人类已发现的钙粘蛋白有十多种,其中较重要的有 E-钙粘蛋白(E-cadherin)、N-钙粘蛋白(N-cadherin)和 P-钙粘蛋白(P-cadherin),分别主要分布于上皮细胞、神经细胞和胎盘组织。均为跨膜糖蛋白,配体是自身同型细胞的钙粘蛋白,其功能主要是介导同型细胞间的粘附作用,对组织和器官的发育及完整组织结构的维持起重要作用。

除上述 4 个粘附分子家族外,尚有一些至今还未归类的粘附分子,如 PNAd、CLA、CD44 等。

## 二、粘附分子的生物学功能

粘附分子在机体的生理、病理过程中均发挥多方面的重要作用,以下主要介绍与免疫相关的生物学功能。

### (一)参与免疫细胞的分化和发育

T 细胞发育早期在胸腺经“阳性选择”和“阴性选择”,由胸腺细胞分化发育成为具有 MHC 限制性、能识别“自我”和“非我”的成熟 T 细胞过程中,其表面的 CD4/CD8 分子与基质细胞自身 MHC 分子的识别和结合起关键作用,CD2 与 LFA-3、LFA-1 与 ICAM-1/VCAM-1、VLA 与 ECM 中有关成分的结合也起重要作用。

### (二)参与免疫应答

在免疫应答的**感应阶段**,T 细胞可通过其 TCR/CD3 复合体识别 APC 或靶细胞的 Ag-MHC 复合体,还需要多种粘附分子的参与,如 CD2/LFA-3、CD28/CD80、LFA-1/ICAM-1、CD40L/CD40 等。粘附分子与其配体的相互作用既增强 T 细胞与 APC 的结合,又可向 T 细胞提供协同刺激信号,促进其活化。另一方面,活化的 T 细胞和记忆性 T 细胞也常显示上述粘附分子表达增高。在**效应阶段**,CD8/MHC Ⅰ、CD2/LFA-3、LFA-1/ICAM-1 等粘附分子的参与,增强了 T 细胞对靶细胞的杀伤作用。此外 T 细胞还通过 CD2/LFA-3、LFA-1/ICAM-1、CD40L/CD40 等增强与 B 细胞的相互作用,促进 B 细胞的活化和分化。

### (三)参与炎症反应

多种粘附分子在白细胞穿越血管内皮细胞向炎症部位移行的过程中起重要作用,参与该过程早期阶段的粘附分子主要有白细胞的 L-选择素、LFA-1、VLA-4 和内皮细胞上的 E-选择素、ICAM-1、ICAM-2、VCAM-1 等,而参与后一阶段的粘附分子包括细胞外基质的受体蛋白 VLA 和 CD40 分子等。

### (四)淋巴细胞的归巢和再循环

与淋巴细胞的归巢和再循环有关的粘附分子又称淋巴细胞的归巢受体,如 L-选择素、LFA-1、VLA-4 等,这些粘附分子可同高内皮小静脉(HEVs)上的相应配体结合。不同于普通静脉的内皮细胞,HEVs 的高立方内皮细胞常处于活化状态,大量表达多种粘附分子(如 E-选择素、P-选择素、ICAM-1、ICAM-2、VCAM-1 等)或粘附分子配体(如 L-选择素配体 PNAd 等)。在各种粘附分子与其配体的相互作用下,淋巴细胞可有选择性地定向进入各种淋巴组织。

## 三、粘附分子的临床意义

由于 CAM 在免疫应答和炎症反应中的重要作用,在异常表现时常导致某些临床疾病的发生。LAD是一种先天性白细胞粘附缺陷病，其原因是患者整合素β2亚单位基因发生突变而造成LFA-1合成障碍。患者白细胞缺乏LFA-1，不能与内皮细胞粘附而难以进入炎区。T、B细胞的免疫应答能力也明显降低，患者发生反复严重的感染。该病是致死性的，一般可采用同种骨髓移植进行治疗。

某些自身免疫性疾病如类风湿关节炎、支气管哮喘、多发性硬化症等常发现患者局部组织的上皮细胞或血管内皮细胞ICAM-1表达增多。用抗ICAM-1治疗实验动物可有效抑制该类疾病的发生、发展。据报道，类风湿关节炎患者T细胞表面CD2，LFA-1，VLA-4、5、6，L-选择素表达升高。另有研究发现循环中sICAM-1和sVCAM-1的含量变化可作为判断移植排斥发生的良好指标，如明显升高，提示预后不良。用抗LFA-1或抗ICAM-1治疗时，联合应用免疫抑制剂可延长同种异体移植物的存活期。

（盛红华　刘钟滨）

# 第七章 细胞因子

随着免疫学的研究已进入分子水平，人们对除抗体和补体之外的另一类分泌性免疫分子也有了更多的认识。起先只是通过其功能了解到是一种由细胞分泌的小分子物质。后来采用生物化学方法进行纯化。进入20世纪80年代后，应用分子生物学手段进行克隆和表达，获得基因重组的蛋白分子，并对其结构、性质和功能作更深入的研究。它们不但在机体的免疫应答中发挥重要作用，也与临床上许多疾病密切相关。这类小分子物质就是细胞因子。

## 第一节 细胞因子的概念和特点

**细胞因子**(cytokines, CKs)是一类主要由免疫细胞和相关细胞产生的高活性、多功能小分子蛋白质。不包括免疫球蛋白、补体和一般生理性细胞产物。

细胞因子的结构特点：大多数细胞因子是低分子量(10～60 kD)的多肽或糖蛋白。其中少数为二聚体和三聚体外，大部分以单体形式存在。

细胞因子的产生特点：细胞因子的产生细胞非常广泛，除淋巴细胞、单核/巨噬细胞可产生多种细胞因子外，粘膜上皮细胞、血管内皮细胞、成纤维细胞等多种细胞也能产生。通常，休止期细胞(resting cell)不产生或仅自发产生少量的细胞因子，当受抗原、丝裂原或其他激活剂激活后可大量产生一定种类的细胞因子。一种细胞可产生多种细胞因子，同一种细胞因子也可由多种不同细胞产生。

细胞因子的作用特点：通过与靶细胞表面的相应受体结合后发挥生物学功能。由于细胞因子与其受体间具有很高的亲和力，因此极微量细胞因子($10^{-10}$～$10^{-12}$ mol/L)就能产生明显的生物学效应，称**高效性**；又由于同一类细胞因子的受体可以分布于各种不同的细胞，因而一种细胞因子可作用于多种细胞而表现出多方面的生物学效应，称**多效性**；不同的细胞因子也可有相同或相似的生物学活性，称**重叠性**；细胞因子间还可以相互诱生、相互调节，具有彼此促进或拮抗的生物学功能，构成复杂的细胞因子网络，称**网络性**。细胞因子功能的发挥还有**自分泌**(autocrine)和**旁分泌**(paracrine)的特点。自分泌是指由某种细胞分泌的细胞因子反过来作用于该自身细胞；旁分泌是指细胞因子产生后作用于临近的细胞。由于细胞因子的半衰期较短，因此细胞因子主要在局部发挥短暂作用。在一定条件下某些细胞因子也可以**内分泌**(endocrine)形式作用于远端靶细胞，介导全身性反应。

## 第二节 细胞因子的种类及其生物学活性

目前已发现并命名的细胞因子至少有几十种(至2001年止已发现有23种)，但由于它们结构多样、产生和作用细胞广泛、功能交叉重叠，至今仍缺乏统一的分类方法。从产生细胞的角度看，细胞因子包括由淋巴细胞产生的淋巴因子(lymphokine)，由单核/巨噬细胞产生的单核因子(monokine)，以及由其他细胞产生的细胞因子。但这并非严格的分类方法，因为有的细胞因子如 IL-6 可由单核/巨噬细胞、淋巴细胞、内皮细胞及成纤维细胞等多种细胞产生，它既是单核因子，又是淋巴因子，还可以是其他细胞产生的细胞因子。一般依据细胞因子的传统名称和生物学活性可分为主要起免疫调节作用的**白细胞介素**(interleukin，IL)、有抗病毒作用的**干扰素**(interferon，IFN)、能刺激骨髓造血前体细胞生长和分化的**集落刺激因子**(colony stimulating factor，CSF)、有一定抗肿瘤活性并有明显炎症介质作用的**肿瘤坏死因子**(tumor necrosis factor，TNF)、能刺激细胞生长的**生长因子**(growth factor，GF)以及对免疫细胞有趋化作用的**趋化性细胞因子**(chemokine)等六类。当然，许多种生物学功能并不是某一类细胞因子所专有的，如干扰素、肿瘤坏死因子和集落刺激因子又都具有显著的免疫调节活性，白细胞介素中的 IL-1、IL-6、IL-8 等也都有明显的炎症介质活性。

## 一、白细胞介素(interleukin，IL)

1979 年.在瑞士举行的第二届国际淋巴因子专题会上，将此前新发现的两种细胞因子：由单核/巨噬细胞产生并作用于淋巴细胞的单核因子、由活化 T 细胞产生并在淋巴细胞间起调节作用的淋巴因子，分别命名为白细胞介素 1(IL-1)和白细胞介素 2(IL-2)。当时认为 ILs 是由白细胞产生并在白细胞间起调节作用的细胞因子，但后来发现有的 ILs 也可由非白细胞产生，其靶细胞也不一定限于白细胞。现在 ILs 的概念是指一类分子结构(包括基因和蛋白质)和生物学功能已基本明确、具有重要免疫调节作用而统一命名的细胞因子。在此之前已发现的 IFNs、TNFs、CSFs 等虽然也具有明显的免疫调节活性，结构和功能也已明确，但先已被命名，故不再归于白细胞介素之列。ILs 的种类很多，表 7-1 中列出了 18 种白细胞介素。

最近陆续有报道一些新的具有免疫调节功能的细胞因子，分别称之为 IL-19、IL-20、IL-21、IL-22 和IL-23，均为以前所知 ILs 的同源因子，如 IL-19、IL-22 与 IL-10 同源，IL-20 与 IL-17 同源，IL-21 与 IL-2、IL-4、IL-15 同源，IL-23 与 IL-12p35 亚单位同源等。这些新白细胞介素的发现，均采用计算机克隆技术，即先用计算机对从数据库得到的基因序列进行同源性分析，获得可能的细胞因子基因，接着用基因工程方法得到蛋白质，再进行生物学功能研究。

白细胞介素在以下方面发挥着重要的免疫调节功能。

### (一)促进细胞免疫

主要有 IL-1、IL-2、IL-12、IL-15。IL-1 曾称为淋巴细胞激活因子(LAF)，主要对 T 细胞起激活作用。IL-2 曾称为 T 细胞生长因子(TCGF)，主要刺激 T 细胞增殖，还可增强 Tc、NK、Mϕ 的细胞毒活性，能诱导产生 LAK(lymphokine activated killer)和 TIL(tumor infiltrating lymphocyte)细胞，后两者均显示有一定的抗肿瘤活性。IL-12 和 IL-15 对 Tc、NK 和 LAK 活性也都有诱导和增强作用。

### (二)促进体液免疫

主要有 IL-2、IL-4、IL-5、IL-6、IL-10、IL-13 等。IL-2 对 B 细胞增殖、分化有促进作用；IL-4、IL-5 和 IL-6 曾分别被称为 B 细胞生长因子(BCGF)、T 细胞替代因子(TRF) 和 B 细胞分化因子(BCDF)。三种细胞因子均可促进 B 细胞生长分化，诱导抗体产生，其中 IL-4 可诱导 IgE 的产生，IL5 可刺激 IgA 和 IgM 的产生，IL-6 可促进 IgG、IgM 和 IgA 的产生。IL-10 和 IL-13 也有促进 B 细胞增殖、分化和产生抗体的功能。

（三）刺激骨髓多能造血干细胞和/或各系不同分化阶段前体血细胞生长和分化

主要有 IL-3、IL-7、IL-11。IL-3 又称多克隆集落刺激因子(Multi-CSF)，主要由 $CD4^+$ T 细胞产生，可刺激骨髓多能干细胞向多种造血祖细胞定向分化与增殖。IL-7 可刺激前 T、B 细胞增殖、分化，对成熟 T 细胞增殖也有促进作用。IL-11 可刺激骨髓造血干细胞、前巨核细胞增殖、分化，促进血小板生成。

（四）参与炎症反应

称为重要炎症介质的 ILs 主要有 IL-1、IL-6、IL-8 和 IL-16。IL-8 为粒细胞趋化因子，主要吸引中性粒细胞浸润，对嗜碱性粒细胞和 T 细胞也有趋化作用。IL-16 对 $CD4^+$ T 细胞、单核细胞和嗜酸性粒细胞有趋化作用。IL-1、IL-6 同 TNF 一样，均称为**内源性致热原**，在很大程度上通过诱导产生 IL-8 等趋化因子而介导炎症反应。

**表 7-1　白细胞介素的分子量、产生细胞和主要功能**

| 名称 | 分子量 | 主要产生细胞 | 靶细胞 | 功能效应 |
|---|---|---|---|---|
| IL-1 | 17 kD | 单核/巨噬细胞等 | T、B 等 | 活化、炎症介质 |
| IL-2 | 14 kD | TH1 | T、B、NK | T、B 活化、生长，NK 活化，诱导 LAK |
| IL-3 | 20 kD | T | 骨髓多能干细胞 | 生长、分化 |
| IL-4 | 15 kD | TH2 | B 、T，肥大细胞 | 生长、分化，B 产生 IgE |
| IL-5 | 15 kD | TH2、肥大细胞 | B、嗜酸细胞 | 生长、分化，B 产生 IgA |
| IL-6 | 26 kD | 单核/巨噬、TH2、成纤维细胞 | B、T | B 分化、T 活化，炎症介质 |
| IL-7 | 25 kD | 骨髓和胸腺基质细胞 | B、T 前体细胞 | 生长、分化 |
| IL-8 | 8 kD | 单核/巨噬、上皮、内皮、成纤维细胞 | 中性粒细胞 | 趋化、活化 |
| IL-9 | 16 kD | T 细胞 | T、肥大细胞 | 生长 |
| IL-10 | 17 kD | TH2 | TH1 | 抑制 IL-2、IFN-γ 产生 |
| IL-11 | 19 kD | 骨髓基质细胞 | 骨髓干细胞 | 发育、增殖 |
| IL-12 | 40+35 kD | 单核/巨噬细胞、B 细胞 | T、NK | 增强 CTL、NK 活性 |
| IL-13 | 10 kD | T 细胞 | 单核、B | 抑制 M 产生炎性因子 IL-1、6、8，诱导 B 增殖、IgE 产生 |
| IL-14 | 60 kD | T 细胞 | 活化的 B 细胞 | 促进 B 细胞增殖、分化 |
| IL-15 | 15 kD | 活化的单核/巨噬、T 细胞 | T、NK | 刺激 T 增殖、诱导 CTL、NK、LAK |
| IL-16 | 15 kD | $CD_8$ T | $CD_4$ T | 趋化、抑制 HIV |
| IL-17 | 16 kD | $CD_4$ T | 成纤维细胞 | 诱导分泌 IL-6、IL-8、G-CSF |
| IL-18 | 18 kD | 单核/巨噬细胞、上皮细胞 | T、NK | 诱导 IFN-γ 产生、增强 NK 活性 |

## 二、干扰素(interferon，IFN)

干扰素是一种具有干扰病毒复制功能的糖蛋白。根据结构、来源和理化性质，主要有 IFN-α、IFN-β 和 IFN-γ 三种类型。IFN-α 主要由白细胞产生，包括至少 24 个以上亚型；IFN-β

主要由成纤维细胞产生；IFN-γ 主要由活化的 T 细胞产生，后两者均不分亚型。根据受体的不同，IFN-α 和 IFN -β 属于Ⅰ型干扰素，其抗病毒功能强于免疫调节功能。IFN-γ 称Ⅱ型干扰素，其免疫调节功能强于抗病毒功能。Ⅰ型干扰素对热、酸的稳定性均不如Ⅱ型干扰素，56℃或 pH2 均可使其灭活。

干扰素的生物学功能主要有：①增强 NK、CTL 和 Mo/Mϕ 细胞的活性。②增强 MHC Ⅰ、Ⅱ类分子表达。③抑制病毒增殖。干扰素可通过诱导宿主细胞产生多种酶干扰病毒复制，对免疫细胞的激活作用也有助于其抗病毒功能。④抗肿瘤作用。干扰素有抑制细胞分裂作用，干扰素的免疫调节功能也与其抗肿瘤作用有关。

## 三、集落刺激因子(colony stimulating factor，CSF)

集落刺激因子是一类能刺激骨髓造血前体细胞生长分化的细胞因子。因其可使骨髓造血前体细胞在半固体软琼脂中形成细胞集落，故称之为集落刺激因子。

集落刺激因子有：粒细胞/巨噬细胞集落刺激因子(GM-CSF)，是由活化 T 细胞、单核/巨噬细胞、内皮细胞、成纤维细胞产生，主要刺激骨髓造血干细胞分化成熟为粒细胞和单核细胞；粒细胞集落刺激因子(G-CSF)，是由单核/巨噬细胞、内皮细胞、成纤维细胞产生，主要刺激骨髓粒细胞前体细胞的分化成熟；单核细胞集落刺激因子(M-CSF)，是由单核/巨噬细胞、内皮细胞、成纤维细胞产生，主要刺激骨髓单核细胞前体细胞的分化成熟。IL-3 又称多能集落刺激因子(Multi-CSF)，能刺激多能造血干细胞和各种前体细胞的分化与增殖。此外，干细胞生成因子(SCF)、红细胞生成素(EPO)、血小板生成素(TPO)、白血病抑制因子(LIF)等也可以归属于 CSF 一类。

## 四、肿瘤坏死因子(tumor necrosis factor，TNF)

1975 年发现该因子能使肿瘤组织发生出血性坏死，故命名为肿瘤坏死因子. TNF 分为两型：TNF-α 和 TNF-β，前者主要由活化的单核/巨噬细胞产生，后者主要由活化的 T 细胞产生又称**淋巴毒素**(lymphotoxin，LT)。两种 TNF 有相似的生物学活性。其功能除对肿瘤细胞和病毒感染细胞有抑制生长和细胞毒作用以及对 T、B 细胞的生长有协同刺激作用外，还是重要的炎症介质，可通过激活单核/巨噬细胞、中性粒细胞、血管内皮细胞功能，诱导炎症反应。TNF 与 IL-1 一样是一种内源性致热原，高浓度的 TNF 可导致恶液质。

## 五、生长因子(growth factor，GF)

生长因子是一类主要具有刺激细胞生长功能的细胞因子。其种类较多，如转化生长因子(TGF-β)、表皮细胞生长因子(EGF)、血管内皮细胞生长因子(VEGF)、成纤维细胞生长因子(FGF)、神经生长因子(NGF)等。其中在免疫调节方面起重要作用的是 TGF-β。该因子可使正常细胞获得在软琼脂中生长的性状(恶变细胞的重要特性)，因此命名为转化生长因子，是分子量 25 kD 的同源二聚体，机体的绝大多数细胞均能产生 TGF-β。在其多方面的生物学活性中的重要功能是对 T 细胞和单核/巨噬细胞活性有显著抑制作用。一些肿瘤细胞可大量分泌 TGF-β，这可能是肿瘤逃避免疫系统攻击的机制之一。

## 六、趋化性细胞因子(chemokine)

趋化性细胞因子是一个有众多成员的前炎性因子家族，多种淋巴细胞和非淋巴细胞能产生此类因子。趋化性细胞因子是小多肽结构，约含 90～130 个氨基酸残基，各成员之间有 20%～50%的同源性。氨基酸序列中有 4 个半胱氨酸(C)，根据 C 的排列方式，可分为 4 个亚家族：(1)N 端第 1、2 个 C 按 C-X-C(X 为任一氨基酸)排列者，称为 α 亚家族，IL-8 为其代表，主要对中性粒细胞有趋化作用；(2)按 C-C 排列者称为 β 亚家族，MCP-1(单核细胞趋化蛋白-1)为其代表，主要对单核细胞有趋化作用；(3)缺乏第 1、3 个 C，N 端只有一个 C 者，称为 γ 亚家族，lymphotactin(淋巴细胞趋化蛋白)为其代表，对淋巴细胞有趋化作用；(4)近年发现的第 4 个亚家族，按 C-X3-C 排列，neurotactin 为其代表，对 NK、T、DC 细胞有趋化作用。

# 第三节　细胞因子受体

细胞因子功能的发挥有赖于与其受体的结合。两者的结合启动了细胞信号转导途径，最终导致某些特定基因开放，从而使细胞发生生物学活性的改变。某些不同的细胞因子表现出在某些方面相似的生物学活性，这是由于他们的受体具有类似结构的缘故。细胞因子受体有单体、双体或多聚体，均可分为 3 个功能区，即胞外区、跨膜区和胞内区。

## 一、细胞因子受体的分类

细胞因子受体的分类尚不完全统一。根据胞外区氨基酸序列的同源性和结构特点大致分为免疫球蛋白超家族、Ⅰ型细胞因子受体家族(造血因子受体家族)、Ⅱ型细胞因子受体家族(干扰素受体家族)、Ⅲ型细胞因子受体家族(肿瘤坏死因子受体家族)和趋化性细胞因子受体家族等 5 个家族，见表 7-2。

**表 7-2　细胞因子受体的分类**

| 名　　称 | 结构特点 | 成　　员 |
|---|---|---|
| 免疫球蛋白超家族 | 一个或数个 Ig 结构域 | IL-1R、IL-6R、G-CSFR、M-CSFR、SCFR、PDGFR |
| Ⅰ型细胞因子受体家族(造血因子受体家族) | 4 个 Cys<br>WSXWS 基序(含 Trp-Ser-X-Trp-Sex 的序列) | EPOR、TPOR、GM-CSFR、G-CSFR、IL-2～7R、IL-9R、IL-11～13R、IL-15R |
| Ⅱ型细胞因子受体家族(干扰素受体家族) | 4 个 Cys<br>无 WSXWS 基序 | IFN-αR、IFN-βR、IFN-γR、IL-10R |
| Ⅲ型细胞因子受体家族(肿瘤坏死因子受体家族) | 富含 Cys 的基序 | TNFR、NGFR、CD40、CD95 |
| 趋化性细胞因子受体家族 | 含 7 个穿膜区段的单链受体，经偶联 GTP 结合蛋白发挥效应 | CXCR1-4、CCR1-8 |

## 二、细胞因子受体介导的信号转导

因不同细胞因子受体结构上的差异，所介导的信号转导方式也不尽相同，有的细胞因子受体胞浆肽链部分有蛋白酪氨酸激酶活性，当与相应的细胞因子结合后，蛋白酪氨酸激酶直接被激活，继而启动细胞内的活化过程，如 SCF R、PDGF R，即为这类受体。但另一些受体，如 G-CSF R、IL-6Ra 链的胞浆区无蛋白酪氨酸激酶，因此来自细胞因子的刺激信号须通过信号转导链介导。

细胞因子具有共用受体亚单位的现象。如造血因子受体超家族成员一般有 2 条以上的肽链组成，如人 IL-3、IL-5 和 GM-CSF 受体均由 α 链和 β 链组成，其中 α 链的结构各异（60～80 kD），是分别与细胞因子特异性结合的亚单位，而 β 链均为约 150 kD 的相同结构，是信号转导的亚单位。因此 IL-3、IL-5 和 GM-CSF 在功能上有一定的相似性，均可作用于造血干细胞。高亲和力 IL-2R 由 α、β、γ 3 条链组成，α 链是与 IL-2 结合的亚单位，α 链在人外周休止期 T 细胞仅有低度表达，激活后则表达显著升高，因此又称为 Tac 分子或 Tac 抗原（CD25）；β 链和 γ 链都是信号转导亚单位，γ 链的作用更显重要。 IL-4R、IL-7R、IL-9R、IL-13R 和 IL-15R 都有与 IL-2R 相同的 γ 链。由于这些细胞因子在免疫调节中都发挥着重要作用，因此当位于 X 染色体上的 γ 链基因缺陷，可导致上述细胞因子受体信号转导机制发生障碍，患者表现出细胞免疫和体液免疫均低下的严重联合免疫缺陷症。

### 三、可溶性细胞因子受体（soluble cytokine receptor，sCKR）

除膜结合型细胞因子受体外，在体液中还存在游离型的细胞因子受体，称为可溶性细胞因子受体，如 sIL-IR、sIL-2R、sIL-4R、sIFN-γR、sTNFR 等。sCKR 可由细胞分泌产生，也可由膜表面的 CKR 脱落形成。sCKR 也能与细胞因子结合，竞争性地封闭细胞因子与膜受体的结合，对细胞因子的功能常起抑制作用。但在一定情况下，低浓度的 sCKR 可以通过载体作用延长细胞因子的半衰期，反而使细胞因子的生物学活性得以增强。

## 第四节　细胞因子的临床意义

### 一、细胞因子及其受体水平与临床疾病

细胞因子的异常表达，常与临床上许多疾病的发生有密切的关联。一方面，细胞因子表达过高、过低或缺陷，均会导致与机体免疫有关疾病的发生；另一方面，伴随着临床上许多疾病的进程，某些细胞因子的表达量也会出现明显的变化。

感染性疾病、炎症、自身免疫病、移植排斥反应等发生时，常出现 TNF、IL-1、IL-6、IFN-γ 等炎性因子表达增高现象。如慢性肝炎急性期或活动期患者的 TNF 和 IL-6 水平显著升高，恢复期或稳定期两者水平则明显降低，提示这两种细胞因子是肝脏损伤的重要炎症介质。类风湿关节炎患者的滑膜液中也可见 TNF、IL-1、IL-6 和 IL-8 明显高于正常人。有些疾病，随着机体免疫功能降低，也可见一些重要细胞因子水平的下降。如急性肝炎、慢性肝炎活动期及肝硬化患者的淋巴细胞产生 IL-2 明显下降，肿瘤患者一般 IL-2 水平也是下降的。

某些细胞因子受体与一些疾病的发生有关，如 CXCR4、CCR5 是 HIV 感染宿主细胞时所需的辅助受体，与 AIDS 的发生密切相关。细胞因子受体的表达水平，也可在一定程度上反映某些疾病的进展情况。由于可溶性细胞因子受体较易检测，故临床上对其测定较多。肝炎、反复下呼吸道感染、急性脑血管病、移植排斥反应、系统性红斑狼疮等患者血清 sIL-2R 均显著升

高，恢复期下降。多种癌症进展期患者外周血 sIL-2R 也明显增高，术后一段时间该指标又有所下降。临床上可通过对细胞因子及其受体的检测，有助于疾病的辅助诊断和预后判断。

## 二、细胞因子与临床疾病的治疗

目前已可用基因工程方法制备大量的基因重组细胞因子，故某些临床疾病已采用重组细胞因子作为药物进行治疗。常见的有用 EPO、CSF 治疗造血功能障碍，用 IFN-$\alpha$ 治疗病毒感染，用免疫增强剂 IL-2、IFN-$\gamma$ 等治疗肿瘤等。在肿瘤治疗中，用 IL-2 体外诱生 LAK 和 TIL 细胞输入患者体内可发挥杀伤肿瘤细胞活性，同时输注较大剂量的 IL-2，使其在体内继续激活淋巴细胞，一般可取得缩小肿瘤、改善体征、延长生存期的效果，尤其对黑色素瘤、肾细胞瘤、非何杰金氏瘤疗效较显著。此外细胞因子的基因疗法也已试用于临床。该方法是将细胞因子基因导入免疫效应细胞、瘤苗或成纤维细胞等细胞中，然后输入体内，也可直接向机体注射含细胞因子基因的质粒等表达载体，这些方法都是使细胞因子能在体内持续发挥作用，达到增强机体免疫功能的目的。

（刘钟滨）

# 第八章　免疫器官

机体的免疫功能是在淋巴细胞、单核细胞和其他有关细胞及其产物的相互作用下完成的。这些具有免疫作用的细胞及其相关组织和器官构成机体的免疫系统，是执行免疫功能的机构。免疫系统的组成包括**免疫器官**、**免疫细胞**和**免疫分子**。

免疫器官根据功能可分为中枢免疫器官和外周免疫器官两类，也分别称为初级(一级)和次级(二级)淋巴器官。中枢免疫器官是各类免疫细胞发生、分化和成熟的场所，如胸腺和骨髓。外周免疫器官是淋巴细胞和其他免疫细胞定居、增殖以及产生免疫应答的场所，如淋巴结和脾脏等。另外，机体几乎所有部位均可成为免疫效应的部位——通常表现为炎症反应，在炎症反应局部可聚集大量免疫细胞，也有将免疫炎症反应的局部组织称为三级淋巴组织。

免疫细胞是指参与免疫应答或与免疫应答有关的所有细胞，通常根据免疫细胞的功能特点将其分为三类：① 淋巴细胞，包括 T 细胞和 B 细胞以及 NK 细胞；② 单核吞噬细胞和树突状细胞等抗原递呈细胞；③ 各种粒细胞等炎症反应细胞。

免疫分子是指免疫细胞的产物，如抗体(第三章)、补体(第四章)，以及各种细胞因子(第七章)。还有表达在免疫细胞表面的蛋白分子如 MHC 分子(第五章)、粘附分子和 CD 分子(第六章)，参与发挥免疫功能，也属于免疫分子。

免疫系统在体内分布广泛，如外周淋巴器官位于全身各个部位。淋巴细胞和其他免疫细胞不仅定居在淋巴器官中，也分布在粘膜和皮肤等组织中。免疫细胞和免疫分子还可通过血液循环在体内各处巡游，持续地执行识别和排除抗原性异物的功能。各种免疫细胞和免疫分子既相互协作，又相互制约，使免疫应答既能有效地又能在适度的范围内进行。

## 第一节　中枢免疫器官

### 一、骨髓(bone marrow)

骨髓是各种血细胞和免疫细胞发生和分化的场所。骨髓中的**造血干细胞**(hematopoietic stem cells)首先分化成髓样干细胞和淋巴干细胞，前者进一步分化成红细胞系、单核细胞系、粒细胞系和巨核细胞系；后者则发育为各种淋巴细胞的前体细胞，其中一部分随血流进入胸腺发育成熟为胸腺依赖性淋巴细胞(thymus dependent lymphocytes)，简称 **T 细胞**。另一部分前体细胞，在人类和哺乳类动物，仍在骨髓内继续发育成为骨髓依赖性淋巴细胞(bone marrow dependent lymphocytes)，但在鸟类则进入腔上囊发育成熟为囊依赖性淋巴细胞(bursa dependent lymphocytes)，均简称 **B 细胞**。因此，骨髓是人类和哺乳类动物 B 细胞的中枢免疫器官。

骨髓功能缺陷时，不仅严重损害造血功能，也将导致免疫缺陷症的发生。如大剂量放射线可破坏骨髓功能，使机体的造血功能和免疫功能同时丧失，这时只有输入正常骨髓才能重建免疫功能，说明骨髓对免疫功能的重要性。

近年的研究发现，成熟的B细胞在外周接受抗原刺激后可返回骨髓内增殖，分化为**浆细胞**产生抗体，因此，骨髓可能是血清中抗体的重要来源之一。

## 二、胸腺(thymus)

### (一)胸腺的结构

胸腺的基本结构单位是胸腺小叶，分皮质和髓质两部分。皮质层又分浅皮质层和深皮质层。胸腺实质由**胸腺细胞**(thymocytes)和**基质细胞**组成，前者绝大多数为处在不同发育阶段的未成熟T细胞。后者则包括胸腺上皮细胞、巨噬细胞和树突状细胞等。胸腺浅皮质层中有从骨髓迁移来的前T细胞，体积较大，增殖能力强，称**前胸腺细胞**。深皮质层内密集分布着大量体积较小的**皮质胸腺细胞**，约占胸腺细胞总数的80%～85%。髓质中的**髓质胸腺细胞**，已较成熟，输出到外周即为T细胞。胸腺上皮细胞有树枝状胞突，在皮质层和髓质均有分布。巨噬细胞多分布在皮质和髓质的交界处，胸腺树突状细胞多分布在髓质。

### (二)胸腺的功能

20世纪60年代，Miller在切除新生期小鼠胸腺的实验中证明，胸腺是T细胞的中枢免疫器官。新生期切除胸腺的小鼠在成年后，其外周血和淋巴组织中的淋巴细胞显著减少，不能排斥异体移植的皮肤，对胸腺依赖性抗原的抗体生成反应也有严重影响，表明细胞免疫功能受损。如果动物在出生一周后摘除胸腺，则不易发生免疫功能明显受损的现象。因为在出生前后已有大量成熟的T细胞从胸腺迁移到外周免疫器官，建立了细胞免疫功能。所以，成年期切除胸腺对外周已经存在的成熟T细胞及其功能影响较小。

胸腺作为T细胞的中枢免疫器官，其功能主要表现在以下两个方面：

1. 培育和输出成熟的T细胞　骨髓中的前T细胞随血流经过胸腺时受胸腺上皮细胞产生的趋化因子的作用而进入胸腺，首先在浅皮质层内增殖，随后进入深皮质层增殖和分化，但大部分(>95%)胸腺细胞在皮质内自行**凋亡(apoptosis)**。只有少数(<5%)胸腺细胞继续向髓质迁移，再分化成熟为具有不同功能的T细胞亚群，最后(大约仅1%)从髓质输出到外周免疫器官，分布在特定的胸腺依赖区。胸腺细胞在胸腺内的分化和迁移过程中，与胸腺基质细胞接触而经历阳性和阴性选择过程，经过阳性选择作用，胸腺培育出能识别自身MHC分子—抗原肽复合体的T细胞。经过阴性选择作用，使对自身抗原起反应的胸腺细胞不能分化成熟而成为**“禁忌细胞株”**，产生对自身成分耐受的T细胞群体。胸腺上皮细胞和其他基质细胞所产生的胸腺激素和细胞因子在胸腺细胞的分化成熟过程中，也起着重要的诱导作用。胸腺向外周淋巴器官输送T细胞的过程主要发生在出生前后，在成年期T细胞输出量较低。外周成熟的T细胞极少返回胸腺。由于胸腺也有血管屏障，外来抗原一般难以进入胸腺实质引起免疫应答。

2. 产生胸腺激素　胸腺上皮细胞可以产生多种小分子量(10 kD)的肽类胸腺激素，如**胸腺血清因子**(thymulin)，**胸腺素**(thymosin)，**胸腺生成素**(thymopoietin)和**胸腺体液因子**(thymichumoural factor，THF)等。这些胸腺激素可使前T细胞分化为较成熟的胸腺细胞，并使其中一些细胞继续分化为成熟的T细胞。胸腺激素对外周成熟T细胞也有一定作用，可增强或调节其功能。据临床测定，老年人血清中胸腺激素水平降低，T细胞数量和功能降低，可能是老年人易患自身免疫性疾病和肿瘤的重要原因之一。临床上已应用胸腺激素制剂作为某些感染性疾病、自身免疫性疾病和肿瘤的免疫辅助治疗。

### 三、腔上囊

腔上囊也称法氏囊(bursa of Fabricius),是鸟类泄殖腔背侧的囊状组织,结构与胸腺相似。从骨髓来的前B细胞在囊内微环境和囊激素作用下分化成熟为B细胞,经血流迁移到外周淋巴器官的非胸腺依赖区定居。鸟类如在孵出前后摘除腔上囊可引起B细胞介导的体液免疫缺陷,即不能产生抗体。因此,腔上囊是鸟类B细胞发育成熟的中枢免疫器官。

## 第二节 外周免疫器官

### 一、淋巴结(lymph nodes, LN)

#### (一)淋巴结的结构

淋巴结实质可分为皮质和髓质两部分,前者分浅皮质区和深皮质区。浅皮质区中含有淋巴小结,也称初级淋巴滤泡,主要由B细胞聚集而成。抗原刺激后,此处的B细胞分裂增殖形成生发中心,又称次级淋巴滤泡,内含不同分化阶段的B细胞和浆细胞。浅皮质区主要由B细胞定居,称**非胸腺依赖区**。深皮质区为弥散淋巴组织,主要由T细胞定居,称**胸腺依赖区**。在皮质区还有巨噬细胞和树突状细胞,后者又有两种类型,即分布于胸腺依赖区的**并指状树突状细胞**和分布在淋巴滤泡的**滤泡树突状细胞**。深皮质区的毛细血管后小静脉由高立方形内皮细胞组成,来自血液的淋巴细胞可通过这种**高内皮小静脉**(high endothelial venule, HEV)进入淋巴实质,与淋巴细胞再循环过程有关。髓质由髓索和髓窦组成。髓索中含有B细胞,浆细胞和巨噬细胞等。髓窦内为淋巴液通道,与输出淋巴管相通。髓窦中有许多巨噬细胞,能吞噬和清除细菌等异物。淋巴结在免疫应答过程中生成的致敏T细胞和特异性抗体可汇集于髓窦中随淋巴液进入血循环分布到全身发挥作用。

#### (二)淋巴结的功能

淋巴结的免疫功能如下:

1. 过滤和清除异物　侵入机体的致病菌、毒素或其他有害异物,通常随组织淋巴液进入局部引流区的淋巴结内,淋巴窦中的巨噬细胞能有效地吞噬和清除细菌等异物,但对病毒和癌细胞的清除能力低。

2. 产生免疫应答　淋巴实质中的巨噬细胞和树突状细胞能摄取和处理外来的异物性抗原,并将抗原递呈给T细胞,使其活化增殖,分化成致敏T细胞。B细胞可识别和结合游离的或被滤泡树突状细胞捕获的抗原,与T细胞相互作用后活化增殖,分化为浆细胞,使生发中心增大。淋巴结是针对来自淋巴液中抗原的免疫应答场所。

### 二、脾脏(spleen)

#### (一)脾脏的结构

脾脏是人体最大的免疫器官。外包被膜,实质分白髓和红髓。红髓量多,位于白髓周围。白髓内沿中央动脉分布的淋巴组织称淋巴鞘,主要由T细胞组成,为**胸腺依赖区**。白髓内有淋巴小结和生发中心，含大量B细胞，为**非胸腺依赖区**。淋巴小结外的白髓区仍以T细胞为主，在白髓与红髓交界的边缘区则以B细胞为多。红髓包括脾索和脾窦，脾索为条索状，含大量B细胞、浆细胞、巨噬细胞和树突状细胞等。由脾索围成的脾窦内充满血液，脾索和脾窦壁上的巨噬细胞能吞噬和清除血液中的细菌等有害异物和伤残血细胞。

（二）脾脏的功能

脾脏的免疫功能如下：

1. 血液滤过作用　大约90%的循环血液要经过脾脏，脾脏的巨噬细胞可吞噬和清除混入血液的细菌等异物和自身衰老伤残的血细胞等废物。

2. 产生免疫应答　脾脏内定居着大量淋巴细胞和其他免疫细胞，血液中的抗原一旦进入脾脏即可发生T细胞和B细胞的活化和增殖，产生致敏T细胞和浆细胞。脾脏是针对来自血液中抗原的免疫应答场所，也是体内产生抗体的主要器官。

3. 产生吞噬细胞增强激素　脾脏能产生一种含苏—赖—脯—精氨酸的四肽激素，**称特夫素**（Tuftsin），能增强巨噬细胞和中性粒细胞的吞噬作用。临床上观察到切除脾脏的病人易发生败血症和其他感染，可能与不能产生特夫素有关。

## 三、粘膜相关淋巴组织(MALT)和皮肤相关淋巴组织(SALT)

淋巴细胞和其他免疫细胞除了分布在上述有完整结构的淋巴器官、淋巴结和脾脏外，还广泛分布在粘膜和皮肤组织。全身粘膜和皮肤组织的面积很大，这些部位的淋巴细胞和其他免疫细胞的总数可能多于分布在淋巴器官中的数量。粘膜和皮肤组织是机体接受外来抗原刺激的首要和最主要的部位，不仅是免疫防御的第一防线，也是发生免疫应答的主要部位。其中的免疫细胞不仅参与激发全身的免疫应答，更重要的是在局部免疫应答并包括最后的效应过程中起着重要的作用。

（一）粘膜相关淋巴组织（mucosal associated lymphoid tissue，MALT）

也称**粘膜免疫系统**（mucosal immune system，MIS）包括消化道、呼吸道和泌尿生殖道等粘膜的淋巴组织，可分为两种类型：

1. 具有一定结构的粘膜淋巴滤泡，包括肠道粘膜集合淋巴结（Peyer's patches）、扁桃体、阑尾、消化道、呼吸道和泌尿生殖道粘膜下层的淋巴小结，均有类似淋巴结滤泡的结构，其中以B细胞分布为主，且多为产生SIgA的B细胞。在滤泡之间也有T细胞分布。另外，在粘膜滤泡上方的上皮细胞中有一种**M细胞**（membranous cells），专门摄取经粘膜途径进入的外来抗原并转运给粘膜淋巴滤泡中的B细胞。

2. 弥散的粘膜淋巴组织，广泛分布于粘膜组织固有层，其中包括**上皮内淋巴细胞**（intraepithelial lymphocytes，IEL）和**固有层淋巴细胞**（lamina propria lymphocytes，LPL），前者大多数为T细胞，后者为混合群体，T细胞和B细胞几乎相等，大多为活化型，B细胞多为产生SIgA型。另外也有巨噬细胞、嗜酸性粒细胞和肥大细胞分布在粘膜组织固有层。一般认为，粘膜淋巴滤泡是免疫细胞接受抗原刺激后活化增殖的部位，而弥散淋巴组织是活化的免疫细胞发生免疫效应的部位。

（二）皮肤相关淋巴组织（skin associated lymphoid tissue，SALT）

也称**皮肤免疫系统**（cutaneous immune system，CIS）。皮肤的表皮层和真皮层中均有免疫细胞存在。表皮层中的郎格罕斯细胞（Langerhans cells），简称**L细胞**，属于树突状细胞，是重要的抗原递呈细胞，能摄取和处理经皮肤入侵的抗原，并迁移到淋巴结内变为**并指状树突状细胞**，将抗原递呈给T细胞。表皮层中有少量的表皮内淋巴细胞(intraepidermal lymphocytes)，几乎都是T细胞。在真皮层结缔组织中，淋巴细胞位于血管周围，也多是T细胞。真皮层内还有巨噬细胞和肥大细胞散在分布。皮肤相关淋巴组织不仅是机体针对经皮肤入侵抗原的免疫应答激发部位，也是发生免疫效应的部位，如细胞免疫介导的**迟发型超敏反应**常发生在皮肤组织中。

## 四、淋巴细胞的归巢与再循环

成熟淋巴细胞的不同亚群从中枢免疫器官进入外周淋巴组织后，可分布在各自特定的区域，称为**淋巴细胞归巢**(lymphocyte homing)。淋巴细胞在血液、淋巴液和淋巴器官之间反复循环称为**淋巴细胞再循环**(lymphocyte recirculation)。淋巴细胞在机体内的迁移和流动是发挥免疫功能的重要条件。

### (一)淋巴细胞归巢

成熟T细胞和B细胞进入外周淋巴器官后定向分布在各自特定区域，如淋巴结的深皮质区和浅皮质区；不同功能的淋巴细胞亚群可选择性地分布到不同的淋巴组织，如产生SIgA的B细胞分布在粘膜相关淋巴组织。淋巴细胞归巢与淋巴细胞表面的**归巢受体**(homing receptor)和淋巴组织中小血管壁内皮细胞表面的配体**地址素**(addressin)相互作用有关。例如，分布到淋巴结的淋巴细胞表面的归巢受体是**L-选择素**，淋巴结内毛细血管后HEV表面的地址素是**外周淋巴结地址素**(PNAd)，属于粘蛋白样分子的聚糖细胞粘附分子-1(GlyCAM-1)，两者发生特异性结合，可促使淋巴细胞穿过HEV进入淋巴结的实质。

### (二)淋巴细胞再循环

淋巴细胞的再循环有多条途径：在淋巴结，淋巴细胞可随血流进入深皮质区穿过毛细血管后的HEV进入相应区域内定居，随后再移向髓窦，经输出淋巴管进入胸导管返回血循环；在脾脏，随脾动脉进入脾脏的淋巴细胞穿过血管壁进入白髓区，然后移向脾索，再穿过血管壁进入脾窦内，最后经脾静脉返回血循环。只有少数淋巴细胞从脾淋巴输出管进入胸导管返回血循环；在其他组织，随血流进入毛细血管的淋巴细胞可穿出血管壁进入组织间隙，随淋巴液回流到淋巴结后再经输出淋巴管进入胸导管和血循环。

淋巴细胞再循环对免疫应答有一定意义，带有各种特异性抗原受体的T细胞和B细胞，包括记忆细胞，不断在体内各处巡游，增加了与抗原和抗原递呈细胞接触的机会。这些细胞一旦接触相应的抗原，可立即进入淋巴组织发生增殖反应，产生初次或再次免疫应答。

(李柏青)

# 第九章　淋巴细胞

在免疫应答过程中，淋巴细胞是发挥核心作用的最主要的免疫细胞，在成人体内约有 $10^{12}$ 个，按免疫功能不同，可分为 T 细胞、B 细胞和 NK 细胞三类。T 细胞和 B 细胞分别负责细胞免疫和体液免疫，均具有特异性抗原受体，接受抗原刺激后能发生活化、增殖和分化，产生特异性免疫应答，故称**免疫活性细胞**(immunocompetent cells，ICC)，也称抗原特异性淋巴细胞。第三类淋巴细胞不需要预先接触抗原，就能杀伤某些被病毒感染的宿主细胞和某些肿瘤细胞，称为自然杀伤细胞(natural killer cells，NK cells)，简称 NK 细胞，在抗病毒感染和抗肿瘤免疫方面发挥天然免疫的作用。

**表 9-1　三类淋巴细胞在主要淋巴组织的分布(%)**

| | T 细胞 | B 细胞 | NK 细胞 |
|---|---|---|---|
| 胸腺 | ～100 | 0 | <1 |
| 外周血 | 70～80 | ～20 | ～10 |
| 淋巴结 | 75 | ～25 | <1 |
| 脾脏 | 35～50 | 50～65 | ～10 |

## 第一节　T 淋巴细胞

T 细胞在特异性免疫应答中起关键作用，不仅负责细胞免疫，对 B 细胞参与的体液免疫也起辅助和调节作用。

### 一、T 细胞的膜表面分子

根据其作用可归成三类，与识别抗原有关的抗原受体复合体，与活化相关的膜辅助分子和其他膜表面分子等。

(一)T 细胞抗原受体(TCR)和 TCR 复合体

所有 T 细胞表面均具有能结合特异性抗原的膜分子，称 T 细胞抗原受体(T cell antigen receptor，TCR)。成熟 T 细胞的 TCR 与细胞膜上的 CD3 分子和 ζ 蛋白分子结合形成 TCR-CD3-ζ 分子复合体，或称 TCR 复合体(见图 9-1)。只有完整的 TCR 复合体才能将 TCR 结合抗原的信息传递到细胞浆内使 T 细胞开始活化。

1. TCR　由 α 链和 β 链经二硫键连接组成异二聚体，每条链又分为 V 区和 C 区。V 区在细胞外侧，是与抗原多肽-MHC 分子复合体结合的部位。V 区内有与抗原决定簇发生结合的互补决定簇区(CDR1～3)；C 区与细胞膜相连，其羧基末端约有 5～12 个氨基酸伸入胞浆内(见图 9-1)。

α 链和 β 链的基因编码分别由 V、J、C 和 V、D、J、C 基因群控制，各 V 区基因又由许多节段组成。幼稚 T 细胞的 TCR 基因经重排后可形成几百万种以上的不同基因序列，可编码相应数量的不同特异性 TCR 分子。每一个成熟 T 细胞克隆内的各个细胞具有相同的 TCR，可识别同一种特异性抗原。在同一个体内，则可能存在数千万种以上的 T 细胞克隆及其特异性的 TCR，以适应识别外界各种各样的特异性抗原。可将所有 T 细胞克隆的特异性 TCR 的总和称为 **TCR 库**(TCR repertoire)，所有 T 细胞克隆的总和称为 **T 细胞库**。

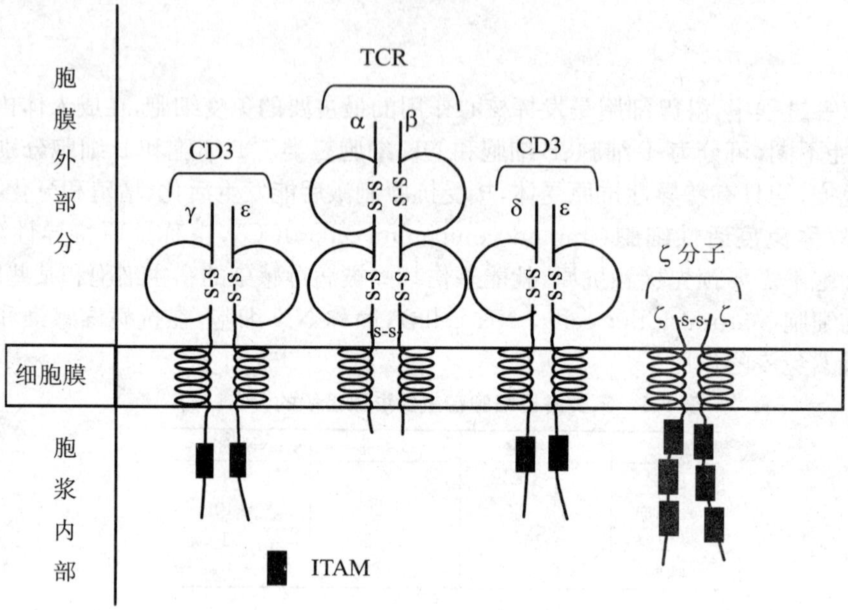


图 9-1　T 细胞抗原受体(TCR)和 TCR 复合体

少数 T 细胞的 TCR 由 γ 链和 δ 链组成，其结构与 TCRα 链和 β 链相似，但 V 区的基因节段数目较少，重排后产生的特异性 TCR 种类的数量有限，即 TCR 库较小。

2. CD3　为 T 细胞所特有的膜表面分子，由三种肽链(γ、δ 和 ε)组成两对异二聚体(γε 和 δε)，这些肽链的胞外区均有一个 Ig 样结构区，跨膜区含有负电荷的谷氨酸和/或天冬氨酸残基；而在胞浆内末端区均含有一个**免疫受体酪氨酸活化基序**(immune receptor tyrocine activation motif, ITAM)，与传导 TCR 结合抗原的信息有关。(这种 ITAM 也存在于 ζ 分子、B 细胞抗原受体复合体的 Igα 和 Igβ 肽链、NK 细胞的低亲和力 IgG Fc 受体 γ 链以及 IgE Fc 受体的 β 链和 γ 链中。)

3. ζ 蛋白分子　多数由两条相同 ζ 链组成同二聚体，少数由 ζ 链与 η 链组成，η 链也是由 ζ 链基因编码，是与 ζ 链不同的拼接产物，在胞浆内区比 ζ 链长 42 个氨基酸。与 CD3 分子不同之处是 ζ 链(或 η 链)的胞外区仅 9 个氨基酸(CD3 分子约 100 个)，而胞浆内末端区则长达 113 个，含有 3 个重复的 ITAM(η 链为 2 个)。ζ 链跨膜区含有负电荷的天冬氨酸。

CD3 分子和 ζ 分子中的 ITAM 含有酪氨酸，可与蛋白酪氨酸激酶结合。当 TCR 与抗原结合后，该激酶迅速活化作用于 ITAM 中的酪氨酸使其磷酸化，继而启动细胞内的活化过程。因此，CD3 和 ζ 分子起着传导抗原信息的作用(也有将 ζ 分子作为 CD3 分子的一部分)。

从上可见 TCR 复合体是由 4 个二聚体组成，包括 TCRα 和 β 链(或 TCRγ 和 δ 链)、CD3 的 γ 和 ε 链、δ 和 ε 链，以及 ζ 分子的 ζ 和 ζ 链(或 ζ 和 η 链)。在这 4 个二聚体中，CD3 分子和

ζ分子中的γ、δ、ε链和ζ链的跨膜区均含负电荷的氨基酸残基(谷氨酸和天冬氨酸),这与TCR的α和β链(或γ和δ链)的跨膜区中带正电荷的氨基酸残基(赖氨酸和精氨酸)发生非共价连接,形成稳定的TCR-CD3复合物。

近年的研究表明,当TCR复合体与抗原递呈细胞表面的抗原肽-MHC分子复合体发生结合形成的免疫突触的结构中,有两对TCR(α、β链)与CD3和ζ分子形成复合体,其组成形式可表示为$(\alpha\beta)_2\cdot\gamma\varepsilon\cdot\delta\varepsilon\cdot\zeta\zeta/\zeta\eta$(参见图9-2)。

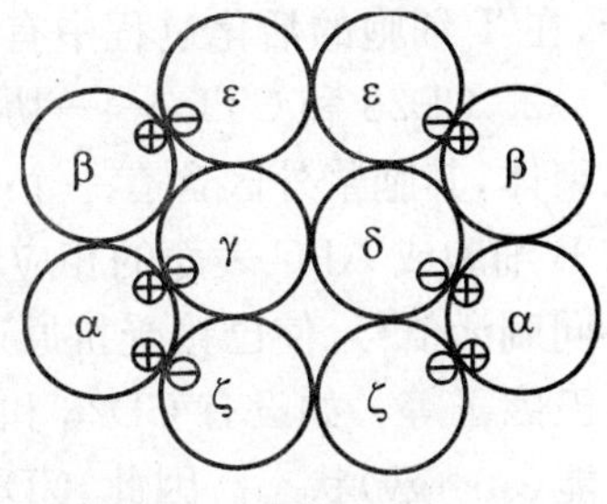


图9-2 TCR复合体空间结构模式图

(二)T细胞的膜辅助分子

是协助T细胞与APC的相互接触及参与抗原刺激后的活化过程的膜分子,称为膜辅助分子(accessory membrane molecules),大多属于Ig超家族成员,其中有些是T细胞特有的标志,可用其相应抗体鉴定和分离T细胞。

1. CD4和CD8—协同受体(coreceptors) 分别出现在不同的成熟T细胞表面。因此,T细胞可分成两大亚群:$CD4^+$ T细胞和$CD8^+$ T细胞,前者具有辅助性T细胞的功能,后者具有细胞毒性T细胞的活性。

CD4分子是单链跨膜蛋白分子,胞膜外区具有4个Ig样功能区,有疏水的跨膜区,胞浆内区末端有38个氨基酸残基。CD4能与APC上的MHC Ⅱ类分子结合,称为MHC Ⅱ类分子受体。当TCR识别APC递呈的抗原肽-MHC Ⅱ类分子复合体时,CD4胞膜外远端区的两个Ig区与MHC Ⅱ类分子的非多态部分(β2)结合,具有稳定T细胞与APC结合的作用。

CD4分子是HIV的受体,HIV通常首先侵犯和破坏$CD4^+$ T细胞,是AIDS病人免疫功能缺陷的主要原因之一。CD4除分布于部分成熟T细胞和部分胸腺细胞外,在某些树突状细胞和单核吞噬细胞等也有表达。

CD8分子是由α链和β链组成的异二聚体跨膜蛋白,有些T细胞表达的CD8分子为αα同二聚体。各肽链均含有1个Ig样功能区的胞外区、穿膜区和胞浆区末端。CD8分子胞外的Ig样功能区能与APC上的MHC Ⅰ类分子的α3区结合,称为MHC Ⅰ类分子受体。可以稳定CTL与带有抗原肽-MHC Ⅰ类分子复合体的靶细胞结合。

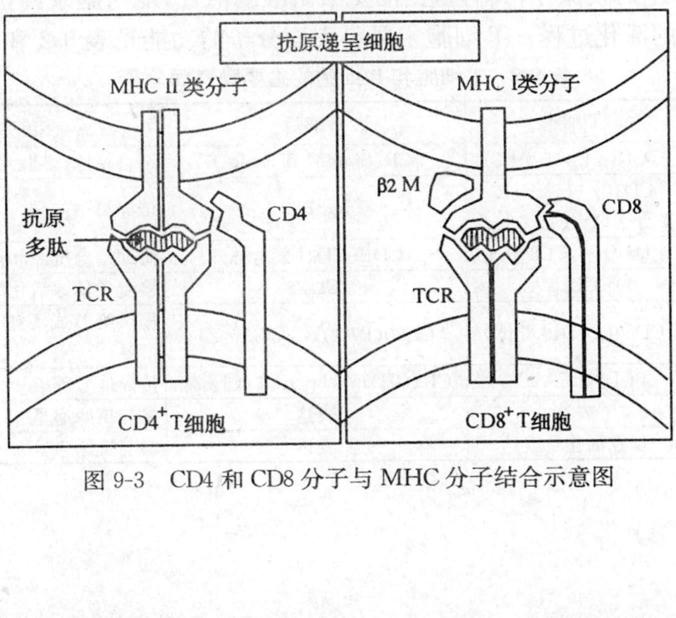


图9-3 CD4和CD8分子与MHC分子结合示意图

CD4 和 CD8 分子有粘附分子活性，协同 TCR 与抗原多肽-MHC 分子复合体的结合，因此称为 TCR 的协同受体(coreceptor)。CD4 和 CD8 分子的胞浆内末端区(约 25 个氨基酸)在 TCR 结合抗原后迅速发生磷酸化，该末端区又与蛋白酪氨酸激酶(Lck 分子)发生非共价结合，在 T 细胞的活化过程中有传导抗原刺激信号的重要作用。

2. CD28 和 CTLA-4—协同刺激受体　属于 Ig 超家族成员，由二硫键连接两条肽链组成二聚体，其胞浆外区含有一个 Ig 样结构。CD28 分子可表达在静止和活化的 T 细胞表面，能与 B 细胞或 APC 表面的相应配体 B7-1(CD80)或 B7-2(CD86)结合。这种结合为 T 细胞提供协同刺激信号，使已接受抗原刺激开始活化的 T 细胞进入完全活化状态，如产生 IL-2 和其他淋巴因子等。如没有 CD28 和 B7 的结合，则初步活化的 T 细胞将不能充分活化增殖而进入失能(anergy)状态。因此，CD28 与 B7 的结合是在 T 细胞(主要是 TH)接受抗原刺激后的活化过程中必不可少的第二信号，称**协同刺激信号** (costimulatory signal)，称 CD28 为协同刺激受体(costimulatory receptor)。

活化 T 细胞可表达 CTLA-4，结构与 CD28 相同，也与 B7 分子结合，但结合后能阻断 CD28 的信号传导，有抑制 T 细胞活化的作用。CTLA-4 可能通过这种负反馈作用终止 T 细胞的免疫应答。

3. CD2/LAF-2　原称绵羊红细胞受体即 E 受体，因 B 细胞无此表面受体，曾将其作为人 T 细胞的重要标志。现命名为 CD2。除 T 细胞外，NK 细胞也表达 CD2。CD2 也称淋巴细胞功能相关抗原-2(lymphocyte function associate antigen-2, LFA-2)。其天然配体是免疫细胞表面的淋巴细胞功能相关抗原-3，即 LFA-3 (CD58)。两者都是粘附分子。T 细胞的 CD2 (LFA-2)与 APC 表面 LFA-3(CD58)结合后，可增强 TCR 与抗原多肽-MHC 分子复合体的结合。另外，CD2 也参与 T 细胞活化过程中的信号传导作用。

4. CD45 和 CD45R　CD45 称白细胞共同抗原，存在于所有白细胞表面，包括 T 细胞。CD45 为单链糖蛋白，至少有 5 种异型体。仅表达于某些白细胞表面的异型体称 CD45R。如 CD45RA 表达在静止的 T 细胞，如未触过抗原的**童贞 T 细胞**(naive T cells)，而 CD45RO 表达在活化的 T 细胞和记忆 T 细胞。

CD45 各异型体的结构差别在胞外区，长度从 391～552 个氨基酸不等。而胞浆内末端区均有 705 个氨基酸，序列较保守，具有蛋白酪氨酸磷酸酶活性，能与胞浆内蛋白激酶相互作用，参与并调节 T 细胞的活化过程。T 细胞主要膜表面分子的功能见表 9-2 和图 9-4。

**表 9-2　T 细胞和 B 细胞的主要膜表面分子**

| | T 细胞 | B 细胞 | 功　能 |
|---|---|---|---|
| 抗原受体 | TCR($\alpha+\beta$ 或 $\gamma+\delta$) | BCR(SmIgM 和 SmIgD) | 结合抗原(多肽)接受第一信号 |
| 抗原受体复合体成分 | CD3($\gamma+\varepsilon$, $\delta+\varepsilon$), $\zeta$ 分子($\zeta+\zeta$ 或 $\zeta+\eta$) | ($Ig\alpha$ $Ig\beta$)2 | 传导第一信号 |
| 协同受体 | CD4 分子，CD8 分子 | CD19-CD21 复合体 | 协助结合抗原和传导第一信号 |
| 协同刺激受体 | CD28 | CD40 | 接受并传导活化第二信号 |
| 协同刺激分子 | CD40L(CD40 配体) | CD80(B7-1)，CD86(B7-2) | 提供给 B 或 T 细胞活化的第二信号 |
| 其他膜分子 | CD2(LFA-2) | CR1(CD35)，Fc-γRⅡ(CD32) | 传导信号等 |
| MHC Ⅰ类分子 | 表达 | 表达 | 参与抗原递呈 |
| MHC Ⅱ类分子 | 仅在活化后表达 | 表达 | 参与抗原递呈 |

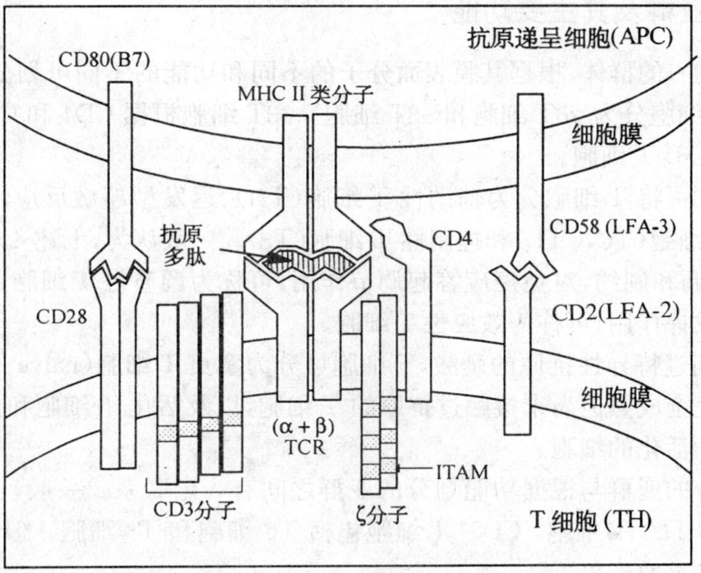


图 9-4　T 细胞和抗原递呈细胞的表面分子

（三）T 细胞的其他膜表面分子

1. 细胞因子受体　在 T 细胞接受抗原刺激后的活化过程中起重要作用，主要是 IL-1 受体和 IL-2 受体。IL-2 受体包括 α 链（CD25）、β 链（CD122）和 γ 链，有 3 种不同的组合形式：单独 α 链、βγ 链结合或 αβγ 3 条肽链结合，对 IL-2 的结合分别为低亲和力、中亲和力和高亲和力。静止 T 细胞仅表达 IL-2 受体 βγ 链。活化 T 细胞表达 α 链，与 βγ 链组成高亲和力 IL-2 受体，可使受抗原刺激活化的 T 细胞对较低水平的 IL-2 也能起增殖反应。

T 细胞表达的重要细胞因子受体还有趋化因子受体如 CCR3 和 CCR5。前者表达在 TH2 细胞，后者表达在 TH1 细胞，并与 CD4 分子一起作为 HIV 在 T 细胞表面的受体。

2. CD40L　表达于活化的 $CD4^+$ T 细胞及部分 $CD8^+$ T 细胞，是 B 细胞表面 CD40 分子（B 细胞的协同刺激受体）的配体，称 CD40L，能促使 B 细胞充分活化。

3. 丝裂原受体　免疫学实验研究中常用有丝分裂原（mitogen），简称丝裂原，代替抗原刺激淋巴细胞。丝裂原刺激淋巴细胞活化过程与抗原刺激的极其相似，但是某种抗原只能刺激很少数克隆的细胞活化，而丝裂原有多克隆刺激作用，能使某一亚群淋巴细胞多数克隆活化。丝裂原多属于**外源性凝集素**（lectin），如植物种子中的糖蛋白、细菌成分等。T 细胞和 B 细胞对不同的丝裂原刺激起反应，与其细胞表面不同的丝裂原受体有关。植物血凝素（phytohemagglutinin，PHA）和刀豆蛋白 A（concanavalin A，Con A）可与 T 细胞表面 TCR 和 CD3 等糖蛋白分子上的某些糖基发生结合，能刺激 T 细胞活化。

4. MHC 分子　所有 T 细胞均表达 MHC Ⅰ类分子，受抗原刺激活化后还能表达Ⅱ类分子。因此，Ⅱ类分子也可作为 T 细胞活化的标志。T 细胞活化后也可有一定的抗原递呈作用，即与其表达 MHC Ⅱ类分子有关。

5. 激素和介质受体　T 细胞表面也存在各种激素和介质的受体，如肾上腺素、皮质激素、组胺和前列腺素等物质的受体，是外界因素和神经内分泌对免疫系统功能产生影响的交接站。

## 二、T 细胞亚群及其主要功能

T 细胞是不均一的群体，根据其膜表面分子的不同和功能的不同可划分不同亚群。根据 TCR 种类可将 T 细胞分为 γδT 细胞和 αβT 细胞。αβT 细胞根据 CD4 和 CD8 的表达可分为 $CD4^+$ T 细胞和 $CD8^+$ T 细胞。

根据功能不同可将 T 细胞分为辅助性 T 细胞（TH）、迟发型超敏反应性 T 细胞（TDTH/TD）、细胞毒性 T 细胞（TC，CTL）和抑制性 T 细胞（TS）。一般认为，上述 4 个 T 细胞亚群中，TH 和 TS 相互协调和制约，对免疫应答起调节作用，可称为**调节性 T 细胞**；TC 和 TD 在免疫应答的效应阶段发挥作用，可称为**效应性 T 细胞**。

根据是否受到过特异性抗原的刺激，T 细胞可分为**童贞 T 细胞**（naive T cells，或称初始 T 细胞），是已经完全成熟但尚未接触过抗原的 T 细胞，以及活化 T 细胞和记忆 T 细胞，是已受到过抗原刺激而活化的细胞。

根据表型划分的亚群与根据功能划分的亚群之间有一定联系。一般，$CD4^+$ T 细胞可包括 TH 细胞和 TD（TDTH）细胞，$CD8^+$ T 细胞包括 TC 细胞和 TS 细胞。但实际上，这种分类相互之间有交叉和重叠现象。

（一）γδT 细胞

也称 TCR1T 细胞。约占人外周血 T 细胞的 1%～5%，在肠道粘膜组织 T 细胞中约占 10%。但小鼠的肠道粘膜组织中 γδT 细胞可达 50%以上，皮肤中也有较多 γδT 细胞。大多为 $CD4^-$ 和 $CD8^-$，少数为 $CD8^+$，极少数为 $CD4^+$。γδT 细胞对抗原的识别和结合可不受 MHC 分子限制，还可能识别非多肽类抗原。已知 γδT 细胞能对某些细菌如结核杆菌的抗原发生增殖反应，也发现某些炎症性病变部位 γδT 细胞数量增多；还发现 γδT 细胞对肿瘤细胞有细胞毒活性，表明 γδT 细胞在抗感染免疫和抗肿瘤方面有一定作用。由于 γδT 细胞的受体库较小，在特异性免疫应答中的作用不如 αβT 细胞，也可将其归属于天然免疫细胞。

（二）αβT 细胞

1. $CD4^+$ T 细胞和 TH 细胞亚群

$CD4^+$ T 细胞的 TCR 能识别由 APC 递呈的抗原肽-MHC Ⅱ类分子复合体，因此 $CD4^+$ T 细胞是 MHC Ⅱ类分子限制性 T 细胞。按功能 $CD4^+$ T 细胞可分为辅助性 T 细胞（help T cells，TH 细胞）和迟发型超敏反应性 T 细胞（delayed type hypersensitivity T cells，TDTH 或 TD 细胞）。

根据产生淋巴因子的种类，$CD4^+$ TH 细胞可分为 TH1 和 TH2 两个亚群，来自 TH0 细胞，近来又发现有 TH3 细胞或 Treg1（T regulatory cells 1）细胞，这四类 TH 细胞亚群的主要特征见表 9-3。

（1）TH1 细胞　主要产生 IL-2、IFN-γ 和 TNF-β，参与细胞免疫和迟发型超敏反应，协助 B 细胞产生 IgG2，在抗细胞内微生物感染和细胞免疫所引起的炎症反应中发挥作用。目前认为 TH1 细胞即是具有 TD 细胞的作用。

（2）TH2 细胞　主要产生 IL-4、IL-5、IL-10 和 IL-13 等。能协助和促进 B 细胞的增殖和分化，促进抗体（包括 IgE）的产生，在抗细胞外微生物或寄生虫感染免疫以及变态反应的发生中起一定作用。

TH1 细胞产生的 IL-2 和 IFN-γ 对 TH1 细胞自身有促进分化和增殖作用，但对 TH2 细胞的分化有抑制作用；同样，TH2 的细胞因子 IL-4 对 TH2 细胞自身的分化和增殖有促进作用，而 IL-4 和 IL-10 对 TH1 细胞的分化增殖和细胞因子的产生有抑制作用。

**表 9-3　TH 细胞亚群主要特性比较**

| | | TH0 | TH1 | TH2 | TH3/Tr1 |
|---|---|---|---|---|---|
| 分泌的细胞因子 | IL-3 | + | + | + | + |
| | IL-2 | + | +++ | − | − |
| | IFN-γ | + | +++ | − | −/± |
| | TNF-β | + | +++ | − | + |
| | IL-4 | + | − | ++ | ±/− |
| | IL-5 | + | − | ++ | − |
| | IL-10 | + | − | ++ | +/++ |
| | IL-13 | + | − | ++ | − |
| | TGF-β | ± | ± | ± | ++/+ |
| 促分化的细胞因子 | | | IL-12 | IL-4 | IL-4, IL-10, TGF-β |
| 对 TH 细胞亚群的作用 | | 分化为 TH1，TH2，TH3 | 抑制 TH2 | 抑制 TH1 | 抑制 TH1 |
| 免疫功能 | | | 介导细胞免疫，介导Ⅵ型超敏反应，抗胞内寄生感染 | 辅助体液免疫，促进 IgE 产生，抗胞外感染 | 调节和抑制免疫应答，诱导免疫耐受 |

(3)TH0 细胞是 TH1 和 TH2 的前体细胞，当受到抗原刺激后，可产生多种细胞因子(见表 9-3)，再在不同的细胞因子作用下，继续分化为其他亚群。如 IL-12 诱导出 TH1，IL-4 诱导出 TH2，IL-4、IL-10 和 TGF-β 诱导出 TH3 T 细胞亚群。

(4)TH3 细胞和 Treg1/Tr1 细胞，在 $CD4^+$ T 细胞中，有些细胞主要产生 TGF-β 和少量 IL-10，但不产生 IL-2、IL-4、和 IFN-γ，因与 TH2 明显不同，故命名为 TH3 细胞，其主要作用是降低 APC 和 TH1 细胞的活性。另外又发现有些 $CD4^+$ T 细胞可高表达 IL-10，也产生 TGF-β，但不产生 IL-2 和 IL-4，现命名为调节性 T 细胞 1 型(T regulatory cells 1，Treg1/Tr1)，也具有抑制 TH1 细胞活性，在诱导外周免疫耐受方面有作用。有人将 TH3 和 Tr1 均归类为调节性 T 细胞(T regulatory cells，Treg)，也有认为就是同一 T 细胞亚群。

2. $CD8^+$ T 细胞和 Tc 细胞

$CD8^+$ T 细胞识别靶细胞表面的抗原肽-MHC Ⅰ类分子复合体，是 MHC Ⅰ类分子限制性 T 细胞。通常这类细胞对靶细胞具有杀伤活性，故称为细胞毒性 T 细胞(cytotoxic T cells，Tc 或 CTL)，简称 Tc 细胞或 CTL。在免疫效应阶段，Tc 细胞与带有抗原肽-MHC Ⅰ类分子复合体的靶细胞，如被病毒感染的细胞或肿瘤细胞等接触后，释放胞浆内颗粒，其中有**穿孔素**(perforin)和具有丝氨酸蛋白酶活性的**颗粒酶**(granzymes)，前者的作用类似补体 C9 分子的作用，与胞膜结合后在靶细胞表面形成孔道，造成靶细胞溶解；后者通过孔道进入靶细胞内损伤 DNA，使靶细胞发生凋亡。Tc 细胞杀伤靶细胞时，并不损伤自身，而且可以连续杀伤多个靶细胞。

近年来也发现不同的 $CD8^+$ Tc 细胞克隆可产生不同的细胞因子，因此，可将产生 IFN-γ 的称为 Tc1 细胞，产生 IL-4 的称为 Tc2 细胞。

3. 抑制性 T (Ts) 细胞

抑制性 T 细胞(suppressor T cells，Ts cells)，简称 Ts 细胞，最早是在抗原刺激 T 细胞对体液免疫功能影响的实验中证实了具有抑制功能的 T 细胞亚群，并证明 Ts 可产生抗原特异性或抗原非特异性的可溶性抑制因子发挥作用，可以抑制 B 细胞、Tc、TH 和 Mϕ 的功能。虽然后来大多认为 Ts 细胞属于 $CD8^+$ T 细胞，但至今未能分离培养出仅具有抑制活性的 Ts 细胞克隆，故目前多数认为 Ts 细胞仅是功能上的命名，可能包括某些具有抑制活性的 $CD4^+$ 和 $CD8^+$ T 细胞，例如，$CD4^+$ 的 TH1 细胞和 TH2 细胞各自产生的细胞因子即具有相互抑制的作用，TH3 和 Tr1 产生的细胞因子 IL-10 和 TGF-β 均具有很强的抑制 TH1 以及 APC 的活性的作用。

4. NKT 细胞

近来发现少数 T 细胞除正常表达 CD3 和 TCR 分子外，还表达 NK 细胞的膜分子 NKR-P1(人)或 NK1.1(小鼠)，故称为 NKT 细胞或 NK1.1T 细胞。NKT 细胞的 TCR 多为 αβ 链型，但其 V 区的编码基因单一(在人均为 Vα24JαQ/Vβ11)。NKT 细胞中部分为 $CD4^+$，部分为 $CD4^-CD8^-$，少数为 $CD8^+$；另外，少数 NKT 细胞也可为 γδT 细胞。

NKT 在外周血中数量极少(<0.5%)，但在脾脏、骨髓、胸腺、淋巴结及肝脏中均有不同程度的分布。NKT 细胞通常并不识别由 MHC 分子递呈的蛋白抗原，而是识别由 CD1 分子递呈的脂类或糖脂类抗原，因此不受 MHC 分子限制。经抗原刺激后 NKT 细胞可产生高水平 IL-4，也产生 IL-10 和 TGF-β，因此，NKT 细胞具有诱导 TH2 细胞分化，促进体液免疫应答及诱导 IgE 产生的作用，并有抑制 TH1 细胞的作用，对肿瘤细胞等靶细胞具有细胞毒活性。现认为，NKT 细胞在防止自身免疫性疾病、控制感染及抗肿瘤免疫等方面均可发挥作用。

## 三、T 细胞的分化发育过程与膜表面分子的表达

刚从骨髓进入胸腺浅皮质层的前 T 细胞不表达 TCR 和 CD3 分子。也不表达 CD4 和 CD8 分子，称为**双阴性细胞**(double negative cells，DN 细胞)。在浅皮质层，少数胸腺细胞表达 CD3 分子和 TCRγ 链 δ 链，这群细胞输出到外周即为 γδT 细胞，多无 CD4 和 CD8 分子。浅皮质层的绝大部分胸腺细胞不表达 TCR 和 CD3，进入深皮质层分化后可表达 CD3，同时均表达 CD4 和 CD8 分子，称**双阳性细胞**(double positive cells，DP 细胞)，同时也开始表达 TCRα 和 β 及其基因进行重排，经转录和翻译，并在细胞表面表达 TCRαβ 分子。

DP 细胞继续移行至深皮质与髓质交界处并进一步进入髓质分化成熟，成为仅表达 CD4 或 CD8 分子的**单阳性细胞**(single positive cells，SP 细胞)，即为成熟的 T 细胞，输出到外周淋巴组织。在上述的成熟和分化过程中，DP 细胞以及 SP 细胞须经历**阳性**和**阴性选择**过程。这是通过胸腺细胞表面的 TCR 分子和 CD4/8 分子与基质细胞表面的 MHC 分子及其装载的多肽相互作用实现的。由于胸腺细胞在胸腺内所能遇到的只能是自身 MHC 分子和自身多肽。因此，自身 MHC 分子和自身多肽在胸腺细胞选择过程中起着重要作用。

### (一) 阳性选择

进入皮质层的胸腺细胞发生分裂和分化，形成不同的细胞克隆，其 TCR 基因发生重排和表达，可随机性地产生许多不同特异性 TCR，有些细胞克隆的 TCR 能与基质细胞表面的自身 MHC 分子多肽发生结合(即阳性反应)，这些细胞就得到刺激、存活、增殖并继续分化；否则，若 TCR 不能与自身 MHC 分子多肽识别者，这些胸腺细胞克隆就在原处自行凋亡，这一过程称**阳性选择**。在此过程中，基质细胞表面的 MHC Ⅰ类分子选择 DP 细胞的 CD8 受体，使该 DP 细胞的 CD4 分子表达关闭而转变为 $CD4^-CD8^+$ 的 SP 细胞；基质细胞表面的 MHC Ⅱ类分子选择 DP 细胞的 CD4 受体，同样可使该 DP 细胞的 CD8 分子表达关闭而转变为 $CD4^+CD8^-$ 的 SP 细胞。此时，大部分双阳性细胞在此过程死亡。经过阳性选择，获得了**自身 MHC 限制性**，即产生了能识别自身 MHC 分子的 T 细胞，输出到外周淋巴组织，成为能识别和结合

自身 MHC 分子—外来抗原肽复合体的成熟 T 细胞。

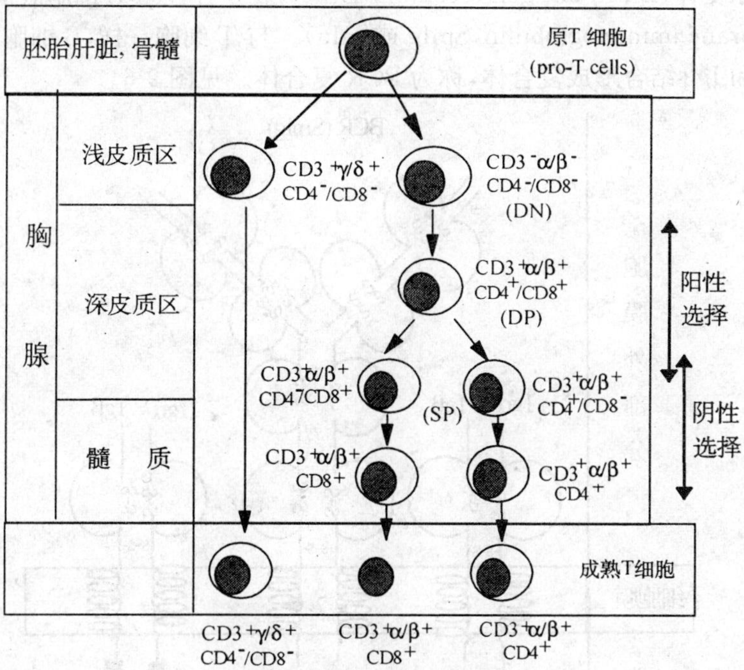


图 9-5 T 细胞分化发育与膜表面分子表达示意图

（二）阴性选择

经历阳性选择的胸腺细胞在深皮质区、皮髓质交界处及髓质区，还要经历阴性选择。如胸腺细胞的 TCR 能与基质细胞（树突状细胞和巨噬细胞等）表面的自身多肽—自身 MHC 分子复合体呈高亲和力结合者，就发生凋亡，这种胸腺细胞克隆就会被除去；只有那些 TCR 与基质细胞 MHC 分子上结合的自身多肽无高亲和力结合（即阴性反应）的细胞克隆才能继续存活成熟。这就是**阴性选择**过程，经过阴性选择过程后可除去那些与自身成分起反应的胸腺细胞。因此，从胸腺输出到外周的 T 细胞库中没有针对自身成分的 T 细胞克隆。这就是成熟个体对自身成分具有**自身耐受**的重要机制。

在阳性选择过程以及进一步在髓质分化中，细胞表面的 CD4 和 CD8 分子与基质细胞的 MHC Ⅰ类和Ⅱ类分子相互作用、诱导分化为仅表达 CD4 或 CD8 的单阳性（single positive，SP）髓质胸腺细胞，进入外周即为成熟的 $CD4^+$ 和 $CD8^+$ 两大亚群 T 细胞（图 9-5）。

## 第二节 B淋巴细胞

B 细胞的主要功能是产生抗体负责体液免疫。但对 T 细胞的功能也有重要作用，特别在识别时，能将处理的抗原递呈给 T 细胞，并提供协同刺激因子使 T 细胞充分活化。

### 一、B 细胞的膜表面分子

B 细胞的膜分子可分为三类，即与识别抗原有关的抗原受体复合体、与细胞活化有关的辅助分子，以及其他各种受体等膜分子。

（一）B 细胞抗原受体（BCR）和 BCR 复合体

B 细胞抗原受体（B cell antigen receptor，BCR），就是存在于 B 细胞表面的膜免疫球蛋白（surface membrane immunoglobulin，SmIg 或 mIg）。与 T 细胞一样，B 细胞的 BCR 也与另外的膜分子 Igα 和 Igβ 结合形成复合体，称为 BCR 复合体。见图 9-6。

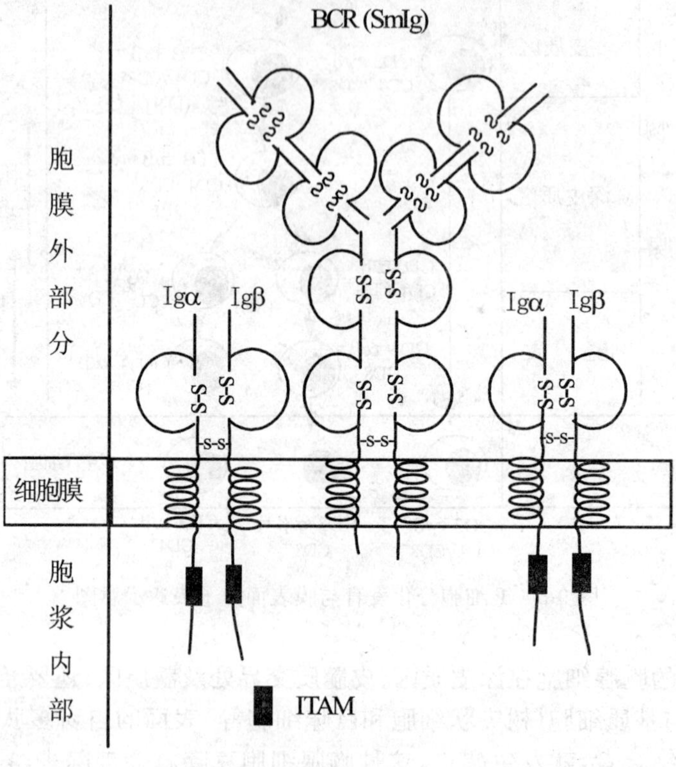


图 9-6　B 细胞抗原受体 BCR 和 BCR 复合体

1. BCR-SmIgM 和 SmIgD　外周血中多数 B 细胞同时携带 SmIgM 和 SmIgD，少数携带 SmIgG、SmIgA 或 SmIgE。SmIg 均为单体，其 Fab 段可与抗原结合。与血清中 Ig 不同，SmIg 具有跨膜区，各类 Ig 均为 26 个氨基酸残基。但胞浆内末端区的长度因 Ig 种类不同而有差别。SmIgM 和 SmIgD 的胞浆内末端区仅有 3 个氨基酸残基，与蛋白酪氨酸激酶相连，后者可启动细胞活化过程的信号传导。

SmIg 是 B 细胞的特征性标志，常用荧光素标记抗 Ig 作荧光抗体染色法检测 B 细胞。

2. Igα 和 Igβ　分别称为 CD79a 和 CD79b，由二硫键组成异二聚体，以两对异二聚体与 BCR 结合形成复合体。Igα 和 Igβ 胞浆外区均有一个 Ig 的功能区，胞浆内末端区较长，分别有 61 个和 48 个氨基酸，均有 ITAM，含有酪氨酸，当 BCR 与相应抗原结合形成交联时，其酪氨酸残基磷酸化，即启动 B 细胞活化过程的信号传导。

（二）B 细胞的膜辅助分子

B 细胞的膜辅助分子，在 B 细胞结合抗原后的活化过程中有重要作用，如转导抗原刺激信号，参与 B 细胞与 T 细胞的相互作用等。

1. CD19 和 CD21-协同受体复合体　CD19 和 CD21 形成复合体，能加强 BCR 与抗原的结合称为 **B 细胞协同受体复合体**（B cell coreceptor complex），因具有信号转导作用，也称为信号转导复合体。其作用类似 T 细胞的 CD4 或 CD8 分子。CD19 胞外区有 3 个 Ig 样功能区，胞浆内区较长，含酪氨酸残基，有传导信号作用。CD19 在 B 细胞分化早期到浆细胞前均有表达，可作为 B 细胞特异性标志。CD21 也称 CR2，能结合补体的裂解产物 iC3b 和 C3dg。CD21 的胞外区有 60～70 个氨基酸，含有 15～16 个重复同源序列，能与结合在 BCR 的抗原表面的 C3b 结合（见图 9-7），以增强 BCR 与抗原的结合，同时将结合的信号传导给 CD19，为 B 细胞活化提供辅助刺激信号。CD21 仅表达在成熟 B 细胞表面，B 细胞活化后消失。CD21 也是 EB 病毒的受体。

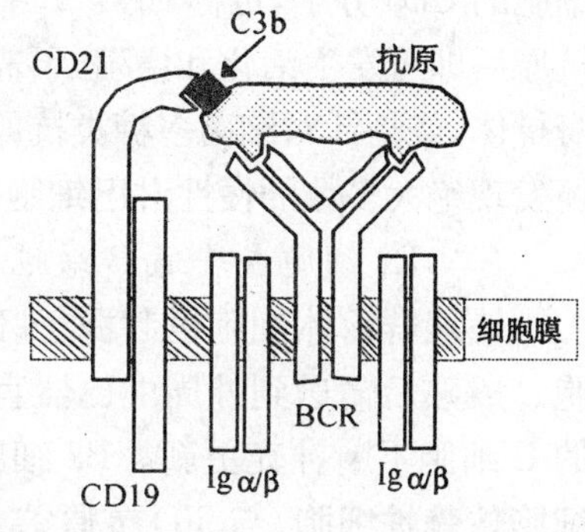


图 9-7　细胞协同受体 CD19/CD21 示意图

2. CD40-协同刺激受体　由两条肽链组成异二聚体的糖蛋白，除了表达在 B 细胞表面外，也表达在单核细胞和树突状细胞等 APC 表面。其配体是 T 细胞表面的 CD40L。CD40L 与 CD40 发生结合，为 B 细胞提供了协同刺激信号，使 B 细胞能进入充分活化、继而细胞增殖、产生 Ig 等过程。因此，CD40 可称为协同刺激受体，其作用与 T 细胞表面分子 CD28 相同。

3. CD45-蛋白酪氨酸磷酸酶　与 T 细胞相同，B 细胞表面也有 CD45 分子，其胞浆内部具有蛋白酪氨酸磷酸酶的活性，在 B 细胞的活化过程中参与和调节信号转导过程。

B 细胞还有其他膜分子，如 CD20（一种膜钙离子通道）和 CD23（低亲和力 FcεRⅡ），以及 MHC Ⅱ类分子也具有辅助分子的作用，即参与细胞活化过程中的信号转导。

（三）B 细胞的其他膜表面分子

1. B7-1（CD80）和 B7-2（CD86）　表达在活化 B 细胞和其他 APC 表面。是 T 细胞表面 CD28 分子的配体，具有协同刺激因子作用。

2. MHC 分子　B 细胞表达Ⅰ类和Ⅱ类分子，其中Ⅱ类分子参与 B 细胞处理和递呈抗原的过程。

3. Fc 受体（Fc receptor，FcR）　大多数 B 细胞表面有 FcγRⅡ（CD32），是低亲和力 FcγR，可与抗原—抗体复合物中 IgG 的 Fc 段结合，有利于 B 细胞对抗原的捕获和结合。

4. 补体受体（complement receptor，CR）　大多数 B 细胞表面存在着能与 C3b 和 C3d 发生结合的受体，包括 CR1（CD35）和 CR2（CD21）。CR 与抗原—抗体—补体复合物结合后可辅助 B 细胞捕获已经与 Ig 结合的抗原。正如上述 CD21 在 B 细胞的协同受体中的作用。

5. 丝裂原受体　B 细胞表面的丝裂原受体可接受某些有丝分裂原的刺激，如 LPS 可刺激小鼠 B 细胞转化，葡萄球菌 A 蛋白可刺激人 B 细胞转化。

B 细胞表面还有一些重要的受体，如 IL-1、IL-2 和 IL-4 等多种细胞因子的受体。B 细胞表面也有激素和神经递质的受体等，在调节 B 细胞功能方面有一定作用。

## 二、B 细胞的亚群

根据 B 细胞的表面标志和功能分为 B1 和 B2 两个亚群，这两个亚群在分化发育和前体细胞来源等方面也有明显的区别。

（一）B1 细胞

B1 细胞亚群不在骨髓中发育，其前体细胞在胚胎肝脏发生和分化后迁移到腹腔等部位，在外周血和淋巴器官中数量很少，只占 B 细胞的 5%～10%。B1 亚群在成年期不像 B2 亚群可由骨髓中前体细胞补充更替，而是由其本身自我更新补充。B1 细胞的 BCR 主要为 SmIgM，因表达 T 细胞的 CD5 分子，也称 $CD5^+$ B 细胞。B1 或 $CD5^+$ B 细胞为 **T 细胞非依赖性细胞**，识别和结合 TI 抗原后即可发生活化和增殖，不需 T 细胞辅助，产生 IgM 类抗体，多为低亲和力、多特异性的自身抗体，或是针对细菌多糖类抗原的天然抗体。B1 细胞可能参与自身免疫性疾病的发生。另外还发现绝大多数的慢性淋巴细胞白血病细胞均属于 B1 或 $CD5^+$ B 细胞。

（二）B2 细胞或普通 B 细胞

该亚群前体细胞也起源于胚胎肝脏，但以后的分化和发育则在骨髓，在发生上晚于 B1 细胞。成熟后输送到外周淋巴器官，占外周淋巴组织 B 细胞的绝大部分。在成年期仍由骨髓中的 B 细胞不断补充更新。B2 细胞表面同时有 SmIgM 和 SmIgD，无 CD5。该亚群 B 细胞为 **T 细胞依赖性细胞**，与 TD 抗原结合而发生免疫应答，需要 T 细胞辅助，能产生针对外来抗原的 IgG 等抗体，负责机体体液免疫的主要功能。两个亚群的特征和区别见表 9-4。

**表 9-4　两个 B 细胞亚群的特征**

| | B1 | B2 |
|---|---|---|
| 表面分子 SmIgM | + | + |
| SmIgD | − | + |
| CD5 | + | − |
| 补充更新 | 自我更新 | 由骨髓 B 前体细胞更替 |
| 抗体产生 | IgM | IgM，IgG |
| 针对抗原 | TI 抗原自身抗原 | TD 抗原 |
| 再次抗体应答 | − | + |

## 三、B 细胞的分化成熟

B2 细胞的分化和成熟可分为两个阶段：第一阶段是不依赖抗原刺激的骨髓内分化阶段。由淋巴干细胞分化来的前体 B 细胞称**原 B 细胞**，在骨髓的微环境因素作用下分化成**前 B 细**

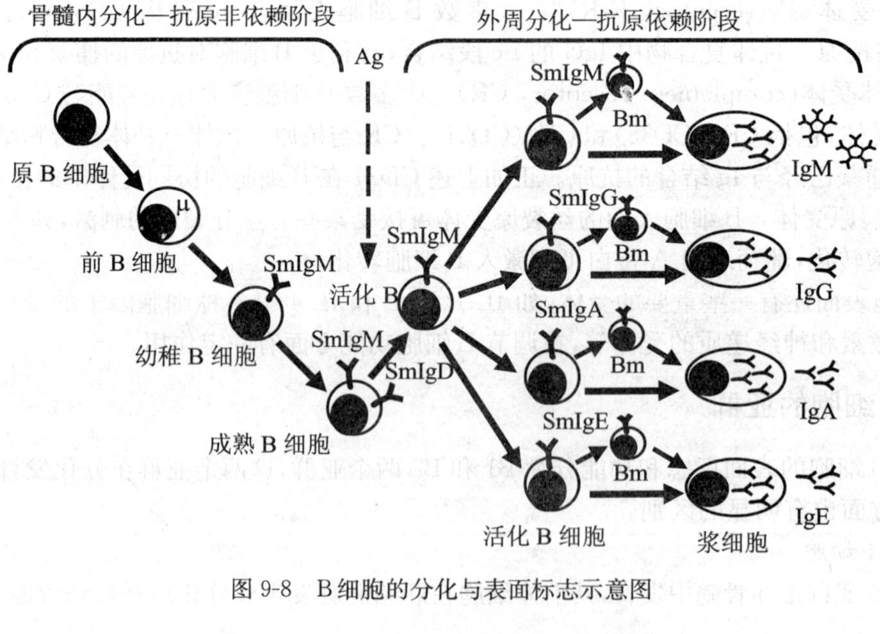


图 9-8　B 细胞的分化与表面标志示意图

**胞**，其标志是胞浆内出现 Ig 的 $\mu$ 重链，多数前 B 细胞表面无完整 SmIgM，进一步分化成**幼稚 B 细胞**时表达 SmIgM，最后发育为**成熟 B 细胞**同时表达 SmIgM 和 SmIgD。第二阶段是依赖抗原刺激的外周分化阶段，带有 SmIgM 和 SmIgD 的成熟 B 细胞从骨髓输出到外周淋巴组织后，如未遇相应抗原仅存活几天。受相应抗原刺激后活化，此时细胞表面的 SmIgD 消失，保留 SmIgM，有些可分化为分泌 IgM 的浆细胞；而大多数在活化增殖过程中发生 Ig 类别转换，即由 SmIgM 转成 SmIgG(或 SmIgA，或 SmIgE)，TH 细胞产生的 IL-2、-4、-5、-6 和 IFN-γ 在 Ig 类型转换过程中起诱导作用。最后，B 细胞分化成能分泌与 SmIg 相同特异性 IgG(或 IgA，或 IgE)的浆细胞。有些 B 细胞在分化过程中停止增殖成为**记忆性 B 细胞**(memory B cells, Bm)。见图 9-8。

## 第三节　NK 细胞

NK 细胞是第三类淋巴细胞，其表面缺少 T 细胞和 B 细胞的特异性标志如 TCR 和 SmIg，曾称为**裸细胞**(null cell)。这类细胞不依赖于抗原刺激，能自发地溶解多种肿瘤细胞和被病毒感染细胞，称为**自然杀伤细胞**，在人外周血和脾脏中约占淋巴细胞的 10%。

### 一、NK 细胞的特征

NK 细胞为胞浆中含有嗜天青颗粒的大型淋巴细胞，也称**大颗粒淋巴细胞**(large granular lymphocytes, LGL)。这些颗粒内含有溶解细胞的穿孔素和具有丝氨酸蛋白酶活性的颗粒酶等。NK 细胞表面主要有 CD2(即 E 受体)、CD16(低亲和力 IgGFc 受体，FcγRⅢ)及 CD56 等。CD16 和 CD56 可视为 NK 细胞特异性标志，抗 CD16 和抗 CD56 可用来鉴定和分离 NK 细胞(巨噬细胞和粒细胞也表达 CD16，但 CD56 仅见于 NK 细胞)。NK 细胞表面也有 IL-2 受体(β 链和 γ 链)和干扰素受体，IL-2 和 IFN-γ 能活化 NK 细胞和增强其细胞毒活性。

### 二、NK 细胞识别靶细胞的机制

研究提示，对 NK 细胞敏感的靶细胞，如被病毒感染的细胞和某些肿瘤细胞，其表面 MHC Ⅰ类分子的表达水平低于正常细胞。现已明确，NK 细胞表面有识别 MHC Ⅰ类分子—自身多肽的受体，这种受体与正常细胞表面的 MHC Ⅰ类分子结合后产生抑制信号，使 NK 细胞对正常细胞不能产生杀伤效应，称为**杀伤细胞抑制受体**(killer cell inhibitory receptors, KIRs)。KIRs 属于 Ig 超家族，胞外区有 2～3 个 Ig 样功能区，细胞内区有 ITAM。KIRs 识别的就是细胞表面的 MHC Ⅰ类分子。NK 细胞与某些靶细胞接触时，因靶细胞上 MHC Ⅰ类分子和自身多肽的异常或丢失而不再与 KIRs 发生结合，不传入抑制信号，可使 NK 细胞激活而发挥杀伤效应。因此，NK 细胞是通过 KIRs 识别"丢失自身"的靶细胞，也就"自身 MHC Ⅰ类分子—自身多肽"丢失的靶细胞，并产生杀伤效应。

### 三、NK 细胞杀伤靶细胞的方式

基本与 CTL 相似，即通过脱颗粒作用或称颗粒胞外分泌(granule exocytosis)作用损伤细胞膜和裂解 DNA 导致细胞凋亡。NK 细胞与靶细胞接触结合后，胞浆颗粒的内容释放到靶细胞表面，其中有类似补体 C9 结构的**穿孔素**可在靶细胞膜上形成跨膜通道，接着颗粒内容物中具有 NK 细胞毒性因子的**颗粒酶**可进入靶细胞内作用于 DNA 使其裂解成小片段，导致靶细胞凋亡。而颗粒内容物中存在着蛋白聚糖—硫酸软骨素 A 能保护 NK 细胞本身不受上述毒性物质的作用。IL-2 能促使 NK 细胞产生 IFN-γ 进一步发挥作用。

## 四、NK 细胞的 ADCC 作用

NK 细胞具有 FcγRⅢ(CD16)，可与被 IgG 结合的靶细胞结合并使靶细胞溶解，即 ADCC 作用。这种通过 CD16 介导的 NK 细胞的活化过程并不受 KIR 受体的调控。过去曾将通过 ADCC 作用而杀伤靶细胞的 NK 细胞称为 K 细胞。

## 五、LAK 细胞

外周血淋巴细胞在体外用较高浓度的 IL-2 培养刺激后，可使非特异性杀伤肿瘤细胞的活性大大增强，具有杀伤活性，称为**淋巴因子激活的杀伤细胞**(lymphokine activated killer cells，LAK cells)，简称 LAK 细胞。与 NK 细胞相比，LAK 细胞的细胞毒活性较高，杀伤肿瘤细胞的范围较广。由于 LAK 细胞的前体细胞与 NK 细胞不能区别，目前多认为 LAK 细胞是 NK 细胞受 IL-2 刺激活化所形成的。也有认为可能还包括部分活化的 TC 细胞等其他有杀伤活性的免疫细胞。LAK 细胞已在临床上试用于治疗癌症。方法是取出患者外周血淋巴细胞用 IL-2 在体外刺激培养后再输回到患者体内，治疗效果尚待观察判定。

表 9-5　**NK** 细胞与 **Tc** 细胞的主要特性比较

| | Tc 细胞 | NK 细胞 |
|---|---|---|
| 主要表面分子 | TCR-CD3 | CD16，CD56，KIR |
| 识别靶细胞表面的分子 | 多肽-MHC Ⅰ类分子复合物 | 自身多肽-MHC Ⅰ类分子复合物的丢失 |
| MHC 限制性 | + | − |
| 抗原预先刺激 | + | − |
| 免疫回忆反应 | + | − |

## 六、NK 细胞的免疫功能

NK 细胞在机体的抗病毒感染和抗肿瘤免疫方面起着较重要的作用。在病毒感染的早期 NK 细胞就能杀伤被病毒感染的靶细胞，在抗原特异性 TC 细胞尚未形成前就能清除病毒。已发现 T 细胞和 B 细胞正常而 NK 细胞缺陷的个体，对病毒感染特别敏感，易患威胁生命的病毒感染。已知体内无 T 细胞的无胸腺小鼠的肿瘤自然发生率并不比正常小鼠高，检查发现这些无胸腺小鼠的 NK 细胞数量明显增多，表明 NK 细胞在体内抗肿瘤发生上有一定的作用。

T 细胞、B 细胞和 NK 细胞主要特性的比较见表 9-6。

**表 9-6　三类淋巴细胞的主要特征**

| | T 细胞 | B 细胞 | NK 细胞 |
|---|---|---|---|
| 抗原识别受体 | TCR | BCR | (KIR) |
| CD 分子 | CD2，CD3，CD4/CD8 | CD19，CD21 | CD2，CD16，CD56 |
| FcγR | 少数有 | + | + |
| C3bR | − | + | − |
| 免疫功能 | 细胞免疫，免疫调节 | 体液免疫，递呈抗原 | 自然杀伤，ADCC |

(李柏青)

# 第十章 抗原递呈细胞和其他免疫细胞

在免疫应答过程中，除T细胞和B细胞起核心作用外，单核巨噬细胞和树突状细胞等免疫细胞也参与和发挥重要辅助作用，因此将这类细胞称**辅佐细胞**(accessory cells，A cells)或A细胞。辅佐细胞的主要作用是摄取和处理抗原后将抗原递呈给T细胞，故也称**抗原递呈细胞**(antigen presenting cells，APC)。APC将经过处理的抗原肽片段与MHC Ⅱ类分子结合成复合体，表达在细胞表面递呈给$CD4^+$ T细胞的TCR识别和结合，同时APC细胞表面的CD80(B7分子)也可与$CD4^+$T细胞表面的CD28分子结合，提供协同刺激信号导致相应克隆T细胞的完全活化。凡具有上述既表达MHC Ⅱ类分子，并以多肽片段-MHC分子复合体递呈抗原，又表达CD80协同刺激分子的APC称为**专职APC**，包括单核巨噬细胞、树突状细胞和B细胞三类。

体内几乎一切有核细胞均表达MHC Ⅰ类分子，都能将胞浆内的蛋白类抗原处理降解为多肽片段后与MHC Ⅰ类分子结合成复合体，表达在细胞表面递呈给$CD8^+$ Tc细胞，但此类细胞不归类于专职APC，而称其为靶细胞，因为这些细胞后来可被$CD8^+$的Tc细胞所杀伤。

有些细胞(如滤泡树突状细胞)捕获抗原分子后并不摄入胞浆内处理，仍将该抗原分子滞留在细胞表面提供给B细胞的BCR识别和结合，这类细胞是B细胞的抗原递呈细胞或称为**抗原提供细胞**(antigen providing cells)。

在炎症反应的局部组织中，许多没有抗原递呈功能的细胞如成纤维细胞、血管内皮细胞等由于受到IFN-γ等炎性细胞因子的刺激，可以表达MHC Ⅱ类分子和协同刺激分子(CD80)，摄取抗原后就能处理和递呈抗原，此称**非专职APC**。

## 第一节 抗原递呈细胞

### 一、单核吞噬细胞

血液中的单核细胞(monocytes)和组织中的巨噬细胞(macrophages，Mϕ)统称为单核吞噬细胞系统(mononuclear phagocyte system)。分布在组织中的巨噬细胞有不同的名称，如肝组织中的库普弗细胞(Kupffer cells)，肺组织中的肺泡细胞，神经组织中的小胶质细胞等。单核吞噬细胞有较强的粘附玻璃或塑料表面的特性，而淋巴细胞无此能力，可利用该特点分离和获取单核吞噬细胞。

单核细胞和巨噬细胞表面有多种受体。与免疫功能有关的重要受体有IgG Fc受体(CD64，CD32，CD16)和补体C3b受体，及某些淋巴因子受体。Mϕ表面有较多的MHC Ⅰ类和Ⅱ类分子，与抗原递呈有关。单核吞噬细胞在免疫应答中的功能如下：

1. 吞噬和杀伤作用　Mϕ可吞噬较大的病原微生物和衰老损伤细胞。已被抗体(IgG)和补体(C3b)结合的细菌等抗原异物，更易被 Mϕ 吞噬，称为抗体和补体的调理作用。被 Mϕ 吞噬的细菌等异物在吞噬体内被杀伤或消化降解。也可通过 Fc 受体与被 IgG 抗体结合的靶细胞发生结合，发挥 ADCC 作用杀伤靶细胞。

未经刺激物或细胞因子激活的 Mϕ 通常对已吞噬病原体的消化清除能力和对靶细胞的杀伤活性不强，如未经免疫个体的 Mϕ 吞噬结核杆菌后不能有效地消化和清除，结核杆菌仍可在细胞内增殖并可能造成感染的扩散。当 Mϕ 接受来自活化 T 细胞产生的 IFN-γ 激活后，其消化和清除胞内寄生菌以及杀伤肿瘤细胞的活性大大增强，这种**激活的 Mϕ** 可产生多种细胞因子等活性产物，参与免疫调节和炎症反应。

2. 抗原递呈作用　在免疫应答过程中，Mϕ 首先吞噬、摄取含有蛋白大分子的抗原性异物，经吞噬体内的蛋白水解酶降解处理，产生许多具有抗原决定簇的多肽片段，这些多肽片段与 MHC Ⅱ类分子结合形成抗原多肽-MHC Ⅱ类分子复合体，并移到细胞表面与具有相应抗原受体的 T 细胞识别和结合。分布在淋巴结包膜下边缘区的 Mϕ 可通过其表面的补体受体和 Fc 受体捕获抗原并将完整的抗原分子滞留在细胞表面提供给 B 细胞识别。因此，Mϕ 也是 B 细胞的抗原递呈细胞或抗原提供细胞。

3. 产生各种活性因子　Mϕ 能合成和分泌的生物活性物质至少有 50 种以上。如产生多种补体成分(C1、C2、C3、C4 和 C5 等)；产生多种蛋白水解酶、如溶酶体酶、溶菌酶和髓过氧化物酶等。激活的 Mϕ 产生一氧化氮(NO)，对细菌和靶细胞均有毒性作用。免疫应答过程中，激活 Mϕ 产生的细胞因子有 IL-1、IL-6、IL-8、IL-12 和 TNF-α 等；也可产生具有抑制活性的前列腺素。这些活性因子可参与：① 杀灭细菌和杀伤靶细胞；② 参与免疫调节，如 IL-1，可活化 T 和 B 细胞，IL-12 可促进 TH1 细胞分化和激活 NK 细胞；③ 致炎症作用，如 IL-1、IL-6、IL-8 和 TNF-α 可引起发热、激活血管内皮细胞致使血管通透性增加及趋化白细胞等作用。

## 二、树突状细胞

树突状细胞(dendritic cells，D cells)，简称 **D 细胞**。因其细胞膜向外伸出形成许多很长的树状突起而命名。胞浆内无溶酶体及吞噬体，没有或有较弱的吞噬能力。可通过胞饮作用摄取抗原异物，或利用其树突捕捉和滞留抗原性异物。D 细胞在外周血中数量很少，占单个核细胞中不到 1%，但在各组织器官的分布很广。D 细胞在激发机体初次免疫应答中具有独特的作用。已知，Mϕ 和 B 细胞仅能刺激已活化或记忆性 T 细胞发生免疫应答，而 D 细胞是唯一能将抗原递呈给童贞 T 细胞激发**初次免疫应答**的 APC，是产生初次免疫应答的启动者。

### (一)D 细胞的来源和膜表面分子

D 细胞起源于造血干细胞，多数由髓样干细胞分化而来，与单核巨噬细胞有共同的前体细胞，有些 D 细胞可来自淋巴样干细胞，与 T 细胞、B 细胞和 NK 细胞有共同的前体细胞。因此，D 细胞根据其来源，可分为髓系 D 细胞(myeloid DC，MDC)和淋巴系 DC(lymphoid DC，LDC)，并分别命名为 DC1 和 DC2。而分布在淋巴结的滤泡 D 细胞(FDC)的来源又与上述两种 D 细胞不同。MDC(DC1)、LDC(DC2)和 FDC 这三类 DC 在功能上也有明显不同。

D 细胞表面可表达丰富的 MHC Ⅱ类分子及Ⅰ类分子，协同刺激分子 B7-1(CD80)和 B7-2(CD86)、CD40、非经典抗原递呈分子 CD1，以及粘附分子 ICAM-1(CD54)、ICAM-2(CD102)、LFA-1(CD11a/CD18)和 LFA-3(CD58)等，另外，CD83 分子可作为人 D 细胞特异性标志。这些细胞膜分子多与 D 细胞递呈抗原以及激发童贞 T 细胞的初次免疫应答有关。D 细胞也分泌 IL-1、IL-6、IL-12、TNF-α、IFN-α 及趋化性细胞因子等，参与激发免疫应答和免疫调节。

(二)D细胞亚群

D细胞是一群不均一的细胞，其亚群的划分和确定仍是目前研究的重点。根据不同标准，D细胞亚群的命名各有不同。如从细胞起源分类，D细胞包括 MDC、LDC 和 FDC 三类；从器官和组织分布分类，可分为淋巴器官D细胞(并指状D细胞和滤泡D细胞)、非淋巴器官D细胞(郎格罕斯细胞和间质D细胞)和循环D细胞(外周血D细胞和隐蔽D细胞)三类。

研究表明，有些不同名称的D细胞实际上是处在不同分化成熟时期和分布在不同部位的同一种细胞。因此，根据参与免疫应答功能方面的特征，D细胞可分为两类：一类为递呈抗原给T细胞的**并指状D细胞**(interdigitating dendritic cells，IDC)及其相关细胞；另一类提供抗原给B细胞的**滤泡D细胞**(follicular dendritic cells，FDC)。其主要特性见表10-1。

1. 并指状D细胞(IDC)　通常所指的D细胞就是IDC，分布在淋巴器官的T细胞区，现已明确，IDC是由皮肤和粘膜组织中的L细胞、淋巴液中的隐蔽细胞、血液中的D细胞和各器官中的间质D细胞移行演变而来。这些分布在不同部位的D细胞实际上是不同成熟时期的IDC。

(1)**郎格罕斯细胞**(Langerhans cells，L cells)，简称**L细胞**，或LC，分布在皮肤组织表皮基底层和棘细胞层之间，也分布在消化道、呼吸道等粘膜组织的上皮细胞层。L细胞的胞浆内含有特征性的 Birbeck 颗粒。L细胞在皮肤表皮的总细胞数中不到1%，但由于具有很长的树枝状突起，以及呈水平方向分布，L细胞在皮肤表皮层的覆盖面积可达25%，形成网状，有利于捕获从皮肤途径进入的外来抗原。L细胞可通过吞饮和较弱的吞噬作用摄取外来抗原，在胞浆的内体或溶酶体中将蛋白抗原处理后降解，与MHC Ⅱ类分子结合形成复合体，但L细胞没有递呈抗原的能力，且低表达协同刺激分子如B7，不能激发T细胞的免疫应答，L细胞属于未成熟的D细胞。

**表10-1　各种树突状细胞的特性**

| 细胞名称 | 组织或器官分布 | MHC Ⅱ类分子 | FcR | CRI | 主要功能 |
|---|---|---|---|---|---|
| 朗格罕斯细胞 Langerhans cells | 皮肤表皮层，粘膜 | ++ | + | + | 摄取和处理经皮肤进入的抗原 |
| 隐蔽细胞 veiled cells | 输入淋巴管 | +++ | − | − | 携带抗原的迁移形式 |
| 外周血D细胞 peripheral blood D cells | 外周血 | +++ | − | − | 迁移形式 |
| 间质D细胞 interstitial D cells | 心、肺、肾等非淋巴器官 | +++ | − | − | 迁移形式 |
| 并指状D细胞 interdigitating D cells | 外周淋巴组织T细胞富含区，如淋巴结深皮质区 | +++ | − | − | 递呈抗原给TH细胞激发童贞T细胞的活化 |
| 胸腺D细胞 thymic D cells | 胸腺髓质 | +++ | − | − | 诱导自身耐受 |
| 滤泡D细胞 follicular D cells | 外周淋巴组织B细胞富含区，如淋巴滤泡生发中心 | − | ++ | ++ | 滞留抗原，提供给B细胞识别和结合，诱导产生B记忆细胞 |

(2)**隐蔽细胞**(veiled cells)，存在于淋巴液和输入淋巴管，由淋巴引流区的局部皮肤或粘膜组织中的L细胞迁移而来，已不具有树突状形态，是L细胞携带抗原的运载形式。

(3)**外周血D细胞**，不具有树突状形态。是D细胞的迁移形式，可能来自骨髓的D细胞前体细胞进入和分布到外周组织和器官的迁移形式，也可能来自皮肤的L细胞和器官间质D细胞携带抗原的运载形式。

(4)**间质D细胞**，包括分布在心、肺、肾等各非淋巴器官间质中的D细胞，来自血液的D细胞，也属于不成熟的D细胞，具有摄取和处理抗原的能力，但不能递呈抗原和激发免疫应答。间质D细胞摄取抗原后可经血循环迁移到的脾脏T细胞分布区，成为IDC，将抗原递呈给T细胞。

(5)**IDC**，有时称为淋巴结D细胞，分布在淋巴结深皮质区的T细胞富含区，与周围许多T细胞呈并指交叉状接触形成多细胞聚合体，是将抗原多肽-MHC分子复合体递呈给T细胞的有效方式。IDC虽然摄取和处理抗原的能力不如L细胞，但细胞表面不仅高表达MHC Ⅱ类分子和Ⅰ类分子，还高表达协同刺激因子B7分子(CD80和CD86)及多种粘附分子，具有很强的递呈抗原和激发童贞T细胞产生初次免疫应答的能力。IDC是成熟的DC。

从上述各种D细胞的分布和对抗原摄取、处理和递呈能力的不同看出，作为抗原递呈细胞的IDC，其分化成熟的程度与在组织和器官的分布和迁移过程有密切关系。骨髓中存在D细胞的前体细胞，经血循环分布到外周组织或器官，如皮肤中的L细胞，是未成熟期D细胞。其特点是摄取和处理抗原能力强，但没有递呈抗原给T细胞的能力，可能与其表面的协同刺激分子低表达有关。L细胞摄取和处理抗原后，迁移进入淋巴管成为淋巴液中的隐蔽细胞，属于迁移期D细胞，在迁移过程中，D细胞逐渐成熟，摄取和处理抗原的能力逐渐降低，而递呈抗原的能力逐渐增强。进入淋巴结深皮质区内T细胞富含区的IDC即为完全成熟的D细胞，摄取和处理抗原的能力低，但递呈抗原的能力很强。IDC在激发童贞T细胞的初次免疫应答中起关键作用。

2. 胸腺D细胞　来自LDC，主要分布在胸腺髓质，表达丰富的MHC Ⅱ类分子，也表达自身抗原。参与胸腺对T细胞的阴性选择过程，即除去对自身抗原起反应的幼稚T细胞，以诱导自身耐受。

3. 滤泡D细胞(FDC)　是与IDC来源不同的另一类D细胞，大多认为不是来源于骨髓，仅分布在淋巴结、脾脏和粘膜相关淋巴组织中淋巴滤泡的生发中心，即B细胞富含区。FDC不表达MHC Ⅱ类分子，但细胞表面有丰富的FcR和CRI，可与抗原—抗体复合物结合，能使抗原滞留于该细胞表面长达数周、数月，甚至数年，有利于周围B细胞对这些抗原的识别和结合及B细胞的活化。FDC与记忆性B细胞的产生有关，也是能迅速有效产生抗体再次反应的主要因素。可将FDC称为B细胞的抗原递呈细胞或抗原提供细胞。

(三)D细胞的生物学功能

(1)对T细胞递呈抗原　主要由属于MDC的IDC承担。未成熟的L细胞摄取经皮肤或粘膜途径进入的抗原，携带抗原迁移到淋巴结T细胞富含区变为成熟的IDC，高表达MHC Ⅱ类分子和协同刺激分子，将抗原肽-Ⅱ类分子复合体递呈给童贞T细胞。

研究表明，LDC(DC2)可通过其表面的CD1分子递呈脂类抗原给NKT细胞。

(2)对B细胞提供抗原　FDC并不表达MHC Ⅱ类分子，不能递呈抗原给T细胞。但能通过其表面的各种受体捕获抗原后滞留于表面，以完整的抗原分子提供给B细胞的BCR识别和结合。

(3)诱导免疫耐受　此功能主要由LDC如胸腺D细胞承担。

(4)调节免疫应答和诱导T细胞亚群的分化　不同的D细胞都可产生多种细胞因子和趋

化因子，参与免疫应答的激发阶段和效应阶段，以及调节免疫应答过程。近年研究提示，MDC(DC1)可通过产生 IL-12 诱导 Th0 细胞分化为 TH1 细胞；而 LDC(DC2)虽不产生 IL-4，却也能诱导 TH0 细胞分化 TH2 细胞。其中的诱导机制可能与 DC2 能通过 CD1 分子递呈抗原给 NKT 细胞，使其高表达 IL-4 有关。

### 三、B 细胞

B 细胞是免疫活性细胞，也是重要的专职 APC。体内外的研究均表明 B 细胞能有效递呈可溶性蛋白抗原分子给 $CD4^+$ TH 细胞。可持续表达 MHC Ⅱ类分子，但在未活化前并不表达协同刺激分子 B7-1(CD80)和 B7-1(CD86)，当受到刺激如结合抗原时，才开始表达协同刺激分子。正常情况下，B 细胞不会将可溶性自身蛋白递呈给 T 细胞。

B 细胞通过 BCR 识别和摄入特异性蛋白抗原。BCR 与完整抗原分子表面的抗原表位(B 细胞决定簇)结合后发生受体介导的**内吞**作用，将整个抗原吞入胞内，降解处理后的多肽片段(相当于 **T 细胞决定簇**)与 MHC Ⅱ类分子结合，表达在细胞表面递呈给 $CD4^+$ T 细胞。这种摄取和递呈抗原的方式不仅激活 TH 细胞，也同时激活 B 细胞。在针对某种 TD-Ag 的免疫应答中，针对该抗原分子上不同表位特异性的 B 细胞和 T 细胞均可激活，同时产生体液免疫和细胞免疫。虽然仅少数 B 细胞克隆参与对某种抗原的特异性摄取和递呈，但在局部抗原浓度较低时，通过 BCR 结合和摄取抗原后有浓缩抗原的作用，这是有效的抗原递呈方式。

在局部抗原浓度很高时 B 细胞也可非特异性地摄取抗原，即通过胞饮作用将蛋白抗原摄入胞内，降解处理成多肽片段与 MHC Ⅱ类子结合成复合体表达在细胞表面，递呈给 TH 细胞，但这种摄取抗原方式并不涉及 BCR，故不能使 B 细胞本身激活。

### 四、其他 APC——非专职 APC

APC 最主要的特征是能处理摄入的蛋白抗原和表达 MHC Ⅱ类分子，还表达**协同刺激分子**如 B7 分子(CD80 和 CD86)，以充分活化 TH 细胞。上述的单核巨噬细胞、树突状细胞和 B 细胞即为典型的 APC，也称**专职 APC**。有些细胞在通常情况下并不表达 MHC Ⅱ类分子，无抗原递呈能力，但在炎症过程中如受 IFN-$\gamma$ 的诱导也可表达 MHC Ⅱ类分子，并能处理和递呈抗原，这些细胞称**非专职 APC**，包括血管内皮细胞、各种上皮细胞和间质细胞、皮肤的成纤维细胞，以及活化的 T 细胞等。通常与炎症反应的发生和某些自身免疫病的发病机制有关。例如，人静脉内皮细胞受 IFN-$\gamma$ 诱导可表达 MHC Ⅱ类分子并能递呈抗原，在 T 细胞介导的迟发型超敏反应中起一定作用。甲状腺滤泡上皮细胞在某种条件下能表达Ⅱ类分子和递呈甲状腺球蛋白抗原并激活 TH 细胞，这与自身免疫性 Graves'甲状腺炎的发病机制有关。

## 第二节　APC 和 MHC 分子处理和递呈抗原的过程

T 细胞只能识别经过 APC 处理并与 MHC 分子结合的多肽。APC 处理和递呈抗原与 MHC 分子密切有关。APC 将已经存在于胞浆内的或摄入细胞内的蛋白抗原分子降解为一定大小的多肽片段，以适合与细胞内 MHC 分子的结合，此过程称**抗原处理**或**抗原加工**(antigen processing)。将抗原肽与 MHC Ⅱ类分子结合成肽-MHC Ⅱ分子复合体，并表达在细胞表面递呈给 TCR 识别和结合，此过程称**抗原递呈**(antigen presenting)。根据抗原的不同来源以及结合不同的MHC分子，APC对抗原的处理和递呈过程可分为Ⅰ类分子参与的内源性抗原途径和Ⅱ类分子参与的外源性抗原途径。

内源性抗原(endogenous antigen)是指在细胞浆内合成的蛋白质抗原，包括病毒和胞内感染细菌的异种蛋白抗原、肿瘤细胞基因编码的蛋白抗原，以及细胞的正常蛋白分子(自身抗原)。外源性抗原(exogenous antigen)是指从细胞外摄入胞内的抗原，如细菌、外毒素等外来的异种蛋白，也可以是自身的蛋白成分。因此，内源性抗原并不就是自身抗原，外源性抗原也可能来自自身成分。根据蛋白抗原在被APC处理和加工前所处的部位不同，这两类抗原也可分别称为胞浆内抗原和细胞内吞抗原。以下介绍这两类抗原的处理和递呈过程。

## 一、内源性抗原——MHC Ⅰ类分子途径

内源性抗原是指在胞浆内合成的蛋白分子，在受到胞浆内的**蛋白酶体**(peoteasome)作用下降解成8～12个氨基酸长度的多肽片段，随后由**抗原处理相关转运体**(transporter associated with antigen processing，TAP)转运到粗面内质网中，与该处新合成的MHC Ⅰ类分子结合成抗原肽-Ⅰ类分子复合体，并从粗面内质网移入高尔基体，最后移到细胞表面，将抗原肽-Ⅰ类分子复合体递呈给$CD8^+$ Tc细胞。该途径的主要特点见表10-2。

**表10-2　内源性抗原和外源性抗原的处理和递呈途径比较**

| | 内源性抗原途径 | 外源性抗原途径 |
|---|---|---|
| 结合抗原肽的-MHC分子 | Ⅰ类分子 | Ⅱ类分子 |
| 应答的T细胞 | $CD8^+$T细胞 | $CD4^+$T细胞 |
| APC类型 | 几乎所有的有核细胞 | D细胞，单核巨噬细胞，B细胞 |
| 蛋白抗原的来源 | 胞浆内合成的蛋白分子 | 细胞外摄入胞内的蛋白分子 |
| 降解抗原的酶类 | 胞浆内的蛋白酶体(LMP) | 内体/溶酶体中的组织蛋白酶等 |
| MHC分子装载抗原肽的部位 | 内质网 | 抗原处理腔室(MⅡC和CⅡV) |
| 与MHC分子结合的伴随蛋白 | 钙联素，钙网素，tapasin，TAP | 钙联素，Ii链，HLA-DM分子 |
| 协助装载抗原肽的蛋白分子 | TAP | HLA-DM分子 |
| 装载在MHC分子上的多肽长度 | 8～12aa | 13～18 aa |

### (一)内源性抗原的处理加工和转运

内源性抗原是指在细胞内合成的蛋白抗原，胞浆内蛋白在降解前先与小分子肽泛生素(ubiquitin)结合，解除折叠，成为线形进入蛋白酶体。蛋白酶体是中空的圆柱体，中孔约1～2 nm，主要成分是两种低分子量多肽(low molecular weight peptide, LMP)LMP7和LMP2。进入蛋白酶体孔道的蛋白被降解成6～30个氨基酸长度不等的多肽片段，再释放到胞浆中。

被蛋白酶体降解的多肽片段须进入内质网(ER)才能与MHC Ⅰ类分子结合。位于ER的TAP对多肽片段有选择性结合和转运作用。TAP由TAP1和TAP2两个亚单位组成，在ER膜上形成孔道。TAP对多肽片段的结合和转运是依赖ATP的主动过程。虽然TAP能结合的多肽长度范围可在6～30个氨基酸，但与8～12个氨基酸长度多肽的亲和力最高，因此可选择性地转运这种多肽，这种长度的多肽也适合于与MHC Ⅰ类分子的结合。另外，TAP还优先选择羧基端为碱性或疏水性残基的多肽片段，这种残基也是多肽与Ⅰ类分子结合的锚定残基。可见，TAP转运的多肽正是能与MHC Ⅰ类分子结合的多肽片段。

### (二)MHC Ⅰ类分子的生成和组装

MHC Ⅰ类分子重链(α)和轻链(β2m)在ER中合成后，ER中的二个伴随蛋白(shaperone)，即钙联素(calnexin)和钙网素(calreticulin)，很快与之结合，其作用是协助α链折叠以及与β2m的组装，也有保护α链不被降解的作用。另一伴随蛋白tapasin可使MHC Ⅰ类分子接到TAP上，并使Ⅰ类分子进一步折叠和稳定。Tapasin也具有促进TAP将胞浆内的多肽片段转运到ER中的作用。实验表明，如果缺乏这些伴随蛋白，

MHC Ⅰ类分子不能有效地组装和装载多肽，也就不能递呈抗原肽。

(三)MHC Ⅰ类分子装载和递呈抗原多肽

MHC Ⅰ类分子在伴随蛋白的协助下组装成二聚体，并与 ER 上的 TAP 结合，通过 TAP 转运多肽就可直接与 MHC Ⅰ类分子的肽结合沟槽结合。此结合沟槽由 α 链的两个功能区(α1 和 α2)组成，纵向的两端是封闭结构。Ⅰ类分子装载多肽后，即与 TAP 和 tapasin 解离，移行到高尔基体，再通过分泌囊泡移行到细胞表面，将抗原肽-MHC Ⅰ类分子复合体递呈给 $CD8^+$ T 细胞，完成内源性抗原肽的递呈过程。

## 二、外源性抗原——MHC Ⅱ类分子途径

APC 可通过**胞吞作用**(endocytois)摄入外源性抗原。胞吞作用是指细胞外的细菌等颗粒抗原或可溶性蛋白抗原与 APC 的细胞膜接触时，包膜将其包围并吞入胞内的过程，也称**内化作用**(internalization)。胞吞的方式包括：**吞噬作用**(phagocytosis)，如单核吞噬细胞对细菌等颗粒性抗原的吞噬；**胞饮作用**(pinocytosis)或**巨胞饮作用**(macropinocytosis)，如 D 细胞对蛋白分子的摄取；**受体介导的胞吞作用**(receptor mediated endocytosis)，如 B 细胞对特异性抗原分子的摄入。胞浆膜围绕摄入的抗原分子形成内体(endosome)，如为颗粒性抗原，称为吞噬体(phagosome)。

外源性蛋白抗原摄入细胞内后，在内体/吞噬体中被蛋白酶降解成 13～18 个氨基酸长度的肽片段，同时，在粗面内质网合成的 MHC Ⅱ类分子与非变异链(Ia-associated invariant chain，Ia chain)，也称 Ii 链或恒定链，结合成复合体，移行到高尔基体分泌的内体/溶酶体，两种内体融合形成抗原处理囊泡腔室(MⅡC 和 CⅡV)，其中与Ⅱ类分子结合的 Ii 链发生解离，并装载抗原多肽形成抗原肽-MHC Ⅱ类分子复合体，最后移行到细胞表面，递呈于 $CD4^+$ T 细胞识别和结合。该途径的主要特点见表 10-2。

(一)外源性抗原的处理和加工

摄入的抗原被胞浆膜围绕形成早期内体，可向胞浆深处移动，逐渐成为晚期内体，最后成为溶酶体(lysosome)。内体/溶酶体中均为酸性环境，内含组织蛋白酶等多种蛋白酶，可降解蛋白抗原，产生长度在 13～18 个氨基酸的肽段，以适合与 MHC Ⅱ类分子的结合。

含有抗原降解多肽的内体/溶酶体与来自高尔基体的含有 MHC Ⅱ类分子的分泌小泡(也是一种内体)融合所形成的内体/溶酶体是富含 MHC Ⅱ类分子腔室(MHC class Ⅱ comp[illegible]或含Ⅱ类分子小泡(MHC class Ⅱ-containing vesicle，CⅡV)，MⅡC 和 CⅡV 都是胞浆内[illegible]泡样腔室。



(二)MHC Ⅱ类分子的生成及转运

在粗面内质网(endoplasmic reticulu，RER)内生成的 MHC Ⅱ类分子[illegible]素协助下折叠、组成异二聚体，并插入膜中；位于 RER 膜上的 Ia 相关的 Ii，与 MHC Ⅱ类[illegible]链为三聚体与 3 对Ⅱ类分子组成九聚体($(Ii\alpha\beta)_3$)。两者结合的部位，在 Ii 链称为与Ⅱ类分子[illegible]段(class Ⅱ-associated invariant chain peptide，CLIP)，在Ⅱ类分子是抗原多肽结合沟槽[illegible]① 协助Ⅱ类分子 α 链和 β 链的折叠和组装，促进Ⅱ类分子二聚体的形成；② Ii 链的 CLI[illegible]原肽结合沟槽的结合可以阻断 RER 中的内源性肽与Ⅱ类分子的结合；③ 引导Ⅱ类分子从 ER 移行到高尔基体分泌的内体/溶酶体中。

在胞浆中，来自高尔基体的含有Ⅱ类分子-Ii 链九聚体的内体/溶酶体与含有外来抗原多肽的内体/溶酶体发生融合，形成 MⅡC 或 CⅡV 的囊泡腔室，在这样的腔室中，Ii 链被蛋白酶逐步降解，但其 CLIP 仍结合在Ⅱ类分子的抗原肽结合沟槽中。

(三)MHC Ⅱ类分子装载和递呈抗原多肽

MHC Ⅱ类分子的抗原多肽结合沟槽由 α 链和 β 链的多态区(α1 和 β1)组成，两端为开放结构，最合适的

多肽长度为 13～18 个氨基酸结合。在 ER 新合成的Ⅱ类分子的抗原肽结合沟槽中由 Ii 链的 CLIP 占据。移行到 MⅡC 和 CⅡV 等囊泡腔室后，除了Ⅱ类分子-Ii 链复合体，经处理降解的抗原多肽外，还有一种非经典的Ⅱ类分子 HLA-DM 分子，能与Ⅱ类分子结合，并使其构型改变，导致 CLIP 从Ⅱ类分子的抗原肽结合沟槽中解离出来，而腔室内与Ⅱ类分子高亲和力结合的外源性抗原肽就结合到此沟槽中。在抗原处理腔室中 MHC Ⅱ类分子与抗原多肽结合的过程也称为装载抗原多肽(loading peptides)。因此，HLA-DM 分子有协助Ⅱ类分子移去 CLIP 和装载抗原多肽的作用。

当Ⅱ类分子完成装载多肽后，HLA-DM 分子则与Ⅱ类分子解离。含有抗原肽-Ⅱ类分子复合体可随分泌性内体/溶酶体移向细胞表面发生膜融合，通过胞吐作用(exocytosis)，使抗原肽-Ⅱ类分子复合体表达于细胞膜表面，供 $CD4^+$ T 细胞识别和结合，完成外源性抗原肽的递呈过程。

生理情况下，许多自身蛋白成分(或称自身抗原)也是通过内源性抗原-MHC Ⅰ类分子途径或外源性抗原-Ⅱ类分子途径形成自身多肽-MHC Ⅰ类或Ⅱ类分子复合体表达于 APC 表面，并占细胞表面多肽-MHC Ⅰ类或Ⅱ类分子复合体的绝大部分，而真正表达异物性抗原肽-MHC Ⅰ类或Ⅱ类分子复合体的是少数。正常情况下，T 细胞并不对自身多肽-MHC 分子复合体产生应答，而表现为**自身耐受**，因为对自身成分起反应的 T 细胞克隆在胸腺内的发育分化中已被阴性选择过程所淘汰或抑制。

另外，APC 可表达 MHC Ⅰ类和Ⅱ类分子，通过上述两条途径处理抗原和递呈抗原给不同的 T 细胞。$CD4^+$ 和 $CD8^+$ T 细胞分别识别抗原肽与Ⅱ类分子和Ⅰ类分子结合的复合体。由于 MHC 分子具有多态性，抗原特异性 T 细胞只能识别由自身 APC(即与 T 细胞来自同一个体的)所递呈的抗原肽—自身 MHC 分子复合体，因 TCR 识别外来抗原肽的同时还须识别自身 MHC 分子。T 细胞识别抗原肽要受自身 MHC 分子限制的特性是在胸腺内分化成熟时通过阳性选择过程获得的。

## 三、非经典抗原递呈途径——MHC 分子交叉递呈抗原的途径

除上述两条经典的抗原处理和递呈途径外，还有其他的非经典途径，如内源性抗原和外源性抗原可分别通过 MHC 的Ⅱ类分子和Ⅰ类分子交叉处理和递呈抗原。在生理情况下，经典和非经典的抗原处理和递呈途径可同时存在，使同一种抗原可经不同途径递呈给 T 细胞，以扩大免疫应答。

### (一)内源性抗原-Ⅱ类分子途径

在某些情况(如应激)下，胞浆内的蛋白抗原可进入自吞小泡(autophagosomes)，自吞小泡与内体/溶酶体融合后，内源性抗原就进入外源性抗原的处理和递呈途径；另一种情况是，在 ER 中Ⅱ类分子所结合的 Ii 链亲和力低，进入 ER 的内源性抗原肽可通过竞争结合装载到Ⅱ类分子上。最后均形成内源性抗原肽-Ⅱ类分子复合体，移行到细胞表面，递呈给 $CD4^+$ T 细胞。

### (二)外源性抗原-Ⅰ类分子途径

某些情况下，外源性抗原肽(如结合分枝杆菌和肿瘤细胞的抗原)从内体/溶酶体溢出进入胞浆；有些外来抗原可直接穿透胞膜进入胞浆；这些外来抗原就进入内源性抗原的处理和递呈途径，形成抗原肽-Ⅰ类分子复合体。另一种情况是，MHC Ⅰ类分子可经 ER 和高尔基体进入内体/溶酶体，其中含有外源性抗原肽，可直接装载到Ⅰ类分子上；或是溶酶体中的外源性抗原肽经胞吐作用排出胞外，与细胞表面的 MHC Ⅰ类分子结合；就形成外源性抗原肽-Ⅰ类分子复合体，递呈给 $CD8^+$ T 细胞识别。

## 四、CD1 分子——非肽类抗原递呈途径

APC 也可递呈脂类抗原给 T 细胞识别。已知结核分枝杆菌的脂类或糖脂类抗原可通过 CD1 分子递呈。CD1 分子的组成与 MHC Ⅰ类分子相似，也与 β2 微球蛋白结合成异二聚体。CD1 有 5 种基因分别产生 5 种

CD1 分子(CD1a～e)。CD1 分子可表达在 D 细胞和 L 细胞等 APC 表面,也存在于 APC 的内体/溶酶体等抗原处理腔室中,其中的酸性环境可能使 CD1 分子构象发生改变,有利于与脂类抗原的结合。CD1b 分子递呈的糖脂类抗原可被某些特定 T 细胞亚群识别,如 NKT 细胞可以直接识别和结合 CD1d 分子。已知 CD1 分子处理和递呈脂类抗原的过程和途径与上述的两条途径均有所不同,但具体细节仍未明了。

## 五、MHC 分子与抗原肽结合的方式和特点

抗原肽在被 TCR 识别前首先与 MHC 分子结合和识别,所以,MHC 分子可看作为抗原肽的"第一受体"。MHC Ⅰ类分子和Ⅱ类分子在结构上有所不同,前者的抗原肽结合沟槽两端封闭,只能容纳长度在 8～12 个氨基酸残基的多肽,后者的抗原肽结合沟槽两端是开放的,能允许长度在 13～18 个氨基酸残基的多肽进入该沟槽内。

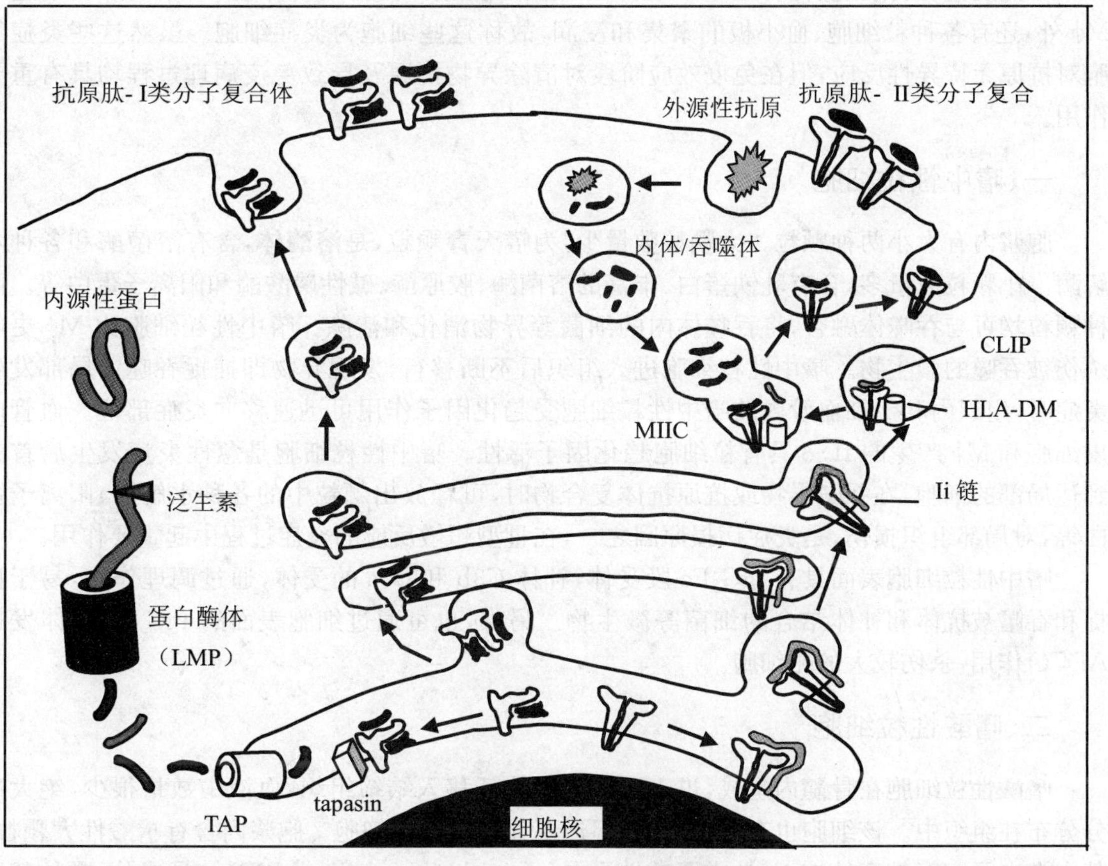


图 10-1　APC 递呈抗原:内源性抗原-Ⅰ类分子途径和外源性抗原-Ⅱ类分子途径

正如第五章内已叙述的,由于 MHC 分子的高度多态性,不同单元型的Ⅰ类分子和Ⅱ类分子的抗原肽结合沟槽,在空间构象上也就有明显差别,就影响到所选择性结合的抗原肽。因此,在不同单元型 MHC 的个体,针对某个抗原肽会有强弱不同的免疫应答。

将 APC 细胞表面 MHC 分子中已结合在沟槽内的各种抗原肽洗脱下来后,进行氨基酸序列测定,发现这些多肽都具有 2 个或 2 个以上能与 MHC 抗原肽结合的特定部位,称锚定位,位于锚定位的氨基酸残基即称锚定残基(anchor residue)。体外测定人工合成多肽与 MHC 分子的亲和力也发现,能与某个特定类型的 MHC 分子发生结合的一些多肽,均有几个相同或相似的锚定位和锚定残基。如与 MHC Ⅰ类分子(HLA-A＊0201)结合的 9 肽,均有 2 个锚定残基,第 2 位均为亮氨酸或甲硫氨酸;第 9 位均为亮氨酸或缬氨

酸;提示 MHC 分子与多肽的结合并非严格的特异性结合,而是一类 MHC 分子与一些有共同锚定残基的多肽的结合,这种结合的灵活性(flexibility)不仅是 MHC 分子可以结合多种抗原肽,也可以是不同单元型的 MHC 分子所结合的多肽可能具有相同或相似的锚定残基。目前已在 HLA-I 类分子中确认了 A2、A3、B4 和 B44 4 个家族,在一个家族中各个成员均可识别具有相同或相似锚定残基的多肽。就是说,被某种类型的 HLA 分子所识别的多肽,也能被该 HLA 分子家族中的其他 HLA 分子识别和递呈。这就是为什么在人群中接种某种疫苗时,绝大部分个体都会有良好免疫效果的原因。

## 第三节 粒细胞等炎症细胞

在免疫应答的效应阶段,通常表现为局部炎症反应。在炎症局部组织,除了淋巴细胞和 Mϕ 外,还有各种粒细胞、血小板的聚集和浸润,故称这些细胞为炎症细胞。虽然这些炎症细胞对抗原无特异性反应,但在免疫效应阶段对清除异物抗原及导致免疫病理过程均具有重要作用。

### 一、嗜中性粒细胞

胞浆内有大小两种颗粒。大颗粒数量少,为嗜天青颗粒,是**溶酶体**,含有溶菌酶和各种水解酶。小颗粒数量多,含有乳铁蛋白、丰富的溶菌酶、胶原酶、碱性磷酸酶和阳离子蛋白等。两种颗粒均可与吞噬体融合,将吞噬体内的细菌等异物消化和清除。嗜中性粒细胞比 Mϕ 更能杀伤被吞噬的微生物。嗜中性粒细胞进入组织后不断移行,发现异物即捕捉吞噬。局部发生炎症时,组织内和毛细血管内的嗜中性粒细胞受趋化因子作用可迅速移向炎症部位。血管内皮细胞和 Mϕ 产生的 IL-8 具有粒细胞趋化因子活性。嗜中性粒细胞是急性炎症发生后首先到达局部的细胞,在吞噬异物或抗原抗体复合物时,可释放出颗粒中的各种水解酶、阳离子蛋白等,对局部组织损伤,是炎症病损原因之一,在Ⅲ型超敏反应的炎症过程中起重要作用。

嗜中性粒细胞表面具有 IgG Fc 段受体,补体 C3b 和 C5a 的受体,通过调理作用,易于捕捉和吞嗜被抗体和补体结合的细菌等微生物。另外,也可通过细胞表面的 IgG Fc 受体发挥 ADCC 作用,杀伤较大的靶细胞。

### 二、嗜酸性粒细胞

嗜酸性粒细胞在骨髓内生成,进入血液后很快迁移入结缔组织,血液中数量很少,绝大部分分布在组织中。该细胞也有吞噬能力,但远不如嗜中性粒细胞。胞浆内含有嗜酸性大颗粒,其中有电子密度较高的核心,是**主要碱性蛋白**(majoi basic protein,MBP)结晶成分,颗粒基质含有**嗜酸性粒细胞阳离子蛋白**(eosinophil cationic protein,ECP)、**嗜酸性粒细胞神经毒素**(eosinophil-derived neurotoxin,EDN)、**嗜酸性粒细胞过氧化物酶**(eosinophil peroxidase,EPO)等。上述 4 种阳离子蛋白(MBP、ECP、EDN 和 EPO)为毒性蛋白,对病原体和机体细胞均有细胞毒性作用。胞浆内也有小颗粒,为溶酶体,含有组胺酶、芳基硫酸酶 B 和磷酸酯酶 D 等,对肥大细胞释放的活性介质有灭活作用。嗜酸性粒细胞表面也具有 IgG 和 IgE Fc 受体以及补体(C4,C3b,C3d)受体。

嗜酸性粒细胞的免疫防御作用表现在抗寄生虫感染方面,蠕虫感染时,该细胞虽不能将其吞噬,但可通过 FcR 或 CR 与被抗体或补体结合的虫体发生结合,继而将颗粒内的毒性阳离子蛋白如 MBP、ECP 等释放到虫体上，损伤虫体的膜，杀伤蠕虫。

嗜酸性粒细胞与某些变态反应性疾病的发病有关。在发生Ⅰ型超敏反应的部位常见嗜酸性粒细胞增多，这与肥大细胞释放的**嗜酸性粒细胞趋化因子**(ECF-A)有关。嗜酸性粒细胞在适当的刺激下可发生脱颗粒，颗粒中的酶如组胺酶和芳基硫酸酶可分别灭活肥大细胞释出的组胺和白三烯，减低炎症反应，具有负反馈调节Ⅰ型超敏反应(速发相)的作用。但由于嗜酸性粒细胞在局部的浸润，可释放上述 MBP、ECP、EDN 和 EPO 等具有毒性作用的阳离子蛋白，与其他炎性细胞因子一起参与Ⅰ型超敏反应中迟缓相的炎症反应过程。

## 三、嗜碱性粒细胞和肥大细胞

嗜碱性粒细胞在外周血白细胞中最少仅 0.5%～1.0%，通常无吞噬能力。胞浆内有嗜碱性颗粒，含有大量肝素和组织胺，以及各种酶类。细胞表面有高亲和力 FcεRⅠ，也有 FcγR。嗜碱性粒细胞的 FcεRⅠ可结合游离的 IgE，当相应抗原与表达在细胞表面的 IgE 结合时，可导致细胞脱颗粒，释放颗粒内的组胺等活性介质，引起血管扩张造成Ⅰ型超敏反应的发生。

**肥大细胞**的前体细胞也在骨髓中生成，经血液进入组织后分化成熟，分布在皮肤组织、呼吸道和消化道等粘膜组织，以及各器官结缔组织中的小血管周围。该细胞在形态和免疫作用方面与嗜碱性粒细胞极相似。胞浆内有大量嗜碱性颗粒，内含肝素和组织胺等。细胞表面也有大量高亲和力 FcεRI 和 FcγR，可以结合游离的 IgE，当相应抗原与肥大细胞上的 IgE 结合时，也发生脱颗粒和释放活性介质，引起Ⅰ型超敏反应。

## 四、血小板

血小板的胞浆内有许多颗粒，内含组织胺等血管活性介质；血小板表面存在 IgG 受体(FcγRⅡ，CD32)和低亲和力 IgE 受体(FcεRⅡ，CD23)，及 C3b 受体。趋化因子和某些粘附分子等可刺激血小板活化发生粘附和聚集，并释出血管活性介质，与Ⅲ型超敏反应的炎症反应密切相关。某些情况下，血小板的免疫粘附作用，可能有利于清除血循环中的免疫复合物。

## 五、红细胞

红细胞与免疫功能的关系已受到研究者的注意。红细胞膜表面有 C3b 受体(CRI)，能吸附抗原抗体复合物，通过免疫粘附作用易被吞噬细胞清除。由于红细胞在血液中的数量很大，外周血中 C3b 受体的 95%以上都表达在红细胞表面，血液中循环的免疫复合物和红细胞结合的机会远远大于和其他血细胞的结合。因此，红细胞在清除血循环免疫复合物方面可能起着重要作用。

(李柏青)

# 第十一章　免疫应答

本章主要论述特异性免疫应答，即适应性免疫，是在后天生活过程中建立起来的，对侵犯机体的抗原性异物产生杀伤和排异效应，对抗原的再次侵犯具有特异性免疫功能，借此维持体内环境的相对稳定性。

## 第一节　概　述

### 一、免疫应答的概念

免疫应答(immune response，Ir)是指免疫活性细胞对抗原分子的识别、自身活化(或失去活化潜能)、克隆扩增、分化及产生效应的全过程。在此过程中，抗原对淋巴细胞起了选择与触发作用，因此，抗原是启发免疫应答的始动因素。

### 二、免疫应答的类型

根据免疫活性细胞对抗原刺激的反应状态，免疫应答可表现为两种类型(表 11-1)：正免疫应答，指正常情况下对非己抗原的排异效应，如抗感染免疫或抗肿瘤免疫等；负免疫应答(失能 anergy)，指正常情况下，机体对自身成分的耐受状态。无论正应答还是负应答，两者都是正常机体维持体内环境稳定的重要保护机制。在异常情况下，机体可产生过高的免疫应答而造成损伤如超敏反应(详见第十四章)，若对非己抗原发生负应答，则失去抗感染和抗肿瘤能力，形成免疫耐受性(详见第十二章)；若对自身成分的耐受性遭破坏，可引起自身免疫，甚至造成自身免疫病(详见第十五章)。

**表 11-1　免疫应答的类型**

| 免疫应答抗原 | 正常免疫应答 | | 异常免疫应答 | |
|---|---|---|---|---|
| | 应答 | 效应 | 应答 | 效应 |
| 非己抗原 | 正应答 | 抗感染 | 正应答过强 | 超敏反应 |
| | | 抗肿瘤 | 负应答 | 免疫耐受，肿瘤发生 |
| 自身(抗原)成分 | 负应答 | 免疫耐受 | 正应答 | 自身免疫(病) |

### 三、免疫应答发生的场所

淋巴结、脾脏和粘膜等外周免疫器官是发生免疫应答的主要场所。抗原无论经血流进入脾脏或从皮肤、粘膜经淋巴循环到达局部引流区的淋巴结，通常均被相应区域的抗原递呈细胞特别是树突状细胞摄取，经加工处理后，与 MHC 分子结合而表达于 APC 表面，递呈给童贞淋巴细胞识别和结合，此称**抗原的识别**(antigen recognition)。在体内成熟的童贞淋巴细胞中，具有对某一抗原表达特异性识别受体(TCR，BCR)的淋巴细胞数目仅占 $10^{-4}\sim10^{-6}$个，在淋巴细胞再循环时进入局部引流区淋巴结中的一些对该抗原表达识别受体的童贞 T 细胞，此时就可停留下来，接受 APC 递呈的抗原而活化，又在 APC 和淋巴细胞相互表达的辅助分子作用下克隆扩增、分化而产生大量效应细胞，才足以清除抗原性异物。即，T 细胞分化为效应性 T 细胞发挥细胞免疫作用，B 细胞最终分化为浆细胞，产生抗体。在免疫应答过程中所形成的记忆性 T、B 细胞，多数游出淋巴组织参加再循环，扩大免疫效应。活跃的免疫应答常伴有局部淋巴结肿大，约在抗原刺激后 4～5 天起，可保持相当长的时间，这不仅是特异性淋巴细胞的增殖所致，更是由于活化的 T、B 细胞所释放的多种细胞因子（如趋化因子、炎症因子等）造成炎症性细胞的集聚、浸润，血管渗出物的增加，组织水肿等多因素作用的结果。当免疫应答逐渐减弱时，肿大的淋巴结也将恢复正常。免疫应答的效应阶段可表现于局部，也可为全身性反应。

## 四、免疫应答的过程

免疫应答是由多细胞、多因子参加并受到严格调控和制约的复杂生理过程，无论是 T 细胞介导的免疫应答，或 B 细胞介导的免疫应答都存在着共同的特点，主要有：

①特异性，表现在对相应抗原的识别及记忆，其基础是由 T 细胞表面的 TCR 结构及 B 细胞表面的 BCR（SmIg）结构决定的。②细胞间相互作用受 MHC 限制。③遵循再次应答规律，即在第二次受相同抗原刺激时出现比第一次快而强、维持时间久的再次应答。

为便于理解，一般将特异性免疫应答的过程分为紧密相关的 3 个阶段：① 抗原识别和递呈（antigen recogination and presenting）阶段（感应阶段），指对抗原的摄取、加工、递呈的一系列过程；② 活化、增殖和分化（activation，proliferation and differentiation）阶段（反应阶段），指 T、B 细胞接受相应抗原刺激后活化、增殖的阶段；③ 效应阶段（effective stage），指产生特异性抗体或致敏淋巴细胞发挥免疫效应和进行免疫调节的阶段（图 11-1）。

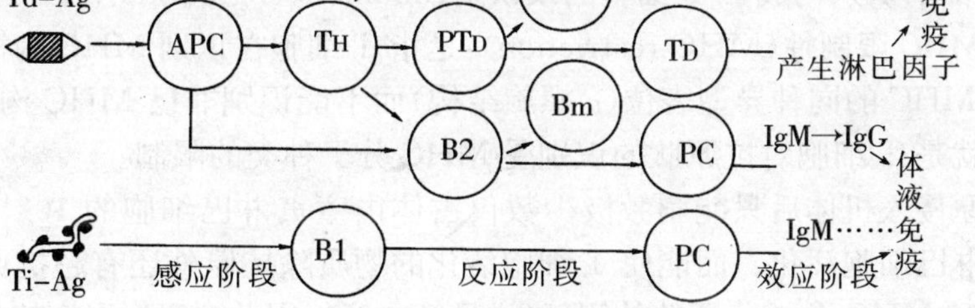


图 11-1 免疫应答过程示意图

根据参与免疫应答的细胞类型和效应不同，可分为由 T 细胞介导的细胞免疫应答，B 细胞介导的体液免疫应答和粘膜免疫应答。

# 第二节 T 细胞介导的免疫应答

T 细胞介导的免疫（cellmediated immunity，CMI）也称细胞免疫应答（cellular immune response），主要由 TCRαβT 细胞介导。静止的成熟 T 细胞在尚未与抗原接触前称为童贞 T

细胞或初始 T 细胞、处女 T 细胞(naive T cell)。T 细胞只能识别由 APC 表达的 MHC-Ag 肽复合体。不能识别完整的游离抗原,因此免疫应答(immune response)要经过 APC 对抗原的处理、递呈和 T 细胞的识别,T 细胞的活化、克隆扩增和分化,产生免疫应答的效应和进行免疫调节等复杂过程才能排除抗原对机体的侵害。

免疫反应(immune reaction)是指免疫应答中所产生的抗体或致敏淋巴细胞在体内、外与相应抗原特异性结合而发生的一系列反应,属于免疫应答的效应范畴。

细胞免疫应答的产生过程如下:

## 一、抗原的识别与递呈(感应阶段)

### (一)APC 对抗原的递呈(详见第十章)

当抗原性异物突破机体的固有性免疫功能而向内部侵入时,首先由 APC 摄取和处理。重要的抗原递呈细胞有:Mϕ,在递呈病原微生物抗原中是功能最活跃的 APC;DC,是体内功能最强的 APC,在启动免疫应答和活化童贞 T 细胞的扩增中发挥重要作用;活化的 B 细胞,除了表达丰富的 MHCⅡ类分子外,还表达 BCR,在抗原浓度很低时也可通过高亲和力 BCR 使抗原浓集于 B 细胞表面再摄入胞内,能将 TD-Ag 有效地递呈给 T 细胞。

根据蛋白质抗原的来源不同,可分为外源性抗原(exogeneus antigen)如细菌或细胞等,内源性抗原(endogeneus antigen)如病毒感染细胞所合成的病毒蛋白、肿瘤细胞所合成的蛋白抗原等。外源性抗原主要通过 MCH Ⅱ类分子途径递呈给 $CD4^+$ TH 细胞,内源性抗原主要通过 MHC Ⅰ类分子途径递呈给 $CD8^+$T 细胞。在一定条件下 MHC 分子也可发生交叉递呈现象。

### (二)TCRαβT 细胞的双识别和 MHC 限制性

在 $CD4^+$ TH 细胞接受由 APC 递呈的 MHC-Ag 肽复合体时,一方面由 TCRα 链、β 链可变区(V 区)沟槽内的 CDR1 区、CDR2 区去结合抗原肽的两端(表面决定簇),其 CDR3 区去识别和结合抗原肽内部的氨基酸序列(抗原的 T 细胞决定簇),此 CDR3 区即是 TCR 对抗原的特异性识别部位。另一方面 TCR 还必需识别和结合 MHC 分子的多肽区(同种异型表位),TCR 对这两方面的识别构成了 T 细胞的**双识别**(double recognition)。

**T 细胞的 MHC 限制性**(MHC restriction):是指 T 细胞在识别 MHC 沟槽中的抗原肽时,需要认识自身 MHC 的同种异型表位(α 螺旋结构)而不能识别非已 MHC 沟槽中所结合的相同抗原肽。这就是 T 细胞对抗原肽的识别受 MHC 分子种类的限制。

特异性抗原侵入机体后只能刺激极少数仅占体内童贞淋巴细胞的 $10^{-4}$～$10^{-6}$ 个具有相应识别受体的淋巴细胞活化。而能使 T 细胞活化的物质除抗原外还有超抗原等,超抗原能结合 TCR Vβ 链和 MHC Ⅱ类分子的外侧区(详见第二章),因此,超抗原能使体内 5%～20%的 T 细胞激活。另外,在体外实验研究中常采用有丝分裂原(CON A、PHA 等是多克隆 T 细胞激活剂)和抗 T 细胞表面分子的单克隆抗体(McAb)等。以上激活剂对 T 细胞的激活量均大大超过特异性抗原的激活量。

## 二、T 细胞的活化、增殖和分化(反应阶段)

### (一)T 细胞活化的双信号刺激

T 细胞的双识别构成了 T 细胞**活化的第一信号**,即由 APC 递呈的 MHC-Ag 肽复合体与 TCR 特异性结合,使静止的童贞 T 细胞成为活化的 T 细胞(即抗原的识别过程)。T 细胞**活**

**化的第二信号**来自于 APC 表达的众多协同刺激分子与 T 细胞表达的相应协同受体配对性结合，如 B7 与 CD28，LFA-3(CD58)与 LFA-2(CD2)，ICAM-1 与 LFA-1 等(或随后出现的 B7 与 CTLA-4)，能使 T 细胞继续充分活化、克隆扩增、分化而表现出免疫应答的效应，此即淋巴细**胞活化的双信号(dual signals)**学说。如果只有第一活化信号的刺激，T 细胞虽然也能初步活化，如胞内 $Ca^{2+}$ 增高、IL-2R 的表达等，但不进入克隆扩增，也不进一步合成细胞因子，而处于特异性无能(anergy)状态，即处于特异性免疫耐受状态。

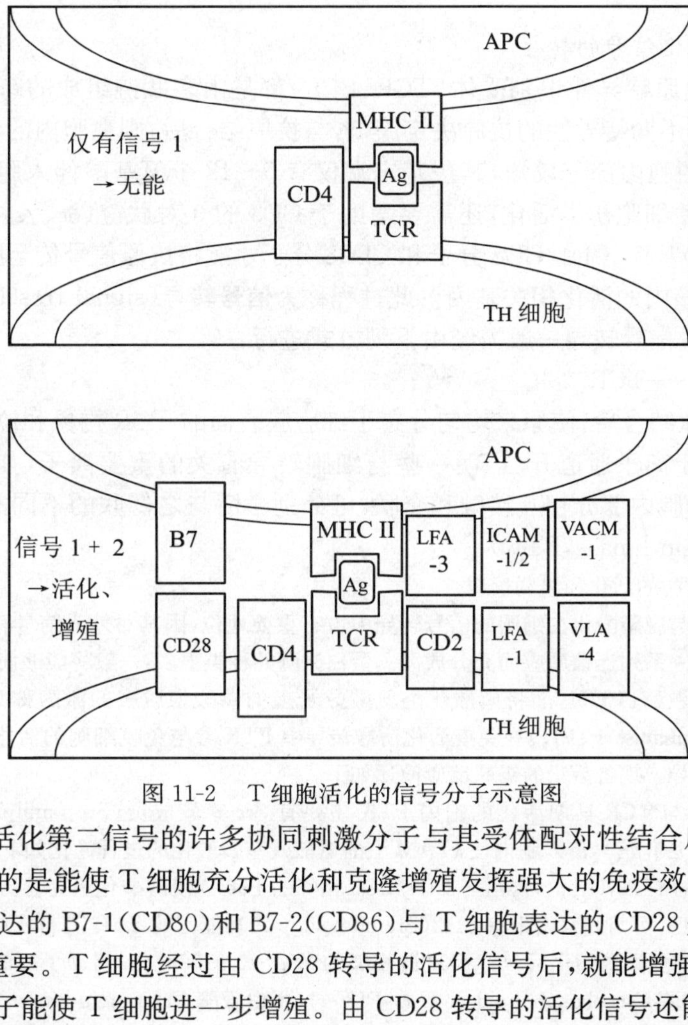


图 11-2　T 细胞活化的信号分子示意图

构成 T 细胞活化第二信号的许多协同刺激分子与其受体配对性结合后不但能加强细胞间的粘附，更重要的是能使 T 细胞充分活化和克隆增殖发挥强大的免疫效应。众多协同刺激分子中以 APC 表达的 B7-1(CD80)和 B7-2(CD86)与 T 细胞表达的 CD28 受体间的结合对 T 细胞的活化最为重要。T 细胞经过由 CD28 转导的活化信号后，就能增强细胞因子的转录。如 IL-2 等细胞因子能使 T 细胞进一步增殖。由 CD28 转导的活化信号还能增加细胞内 bcL-XL 基因(抑凋亡基因)的表达，从而减少 T 细胞凋亡，使 T 细胞加强对抗原的应答活性。在 T 细胞活化的后期还能表达 CTLA-4(CD152)分子，当 B7 与 CTLA-4 结合时，可向 T 细胞发出抑制信号，能逐步降低子代 T 细胞对 Ag 的刺激，以控制 T 细胞免疫应答的范围。

专职 APC(如树突状细胞、单核—巨噬细胞、活化的 B 细胞)经抗原刺激后，能表达 MHC Ⅱ类分子、高水平的协同刺激分子和 IL-1 分子等。对淋巴细胞的活化与克隆增殖、产生细胞因子和相应受体的表达方面起重要作用。在正常组织中未遇抗原刺激的静止 APC 一般不表达或低表达协同刺激分子，虽可递呈自身抗原给 T 细胞，但由于缺乏第二活化信号，这些 T 细胞只能产生对自身抗原的免疫耐受性。因此，APC 递呈抗原给 T 细胞后，能否产生协同刺激分子继续作用于T细胞，对免疫应答的结局（产生免疫应答效应或免疫耐受性）起重要作用。特别在对自身抗原的应答中，APC若启动了第二活化信号的激发，则在导致自身组织损伤方面起了重要作用。非专职APC一般不能提供协同刺激信号。

在第二活化信号的激发下，可诱导T细胞表达多种细胞因子及其受体，如IL-2、IL-4、IL-7、IL-10、IL-15等，以自分泌或旁分泌方式使T细胞克隆扩增，使后代T细胞能分化成更多的效应性T细胞清除抗原性异物。因此有人将细胞因子及其受体的作用视为T细胞活化的第三信号。

（二）T细胞活化信号的转导

淋巴细胞的抗原特异性识别受体（TCR、BCR）都是由多肽链组成的跨膜复合体，其胞外部分可以识别各自不同特异性的抗原决定簇，若与抗原结合后，则在胞内的活化信号转导过程是相似的。TCR的胞内部分较短，其羧基末端仅有5～12个氨基酸伸入胞内，只能将外来抗原信息传入胞内，使细胞初步活化，还需要藉助于CD3的3对肽链（δε、γε、ξξ）及其所含的10个ITAM（ARAM）基序、CD4/CD8分子和CD28分子才能将抗原信号传至胞内进一步使转录因子活化，转位到核内的活化相关基因。此过程称为**信号转导**（signal trascluction）。

TCR复合体的信号转导一般需经由下列方式进行：

1. 早期活化——TCR交联

TCR与抗原肽结合后，使原来均匀分布于细胞膜表面的TCR构象和位置发生改变，使之聚集在一端，有利于离子通道开放，使一些与细胞转导有关的重要离子（如$Ca^{2+}$）浓度增高。也有利于各受体的胞内部分相互接触和交联，可分别激活与之偶联的不同家族的蛋白酪氨酸激酶（protein tyrosin kinase，PTK）。

2. 蛋白酪氨酸激酶的活化和级联反应

蛋白质的磷酸化与脱磷酸化在细胞的信号转导中占有重要地位，因其对外界信号有级联放大作用，极微弱的胞外信号也可由一系列连锁反应而充分放大。蛋白激酶的种类很多，一般将能够使酪氨酸残基磷酸化的激酶称为**蛋白酪氨酸激酶（PTK）**，而将磷酸化酪氨酸分子上的磷酸根脱去的激酶称为**蛋白酪氨酸磷酸酶（protein tyrosine phosphatase，PTP）**。在免疫活化信号转导中PTK参与免疫细胞的活化。PTP则作用相反，可终止活化信号的转导。现将活化的级联反应简述如下。

（1）PTK活化：参与TCR早期活化的胞内PTK主要有Src家族成员（Src family kinase）包括$P56^{LCK}$、$P59^{fyn}$和ZAP-70等。活化信号传入胞内使ITAM上酪氨酸残基磷酸化的过程简化如下：与CD3γδε链相邻的$P59^{fyn}$可使CD3各链的ITAM活化，再由与CD4/CD8相邻的$P56^{LCK}$使磷酸化更完善。ITAM中的酪氨酸磷酸化后形成一个结合区，可与胞浆内带有SH2（Src homology 2）功能区的ZAP-70分子结合。

（2）PLC-r活化：酪氨酸磷酸化后，与CD3ξ链相邻的ZAP-70的磷酸化，启动了酶的级联反应，依次激活带有SH2结构的磷脂酶C-r（phospholipidase C-r，PLC-r）、蛋白激酶Cr（protein kinase Cr，PKCr）和$Ca^{2+}$流入。此刻产生两方面的激活：激活G蛋白并启动MAP激酶（经Ras原癌基因活化丝裂原激活的蛋白激酶mitogen activated protein kinase）的级联反应；PLC裂解细胞膜上的磷酯酰肌醇二磷酸（phosphatidylinositol bisphosphate、PIP2）产生两个重要的信号分子，即IP3（三磷酸肌醇）和DAG（甘油二酯），展开了信号转导的通路（或激活胞浆中的PTP而终止活化信号）。

（3）DAG引起$PKC_\gamma$激活和转录因子活化：IP3可引起细胞膜$Ca^{2+}$通道开放和内质网钙库开放，使胞内$Ca^{2+}$浓度升高。PKC的激活和$Ca^{2+}$浓度的升高是一对胞内第二信使，DAG和IP3也是一对胞内第二信使，由于激活的$PLC_\gamma$能产生许多IP3和DAG，它们不但是多种受体的转导枢纽，还能将传递信号放大，可使$Ca^{2+}$浓度不断上升，从而使钙调磷酸酶（calcineuin）活化，产生几种能够进入细胞核的转录因子如NFAT（nuclear factor of activated T cell）和$PKC_\gamma$活化的转录因子NF-κB（nuclear factor-κB，核因子），还有经B7与CD28结合而活化的 MAP 激酶级联反应所活化的 AP-1(activator protein 1, AP-1)转录因子(是激活癌基因 fos 和 Jun 编码的转录因子)等,它们均可将活化信号传入细胞核内,转位到基因调控区(增强子和启动子)部位,促使 IL-2 等细胞因子基因的转录和其他新蛋白质的合成。未经活化的 T 细胞,其 NFAT 贮留在胞浆中,活化后胞浆 $Ca^{2+}$ 浓度升高,启动了上述的级联反应,使 NFAT 转入胞核与 AP-1 结合,作用到 IL-2 基因使之转录产生 IL-2,IL-2 是促使 T 细胞增殖的重要细胞因子。临床上所用的环孢霉素 A(cyclosporin A)和 $FK_{506}$ 均能抑制钙调素酶活化和阻止 NFAT 转位到 IL-2 基因。若采用阻断 CD28 的信号也能阻止基因转录而发挥较好的免疫抑制作用,即可控制移植排斥反应,诱导免疫耐受性等。

NF-κB 是另一种 T 细胞活化的转录因子,在 T 细胞静止状态时与 IκB 结合,当 T 细胞激活时,由 DAG 和 $Ca^{2+}$ 活化了的 PKC 使 NF-κB 从 IκB 释放出来,转移到细胞核,促使基因转录。

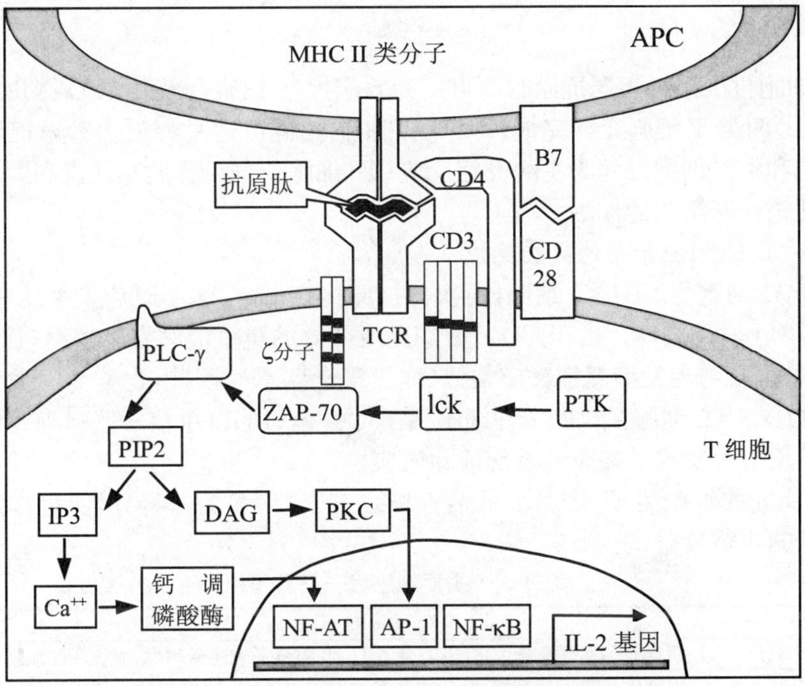


图 11-3　TCR 复合体活化信号的胞内转导示意图

由 B7 与 CD28 结合产生活化信号的转录可引发 IL-2 等基因转录外,也能诱导 T 细胞表达 CTLA-4 分子,当 B7 与 CTLA-4(CD152)结合后,则可使 CD3 分子的 ITAMs 中已经磷酸化的酪氨酸去磷酸化,产生活化的抑制信号,使 T 细胞的免疫应答控制在一定的范围内完成。

由于 T 细胞活化的信号转导是很复杂的现象,活化信号所激活的酶的底物不只是一种,使级联反应形成不同的支路,构成 T 细胞免疫应答的不同结局,即除了级联反应产生 IL-2 等多种细胞因子基因转录外,粘附分子基因表达、Fasl/Fas 等基因表达可引发对靶细胞的杀伤功能,也可引发使 T 细胞凋亡或产生免疫耐受性等,其确切机制有待深入研究。

(三)T 细胞的增殖和分化

(1)$CD4^+$ TH 细胞

TH 细胞经抗原活化、信号转导与转录因子进入细胞核内,即可启动细胞进入分裂周期。自 G0 期→G1 期,此时细胞膜上先表达 IL-1 受体、IL-2 受体和其他活化分子,在细胞因子转录后即可表达 IL-2 等许多细胞因子及其他新蛋白质的合成。IL-2 等细胞因子可经自分泌或旁分泌的作用使细胞进入 S 期和 M 期,细胞产生大量的克隆增殖和分化,多数细胞分化为

TH1(TD)效应细胞，少数分化为记忆(Tm)细胞。在T细胞的活化和增殖过程中，NFAT和AP-1是最关键的转录因子，它们在活化早期就能启动IL-2基因的转录表达IL-2分子，IL-2是促进T细胞增殖的最重要细胞因子，可使T细胞大量扩增。此外还有IL-1、IL-7、IL-12、INF-γ等在促进$CD4^+$ T细胞的增殖和分化中也起重要作用。

(2)$CD8^+$ T(Tc、CTL)细胞

$CD8^+$ T细胞的增殖、分化必需先由$CD4^+$ T(TH)细胞提供细胞因子如IL-2、IL-4、IL-12、IFN-γ和来源于单核—巨噬细胞的IL-1、IL-6、IL-7等的协同作用下，促进$CD8^+$ T细胞成熟为具有杀伤效应的Tc(CTL)细胞。

## 三、效应阶段

致敏T细胞再次接触相同抗原时即可成为效应性T细胞，分别由$CD4^+$ TH1(TD)细胞和$CD8^+$ Tc(CTL)两类T细胞亚群完成，即：TH1细胞亚群可通过释放多种淋巴因子引起以单核—巨噬细胞和淋巴细胞浸润为主的炎症反应；Tc细胞亚群可释放穿孔素和颗粒酶等因子直接发挥特异性杀伤靶细胞的作用。

(一)$CD4^+$ TH1细胞介导的炎症反应

活化的TH1细胞为$CD4^+$ T细胞，再次与抗原接触18～24小时后发生反应，局部出现红斑便结，48～72小时达高峰。由于$CD4^+$ T细胞所介导的免疫应答发生较慢，且能造成局部组织学变化，这种变化与迟发型超敏反应类似(详见第十四章)，因此，也称为迟发型超敏反应T细胞TD(TDTH)。TD细胞释放的多种细胞因子可引起局部以单核—巨噬细胞和淋巴细胞浸润为主的炎症反应而发挥对抗原的杀伤清除效应。

TD细胞释放的细胞因子，产量虽低活性极强，其作用多为非特异性，可作用于不同细胞产生多种不同的生物效应(表11-2)。

**表11-2 主要细胞因子及其作用**

| 淋巴因子 | 作用 |
|---|---|
| IFN-γ | 活化Mϕ，活化血管内皮细胞；使MHCⅡ类分子表达量增加，血管活性加强 |
| IL-2 | 促进更多的T细胞增殖；释放更多的IFN-γ、TNF等，而具有放大效应 |
| LT(TNF-β) | 产生炎症作用和杀伤靶细胞。活化的Mϕ还可释放IL-1、IL-8、TNF-α等，促使炎症加剧 |

在整个免疫应答过程中由抗原诱发的T细胞活化、增殖、分化等作用具有明确的抗原特异性，但在效应阶段中所释放的细胞因子，其作用均表现为扩大的非特异性效应。其中作用于巨噬细胞的淋巴因子更重要，因巨噬细胞在免疫应答的全过程中均发挥重要作用。活化TH1细胞和活化Mϕ之间以及各类细胞因子间的作用相互交织，共同发挥着复杂的免疫调节功能。

1. 活化TH1细胞对巨噬细胞的作用

宿主体内未经活化的Mϕ对一些胞内寄生性细菌，如结核杆菌、麻风杆菌等的侵犯，虽然也能吞噬，却不能将它们完全杀死，只出现**不完全吞噬**现象，一些活着的细菌常可在吞噬小体内生长繁殖而避开了Tc的攻击。在组织内与T细胞相邻的未活化而受感染的Mϕ，能将一些已分解的细菌肽递呈给具有特异性TCR的$CD4^+$ T细胞，经活化后，T细胞在数小时内即可诱导核内细胞因子的转录和新蛋白质的合成，并可立即反向性地去作用于递呈抗原的Mϕ，使其能最直接、最快速地被活化，大大增强杀伤该种病原生物的能力，发挥**完全吞噬**效应。

使Mϕ活化的最重要细胞因子是TH1所合成的IFN-γ和表达CD40L。CD40L与Mϕ表

面的 CD40 相互作用，在启动 Mϕ 活化中也发挥重要作用。

2. 活化 Mϕ 与 TH1 细胞间的相互作用

Mϕ 受 TH1 细胞活化后，不但大大地加强了胞内杀菌酶的活性，产生超氧阴离子($O^{2-}$)、NO 等强烈杀菌物质，同时还增强 MHC Ⅱ类分子的表达和 TNF-α 受体的数量，使 Mϕ 能够更有效地向静止 T 细胞递呈抗原，活化和动员更多的效应 T 细胞，参与细胞免疫应答而使杀伤效应进一步增强和放大。活化 Mϕ 所分泌的 IL-12 可使未受刺激的 $CD4^+$ TH 细胞分化为 TH1 细胞，发挥细胞免疫效应。

放大了杀伤效应的活化 Mϕ 会对周围组织产生破坏性炎症作用，但由于 TH1 细胞表达 IFN-γ mRNA 半衰期甚短，而且所分泌的 IFN-γ 只集中于受感染细胞而限制了 Mϕ 有效活化的时间和范围。此外，在免疫应答发挥一定时效后，活化 Mϕ 和 TH2 细胞可分泌 IL-10 等细胞因子，对 IFN-γ 的合成有抑制作用，从而抑制了 Mϕ 的活化，不致引发对宿主正常组织的损害，说明活化后的 TH1 细胞和 Mϕ 之间可产生相互调节，使免疫应答控制在正常范围内。

TH1 细胞所分泌的其他细胞因子在免疫效应中也起重要作用，如表达 FasL，能杀死表达 Fas 受体的抗原靶细胞也包括 Mϕ 在内，使那些从 Mϕ 中释放出来的细菌又可被新的 Mϕ 吞噬。活化的 TH1 细胞还可产生 IL-3、GM-CSF 等细胞因子，能刺激骨髓干细胞产生新的 Mϕ。在感染局部的活化 TH1 细胞可分泌 TNF-β(又称淋巴毒素)使炎症区域的血管内皮细胞表达粘附分子，在其他细胞因子的配合作用下有利于趋化吞噬细胞向该局部游走和粘附，能加强对病原生物的吞噬和消除炎症性产物。

(二)$CD8^+$ TC(CTL)介导的细胞毒作用

1. TC(Cytotoxic T. CTL. TC)细胞的活化

被 TC 杀伤的靶细胞主要是体内的病毒感染细胞和发生突变后的癌细胞等。TC 的活化过程简述如下：TC 的前体细胞称 CTLP(CTL precursor)在识别细胞表面与 MHC Ⅰ类分子结合的抗原肽时，要求有 TH 细胞的辅助，因为静止的 CTLP 不表达 MHC Ⅱ类分子而不能向 TH 细胞递呈抗原信息，因此在靶细胞存在的局部，TH 细胞与 CTLP 细胞可能结合在同一个 APC 上，此时 APC 既表达 MHCⅡ类分子-Ag 肽使 $CD4^+$ TCR 识别和作为第一活化信号，又表达 MHCⅠ类分子-Ag 肽使 $CD8^+$ TCR 识别和活化。被抗原激活的 TH 细胞，接受第二活化信号后(如接受 CD2/LFA-3、LFA-1/ICAM-1 和 CD28/B7 等)，很快发生信号转导和基因转录并释放细胞因子，如 IL-2、INF-γ 等，使接受抗原特异性激活的 CTLP 迅速增殖分化为效应性 CTL，发挥对靶细胞的特异性杀伤作用。

2. TC 对靶细胞的杀伤过程

被抗原激活和由 TH 细胞辅助的 TC 细胞，能即刻向细胞内转导活化信号，并出现胞质结构的快速移动。如胞质内的溶酶体、颗粒酶等物质及其分泌装置、均集中于对准靶细胞的方向，使释放的细胞毒杀伤分子能够有选择地、准确无误地进入带抗原的靶细胞，以保证不会累及邻近的正常细胞。

TC 对靶细胞的杀伤过程可分为 3 个阶段：

1. 特异性结合阶段

效应性 TC 细胞能与带有特异性抗原的靶细胞直接接触，并在膜辅助分子配对结合下促进两细胞的紧密粘附，在 37℃、$Mg^{2+}$ 存在时，数分钟内即完成两细胞的结合。

2. 致死性打击阶段

TC细胞向靶细胞释放胞浆颗粒，内含穿孔素（perforin），首先在靶细胞膜上穿孔，在$Ca^{2+}$和ATP依赖下，各个穿孔素的单体聚合成跨膜通道，引起靶细胞膜不可逆损伤。颗粒中的颗粒酶（胰蛋白酶、糜蛋白酶、CTLA-1和CTLA-3等丝氨酸酯酶）进入靶细胞，使靶细胞DNA和胞内病毒DNA均发生破坏性损伤。TC活化后表达的FasL与靶细胞上的Fas受体结合，促使靶细胞凋亡，TC细胞分泌的TNF-α也可介导靶细胞坏死或凋亡。TC细胞本身具有保护性蛋白，能防止穿孔素等物质对自身的裂解而结构无损，仍可与新的靶细胞结合发挥连续杀伤作用。

3. 靶细胞的裂解

经致死性打击后的靶细胞膜上形成很多跨膜孔道，大量$Ca^{2+}$、$Na^{2+}$及水分进入靶细胞，靶

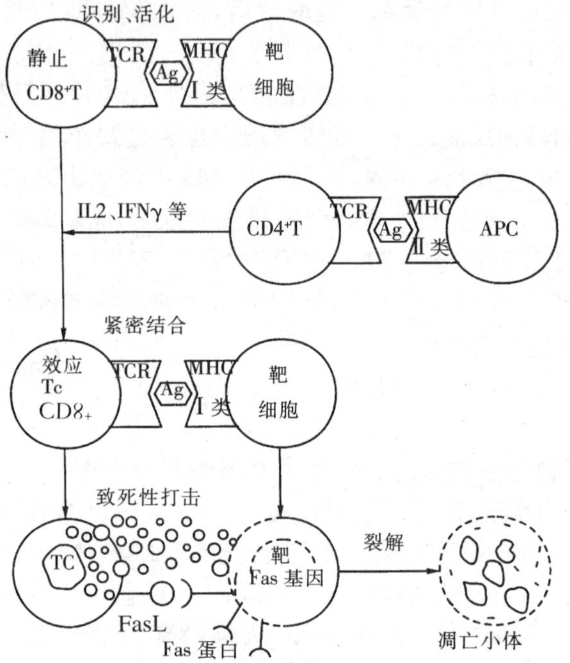


图11-4　TC细胞的活化和杀伤效应示意图

细胞内部的电解质及大分子代谢产物不断流失。由于穿孔素能使靶细胞膜形成类似于补体C9样聚集的孔道，使颗粒酶等经孔道进入细胞内，激活DNA内切酶（endoclease）的活化，使核小体裂解成由膜包围的凋亡小体。TC介导靶细胞的死亡常表现出坏死与凋亡两种形态特征。因此进一步阐明TC介导的靶细胞死亡机制是很有意义的。

总之，TC细胞的细胞毒杀伤作用特点是：具有明显的特异性杀伤作用；对靶细胞的杀伤受MHC Ⅰ类分子限制；在短时期内具有连续杀伤靶细胞的功能。

## 四、细胞免疫的生物学效应

1. 对胞内寄生性病原体的抗感染作用　细胞免疫主要针对胞内寄生菌（如结核杆菌、伤寒杆菌、麻风杆菌等）、病毒、真菌及某些寄生虫感染。在未经特异性免疫的机体内，对胞内寄生菌多形成不完全吞噬，经免疫后若单独依靠体液免疫难以排除胞内菌，主要应通过细胞免疫发挥作用。

2. 抗肿瘤免疫　TC细胞可直接杀伤带有相应抗原的肿瘤细胞，该过程受MHC-I类分子

的限制。有些细胞因子如肿瘤坏死因子(TNF)、干扰素等在抗肿瘤免疫中也具有一定作用。

3. 免疫损伤　细胞介导的免疫可参与迟发型超敏反应(详见第十四章)或造成自身免疫病(详见第十五章)而形成免疫性损伤。

4. 参与移植排斥反应　包括宿主抗移植物反应(host versus graft reaction, HVGR)及移植物抗宿主反应(GVHR)(详见第十七章)。

在免疫应答的中期或后期常显示 T 细胞表达 Fas 受体与自身的 FasL 结合而凋亡,或以同样形式杀死相邻的表达 Fas 的 T 细胞,此称**活化诱导细胞死亡**(aetivation induced cell death)。这一功能是免疫应答的负调节作用,对维持自身耐受有重要性。

## 第三节　B 细胞介导的免疫应答

B 细胞介导的免疫应答也称体液免疫(humoral immunity, HI)或抗体介导的免疫(antibody mediated immunity)。成熟 B 细胞能藉 BCR(SmIg)识别周围环境中的相应抗原。在特异性抗原刺激下,B 细胞被激活、克隆扩增、分化为浆细胞产生抗体,同时分化为少数的记忆 B 细胞。此即特异性体液免疫应答。另外,活化的 B 细胞还有能将抗原加工和递呈给 T 细胞的作用。

引起体液免疫的 B 细胞有 B-1 和 B-2 两个亚群。B2 细胞即普通 B 细胞,是介导体液免疫的重要细胞,主要识别 T 细胞依赖性抗原(TD-Ag),其识别和活化过程需要 TH 细胞的辅助,B-1 细胞主要识别 T 细胞非依赖性抗原(TI-Ag),识别和活化过程不需要 TH 细胞的辅助。主要产生 IgM 类抗体,不具有免疫记忆性。

### 一、B 细胞对 TD 抗原的免疫应答

#### (一)BCR 复合受体是由 SmIg 和 Igα/Igβ 以非共价健结合构成

不同发育、分化阶段的 B 细胞其 SmIg 的类别各异:不成熟的 B 细胞为 SmIgM;成熟 B 细胞为 SmIgM、SmIgD;记忆 B 细胞为 SmIgG、SmIgA 或 SmIgE。

BCR 对抗原的识别与 TCR 识别的不同点在于:①BCR 能识别蛋白质抗原,也能识别肽类、核酸、多聚糖、脂类和小分子化学物质。②BCR 可识别完整蛋白质的天然空间构象及其降解后暴露出来的小分子决定族空间构象,故不必由 APC 加工处理,也没有 MHC 限制性。但 B 细胞与 T 细胞一样要求双信号活化。

#### (二)B 细胞活化需要的信号

1. 抗原与 BCR 可变区结合产生第一活化信号

由于 BCR 的胞浆内区仅有 3 个氨基酸伸入而只能初步传入抗原信息,不足以进行信息的转导,必需藉助于 Igα(CD79a)、Igβ(CD79b)异二聚体及其 ITAM 基序和 Src 酪氨酸激酶家族(包括 Lyn、fyn、Lck、blk 和 Fgr 等)的作用。当抗原诱导 B 细胞的 BCR 交联时,可使 Igα、Igβ 的 ITAM 磷酸化,伴随 Src 激酶家族迅速磷酸化和酶的级联反应,产生活化信号转导及基因转录等。

由 Src 激酶使磷脂酶 $C_\gamma$($PLC_\gamma$)活化,$PLC_\gamma$ 活化后裂解细胞膜上的 PIP2(磷酯酰肌醇二磷酸)产生两个重要的信息分子即 IP3(三磷酸肌醇)和 DAG(甘油二酯)。DAG 可激活 PKC(蛋白激酶 C),IP3 可引起细胞膜 $Ca^{2+}$ 通道开放和内质网钙库释放,使胞内 $Ca^{2+}$ 升高。PKC 和 IP3 对诱导 B 细胞的活化和增殖极为重要。

2. B 细胞辅助分子对第一活化信号转导的辅助

BCR 复合体介导的活化信号转导与 T 细胞复合体介导的活化信号转导，二者的途径是相似的，均由抗原特异性受体识别、交联、ITAM 磷酸化，产生酶的级联反应，使信号转入核内，激活相关基因的转录。

(1)CD19 辅助分子，是 B 细胞特有的糖蛋白，其胞浆内区长，有 9 个氨基酸残基插入胞内，在抗原与 BCR 结合后迅速磷酸化。CD19 是酪氨酸激酶的底物。能很快与 Lyn、fyn 等酪氨酸激酶、PI3 激酶相联而加强跨膜信号的转导。

(2)与 BCR 有关的另 3 种辅助分子是 CD21、CD81(TAPA-1)与 Leu-13 组成独特的免疫调节复合体。CD21 的胞外区能与补体成分 C3d 结合，其胞内区短。CD81 的 C 端与 N 端均在胞内并有 4 次穿膜过程。CD81 和 Leu13 可介导血细胞粘附，也有利于细胞间的相互作用。在 CD19、CD21、CD81、Leu13 组成的复合体与 BCR 桥联后，可加强抗原诱导下的信号转导，使 B 细胞对抗原刺激的敏感性增高 1000～10000 倍。

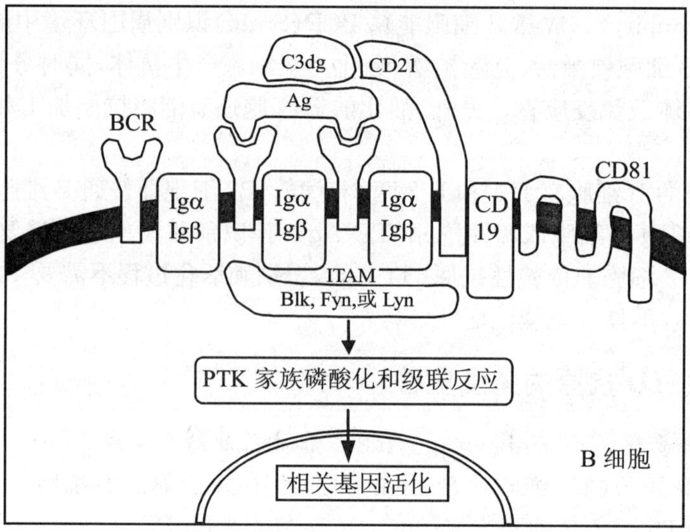


图 11-5　B 细胞辅助受体对活化信号转导的辅助示意图

B 细胞介导的信号转导还可通过 PI3-K(phosphatidylinosilol-3-kinase，磷酯酰肌醇三激酶)途径进行。

(3)CD32 对第一活化信号的负调节作用。B 细胞表达的 CD32 分子即 $Fc_\gamma R$Ⅱ，其胞内区有免疫受体酪氨酸抑制基序(ITIM)。当含有 IgG 的免疫复合物经 CD32 与 B 细胞结合后可使 Igα/Igβ 胞内区的酪氨酸残基去磷酸化，可抑制 BCR 介导的信号转导，从而抑制 B 细胞增殖、分化和产生抗体。

(三)TH 细胞对 B 细胞应答的辅助作用

B 细胞对 TD 抗原的应答必须由 $CD4^+$ TH 细胞提供第二活化信号。TD 抗原大都为复杂的天然抗原由半抗原和载体组成，免疫应答过程中 B 细胞识别半抗原决定簇，T 细胞识别同一抗原的载体(内部决定簇)。过去在体外实验时发现：在特异性免疫的再次应答中，半抗原决定簇应当结合在与初次应答时相同的载体上，才能产生高滴度的抗体，不然则非，此即**载体效应**(详见第二章)。该实验说明，B 细胞对 TD 抗原的应答必需由 TH 细胞的辅助。

1. TH 细胞的激活

在 B 细胞应答中，TH 细胞的激活有两种不同情况：初次应答时可由 APC 摄取、处理和递呈，以 MHCⅡ类分子-抗原肽复合体形式，将抗原递呈给 $CD4^+$ TH 细胞；再次应答时可由 B 细胞内吞抗原、加工、处理成抗原肽-MHCⅡ类分子复合体的形式，将抗原递呈给 $CD4^+$ T 细胞。

2. TH 细胞提供的第二活化信号

TH 细胞至少有两种形式对 B 细胞进行辅助：

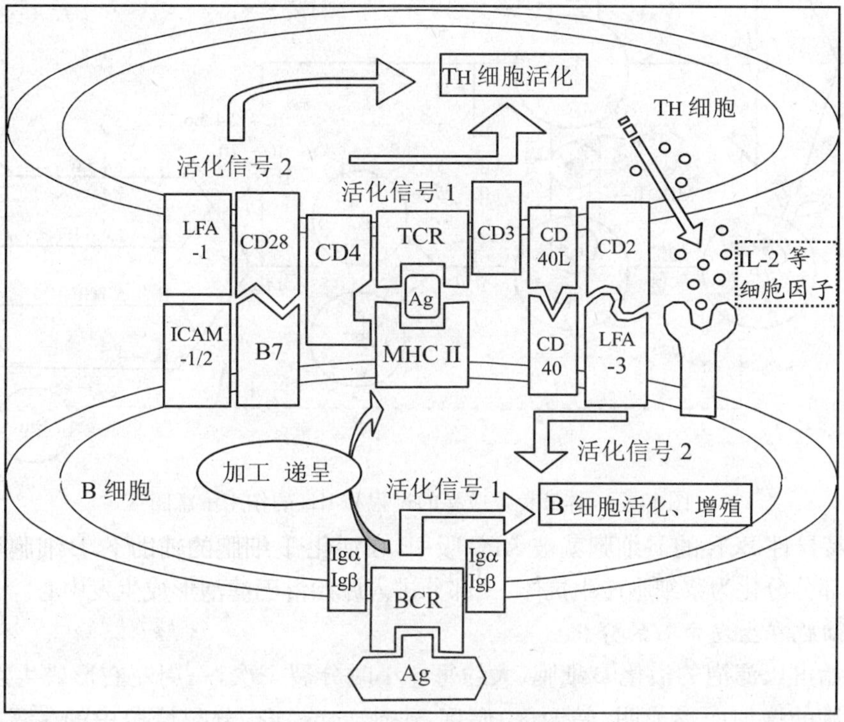


图 11-6　B 细胞与 TH 细胞间的相互作用示意图

(1)T-B 细胞直接接触。由活化 T 细胞表面的辅助分子发挥作用。其中以 CD40L (CD154)最为重要，活化 T 细胞表达 CD40L 与 B 细胞表面的 CD40 相互作用向 B 细胞传递第二活化信号。CD40/CD40L 在 B 细胞活化、产生针对 TD 抗原的抗体、Ig 类别转换、产生记忆性 B 细胞和生发中心的形成、B 细胞凋亡等方面起重要作用。临床上的免疫缺陷病——高 IgM 综合症患者，是由于 CD40L 突变，TH 不能辅助 B 细胞，仅产生低亲和力 IgM 不能转换成高亲和力 IgM，也不能转换成高亲和力 IgG、IgA 抗体。此外，尚有其他膜分子间的相互作用如 ICAM-1 与 LFA-1，CD2(LFA-2)与 CD58(LFA-3)等。

(2)TH1 细胞释放的 IL-2、IFN-γ 等细胞因子在辅助 B 细胞增殖和表达 MHC 分子中起重要作用。TH2 细胞释放的 IL-4、IL-5、IL-6、IL-10、IL-13 在辅助 B 细胞激活、增殖和产生抗体中起重要作用。

体内具有特异性识别任一抗原受体的童贞淋巴细胞仅占 $10^{-4}\sim10^{-6}$。具有相同特异性 T、B 细胞的相遇几率仅 $10^{-8}\sim10^{-12}$，在淋巴结内 T、B 细胞定居于不同依赖区。因此 T、B 细胞的直接接触主要靠 APC，特别是树突状细胞，在捕获抗原后可迁移到局部淋巴结的 T 细胞依赖区。在不断再循环中的一些有相应识别受体的 T 细胞就可停留下来接受 APC 递呈的 MHC-抗原肽

而激活。同时在穿越 HEV 和 T 细胞依赖区的 B 细胞，大多数进入 B 细胞依赖区定居，其中仅少

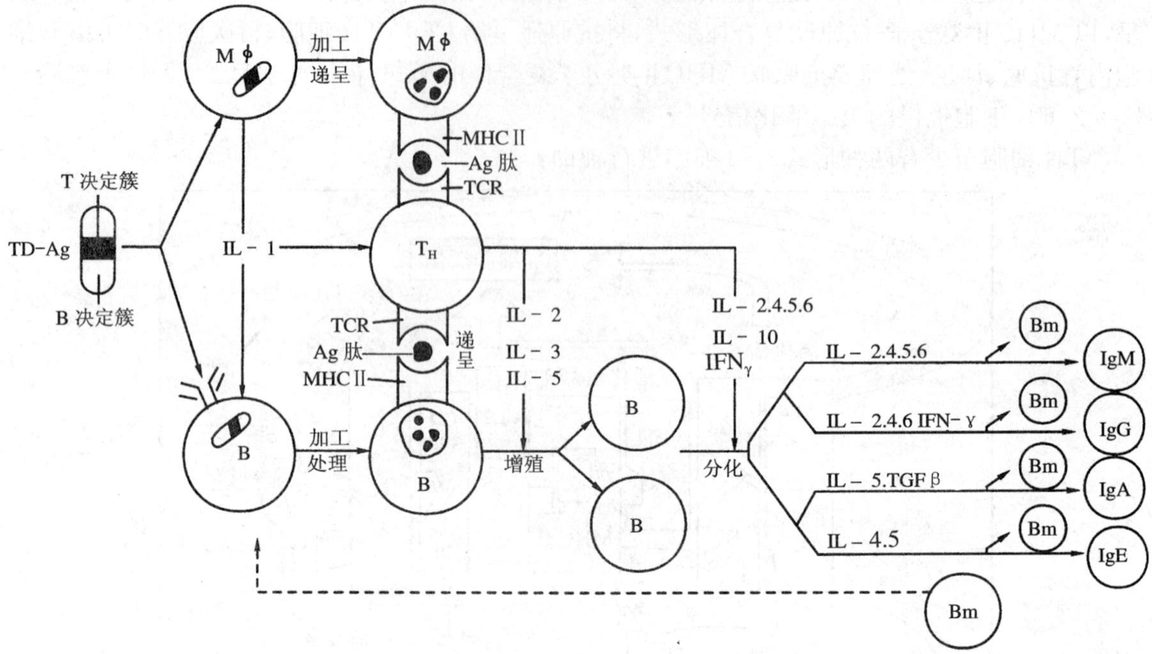


图 11-7　体液免疫应答的过程和 ILs 的作用示意图

数具有相应特异性 BCR 的 B 细胞就被 APC 吸引，在活化 T 细胞的辅助下，B 细胞被激活，活化的 B 细胞一部分分化为浆细胞产生抗体，一部分进入原始淋巴滤泡形成生发中心。

（四）B 细胞在生发中心的分化成熟

进入原始淋巴滤泡的活化 B 细胞，大约每 6 小时分裂一次，一周左右形成生发中心，随着生发中心细胞的增加而形成明、暗两区：暗区（dark zone）内，分裂增殖中的生发中心母细胞（centrablast）紧密聚集，滤泡树突状细胞（FDC）少；明区（light zone）内，细胞聚集不太紧密，能与众多 FDC 接触。在生发中心内，B 细胞继续分化发育，产生 Ig V 基因的体细胞高频突变、抗原受体亲和力的成熟、Ig 类别的转换、记忆 B 细胞的形成及抗原受体的编辑等。

1. 体细胞高频突变和 Ig 亲和力的成熟

在抗原诱导下 Ig V 区基因的体细胞高频突变（somatic hypermutation）发生在生发中心母细胞中。Ig H 链和 L 链的 V 区基因各由约 360 bp 组成，每 4 次碱基改变中约有 3 次会造成 V 基因的点突变，即编码的蛋白质中有一个氨基酸发生改变。因此每次细胞分裂所产生的每个子代细胞的抗原受体会有一个突变的氨基酸。这种体细胞高频点突变，即可导致 Ig V 区基因重排的多样性，形成体液免疫应答的多样性。

在 BCR 初次与抗原结合时产生的抗体立即与抗原低亲和力结合，形成抗原抗体复合物后，复合物的一部分被吞噬细胞吞噬降解，一部分输送到淋巴结边缘区或脾边缘区，由特殊的抗原输送细胞（antigen-trasporting cell）捕获和输送到淋巴滤泡的 FDC 表面停留，使表达高亲和力 BCR 的 B 细胞，也包括记忆 B 细胞，能够与抗原抗体复合物中的抗原结合，摄取、加工形成 MHC Ⅰ类分子-Ag 肽，递呈给生发中心周围区表达 CD40L 的抗原特异性活化 $T_H$ 细胞。此 $T_H$ 细胞向表达 CD40 的 B 细胞提供辅助。B 细胞在 $T_H$ 的辅助下大量增殖和产生高亲和

力抗体。此即抗体亲和力的成熟(affinity maluration)。

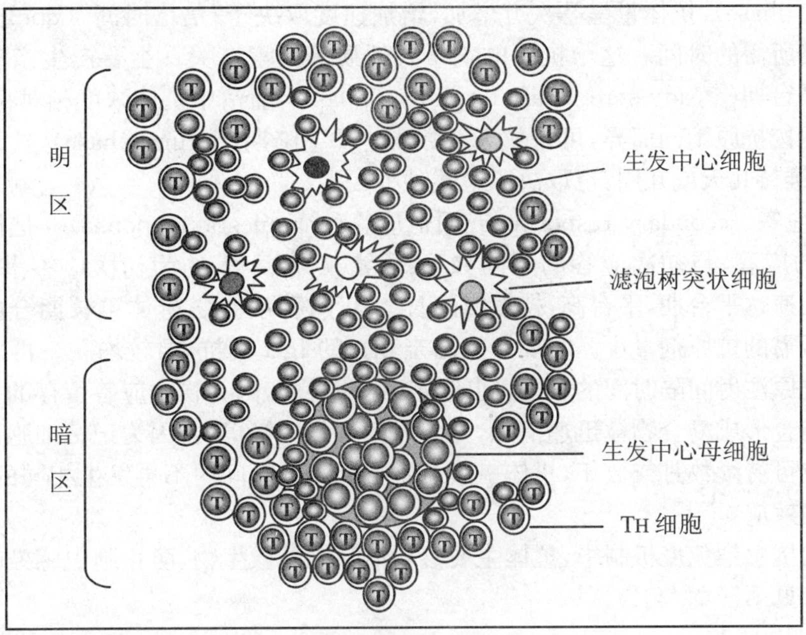


图 11-8　B 细胞激活和生发中心的形成

2. Ig 类别的转换和记忆性 B 细胞的产生

在 BCR 初次与特异性抗原结合时的最初几代,B 细胞只合成 IgM,若有足够抗原的继续存在,B 细胞可继续分化,在分裂 5~7 代后,分化中的细胞可产生 IgG,有的产生 IgA、IgE 等 Ig 类别的转换(class switch)。Ig 类别的转换发生在 Ig 的 C 基因(恒定区基因),而其子代细胞的 Ig V 区均表达同一个 V 基因,即抗原特异性不变。Ig 类别的转换是在抗原诱导下和 TH1、TH2 细胞产生的细胞因子作用下发生的。如小鼠在 IL-4 诱导下产生 IgG1 和 IgE;在 TGF-β 诱导下产生 IgG2 和 IgA;在 IFN-γ 诱导下产生 IgG2α 和 IgG3 等。

B 细胞在生发中心发育成为产生抗体的浆细胞,少数分化成为长寿的记忆性 B 细胞离开生发中心。记忆性 B 细胞虽然不产生抗体,但在再次与相同抗原接触时,立即快速活化产生大量特异性抗体,这在维持和加强再次免疫应答(回忆反应)中起重要作用。

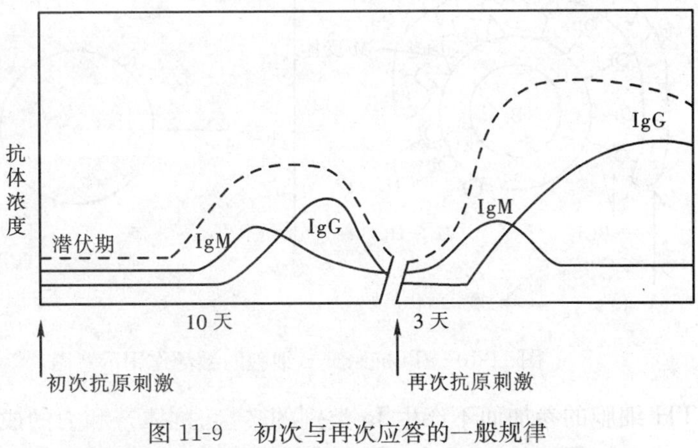


图 11-9　初次与再次应答的一般规律

(五)抗体产生的一般规律及其效应

1. 初次应答和再次应答的规律

B 细胞对 TD 抗原应答所产生的抗体经淋巴液和血液流向全身,抗体浓度随应答时间的持续而增高。分为初次应答和再次应答。

(1)初次应答(primary response)　指抗原第一次进入机体时引起的应答,分为 4 个阶段:①潜伏期(lag phase),指抗原刺激后到血清内检出特异性抗体前的阶段。此期的长短取决于抗原的性质、进入机体的途径、所用佐剂的类型和机体的情况等，可短至3小时，长至数周。②对数期(log phase)，抗体量呈幂次方增加，增加速度取决于"倍增时间"(doubling time)，即浓度增加一倍所需的时间。这与抗原的剂量及性质等因素有关。主要产生亲和力低的IgM类抗体。③平台期(steady-state phase or plateau phase)，血清中抗体浓度相对稳定，平台的高度和维持时间按抗原不同而异，可自数天至数周。④下降期(decline phase)，抗体合成率小于降解速度，可维持几天或几周，也取决于上述种种因素。

(2)再次应答(secondary response)或回忆应答(anamnestic response)　是机体再次接触相同抗原时的应答，与初次应答的不同如下：①潜伏期短，大约为初次应答潜伏期的一半。②抗体合成快速达平台期，平台高，持续时间长。③下降期持久，机体可长期合成抗体。④诱导再次应答所需的抗原剂量小。主要产生高亲和力的IgG类抗体，较均一。再次应答的强弱取决于两次抗原注射间隔时间的长短，间隔太短则应答弱，因为初次应答留存的抗体可与再次注入的抗原结合形成复合物被迅速清除，间隔时间太长应答也弱，因为记忆细胞并非永生。再次应答的效应可持续数月或数年，机体一般可维持相当长时间内不再发生相同的感染。

2.抗体的效应

在机体的抗感染免疫机制中，抗体主要参与清除胞外微生物、防止胞内感染的播散。其详细作用机制参见第三章。

## 二、B细胞对TI抗原的免疫应答

TI抗原有两类即TI-1抗原和TI-2抗原。可直接激活童贞B细胞，无需TH细胞的辅助，即可迅速诱导产生以IgM为主的亲和力较低的抗体。不产生免疫记忆。

### (一)TI-1抗原诱导的B细胞应答

TI-1抗原被称为B细胞丝裂原，主要包括细菌多糖、多聚蛋白和百日咳杆菌LPS等。适当高浓度的TI-1抗原可诱导多克隆B细胞增殖和分化。低浓度时(比多克隆激活时低$10^3$～$10^5$倍)，只有其BCR能够结合TI-1抗原的B细胞，才能在细胞表面浓缩到足够刺激量的TI-1抗原而被激活，产生抗体。由于其无需TH细胞预致敏和克隆扩增，比对TD抗原的应答发生早，因此，在抵抗某些胞外病原体的感染中发挥重要作用。但是也由于在TI-1抗原的应答中，没有TH细胞的参加而不产生Ig类别的转换、抗体亲和力的成熟及记忆B细胞的形成。

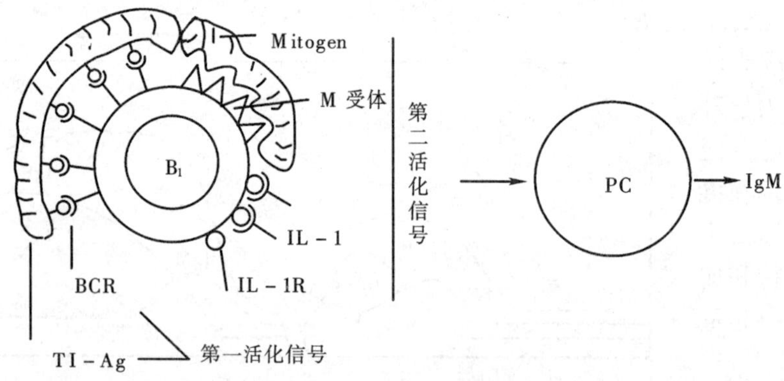

图11-10　TI抗原对B细胞的激活作用示意图

### (二)TI-2抗原诱导的B细胞应答

TI-2抗原主要包括肺炎球菌荚膜多糖、沙门氏菌多聚鞭毛素、半抗原偶联的泛影葡胺等均具有高度重复的结构。TI-2抗原只能激活成熟B细胞，主要是B-2细胞，能使特异性BCR的SmIg产生广泛交联。若抗原表位密度太高，产生SmIg的过度交联，能使B细胞变成无应答性;若密度太低,则 SmIg 交联程度不足以激活细胞也产生无应答,因此表位密度在 TI-2 抗原激活 B 细胞中似起决定作用。婴幼儿中的 B 细胞大多是不成熟的 B 细胞,故不能有效产生抗多糖抗原的抗体。由于多数胞外菌含有胞壁多糖成分,能抵抗吞噬细胞的直接吞噬,而 TI-2 抗原可直接激活 B 细胞产生相应抗体,无需 TH 细胞的辅助即能迅速产生抗荚膜多糖的抗体,该抗体可包被在那些有荚膜的化脓菌表面,使之易被吞噬和消化。

## 第四节　粘膜免疫应答

粘膜是吸收、消化和交换营养等物质的场所。在人肠胃道内粘膜的面积约有 400 $m^2$,200 倍于皮肤,时刻接触着大量的抗原,其中绝大部分是无害的,如食物和共生菌等。具有哨兵责任,能区分无害或有害,并决定是放过去(耐受),还是拦下来(免疫应答)。因此,粘膜防御作用已日益受到重视,被认为是执行局部特异性免疫功能的主要场所,因而提出了粘膜免疫系统(MIS)即粘膜相关淋巴组织(MALT)的概念。机体约有 50%以上的淋巴组织存在于粘膜系统。粘膜免疫有 3 个特点:①产生粘膜相关 Ig,即分泌型 IgA(SIgA)为主的抗体(也有 IgM)。②口服蛋白质抗原比其他途径给予抗原更易诱导 T 细胞耐受。③具有定向的细胞运输系统,能使粘膜滤泡细胞迁移至广泛的粘膜上皮下的淋巴组织中。粘膜系统既是全身免疫系统的重要组成部分,又是具有独特功能的一个相对独立的免疫系统。在成年人,它保护着大于 400 $m^2$ 左右的粘膜组织。

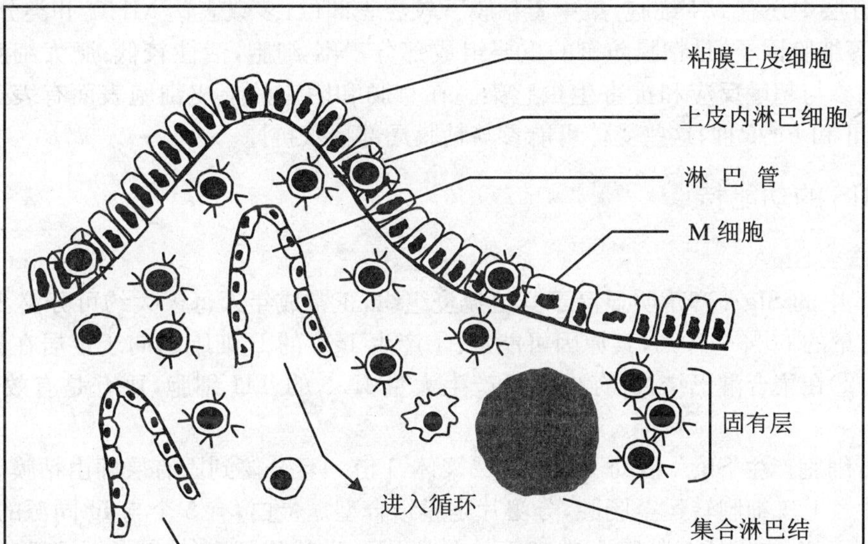


图 11-11　粘膜免疫系统的细胞组成示意图

### 一、结构特点和细胞组成

#### (一)结构型组织称粘膜淋巴滤泡

如小肠的集合淋巴结;阑尾、扁桃体的淋巴滤泡;呼吸道和泌尿生殖道内也有少量滤泡存在，是免疫应答的传入淋巴区，主要由3部分细胞组成：

1. 膜细胞（membranous cell M细胞） 是间隔覆盖在集合淋巴结上的哑铃状上皮细胞，缺乏MHCⅡ类分子，不递呈抗原，主要是摄取和转运非受体型颗粒抗原至粘膜下结缔组织，供APC处理。

2. APC 主要是DC、Mϕ和B细胞，高表达MHCⅡ类分子，有较强的抗原递呈能力。

3. 滤泡 是B细胞富含区，其中有40%左右的BCR表达SmIgA。主要分泌SIgA，滤泡内也散在有T细胞，可能是参与T-B细胞相互作用的。滤泡间区有大量的$CD8^+$ T细胞。

（二）弥散型淋巴组织

广泛分布于粘膜固有层中，是免疫应答的传出淋巴区，在消化道MIS中的淋巴细胞主要集中于3个区域，即上皮细胞层、集合淋巴结和固有层。

1. 上皮内淋巴细胞（IEL） 主要是$CD8^+$ T细胞，并以CD8αα链为主，且多为TCRγδT细胞，其TCR的抗原识别谱较窄，仅能识别固有层所遇到的共同抗原和损坏的肠细胞产物等。IEL的功能代表着机体的原始防御机制。

2. 固有层淋巴细胞（Lamina propria lymphocyte，LPL） 是由比例相似的活化T、B细胞组成，T细胞中的2/3为$CD4^+$ T细胞，1/3为$CD8^+$ T细胞，并以TH1细胞为主，表达IL-2R、MHCⅡ类分子，高表达IL-2mRNA和IFN-r mRNA。在粘膜局部尚有部分长寿记忆性T细胞。LPL中的B细胞主要是产生SIgA的B细胞和浆细胞，也有产生IgM、IgG和IgE的B细胞。

在IEL和LPL中的T细胞是属于记忆细胞的CD45RO亚群。

3. 固有层中还有Mϕ细胞，集中于粘膜下较浅表部位，多数表达MHC Ⅱ类分子，可分泌IL-1、IL-6等细胞因子，是粘膜防御的重要组成部分；NK细胞，活性较低；肥大细胞和嗜酸性粒细胞分别参与超敏反应和抗寄生虫感染。在直肠和阴道的上皮细胞表面有表达补体受体CR3、FcγRⅡ和FcγRⅢ，这些受体可能参与粘膜局部捕获抗原。

## 二、MIS的功能特点

（一）产生SIgA

在MIS中的SIgA产量明显高于其他免疫组织，正常成年人每天大约可分泌3g SIgA，占输出抗体总量的60%～70%，其原因可能是：①产生IgA的B细胞趋向于定居在集合淋巴结和固有层。②在集合淋巴结，含有更多可产生大量IL-5的TH细胞，IL-5是有效的SIgA增强因子。

粘膜B细胞产生SIgA借助J链形成二聚体，J链一旦分泌到固有层即由粘膜上皮细胞合成的分泌片经上皮细胞转运至肠腔，分泌片是膜结合型糖蛋白，有5个与Ig同源的胞外区，属Ig-SF成员，SIgA二聚体与粘膜上皮表面的分泌片形成共价复合体，被上皮细胞摄入而送到固有层表面。携带IgA分子的分泌片胞外区被水解，跨膜区附于上皮细胞表面，SIgA被释放到肠腔，此过程称**胞吞转运作用**（transcytosis）。分泌片也参与将SIgA分泌至胆汁、奶汁和唾液中，另外分泌片还能将IgM主动输送转运至肠腔，因此分泌片又称**多聚免疫球蛋白受体**（P-Ig R）（参见第三章图3-7 SIgA的形成及分泌过程）。分泌片与IgA结合可增强IgA抵抗对外分泌液中蛋白酶的水解。

在穿越粘膜上皮过程中，IgA也许会与侵入细胞的相应抗原结合，把病原体及其产物从胞内带出到粘膜腔，从而避免对粘膜上皮细胞的伤害。在病态状况下，上皮细胞不能合成分泌片而使外分泌液中无SIgA,这种患者在肠道感染后会长时间腹泻。

（二）参与对抗原刺激的应答过程

如经口入体的抗原穿过肠壁,引流到肠系膜淋巴结激活局部淋巴细胞,后者回返至固有层细胞群体中。某些已被部分消化的蛋白抗原可能通过M细胞进入集合淋巴结,激活T细胞和B细胞,后者也可迁移至固有层,或进入肠系膜淋巴结并最终进入循环。因此粘膜免疫系统各组成部分,共同参与局部免疫,并与整体免疫系统紧密联系。

（三）口服抗原介导的免疫耐受

口服抗原常导致T细胞的克隆无能(anergy),类似于APC表面协同刺激分子表达缺陷所见到的情况,还发现口服抗原可刺激机体产生具有免疫抑制效应的细胞因子如TGF-β等,后者可抑制淋巴细胞增生,上述T细胞无能和抑制性细胞因子的产生均有助于免疫耐受性的建立。其生物学意义在于阻止机体对肠腔内共栖的正常菌群产生免疫应答,因为这些菌群是机体正常消化和吸收功能所必需,也是阻止和拮抗病原微生物粘附和繁殖的主要力量。

现将机体产生免疫应答的主要过程概括如下：

1. 免疫应答的感应阶段

是指外来抗原与成熟的童贞淋巴细胞表面的抗原受体(TCR、BCR)发生特异性结合过程。由于抗原的出现,执行细胞免疫功能的T细胞以其TCR识别蛋白质抗原中的短肽序列,即表达于APC及其他自体细胞表面与MHC分子结合的肽类抗原而起作用。执行体液免疫功能的B细胞,以其BCR结合外来蛋白质、多糖、脂类等抗原而起作用。

2. 免疫应答的反应阶段

是指识别抗原后诱发淋巴细胞的一系列反应,并经历两大重要的变化过程。首先,识别抗原特异性淋巴细胞的克隆迅速扩增,对机体的保护性功能起放大效应,并有效地再循环和归巢到抗原入侵和留存的部位。其次,经抗原刺激后的淋巴细胞后代细胞,分化为效应细胞以清除抗原;或分化为记忆细胞针对再次接触抗原时立即起反应;或经抗原刺激后其后代发生细胞凋亡,并从反应池中消失。淋巴细胞活化的共性是要求有两种信号,第一信号由抗原提供;第二信号由APC细胞(辅佐细胞等)表达的协同刺激分子提供。在此活化过程中有多种细胞及其活性分子参与反应和产生一系列清除抗原的重要机制。

3. 免疫应答的效应阶段

是指抗原特异性激活的淋巴细胞行使效应以清除抗原的过程。发挥清除抗原作用的细胞均可称为**效应细胞**。不同类型的淋巴细胞经抗原刺激后可分化为各种不同的效应细胞,即B细胞分化为分泌抗体的浆细胞,并发挥抗体对抗原的清除功能;T细胞可直接溶解正在合成外来抗原(如病毒蛋白)等的靶细胞,也可激活吞噬细胞以杀伤胞内病原生物。**效应阶段的功能**还包括许多非淋巴细胞和天然防御机制参加,如抗体结合抗原可增强中性粒细胞、单核细胞等的吞噬细胞功能,也可激活补体等血浆蛋白系统参与溶解和吞噬病原生物,又如活化T细胞所分泌的多种细胞因子能增强吞噬作用,刺激炎症反应。介导**固有(天然)免疫**的各种防御成分,包括吞噬细胞、补体、肥大细胞、红细胞、血小板、细胞因子和炎症性白细胞等,这些成分并无特异性识别外来抗原的能力,在无淋巴细胞活化时也发挥作用。但在淋巴细胞活化后则可加强其防御作用。因此,特异性免疫的效应阶段是与天然免疫共同发挥作用的,即特异性免疫应答可扩大并强化针对外来抗原的各类效应机制,以发挥对抗原的清除功能。

（吴敏毓　曲卫敏）

# 第十二章　免疫耐受

免疫耐受(immune tolerance)是机体免疫系统接触某种抗原后形成的**特异性无应答**状态，此时机体对其他抗原仍可作出正常的免疫应答。免疫耐受同正常的免疫应答一样：需抗原诱发，经过诱导期，具有特异性和记忆性，因此免疫耐受也称为**负免疫应答**。诱导免疫耐受形成的抗原称为**耐受原**(tolerogen)。

免疫耐受不同于免疫缺陷和免疫抑制。**免疫缺陷**是由于遗传或疾病等因素造成机体免疫系统缺陷和功能障碍，导致对多种抗原物质的不应答或低应答，可表现为体液免疫功能缺陷、细胞免疫功能缺陷或联合免疫缺陷。**免疫抑制**主要由于使用免疫抑制剂，使免疫系统的功能受抑制，导致对多种抗原物质不应答或低应答，停用抑制剂后，可使免疫应答恢复正常。免疫缺陷和免疫抑制均无抗原特异性。

## 第一节　免疫耐受现象

按免疫耐受形成的特点，可分为天然免疫耐受现象和获得性免疫耐受现象。

### 一、天然免疫耐受现象

最常见的天然免疫耐受现象是机体对自身组织成分不发生免疫应答，也即**自身耐受性**。在一定条件下免疫系统也可对“非已”抗原产生免疫耐受性。1945 年 Owen 观察到一对异卵双生小牛，由于在胚胎期共一个胎盘，彼此血流相通，出生后双方成为含有两种不同血型红细胞的**血型嵌合体**(chimeras)，相互间进行皮肤移植也不发生移植排斥反应。1949 年 Burnet 提出的“克隆选择学说”对此现象作出解释，认为由于胚胎期免疫细胞尚未发育成熟，异型血细胞进入胎牛体内，引起具有相应特异性抗原受体的淋巴细胞克隆消除或抑制，从而表现对该抗原的特异性负应答状态。

### 二、获得性免疫耐受现象

获得性免疫耐受现象可采用实验方法诱导产生。1953 年 Medawar 等成功建立了胚胎期诱导耐受的动物模型。他们将 CBA 系黑鼠的脾细胞注入 A 系白鼠的胚胎内，子代 A 系白鼠 8 周龄后可接受 CBA 系黑鼠的皮肤移植而不排斥，但对其他品系小鼠的皮肤移植物仍产生排斥反应。1962 年 Dresser 用去凝聚的可溶性蛋白在成年动物诱导免疫耐受获得成功。1968 年 Mirchison 给成年小鼠反复注射各种剂量的牛血清白蛋白(BSA)，然后再以 BSA 加弗氏完全佐剂进行攻击，并不出现对 BSA 的抗体应答。这些实验证明，成年鼠也可诱导免疫耐受，但较胚胎期和新生期明显困难。

## 第二节　免疫耐受形成的条件

免疫耐受能否诱导成功，主要取决于抗原和机体两方面因素。

### 一、抗原

抗原的性质、剂量、免疫途径和是否加佐剂等都是决定能否建立免疫耐受的重要因素。

#### (一)性质

抗原的异源性远，分子结构差异大，免疫原性强；反之，则易诱发免疫耐受。大分子、颗粒性及蛋白质聚合物如血细胞、细菌及血清蛋白的聚合物等免疫原性较强；反之，小分子、可溶性、非聚合的单体蛋白质常为耐受原。如分子量 $10^4$ kD 的多聚鞭毛素、分子量 40.0 kD 的单体鞭毛素和从后者所提取的分子量 18.0 kD 的分子“A”，三者的免疫原性递减，而耐受原性递增。

#### (二)剂量

无一定标准，随抗原性质、动物种类而异。通常 TI-Ag 需高剂量才能诱导耐受，TD-Ag 低剂量和高剂量均可诱导耐受。低剂量引起者称**低区带耐受**(low zone tolerance)，仅使 T 细胞致耐受，高剂量引起者称**高区带耐受**(high zone tolerance)，能使 T、B 细胞均致耐受。成年鼠的耐受性产生后，维持时间长短也与抗原剂量有关。剂量大者抗原在体内存留时间长，免疫耐受较持久，随耐受原的排除，免疫耐受可自行消退。

#### (三)入体途径

抗原经静脉注入易致耐受，尤其经门静脉注入最易致耐受，可能与肝脏使抗原解聚有关，腹腔注射次之，皮下注射最难。有些半抗原经皮下注入，可引起免疫应答或超敏反应，若经口服则可致耐受。注入抗原的同时加免疫佐剂不易引起耐受。

### 二、机体

#### (一)种系

灵长类、有蹄类动物诱导建立耐受性一般需在胚胎期，而小鼠和大鼠在胚胎期和新生期都能诱导成功。同种不同品系动物诱导耐受性所需的剂量也不同，有的甚至可以相差千倍。

#### (二)免疫系统状态

机体在胚胎期最易诱导免疫耐受，新生期次之，成年期较难，主要由于胚胎期免疫细胞发育不够成熟。刚离开胸腺的 T 细胞对耐受原的诱导较敏感，成熟 T 细胞致耐受所需的抗原量大约是未成熟 T 细胞的 30 倍，因此多采用幼龄动物进行免疫耐受性的诱导试验。免疫系统的抑制状态有利于诱导免疫耐受。成年机体单独应用耐受原难以诱导耐受性，若联合应用免疫抑制剂等则成功几率大大增加。常用方法有全身淋巴组织照射、用抗淋巴细胞球蛋白、特异性单克隆抗体如抗 $CD4^+$ 抗体以及环孢霉素 A、FK-506、环磷酰胺和糖皮质激素等免疫抑制剂。

## 第三节　免疫耐受的细胞学基础及形成机制

免疫耐受是免疫应答的形式之一，同正免疫应答一样也主要由 T、B 细胞行使。机体不能对某种抗原作出正免疫应答，相反形成了免疫耐受，其根源在于T、B细胞同某种抗原接触后，自身发生了某些复杂的变化。

## 一、免疫耐受的细胞学基础

免疫耐受的细胞学基础是T细胞和/或B细胞对某种抗原物质形成了免疫耐受性。而且只要T、B细胞两者之一产生免疫耐受性，均可导致免疫系统对该抗原处于负应答状态，不能产生抗体。Chiller等将新生小鼠摘除胸腺，再用亚致死剂量的X射线照射以杀灭一切具有免疫功能的淋巴细胞，使之成为无免疫功能小鼠，也称**"活试管"**。另用大剂量单体人丙种球蛋白(HGG)注入另一同品系小鼠，造成高区带免疫耐受，处死后取其胸腺细胞(Tt)和骨髓细胞(Bt)；再取同系正常小鼠的胸腺细胞(Tn)和骨髓细胞(Bn)配成四组：Tt+Bt，Tt+Bn，Tn+Bt和Tn+Bn，分别注入4只活试管小鼠。然后用适量多聚HGG免疫接种，结果除Tn+Bn组能产生相应抗体外，其余3组均不产生。若改用适量多聚火鸡丙种球蛋白(TGG)进行免疫刺激，4组均能产生相应抗体。此实验除证明免疫耐受有特异性外，也说明T、B细胞在形成免疫耐受中的作用。实验还发现T细胞在注入耐受原后，即形成免疫耐受性，持续150天，而且大小剂量的耐受原均可使其耐受。B细胞在注入耐受原后10天才形成免疫耐受性，持续50天即消退，只在注入高剂量耐受原时才形成免疫耐受性。说明T细胞比B细胞更易致免疫耐受。T细胞与B细胞免疫耐受性比较见表12-1。

**表12-1　T、B细胞免疫耐受性比较**

| | T细胞 | B细胞 |
|---|---|---|
| 耐受形成 | 较易 | 较难 |
| 抗原 | TD-Ag(低、高剂量) | TD-Ag(高剂量)<br>TI-Ag(高剂量) |
| 诱导期 | 较短(1～2天) | 较长(数十天) |
| 维持时间 | 较长(数月) | 较短(数周) |

## 二、免疫耐受形成的机制

### (一)克隆排除(clonal deletion)

克隆排除又称**克隆丢失**，是指在具有不同特异性TCR的淋巴细胞群体中，对某一种特定抗原起反应的淋巴细胞克隆被排除或丢失，这在自身免疫耐受的形成中可能是非常重要的机制。Burnet最先提出，在胚胎期，某些淋巴细胞克隆的受体接触相应抗原(包括自身抗原和外来抗原)时即被消除或"禁忌"。以后的研究证实了Burnet的这一学说，并且又对该学说作了许多新的补充。

T、B细胞的"克隆排除"主要见于胚胎期，是通过在中枢免疫器官胸腺或骨髓的**"阴性选择"**实现的。即当抗原特异性T、B细胞分别通过TCR或BCR与胸腺基质细胞或骨髓基质细胞表面的抗原肽-MHC分子复合体呈高亲和力结合，该淋巴细胞克隆即会发生凋亡而丢失。由于在中枢免疫器官与淋巴细胞接触和结合的抗原主要是自身抗原肽-MHC分子复合体，因而遭到排除的首先是那些针对自身抗原的淋巴细胞克隆，也正因为这部分淋巴细胞克隆的丢失，使机体产生了对自身抗原的免疫耐受性。中枢免疫器官的淋巴细胞也还有可能接触某些外来抗原，如先天感染的病毒抗原等，由此针对这些外来抗原的相应淋巴细胞也有可能遭到

“克隆排除”，出生后产生了对该外来抗原的免疫耐受。

在外周免疫器官也可发生成熟淋巴细胞的克隆排除。Nossal 等的实验证明在脾脏的生发中心可发生 B 细胞的克隆排除。研究者用 NP-HSA(4-羟基-3-硝基乙酰苯-人血清白蛋白的复合物)给小鼠免疫之前或之后，注入解聚的可溶性 NP-HSA，均可导致抗体的减少，尤其是高亲和力 IgG1 的减少更明显。研究表明抗体产生的减少既通过 T 细胞的间接介导，也通过 B 细胞的直接作用。在 B 细胞的直接作用中，B 细胞克隆排除可能是最重要的机制。因为发现，给小鼠注入可溶性抗原后其脾脏白髓生发中心的凋亡细胞明显增加。而且细胞凋亡的发生具有抗原特异性，当用无关蛋白质如转铁蛋白给小鼠注射时，则不能诱导细胞凋亡。

(二)克隆无能(clonal anergy)

克隆无能也称**克隆失活**。淋巴细胞的活化需要两种或两种以上的信号，除 T、B 细胞膜上的抗原受体同抗原多肽-MHC 分子复合体结合作为第一信号外，还需要包括细胞表面粘附分子相互作用的协同刺激信号和细胞因子信号。否则 T、B 细胞仍不能被激活，而是处于无应答状态，即克隆无能状态。

在淋巴细胞发育早期，由于胸腺和骨髓基质细胞并不表达外周器官的组织特异性抗原(tissue-specific antigen)，中枢免疫器官中 T、B 细胞所接触的自身抗原仅是机体组织细胞普遍表达的共同自身抗原(ubiquitous self-antigen)，而未能同组织特异性的自身抗原充分接触。因此，针对组织特异性自身抗原的淋巴细胞并未得到“克隆排除”，它们发育成熟后可进入外周。另有一小部分针对共同自身反应性淋巴细胞也有可能逃避“阴性选择”而进入外周。这些都可能是造成自身免疫病的潜在危险。但在正常情况下并不发生自身免疫病，因为：① 绝大多数组织特异性自身抗原浓度太低，不足以激活相应的淋巴细胞克隆。② 某些器官特异性自身抗原表达于不携带 MHC Ⅱ类分子的细胞表面，不能形成 T 细胞识别的抗原多肽-MHC 分子。③ 缺乏必要的协同刺激信号和细胞因子刺激信号，T、B 淋巴细胞处于克隆无能状态。但在感染、炎症和对机体自身抗原有交叉反应的外来抗原的侵入等条件下，上述情况就有可能发生改变，T、B 细胞可被大量激活，APC 也大量活化，并过度表达各种粘附分子和协同刺激分子。粘附分子与其配体的相互作用可进一步增强淋巴细胞与 APC/靶细胞的结合，CD28/B7、CD40/CD40L 等协同刺激分子可向 T、B 细胞提供进一步活化的第二信号，APC 分泌的 IL-1、IL-12 等细胞因子也对淋巴细胞的免疫应答产生重要作用。

近年的研究表明，新生儿对抗原的弱反应也与 APC 的作用密切相关。新生儿对抗原的激活阈比成年人高，APC 的 MHC Ⅱ类分子和 B7 分子呈低水平表达；APC 提供的协同刺激信号主要诱导 T 细胞向 TH2 偏移，导致产生 IL-4 而不是 IFN-γ。也有人提出可能是由于 B 细胞的信号转导尚未健全而有缺陷，使有效的 T-B 细胞对话不能形成，从而产生免疫耐受。

“克隆无能”的淋巴细胞克隆在多数情况下可进一步发生细胞凋亡而致克隆排除，但其中也有一些可由于某些不明原因而仍能长期存活。这些存活的“克隆无能”淋巴细胞在适当条件下仍能产生免疫应答。资料表明，当口服高剂量抗原时，可出现克隆无能(亦可出现克隆排除)，但当免疫无能的克隆与重组 IL-2 一起培养，可以逆转其无应答状态。

## 三、与 B 细胞抗原受体有关的免疫耐受机制

在 B 细胞发育早期，膜表面只表达 SmIgM，此时若与抗原接触，对 B 细胞可发生抑制信号，阻断 SmIg 的进一步表达，从而对抗原物质不能应答；但此时仍可被 LPS 等多克隆刺激剂

激活(因多克隆刺激剂的受体与 SmIg 无关)。B 细胞抗原受体表达的抑制机制也称为**克隆流产**(clonal abortion)。

适量抗原与 BCR 结合并使之交联,可激活 B 细胞产生免疫应答,当大剂量具有重复排列相同决定簇的 TI-Ag 与 BCR 广泛交联时,可封锁 BCR,使细胞处于"冻结"状态,导致 B 细胞产生免疫耐受性。

## 四、抑制性 T 细胞的作用

Ts 细胞在形成和维持免疫耐受性中的作用已得到实验证实。新生期小鼠在抗原刺激后不产生抗体,如加用 LPS 等 B 细胞有丝分裂原后,可使该动物产生抗体,表明 B 细胞的功能是正常的。若将正常成年鼠体内有免疫应答能力的 T 细胞转输给同系新生鼠,此时对抗原刺激仍不产生抗体,说明并非 T 细胞功能不全。若用抗小鼠 T 细胞的抗 Thy-1 血清加补体处理,去除新生鼠原有的 T 细胞,再转输成年鼠 T 细胞时,即能对抗原刺激产生抗体。表明新生鼠体内存在着**非特异性 Ts 细胞**,抑制了新生鼠的免疫应答。

Gerson 等的实验能说明在免疫耐受性形成中**特异性 Ts 细胞**的作用(见图 12-1)。①首先用大剂量 SRBC 攻击小鼠甲,使其产生高区带耐受,接着将同系正常小鼠脾细胞(含正常 T、B

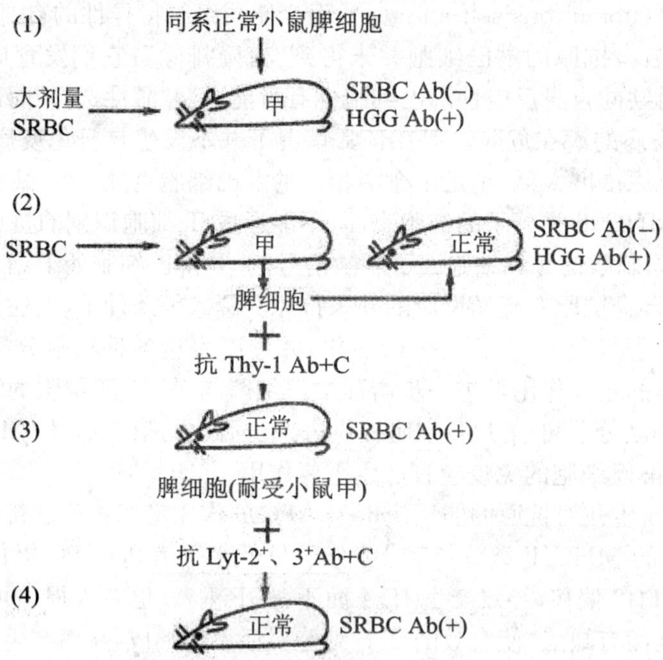


图 12-1　证明特异性 Ts 存在的细胞转移实验

细胞)注入小鼠甲,再以适量 SRBC 免疫,仍无相应抗体产生;换注入适量多聚 HGG,则可产生相应抗体。说明正常脾细胞产生抗 SRBC 抗体的能力被特异性抑制。②将小鼠甲的脾细胞注入同系另一正常小鼠体内,再以适量 SRBC 免疫此小鼠,也不产生相应抗体。若换注适当多聚 HGG 则可产生相应抗体。说明特异性免疫耐受可由细胞转移。③小鼠甲脾细胞加抗小鼠 T 细胞的 Thy1-抗体,再加补体破坏其中的 T 细胞后,再重复作试验②,则可产生抗 SRBC 的抗体。说明特异性免疫耐受的转移成功与 T 细胞有关。④小鼠甲脾细胞加抗 $Lyt\text{-}1^-$、$\text{-}2^+$、$\text{-}3^+$

抗体再加补体，破坏其中的 Ts 细胞后再重复作试验②，结果与试验③相同。说明 Ts 细胞是特异性免疫耐受转移成功的细胞学基础。

### 五、独特型网络的作用

**独特型与抗独特型免疫调节网络**在免疫耐受性的形成和维持上也起重要作用。抗独特型抗体与淋巴细胞表面具有独特型标志的抗原受体特异性结合后，可能通过使该细胞“克隆无能”或激活细胞介导的溶细胞作用破坏细胞。此外，大量抗独特型抗体的存在也可经诱导 Ts 活化等途径使机体对某种抗原形成免疫耐受。

## 第四节　研究免疫耐受性的意义

对免疫耐受性进行深入的研究，无论对于免疫学基础理论的发展，或是对临床医学的实践都具有十分重要的意义。

### 一、促进免疫学基础理论研究的发展

免疫学理论的核心问题是免疫系统如何识别“自己”和“非己”，也即对自身成分形成免疫耐受，而对外来抗原视为异物加以清除。免疫耐受是机体免疫系统对抗原应答的一种方式，是机体正常的生理功能。因此，对免疫耐受进行深入研究必然有助于进一步认识免疫应答的本质问题。目前已明确，免疫耐受的形成机制，涉及免疫细胞的分子识别、信号转导、基因表达以及免疫细胞相互作用等多方面、多层次的调节。因此，有关免疫耐受形成机制的深入研究，必将有力地促进免疫学基础理论研究的发展。

### 二、临床意义

#### （一）防止器官移植的排斥反应

目前防止器官移植排斥反应主要采取组织配型和免疫抑制的方法。虽然这些方法也有效地提高了器官移植的存活率，但由于 MHC 抗原的多态性，寻找组织相容性合适类型的供者是非常困难的，另外，免疫抑制剂的毒副作用也十分明显。因此诱导受者产生对供者器官特异性免疫耐受，是防止器官移植排斥反应最理想的方法。由于同种异体移植器官的短缺，除了要开展同种异体移植耐受的研究外，更有必要开展异种间移植耐受的研究。在对免疫耐受机制有了较深入了解的基础上，采用抗 CD28、CD40 等单抗阻断协同刺激信号，以及抗细胞因子单抗阻断细胞因子活化信号，已取得明显的抗同种移植排斥的效果。

#### （二）自身免疫病和超敏反应的防治

机体免疫系统针对自身组织成分的抗体和致敏淋巴细胞在机体正常情况下可以有限度的存在，特别在老年人体内更为明显，多数属于生理现象。当自身免疫引起相应组织器官的功能障碍并出现临床症状者，称为**自身免疫病**。当自身组织抗原性发生改变、病原微生物交叉抗原的出现、免疫系统发育异常或免疫调节功能紊乱时，均可导致自身耐受的终止，从而引起自身免疫病的发生。因此提高机体对自身成分的免疫耐受性是防治自身免疫病的根本方法。同样，诱导机体对变应原产生耐受性，可消除**超敏反应**的发生。用口服抗原诱导免疫耐受性，已在动物试验中证明了能对多种自身免疫病如糖尿病、类风湿关节炎等有明显疗效，并在临床治

疗糖尿病，防止Ⅰ型超敏反应等疾病上也获得初步成功。

（三）肿瘤及感染性疾病的治疗

肿瘤的发生是由于机体对突变细胞不能及时识别和清除，也即对其产生免疫耐受的结果。将MHC分子基因、CD28和B7等协同刺激分子基因以及IL2、IFN、TNF等基因转移入瘤细胞内，然后将这种基因修饰的瘤苗注入机体，可提高机体抗肿瘤能力；应用抗CTLA-4单抗增强特异性T细胞功能也取得初步疗效。乙型肝炎病毒（HBV）之所以能在体内持续存在，其主要原因之一也是免疫系统对其产生了免疫耐受。目前应用HBV疫苗刺激机体产生抗HBV免疫力，治疗乙型肝炎也已获得一定效果。

（四）控制生殖过程

胎儿是一种特殊的“异体移植物”，但母体对异己的子代胚胎组织具有免疫耐受性而不进行排斥，研究母－胎耐受的机理，并控制这一过程，可以通过重建母胎耐受而防止免疫性自然流产的发生，同时也可以用免疫干预手段，打破母胎耐受进行早期人工流产以达到计划生育的目的。

（刘钟滨）

# 第十三章 免疫调节

**免疫调节**(immunoregulation)是指在免疫应答过程中免疫系统内部各细胞间、免疫细胞与免疫分子间以及免疫系统与神经内分泌系统间的相互作用,从而构成一个相互协助又相互制约的网络结构,使免疫应答维持在合适的强度以保证机体内环境的稳定。

## 第一节 免疫应答的遗传控制

机体对某种抗原物质是否产生免疫应答以及应答的强弱程度是受遗传控制的,控制免疫应答的基因主要有两类:一是编码直接识别抗原分子的基因,如免疫球蛋白基因和 T 细胞抗原受体基因等;二是编码调控免疫应答分子的基因,存在于 MHC 基因群中,主要包括控制免疫细胞间相互作用的基因和控制机体对特定抗原发生免疫应答能力的基因,后者又称为**免疫应答基因**(immune response gene,Ir gene)。小鼠的 Ir 基因位于 H-2 I 区内,人的 Ir 基因位于 HLA-Ⅱ类基因区内,由于 HLA-Ⅱ类基因编码分子的多肽结合部位构型各异,故与不同抗原多肽结合并刺激 TH 细胞的能力也不相同,由此实现 Ir 基因对免疫应答的遗传控制,即具有不同 MHC Ⅱ类等位基因的个体,对特定抗原的免疫应答能力各不相同。调整免疫细胞或靶细胞表面 MHC 抗原的表达,就能对机体免疫应答能力产生一定的影响。例如 IFN-γ 可明显增强一系列细胞包括:Mϕ、LC 细胞和肿瘤细胞表面 MHC Ⅰ、Ⅱ类分子的表达,可大大提高 APC 的抗原递呈能力和促进 Tc 细胞对靶细胞的杀伤作用;PGE2 能抑制 MHC Ⅱ类分子的表达,因而呈现免疫抑制作用。

在免疫应答过程中 MHC 限制性普遍存在于 T-Mϕ、T-B、TH-TS、TC-靶细胞之间。如致敏的 TC 细胞必须识别与 MHC Ⅰ类分子结合的抗原肽才能发挥杀伤靶细胞的作用;TH 细胞必须以其 TCR 识别 APC 上与 MHC Ⅱ类分子结合的抗原肽才能活化,继而完成对 B 细胞及其他细胞的辅助作用,因此,MHC Ⅰ类和Ⅱ类分子与机体免疫应答的发生和调节密切相关。

## 第二节 抗原抗体的免疫调节

### 一、抗原的调节作用

抗原是引起免疫应答的始动因素,在一定数量范围内,增加抗原浓度可增强免疫应答。随着抗原在体内不断分解、清除而浓度降低,可使免疫应答逐渐减弱。低剂量或高剂量抗原在一定条件下可诱导机体的免疫耐受状态。当两种抗原先后进入同一机体时,先进入的抗原可抑制机体对后进入抗原的免疫应答,这种抗原之间的竞争抑制作用对维护机体的免疫平衡有重要调节作用。

## 二、抗体的反馈调节

由特异性抗原刺激而产生的相应抗体，可对体液免疫应答产生抑制作用，称为**抗体的反馈性抑制**(antibody feedback inhibition)。机制可能有：①免疫应答产生的抗体与抗原结合后促进吞噬细胞对抗原的吞噬，加速对抗原的清除，从而减少抗原对免疫活性细胞或记忆细胞的刺激，由此可抑制抗体的进一步产生。②抗体与抗原特异性结合形成IC后，其中的抗原与B细胞上的BCR(SmIg)结合，抗体(IgG)借Fc段与B细胞上Fc受体(FcrRⅡ)发生交叉联接，向B细胞传入抑制信号，使B细胞不被活化，从而抑制抗体的产生(图13-1)。③抗体的封闭功能，被动给予的抗体可与BCR竞争结合抗原，IgG的封闭功能取决于抗体的浓度和亲和力，与IgG的Fc段无关。

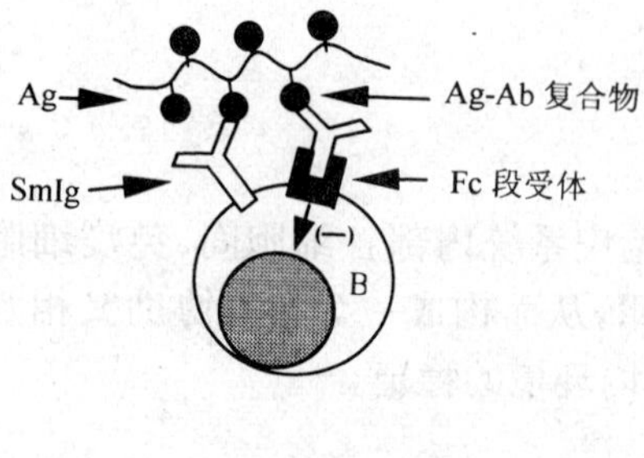


图13-1 抗体反馈调节示意图

# 第三节 分子与信号转导水平的免疫调节

## 一、免疫细胞信号转导中的反馈调节

### (一)蛋白质的磷酸化与脱磷酸化

现已证明蛋白质的磷酸化与脱磷酸化过程是生物体内普遍存在的调节方式，几乎涉及所有的生理及病理过程，在细胞的信号转导过程中占有极其重要的位置。其特点之一是对外界信号具有级联放大作用，即使很微弱的胞外信号可通过一系列连锁反应得到充分放大。

磷酸化与脱磷酸化分别由蛋白激酶和蛋白磷酸酶所促成。蛋白激酶的种类繁多，PTK能使蛋白质上酪氨酸残基磷酸化，能把磷酸化酪氨酸分子上的磷酸根脱去，参与免疫细胞的活化。而PTP起作用相反，二者分别发挥正、负调节作用。

### (二)调节机制

1. PTK与其受体分子胞内段酪氨酸的磷酸化

淋巴细胞的激活早期首先依赖于一群属于Src家族的具有受体功能的酪氨酸蛋白激酶(RPTK)的活化。参与T细胞活化早期的PTK主要有$p56^{lck}$(与CD4或CD8的胞浆尾部相连)、$p59^{fyn}$(与CD3分子的γδε链相连)及ZAP-70(在T细胞静止时，游离于胞浆中)等。当T细胞表面的受体发生交联时，TCR、CD3、CD4或CD8分子胞浆部分的尾部发生聚集，促使带有酪氨酸的蛋白质发生磷酸化而活化，进一步激活游离于细胞浆中的PTK(ZAP-70)或激活游离于胞浆中的PTP。前者产生激酶活化信号转导的级联反应(正调节)，后者则作用于已发生磷酸化的信号分子而终止活化(负调节)。(图13-2)

当T细胞表面的TCR-Ag-MHC分子结合并交联时，CD4也与MHC分子结合，与CD4连接的PTK($p56^{lck}$)活化，进而导致CD3分子的磷酸化。ZAP-70结合到已磷酸化的CD3分子上，$p56^{lck}$激酶被携带至复合体，继而使ZAP-70磷酸化后激活。

2. 免疫细胞激活与抑制受体的效应

免疫细胞表达的RPTK分子的胞内段结构含有两种特殊的基序：**免疫受体酪氨酸活化基序**(immunoreceptor tyrosine-based activation motif，ITAM)和**免疫受体酪氨酸抑制基序**(immunoreceptor tyrosine-based inhibitory motif，ITIM)，其特点是富含酪氨酸残基，能从激活的Src中获取磷酸根而磷酸化。Src-PTK和

PTP 均是 RPTK 的底物，但在胞内聚集的部位不同，Src-PTK 被 ITAM 募集而 PTP 则被 ITIM 募集，二者的活化对免疫细胞的活化发挥不同效应。可见，免疫细胞活化过程中分子水平的正负反馈性调节，也是由 ITAM 和 ITIM 来完成的。

3. 磷酸化酪氨酸 SH2 结构域的形成与效应

RPTK 与胞外信号分子结合后导致寡聚化，其胞浆内激酶活性区发生自身磷酸化的同时产生了构像的变化，形成类似“鱼钩”样的结构，其底物（Src-PTK/PTP）则像“鱼”，在“鱼”的“嘴部”均有相似的结构叫做“SH2 结构域”（SH2 domain）。此域约由 100 个氨基酸残基组成，与含有磷酸化酪氨酸的多肽（ITAM/ITIM）特异结合，发挥不同的生物学效应。其中 ITAM 中酪氨酸发生磷酸化后形成的“鱼钩”，一部分专门与 PTK（如 ZAP-70）分子的 SH2 结构域结合并使其活化，参与免疫细胞活化信号的传导。而抑制性受体胞内段所带的 ITIM 中的酪氨酸磷酸化后形成的“鱼钩”结构，只适合与 PTP 分子中 SH2 结构域结合，因此 PTP 被募集而活化，从而使 PTK 参与的活化信号传导通路终止。

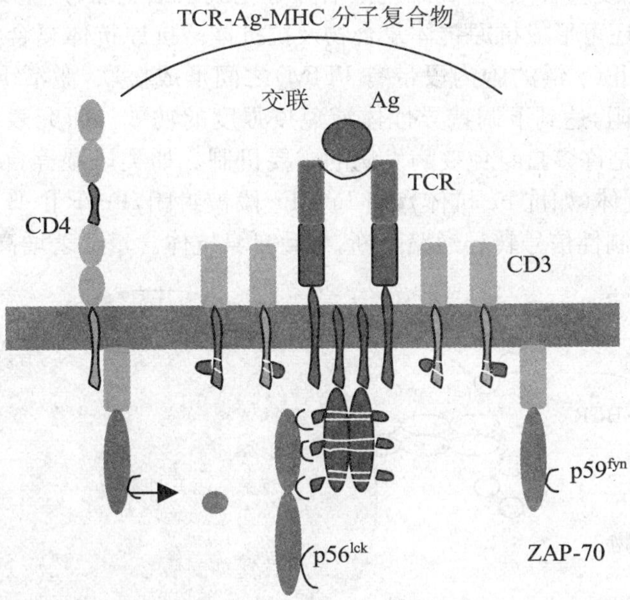


图 13-2　蛋白质磷酸化与 T 细胞激活信号的转导

## 二、免疫细胞抑制性受体及其临床意义

### （一）CTLA-4

T 细胞活化后可表达一些新的分子，参与细胞活化的调控，CTLA-4 就是其中之一。与 CD28 分子相同，CTLA-4 也是 APC 表面协同刺激分子 B7 的受体，但 CD28 与 B7 分子结合后提供的是 T 细胞活化信号（第二信号），而 CTLA-4 与 B7 分子结合后提供的是活化抑制信号，因 CTLA-4 分子胞内段带有 ITIM，属抑制性受体。该抑制性受体使已发生的特异性免

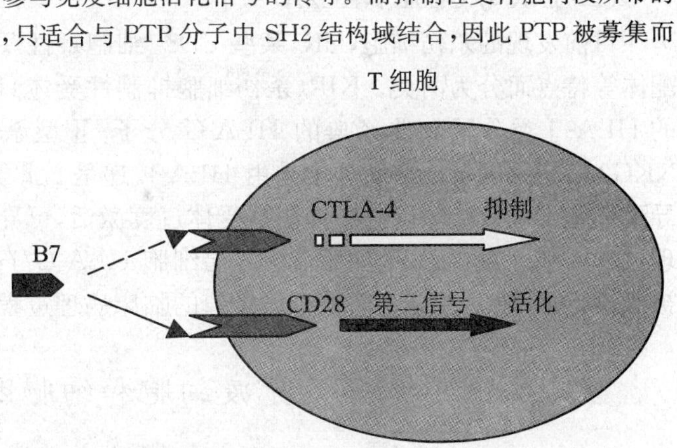


图 13-3　T 细胞活化过程中 CD28 与 CTLA-4 分子作用

疫应答的强度反馈性下调，防止应答过强，达到维持免疫平衡的功效。在抗肿瘤、抗器官移植排斥和自身免疫病等方面，采用 CTLA4-Ig 融合蛋白和抗 CTLA-4 抗体制剂进行的增强或抑制特异性 T 细胞活性干预治疗，已初见成效(图 13-3)。

(二)FcγRⅡ-B

在特异性体液免疫应答中，当 B 细胞激活并分化成浆细胞后，产生大量抗体，在发挥其清除抗原作用的同时，还可形成抗原抗体复合物及抗抗体。抗原抗体复合物及抗抗体可在 BCR 与抑制性受体 FcγRⅡ(γ 链的胞内段带有 ITIM)之间形成桥联，激活 FcγRⅡ并传递抑制信号，则 B 细胞分化受阻，达到下调特异性体液免疫强度的功效。研究表明抗体产生的负反馈调节机制缺陷，可能是许多自身免疫病发病的主要机制。如类风湿等自身免疫性疾病患者体内存在许多抗自身抗体(如抗 Fc 抗体)，使 IgG Fc 段被封闭，FcγRⅡ-B 则无法与相应配体结合，造成 B 细胞的抑制性信号转导通路阻断，导致自身抗体含量显著增高。(图 13-4)

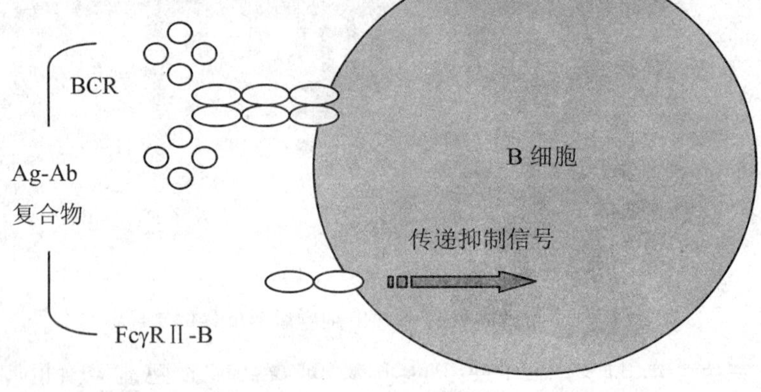


图 13-4　抑制性受体 FcγRⅡ-B 作用示意图

(三)KIR 与 CD94/NKG2A

目前发现的杀伤细胞(NK，某些 $CD8^+$ 细胞毒性 T)的抑制性受体，可根据其结构及识别配体等特点而分为两类。KIR(杀伤细胞抑制性受体)称Ⅰ型，属 Ig 超家族，配体是某些特定的 HLA-Ⅰ类分子和非经典的 HLA-G 分子；Ⅱ型杀伤抑制性受体，在人体中称为 CD94/NKG2A，识别的抗原多肽分子是由 HLA-E 递呈。此类受体可阻断杀伤性受体的信号转导，导致细胞毒性效应障碍。如抑制性受体过度激活，可导致病毒感染细胞不被杀伤，引起临床病理过程。在妊娠状态下，如胎盘滋养层细胞 HLA-G/HLA-E 表达不高，抑制性受体不能有效被激活，可致胎儿在分娩前被母体排掉的临床病理过程。

## 第四节　免疫细胞和细胞因子的免疫调节

### 一、T 细胞的免疫调节

(一)$CD4^+$ T 和 $CD8^+$ T 细胞相互作用

在免疫细胞中 T 细胞是最重要的调节细胞，对免疫应答履行上调和下调功能。$CD4^+$ T

细胞可协调 B 细胞分化和产生抗体，而 $CD8^+$ T 细胞具有杀伤和抑制作用。采用单抗测定外周血白细胞中 CD4 和 CD8 阳性细胞百分比，或是计算两种细胞的比值，已成为十分便捷的评估机体免疫状态的初步指标。例如，CD4/CD8 之比上升，提示免疫应答的正调节占优势，比值下降甚至小于 1 时，提示免疫功能低下。但细胞表面标志和功能之间的联系也不是绝对化的。因为，第一，能显示抑制作用的 T 细胞即**抑制性 T 细胞**(suppressor T cell，Ts)，迄今尚未找到特定的表面标志；第二，$CD4^+$ T 细胞中又分为 TH1 和 TH2，在一定的条件下，两者可互为抑制细胞；第三，已经确认存在 $CD4^+$ T 杀伤性细胞，因而不能说 $CD4^+$ T 细胞一定发挥上调作用；第四，人体 $CD8^+$ T 细胞中也有一类显示反抑制活性的细胞，对免疫应答发挥上调作用。因而，在分析临床标本时，检测表面标志的同时，最好作细胞功能分析。

(二)TH1 和 TH2 细胞相互作用

在细胞因子 IL-12 和 IL-4 的作用下，$CD4^+$ TH0 细胞可进一步向 TH1 和 TH2 分化。TH1 主要介导细胞免疫和炎症反应，涉及抗病毒、抗细胞内寄生菌和移植物排斥；TH2 主要参与 B 细胞增殖、抗体产生和超敏反应性疾病。但是，两个亚型皆可分泌多种细胞因子，显示不同的功能效应。例如 TH1 分泌的 IFN-γ，对 TH0 向 TH2 分化有抑制作用；而 TH2 分泌的 IL-10(以及 TGF-β)，增强 TH2，而抑制 TH1 的生成。这样，TH1 的大量扩增及其释放的细胞因子，可遏制 TH2 及其介导的免疫效应或疾病；反之，TH2 的大量扩增及其释放的细胞因子，也可遏制 TH1 及其介导的免疫效应或疾病。两者在免疫调节中互相拮抗，起着十分微妙的作用。

(三)TH1 和 TH2 类型的逆转及其临床意义

某些疾病的发病机制与 TH1 与 TH2 之间失衡有关，例如，麻风病患者体内特异性 TH2 常可大量增殖，所产生的 IL-4 和 IL-10，能阻止 TH0 向 TH1 分化。而胞内寄生性麻风杆菌可感染 Mϕ，Mϕ 只有在 TH1 的作用下，才能有效地使胞内溶酶体酶激活，杀灭麻风杆菌。若 TH1 不能充分激活，造成病情难以控制。应用 ILN-γ，可抑制 TH2 而上扬 TH1，使两细胞间的比例发生逆转，促使 TH1 发挥功能。可使 Mϕ 可有效地激活并杀灭麻风杆菌，使瘤型麻风(重型)有希望向结核型麻风(轻型)转化。

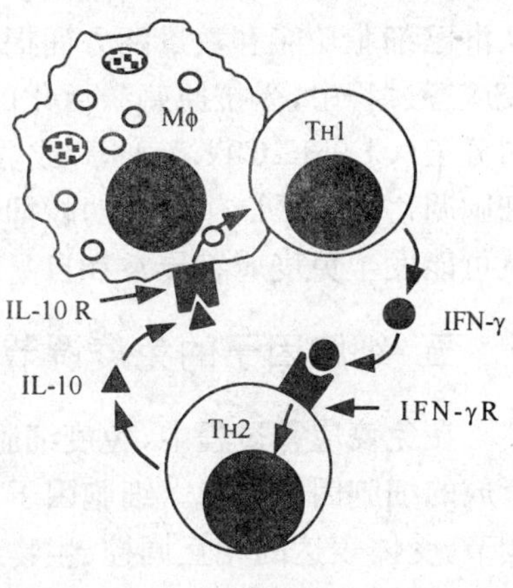


图 13-5　TH1 细胞和 TH2 细胞相互调节示意图

## 二、B 细胞的免疫调节

B 细胞可通过递呈抗原和分泌细胞因子调节免疫应答。B 细胞递呈抗原的范围很广，包括大分子蛋白、微生物抗原、自身抗原等。B 细胞摄取和处理抗原后，由 MHC Ⅱ类分子将抗原肽递呈给 T 细胞引起免疫应答，抗原浓度极低(0.01ug/ml)时 B 细胞也有高效递呈作用。B 细胞能产生多种促进 B 细胞发育的淋巴因子，还可通过递呈抗原，分泌 IL-1 等激活 T 细胞，构成一个单独由 T、B 细胞组成的环形免疫调节网。

## 三、巨噬细胞的免疫调节

吞噬消化能力强的 Mϕ，尤其是不表达 MHC Ⅱ类分子的 Mϕ 能将抗原物质完全降解，消除或削弱抗原的刺激作用，抑制免疫应答。表达 MHC Ⅱ类分子的 Mϕ 对吞入的抗原，在加工处理中既可消化过多的抗原避免引起过高的免疫应答或高剂量免疫耐受性，又可浓集有效抗原决定簇使免疫应答恰如其分。机体对抗原产生的特异性免疫应答强度，在一定程度上取决于 MHC Ⅱ类分子阳性 Mϕ 存在的数量和比例。同时，Mϕ 能分泌至少有 50 种以上的活性分子，包括各种生长因子、PGE、ILs、IFN、补体、水解酶、TNF、毒性氧代谢物等，这些分子各自对免疫应答实施正、负调节效应。例如，Mϕ 与 T 细胞相互作用后，大量分泌 IL-1 等细胞因子，在抗原刺激和 IL-1 共同作用下，T 细胞活化，进而介导免疫应答的发生。

## 四、NK 细胞的免疫调节

NK 细胞除了抗肿瘤、抗病毒感染外，还具有广泛的免疫调节作用。早期可清除与抗原接触的 APC，以维持适宜的特异性免疫应答。某些 B 细胞增生性自身免疫病，常伴 NK 细胞数量下降，可能由于 NK 细胞的活性低下时，B 细胞失去调控而过度增生，故 NK 细胞对 B 细胞的功能有负调节作用。NK 细胞还可通过产生淋巴因子实现免疫调节作用，在致瘤病毒、肿瘤细胞、丝裂原等刺激下，NK 细胞可产生 IL-1、IL-2、IFN-γ 等细胞因子，既能调节 T、B 细胞的功能，又能增强 NK 活性。在 IL-2 存在时，NK 细胞自身也分泌 IFN-γ，进而激活更多的 NK 细胞，构成调节环路，调节免疫监视功能。

**细胞凋亡**，是指细胞在基因严格调控下的自我消亡过程，对维持体内平衡、发挥免疫系统的正常功能等具有重要的意义。“活化诱导的细胞死亡”(activation induced cell dead, AICD)从淋巴细胞功能和数量两方面揭示了免疫调节机理，是近来免疫调节研究的重要进展。在免疫应答过程中，受抗原刺激活化的免疫细胞不仅增殖分化，发挥效应功能，同时，表达新的膜蛋白分子(CD95L、CTLA-4 等)或分泌一些细胞因子(TNF、LT、TGF-β 等)反能诱导活化的免疫细胞凋亡即 AICD 作用或功能抑制，进而对免疫应答进行负调节，维持机体的生理平衡，否则，就可能发生免疫应答异常和自身免疫现象。

## 五、细胞因子的免疫调节作用

在免疫应答过程中，免疫细胞间的相互作用除通过直接接触外，更需要在相互作用过程中释放的细胞因子参与。细胞因子具有多功能性，相互间的作用关系复杂，通过合成分泌的相互调节、受体表达的相互调控、生物学效应的相互影响而组成细胞因子网络(cytokine network)，这一网络是免疫细胞间相互影响与调节的重要方式。例如在 T-B 细胞之间，T 细胞产生 IL-2、-4、-5、-6、-10、-13、IFN-r 等刺激 B 细胞的分化、增殖和抗体产生；而 B 细胞又可产生 IL-12调节 TH1 细胞活性和 TC 细胞活性。在单核巨噬细胞与淋巴细胞之间，前者产生 IL-1、-6、-8、-10、-12、IFN-α、TNF-α 等促进或抑制 T、B、NK 细胞功能，而淋巴细胞又产生 IL-2、-6、-10、IFN-γ、GM-CSF 等调节单核巨噬细胞的功能。许多免疫细胞还可通过分泌细胞因子产生自身调节作用，例如 T 细胞产生的 IL-2 可刺激 T 细胞的 IL-2 受体表达和进一步分泌 IL-2，TH1 细胞通过产生 IFN-γ 抑制 TH2 细胞的细胞因子产生，TH2 细胞又通过 IL-10、IL-4 和 IL-13 抑制 TH1 细胞的细胞因子产生。

通过研究细胞因子的免疫网络调节，可以更好地理解完整免疫系统的调节机制，有助于指导细胞因子作为**生物应答调节剂**(biologicalresponse modifier，BRM)应用于临床治疗免疫性疾病。例如，Mϕ 在 LPS 刺激后产生 IL-1、IL-6、TNF、CSF、IFN-α 等多种细胞因子，作用于微环境中的T细胞、B细胞、成纤维细胞、中性粒细胞和骨髓等；受Mϕ作用后的细胞又分泌多种细胞因子，介导各自与其他细胞间的相互作用，或从不同途径作用于骨髓，刺激多能干细胞的产生和更新免疫细胞及其他细胞，形成多种细胞因子互相作用的网络，调节抗感染免疫应答的顺利进行。

## 第五节　免疫调节学说

随着免疫学的发展，出现了许多有关免疫调节的学说，最有代表性的是免疫网络学说。

### 一、独特型免疫网络学说

1974年，Jerne根据现代免疫学对抗体分子独特型的认识，在克隆选择学说的基础上提出了**独特型网络学说**（idiotype network theory），以阐明免疫系统内部对免疫应答的自我调节。该学说认为，任何抗体分子或T、B细胞的抗原受体上都存在着**独特型**（idiotype，Id）**决定簇**，它们能被体内另一些淋巴细胞所识别并产生**抗独特型抗体**（Anti-idiotype，AId）。以独特型与抗独特型的相互识别为基础，免疫系统内部构成"网络"联系，通过Id和AId相互识别、相互刺激和相互制约对免疫应答进行调节。

Jerne认为构成免疫网络结构的淋巴细胞有4种类型（图13-6）：①ARC（抗原反应细胞）。外来抗原与ARC表面的抗原识别受体结合，刺激该细胞增殖，产生抗体，并以该细胞为主体，与另外3种淋巴细胞构成网络。②ARC抑制细胞（抗独特型组）。该细胞带有能识别ARC的Id受体，起抑制ARC反应的作用。③ARC激活细胞（内影像组）。其抗原受体上的Id与外来抗原决定簇相同，故能被ARC识别，刺激ARC增殖。④Id与ARC相同的细胞（非特异平行组）。该细胞Id的结构可被ARC抑制细胞识别，可刺激ARC抑制细胞增殖，间接抑制ARC反应，从而加强网络的抑制作用。后3组细胞也各自通过独特型又与另3组细胞形成各自的上述网络，如此发展下去就形成一个较大的网络反应系统，通过连续不断的识别过程，使正和负作用相互制约，最终使免疫应答保持在正常生理状态。

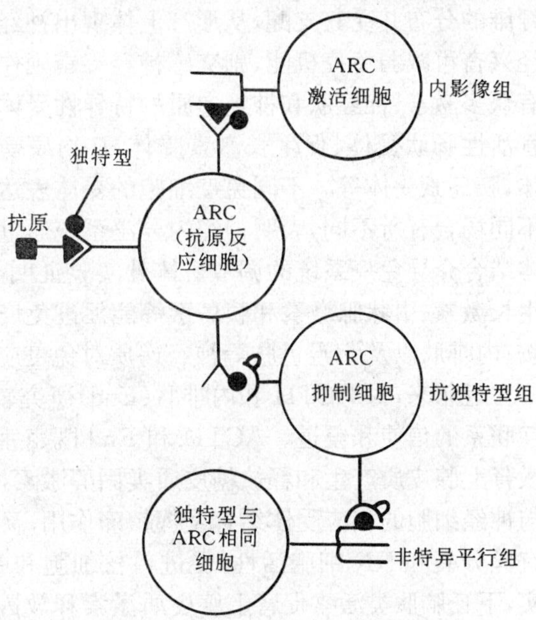


图13-6　独特型免疫网络学说示意图

### 二、独特型—抗独特型网络学说

1975年，Richter在Jerne学说的基础上提出**独特型—抗独特型网络学说**（idiotype-anti-idiotype network theory），认为B细胞在抗原刺激下产生特异性Ab1，Ab1的Id被另一B细胞克隆识别产生抗Id的Ab2，Ab2的Id又分为两种即α型和β型，其中Ab2β具有抗原内影像（internal image）作用，由Ab2β刺激产生的Ab3可识别外来抗原具有中和或清除作用，因此，利用某些特殊病原体刺激机体产生的

Ab2β具有疫苗作用。Ab3的Id又可激发Ab4的产生，以此类推，将发生一系列连锁反应，构成了Id-抗Id的网络系统。Ab2可抑制Ab1的产生，免疫反应被抑制；Ab3可抑制Ab2有利于Ab1的产生，Ab4可抑制Ab3，于是Ab2产生又能抑制Ab1的产生。由此看出，该网络系统有两个作用：一是针对抗原产生相应抗体，如Ab1、Ab3……二是抑制抗体产生，如Ab2、Ab4……这两种不同的作用，通过相互平衡，使免疫应答倾向于抑制性平衡状态，以恢复正常的免疫稳定。

### 三、免疫网络理论的应用意义

免疫网络理论不仅对于免疫应答调节的理论研究具有重要意义，而且在传染性疾病的预防、自身免疫性疾病发病机理的研究和恶性肿瘤的治疗等应用方面也具有重要价值。如应用抗原内影像，即AId可模拟抗原构象而代替抗原刺激产生抗体，开发出新型的人工疫苗——**抗独特型疫苗**(anti-idiotype vaccine)，具有安全性好、易于大量制备等优点。

## 第六节　神经内分泌系统与免疫调节

正常机体的免疫系统并非孤立存在，在表达免疫功能的过程中也受到神经、内分泌系统的调节，三者间相互作用、相互影响，构成复杂的**神经—内分泌—免疫调节网络**，共同维持机体内环境的平衡。

### 一、神经内分泌系统对免疫的调节

早已证明，胸腺、骨髓、脾、淋巴结等免疫器官和组织有交感神经、副交感神经和肽能神经纤维的分布并受其支配，从形态上体现出神经系统对免疫系统的直接影响。一般认为交感神经兴奋可减弱免疫机能，副交感神经兴奋则作用相反。膜受体研究发现，免疫细胞膜上或胞内有众多激素、神经肽和神经递质的特异性受体，如ACTH受体、β-内啡肽受体、脑啡肽受体、血管活性肠肽受体、促生长激素受体、P物质受体、糖皮质激素受体、β-肾上腺素能和胆碱能受体、胰岛素受体等。不同免疫细胞的受体表达水平和对相应激素、神经递质和神经肽的应答在不同场合有所不同，表明神经内分泌系统通过这些神经内分泌信息分子与免疫细胞膜表面受体结合介导免疫系统的调节。体外实验证明，糖皮质激素、性激素、PGE等可抑制免疫应答，生长激素、甲状腺激素和胰岛素等能促进免疫应答，乙酰胆碱、肾上腺素、去甲肾上腺素、多巴胺、内啡肽以及5-羟色胺等神经递质对免疫应答的影响因免疫细胞的种类不同而作用各异。

近年来，对ACTH和内啡肽(End)研究较多，认为它们是神经内分泌系统与免疫系统相互联系的信使和渠道。ACTH和End既由垂体产生，又可由淋巴细胞产生。ACTH既可刺激肾上腺皮质产生和释放糖皮质类固醇激素，又可作用于免疫系统，抑制免疫功能；End既可与神经细胞的相应受体结合发挥镇痛作用，又可与淋巴细胞的相应受体结合，增强淋巴细胞的有丝分裂和NK细胞活性，促进单核细胞和中性粒细胞的趋化性，抑制抗体的产生。研究证实，下丘脑肽类激素促肾上腺皮质激素释放因子(CRF)不仅作用于脑垂体细胞，调节ACTH及End的分泌，也作用于免疫细胞，调节免疫活性ACTH(irACTH)及免疫活性内啡肽(irEnd)的分泌，进而影响肾上腺皮质功能和免疫功能。此外，神经细胞尚能产生许多细胞因子，如IL-1、-3、-6、TNF、IFN、GM-CSF等，作用于免疫系统和神经内分泌系统；某些神经细胞如星形细胞、小胶质细胞等还能通过递呈抗原参与免疫应答。

## 二、免疫系统对神经内分泌系统的影响

免疫系统在接受神经内分泌系统调节的同时，亦有反向调节作用，两者互相影响。个体发生学研究证实，无菌动物因未接受抗原刺激而免疫系统发育较差，其内分泌腺体（如甲状腺、肾上腺等）及神经组织的发育也明显延缓；先天性无胸腺小鼠在表现严重细胞免疫功能低下时，亦有严重的内分泌功能紊乱。受病毒感染的淋巴细胞在产生干扰素时，可同时产生 irACTH 和 irEnd，淋巴细胞产生的这两种递质在结构和功能上都与垂体产生的相似。由此可见，免疫系统与神经内分泌系统之间在系统发育、功能表达上具有协调一致性。

近来发现，神经内分泌细胞膜上有免疫反应产物如白细胞介素（IL-1、-2、-3、-6 等）、IFN-γ、胸腺肽等细胞因子的受体。免疫系统可通过细胞因子对神经内分泌系统的功能产生影响。例如，在下丘脑神经元上有 IL-1 特异的结合受体，IL-1 通过受体作用于下丘脑的促肾上腺皮质激素释放因子（CRF）合成神经元，促进 CRF 的分泌，同时，IL-1 具有与 41 肽 CRF 同样的生物学效应，可以直接或协同 CRF 而作用于垂体前叶腺细胞，促进 ACTH 分泌与合成；IL-1 还可诱导下丘脑前部 PGE2 的合成而介导发热反应，将 IL-1 注入大脑侧室可增强动物慢波睡眠，抑制动物摄食活动。因此，认为 IL-1 可能作为神经递质而介导神经元之间、神经元与胶质细胞之间、胶质细胞与胶质细胞或免疫细胞之间的信息传递过程。随着大剂量 IL-2 的临床应用，对 IL-2 的副作用有了更多了解，如厌食、消瘦及钠水潴留，这些与其对神经、内分泌系统的影响有关。

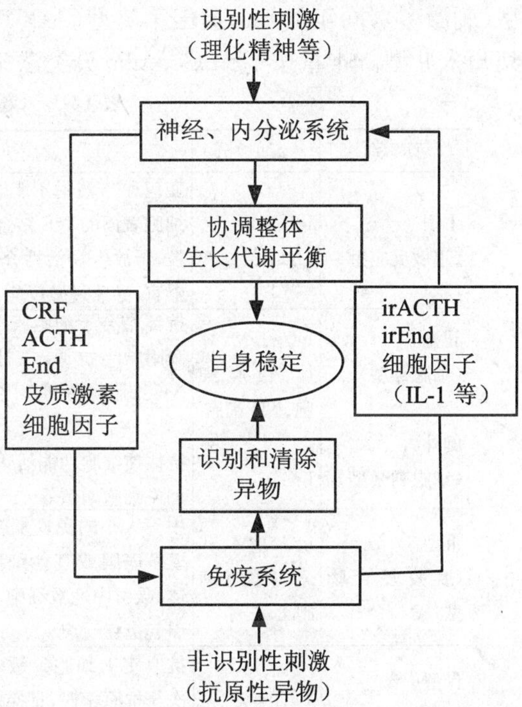


图 13-7　神经—内分泌—免疫调节网络示意图

总之，免疫系统与神经内分泌系统之间通过共同的多肽分子如 ACTH、End、IL-1 等相互联系、相互作用，形成复杂的调节网络（如图 13-7）。免疫系统中的淋巴细胞犹如巡逻的“神经细胞”，可接受不被神经系统识别的抗原性异物的刺激，产生免疫应答，并释放多肽分子，使神经内分泌系统出现生理或病理反应，同时，神经内分泌系统则通过多肽分子反馈调节免疫应答的进行；同样，神经内分泌系统接受可识别的刺激（如应激反应）后，通过多肽分子引起免疫系统的功能改变，免疫系统随之产生多肽分子，对神经内分泌系统反应产生影响。

（曲迅　宋文刚）

# 第十四章 超敏反应

**超敏反应**(hypersensitivity)又称**变态反应**(allergy),指已致敏机体再次接触相同变应原后,所引起的自身组织损伤和/或生理功能紊乱。超敏反应是异常的或病理性的免疫效应。

超敏反应的分型:早先曾按变应原引起组织损伤发生的快和慢分为速发型和迟发型,1963年 Gell 和 Coombs 按超敏反应的发生机制及临床特点,将其分为Ⅰ、Ⅱ、Ⅲ和Ⅳ四型。Ⅰ型称**过敏反应型**,Ⅱ型称**细胞毒型**,Ⅲ型称**免疫复合物型**,Ⅰ、Ⅱ、Ⅲ型为抗体介导,可经血清被动转移。Ⅳ型称**迟发型**,由 T 细胞介导,可经细胞被动转移。1974 年 Roitt 在此基础上提出了第Ⅴ型(刺激型),同年 Irvine 提出第Ⅵ型(ADCC 型),但这两型的发生机制基本类似于Ⅱ型,故将其归入Ⅱ型。本章按 Gell-Coombs 分类法论述。

**表 14-1 超敏反应的分型**

| 型 别 | 参加成分 | 发病机理 | 临床举例 |
|---|---|---|---|
| Ⅰ型<br>(过敏反应型) | IgE<br>(IgG4) | 变应原与粘附于肥大细胞或嗜碱粒细胞表面的 IgE 结合,引起细胞脱颗粒,释放生物活性介质,作用于效应器官,导致过敏反应。 | 药物过敏性休克、支气管哮喘、变应性鼻炎、荨麻疹、食物过敏症等 |
| Ⅱ型<br>(细胞毒型) | IgG、IgM、补体、巨噬细胞、NK 细胞 | 抗体结合于细胞表面的抗原或细胞吸附的半抗原,在补体、巨噬细胞、NK 细胞等协同作用下溶解靶细胞。 | ABO 血型不合的输血反应、新生儿溶血症、免疫性血细胞减少症、抗膜性肾小球肾炎等 |
| 例外:<br>(细胞刺激型) | IgG | 抗体使细胞功能活化,表现为分泌增加或细胞增殖等 | 甲状腺功能亢进(Grave 病) |
| Ⅲ型<br>(免疫复合物型) | IgG、IgM、补体、中性粒细胞 | 中等大小的免疫复合物沉积于血管壁基底膜或其他细胞间隙,激活补体,吸引中性粒细胞,释放溶酶体酶,引起炎症反应 | 血清病、免疫复合物型肾小球肾炎、系统性红斑狼疮等 |
| Ⅳ型<br>(迟发型) | T 细胞 | 抗原使 T 细胞致敏、致敏 T 细胞再次与抗原相遇,直接杀伤靶细胞或产生各种细胞因子,引起炎症 | 传染性迟发性超敏反应、接触性皮炎等 |

## 第一节 Ⅰ型超敏反应

Ⅰ型超敏反应(type Ⅰ hypersensitivity)亦称**过敏反应**(anaphylaxis),主要由粘附于肥大细胞和嗜碱粒细胞上的 IgE 介导,可以是局部的,也可以是全身性的。按照发生的迅速程度而分为"即刻相"反应和"延缓相"反应。前者在再次接触变应原后几秒钟、几分钟或十几分钟后发作,通常只导致机体生理功能紊乱,能迅速消退;后者的发生需要 3～8 小时,可引起组织细胞损伤，并持续 1～2 天后逐渐消退，主要见于呼吸道反应。Ⅰ型超敏反应有明显的个体差异和遗传倾向。

## 一、发生机制

Ⅰ型超敏反应的发生机制见图 14-1。变应原通过各种途径进入机体，刺激抗原特异性 B 细胞分化成熟为浆细胞，产生 IgE。IgE 经 Fc 段与肥大细胞或嗜碱粒细胞表面的 FcεR 结合，使机体处于致敏状态即**致敏阶段**。当相同的变应原再次进入致敏机体时，即可与吸附在上述细胞表面的 IgE 结合，引起一系列反应，使细胞膜的稳定性下降，通透性增强，细胞内颗粒脱出，许多生物活性介质释放，引起过敏反应的发作即**发敏阶段**。

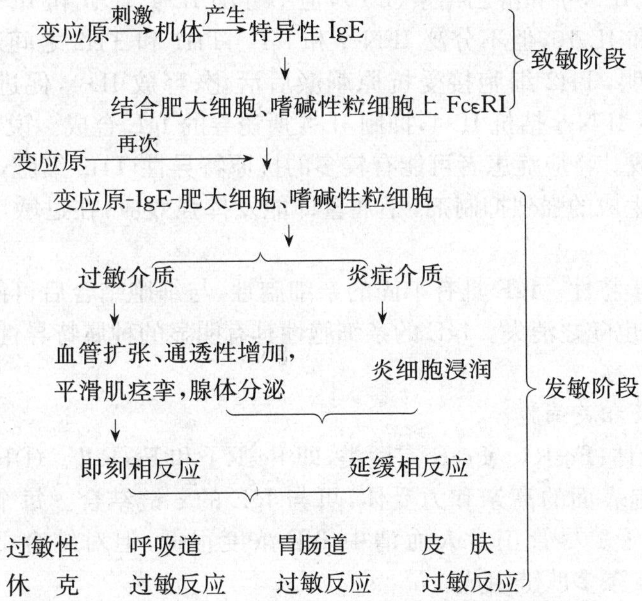


图 14-1　Ⅰ型超敏反应的发生机制

### (一)变应原

引起Ⅰ型超敏反应的变应原种类很多，大致可分为以下几类。

1. 接触或吸入性变应原　此类变应原广泛存在于大自然中，很难防止接触或吸入。①植物花粉。法国梧桐、杨树、枫树是春季花粉病的主要原因，也是我国长江流域引起过敏性哮喘病的常见变应原。我国东北秋季花粉病的变应原则以蒿属为主。杂草花粉也是常见的过敏原。②室尘是引起吸入型哮喘、变应性鼻炎的主要变应原。包括某些霉菌孢子、蟑螂及动物气味、螨类、家庭起居中的生活垃圾等。③异种动物蛋白质成分如猫、狗的唾液、皮屑等可溶性成分内含有的某些蛋白成分；由动物血清制备的抗毒素等均可诱发过敏反应。

2. 食物变应原　常见的过敏性食物有蛋白质含量较高的牛奶和鸡蛋；海产类食物，如无鳞鱼、海蟹、虾、海贝等；蛋白质含量高且不易消化的食物如蛤蟆类、鱿鱼；真菌类的食物如蘑菇等。目前由于保鲜食品、冷藏食品及人工合成饮料的日益增多，其中所含的食物添加剂、防腐剂、保鲜剂和调味剂也成了一类新的变应原。

3. 药物可经口服、注射或吸入等途径引起过敏症。常见的药物有青霉素、链霉素、普鲁卡因和有机碘化合物等。

(二)IgE 抗体

1. IgE 的产生　IgE 由鼻咽、扁桃体、气管及胃肠道粘膜等处固有层淋巴组织中的浆细胞合成。这些部位是变应原入侵的部位也是Ⅰ型超敏反应的好发部位。正常人血清中 IgE 含量极微(0.01～0.9 mg/dl),某些过敏性体质者的血清 IgE 可高于正常人 1000～10000 倍。目前已知 MHC Ⅱ类基因复合体中的某些特殊位点与Ⅰ型超敏反应的发生相关,如具有 HLA-B8 分子的人群体内具有高滴度的 IgE。因此过敏反应常有遗传倾向,易发生在特应症(过敏性体质)的个体或家族中。

已知鼠和人的 TH 细胞可根据分泌细胞因子种类的不同分为 TH1 和 TH2 两个亚群,TH1 细胞分泌 IL-2、IFN-γ 和淋巴毒素(LT),但不分泌 IL-4、IL-5 和 IL-6;相反,TH2 细胞分泌 IL-4、IL-5、IL-6 和 IL-10,但不分泌 IFN-γ 和 LT。TH1 和 TH2 之间通过细胞因子而互相调节。体外研究表明,TH2 细胞接受抗原刺激后活化、释放 IL-4,促进相应的 B 细胞合成 IgE。TH1 细胞产生 IFN-γ 拮抗 IL-4,抑制 IL-4 所诱导的 IgE 合成。说明两类 TH 细胞亚群均可调节 IgE 的合成。特应症患者可能有较多的抗原特异性 TH2 细胞,可分泌较多的 IL-4。此外,IL-12 是 IgE 生成的强烈抑制剂,小剂量即能发挥强效应,在过敏反应的防治中有潜在的应用前景。

2. IgE 的生物学特性　IgE 具有牢固的亲细胞性,与细胞结合后可停留数月或数年后逐渐消失,此时过敏性也随之消失。IgE 的亲细胞性具有明显的种属特异性,只能在同种或亲缘关系很近的异种间转移。

(三)肥大细胞及相关细胞

1. IgE 的 Fc 受体(FcεR)　FcεR 有两类,即 FcεRⅠ和 FcεRⅡ。①FcεRⅠ是存在于肥大细胞和嗜碱性粒细胞表面的高亲和力受体,可与 IgE 的 ε 链结合。每个肥大细胞表面约有 4 万～10 万个 FcεRⅠ。尽管正常人血清中 IgE 浓度很低,但对结合 FcεRⅠ也足够高了。FcεRⅠ由 α、β、γ、γ 4 条多肽链组成。α 链的胞膜外区可高亲和力结合 IgE 的 Fc 段;β 链为 4 次跨膜蛋白,分子的 N 端和 C 端皆在胞膜内;两条 γ 链以同源二聚体的形式存在。β 链和 γ 链的胞内段上都带有免疫受体酪氨酸活化基序(ITAM),提示 β 链和 γ 链(主要是 γ 链)参与细胞活化信号的胞内传导(见图 14-2)。②FcεRⅡ(CD23)存在于 B 细胞、巨噬细胞、嗜酸性粒细胞、NK 细胞、树突状细胞、郎格罕细胞和血小板表面,是一种低亲和力的受体。活化 T 细胞上也有 FcεRⅡ。FcεRⅡ是 B 细胞早期表达的表面标志,能促进 B 细胞分化和合成 IgE。FcεRⅡ的 C 端暴露于细胞外,可被裂解形成可溶性的 sCD23 即 IgE 结合因子(IgE binding factor,IgE-BF)。IgE 与 FcεRⅡ结合后能防止 FcεRⅡ降解成 sCD23,而 IL-4 能增加 B 细胞的 FcεRⅡ表达并促使其降解成 sCD23。IFN-α、IFN-γ 和前列腺素 E2 能抑制 IL-4 所诱导的 CD23 表达和 sCD23 的形成。FcεRⅡ和 IgE-BF(sCD23)对 IgE 合成具有正调节作用。也能诱导正常人外周血 B 细胞合成 IgE。还能诱导肥大细胞释放组胺而加重临床症状。

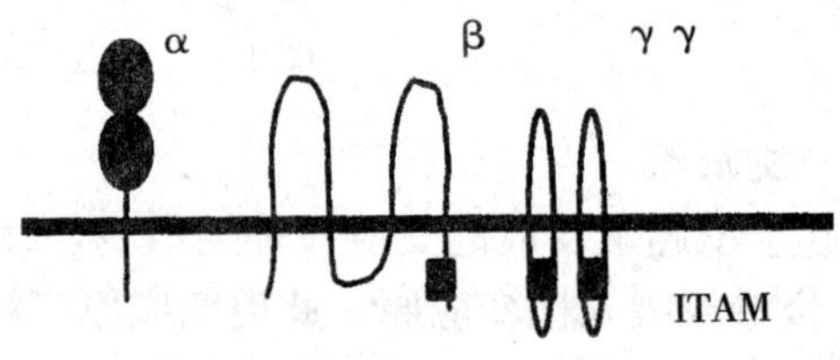

图 14-2　FcεRⅠ的模式图

2. 肥大细胞及相关细胞的生物学活性　肥大细胞主要存在于血管、神经的周围及皮下。胞浆中含多量膜结合颗粒及脂质小体。活化的肥大细胞能产生细胞因子(如 IL-5、TNF 等)，诱导内皮细胞表达内皮细胞粘附分子-1(ELAM-1)，吸引嗜酸性粒细胞参与延缓相反应。肥大细胞活化后合成的 IL-5 是嗜酸粒细胞活化因子，能使嗜酸粒细胞增殖、活化，发挥更大的 ADCC 效应。嗜碱粒细胞存在于血液中，它与肥大细胞一样，能合成和释放许多介质，表达高亲和力的 FcεRⅠ，并结合 IgE，引起全身性即刻相反应。能合成 IL-5 的 TH2 细胞也产生 IL-4 和 IgE 转换因子等，提示 TH2 细胞也参与过敏反应的调节。

3. 肥大细胞或嗜碱性粒细胞的活化　多价变应原与吸附在肥大细胞或嗜碱粒细胞上的两个或两个以上的 IgE 结合后，使膜表面 FcεRⅠ交联聚集，通过其 γ 链 C 端 ITAM 磷酸化作用活化蛋白酪氨酸激酶(PTK)Syk 和 Fyn，进而激活磷酯酶 Cγ，催化产生三磷酸肌醇(IP3)和甘油二酯(DAG)，引起 $Ca^{2+}$ 通道开放，细胞内 $Ca^{2+}$ 增加并与钙调蛋白结合，使细胞骨架蛋白重排，促进脱颗粒，使颗粒内容物(生物活性介质)排出。另外，FcεRⅠ的交联还可使膜甲基转移酶和磷脂酶 A2 活化，促进细胞合成新的生物活性介质。

(四)生物活性介质

活化的肥大细胞和嗜碱粒细胞可释放多种生物活性介质。大致可分为两类：一是预先存在于颗粒内的介质，如生物活性胺类和嗜酸粒细胞趋化因子等；二是新合成的介质，如前列腺素、白三烯和血小板活化因子等。

1. 预先存在的介质　①**组胺**(histamin)是引起即刻相反应的主要介质。它是肥大细胞和嗜碱粒细胞颗粒中的小分子胺类(分子量 0.111 kD)，具有多种生物学活性：扩张小血管和增加毛细血管通透性；刺激平滑肌收缩；促进粘膜腺体分泌增加。摄入食物变应原时，组胺可促进肠蠕动加速；哮喘时，刺激支气管痉挛。仅用抗组胺药并不能消除上述症状，尤其是在哮喘时。说明肥大细胞释放的其他介质在过敏反应中也起重要作用。②**激肽原酶**(kinnogenase)从颗粒中释出后可将血浆中的激肽原转变成缓激肽和其他激肽类物质。缓激肽仅由 9 个氨基酸组成，有致平滑肌特别是支气管平滑肌的缓慢收缩作用和较强的血管扩张作用，还可增加局部毛细血管的通透性，引起疼痛等。③类**胰蛋白酶**(tryptase)是 130 kD 的蛋白水解酶，具有 C3 转化酶的活性，可分解 C3 产生过敏毒素。可能主要参与Ⅰ型超敏反应的延缓相反应。④**嗜酸粒细胞趋化因子**(eosinophil chemotactic factor of anaphylaxis，ECF-A)是低分子量多肽，有吸引嗜酸粒细胞向局部聚集的趋化作用。嗜酸粒细胞能吞噬肥大细胞释出的颗粒，还可释放多种酶类，如组胺酶、芳基硫酸酯酶、磷酯酶-D 等能破坏相应的生物活性介质，而主要碱性蛋白、嗜酸粒细胞阳离子蛋白、过氧化物酶等则参与引起延缓相反应的组织损伤。故嗜酸粒细胞对Ⅰ型超敏反应有双向作用。

2. 新合成的介质　①**白三烯**(leucotrienes，LTs)，分子量 0.3～0.4 kD，曾称为慢反应物质(SRS-A)，是在细胞活化过程中由细胞膜磷脂代谢产生的花生四烯酸衍生的白三烯(LTC4、LTD4 和 LTE4)的混合物(图 14-3)。释放较晚，是引起延缓相反应的主要介质。LTs 引起支气管平滑肌收缩的能力要比组胺强 100～1000 倍，效应持续时间长，也可引起毛细血管扩张，通透性增强，粘膜腺体分泌增加，是哮喘时支气管持续性痉挛的主要原因。②**前列腺素 $D_2$**($PGD_2$)，也是细胞活化过程中花生四烯酸的代谢产物(图 14-3)。$PGD_2$ 与平滑肌细胞上的受体结合后可使血管扩张、支气管收缩。③**血小板活化因子**(platelet activating factor，PAF)，分子量 0.7 kD，也是细胞膜磷脂降解产物。PAF 能聚集和活化血小板，使其释放活性胺类，引起毛细血管扩张和通透性增加。PAF还可活化炎症性白细胞，在延缓相反应中起重要作用。④**细胞因子**。IL-4和IL-13可扩大$CD4^+$ TH2细胞应答和促进B细胞发生IgE类别转换。IL-3和IL-5等可促进嗜酸粒细胞的生成和活化，参与Ⅰ型超敏反应的延缓相反应。

近年在持续顽固哮喘病人肺组织中，新发现一种物质为Eotaxin(嗜酸粒细胞趋化素)，由粘膜上皮细胞、嗜酸粒细胞和嗜碱粒细胞所产生，主要功能为反复募集嗜碱粒细胞、TH2细胞再回到病灶组织中，招回的嗜碱粒细胞可产生大量IL-4、IL-13，刺激IgE上调和IgER高表达。在这一恶性循环中IL-4、IL-13和Eotaxin是持续顽固哮喘的主要因素。

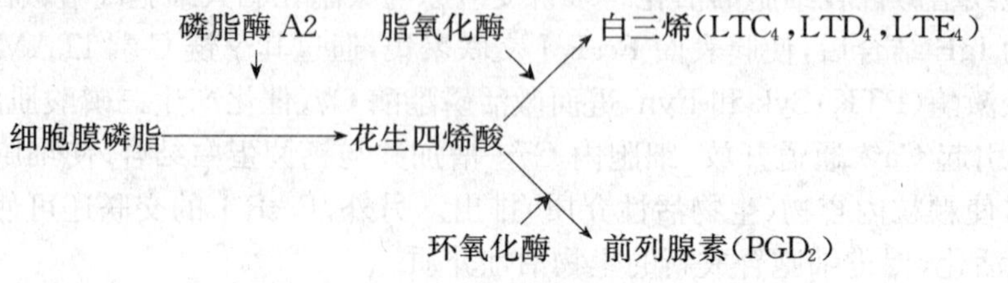


图14-3　花生四烯酸代谢的主要产物

## 二、临床常见疾病

### (一)过敏性休克

临床上较多发生在再次注射抗毒素血清或青霉素后，数秒至数分钟内发生胸闷、气急及呼吸困难，甚至由于喉头水肿、支气管平滑肌痉挛，而导致呼吸道阻塞；重者有昏迷、血压下降或发生过敏性休克等现象。常见的有两类：

1. 药物过敏性休克　以青霉素引起的过敏性休克为最常见。此外，普鲁卡因、头孢菌素等也可引起。青霉素分子量低，本身无抗原性，但其降解产物青霉噻唑醛酸、青霉烯酸、青霉酮酸盐等与体内蛋白质结合后，构成完全抗原；青霉素制剂中的大分子杂质也可能成为抗原。这些抗原刺激体内产生IgE，再次接触时可发生过敏性休克。有时初次注射青霉素也会发病，可能该个体曾以其他方式接触过此类物质，如使用被青霉素污染的医疗器械或吸入空气中的青霉素孢子等。

2. 血清过敏性休克　临床上应用动物免疫血清如破伤风抗毒素、白喉抗毒素进行治疗或紧急预防时可能发生过敏性休克，称为血清过敏症。因为这些个体曾注射过相同的制剂而被致敏。近来由于异种免疫血清的纯化，临床上此类过敏反应已较少见。

### (二)呼吸道过敏反应

1. 支气管哮喘　好发于儿童和青壮年，有明显的家族史。多为吸入或食入变应原后发生的支气管平滑肌痉挛、气道变应性炎症，出现胸闷、哮喘、呼吸困难等症状。过去认为其发病机理是IgE介导的Ⅰ型超敏反应性疾病，近年来已相继证明哮喘急性发作8小时后进入延缓相反应阶段才有典型的气道炎症特征。该阶段嗜酸粒细胞释放的主要碱性蛋白、神经毒素和过氧化酶等，以及由其他炎症细胞在白介素和粘附分子等调控下释放的炎症介质，对呼吸道上皮有很强的损伤作用，引起相应的临床症状。

2. 变应性鼻炎　主要因吸入植物花粉致敏引起，具有明显的季节性和地区性特点。患者表现为分泌物增加，流涕、喷嚏等。检查可见鼻粘膜苍白水肿、眼结膜充血等。

(三)胃肠道过敏反应

主要表现为过敏性胃肠炎。少数人吃鱼、虾、蛋等食物或服用某些药物后,可出现荨麻疹、肠蠕动加速致腹痛、腹泻等症状。此类患者胃肠道 SIgA 明显低下、蛋白水解酶缺乏,局部粘膜防御功能下降,不能将食物中的异种蛋白完全分解,通过粘膜吸收而诱发过敏症。

(四)皮肤过敏反应

摄入或接触某些变应原或肠道内有寄生虫感染等可引起皮肤出现风团、红斑或全身性荨麻疹、血管性水肿等,一般在 15～20 分钟至数小时后消退,少数在 4～6 小时出现延缓相反应并可迁延成慢性病症。

## 三、防治原则

防治原则应从变应原和机体的免疫状态两方面考虑。一方面要尽可能找出变应原,避免再接触;另一方面应针对发生发展的过程,切断或干扰某个环节,中止其发病。

(一)找出变应原,避免接触

应详细询问过敏史及家族中有无过敏史者,避免接触变应原。

(二)皮肤试验

使用青霉素或免疫血清前,必须进行皮肤试验。对皮肤试验阳性者,切忌再用该变应原。若必须使用,要人工脱敏。

(三)特异性脱敏疗法

1. 异种免疫血清脱敏疗法　对异种免疫血清可采用短间隔(20～30 分钟)小剂量多次注射方法脱敏。这种脱敏是暂时的,很快会重建致敏状态,以后再用异种免疫血清时,仍需做皮肤试验。

2. 特异性变应原脱敏疗法　通过测试已确定的变应原可采用多次、小量、间隔较长时间给患者皮下注射,达到脱敏目的。机理可能是:①引起 IgG 类循环抗体的产生,阻断变应原与肥大细胞表面 IgE 结合,阻止脱颗粒。这种 IgG 称**封闭抗体**或**阻断抗体**。②诱发特异性 Ts 细胞。如注射经尿素轻度变性的变应原,能引起特异性 Ts 细胞的增多,抑制 IgE 的合成。

(四)药物防治

1. 抑制生物活性介质的释放　色苷酸二钠可稳定肥大细胞膜,抑制活性介质释放;肾上腺素、异丙肾上腺素等儿茶酚胺类、前列腺素 E2 类药物可通过激活腺苷酸环化酶增加 cAMP 的含量;甲基黄嘌呤和氨茶碱等则是抑制磷酸二酯酶,阻止 cAMP 分解,提高 cAMP 的浓度,稳定肥大细胞膜。

2. 竞争靶细胞受体的药物及生物活性物质拮抗药(苯海拉明、扑尔敏、异丙嗪等)　通过与组胺竞争效应器官细胞上的组胺受体,从而影响组胺的作用。多根皮苷町磷酸盐有拮抗白三烯的作用。

3. 改善靶器官的反应性　常用的肾上腺素、麻黄素不仅可解除支气管痉挛,而且可减少腺体分泌,葡萄糖酸钙、维生素 C 等除可解痉外,尚能降低毛细血管通透性与减少渗出。

## 第二节 Ⅱ型超敏反应

### 一、概念

血清中的抗体(IgG、IgM)与细胞上的相应抗原或半抗原结合,活化补体、激活吞噬细胞和NK细胞等,引起靶细胞损伤。故又称为**细胞溶解型**(cytolytic type)或**细胞毒型**(cytotoxic type)超敏反应。

### 二、发生机制

Ⅱ型超敏反应的发生是由于患者血清中产生了针对细胞或组织抗原的IgG和IgM抗体,它们能结合补体溶解靶细胞或激活吞噬细胞破坏靶细胞,也可通过ADCC使Mϕ、NK等细胞发挥非吞噬性杀伤作用溶解细胞(图14-4)。

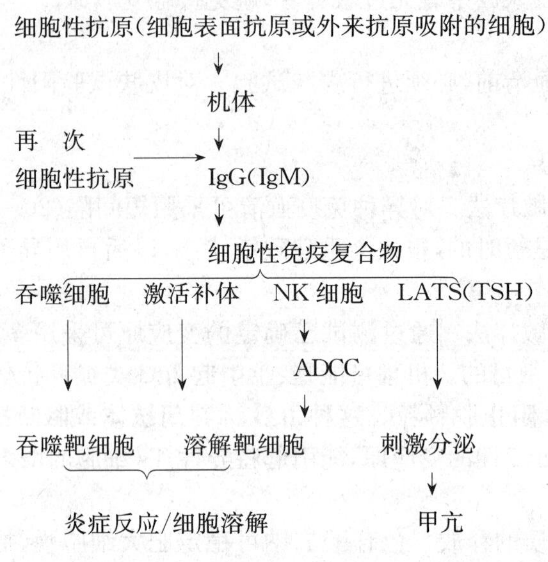


图14-4 Ⅱ型超敏反应的发生机制

(一)抗原根据来源不同,可以分为两类

1. 细胞固有的抗原　如红细胞的血型抗原、HLA抗原、血小板、肺基底膜及肾小球基底膜的抗原等。

2. 外来抗原或半抗原吸附在细胞上　如某些化学制剂、药物及病原微生物的抗原或半抗原成分与体内的细胞或蛋白质成分结合成完全抗原。

(二)抗体及所致的溶细胞作用

1. 抗体　介导Ⅱ型超敏反应的抗体主要是IgG、IgM类。

2. 溶细胞作用　①固定并激活补体裂解靶细胞。血清中的抗体与细胞抗原结合,激活补体的经典途径,形成溶细胞的攻膜复合物,使细胞渗透性溶解;另外在补体活化过程中的裂解产物如C3a、C5a,可吸引白细胞集聚到反应部位,释放溶酶体酶等,使靶细胞溶解。②促进吞噬细胞的吞噬作用。抗体与细胞上的抗原结合后，可降低靶细胞表面电荷的排斥力，使抗体Fc段易与吞噬细胞表面的Fc受体结合，发挥调理吞噬作用；也可通过吞噬细胞膜上C3b受体发挥免疫粘附作用杀伤靶细胞。③ADCC作用。抗体IgG Fab段与靶细胞抗原结合后，其Fc段与NK细胞上的FcR结合，NK细胞即可非吞噬性杀伤靶细胞。

此外，抗细胞表面受体的自身抗体与相应受体结合，可导致细胞功能紊乱，表现为受体介导的对靶细胞的刺激或抑制作用。

## 三、临床常见疾病

### (一)输血反应

输血反应是指血型不合的输血所引起的血细胞破坏，有溶血性和非溶血性两类。如ABO血型不合的输血，可导致红细胞大量破坏，即溶血性输血反应。非溶血性输血反应是由于反复输入异型HLA的血液，在受者体内诱发抗白细胞、抗血小板抗体或抗血浆蛋白抗体，导致白细胞和血小板破坏(表14-2)。

**表14-2　输血反应类型及出现情况**

| 输血反应类型 | 供者抗原 | 受者抗体 | 出现情况 |
| --- | --- | --- | --- |
| 红细胞 | A,B,AB,$Rh^+$ | 抗A,抗B,抗Rh | 初次、再次输血 |
| 白细胞 | 某型HLA | 无该型者产生抗体 | 多次、经产妇输血 |
| 血小板 | 某型血小板 | 无该型者产生抗体 | 多次、经产妇输血 |
| 血　浆 | 某型血浆蛋白 | 无该型者产生抗体 | 多次输血、血浆 |

### (二)新生儿溶血症

多发生于孕妇为$Rh^-$，胎儿为$Rh^+$，尤其是再次妊娠的胎儿。当第一胎分娩时，胎盘剥离出血(或人工流产、自然流产等)，极少量胎儿$Rh^+$的红细胞进入母体，刺激母体产生后天获得性抗Rh抗体(IgG)。若该母亲怀第二胎，胎儿仍为$Rh^+$时，母体的Rh抗体可通过胎盘进入胎儿体内，并与$Rh^+$红细胞结合，激活补体及相关细胞，导致红细胞破坏，引起新生儿溶血症。预防的方法可在初产妇分娩后72小时内给予注射抗Rh抗体，以阻断$Rh^+$红细胞对母体的致敏。新生儿溶血症也可由母胎ABO血型不符合引起。多发生于母亲是O型、胎儿是A型或B型。因为天然血型抗体属IgM类，不能通过胎盘，而少量进入母体的胎儿红细胞能诱发后天获得性IgG类抗体，虽可通过胎盘进入血流，但胎儿血清及其他组织中也存在有A或B型抗原物质，有吸附抗体的作用，所以抗体并不全部集中于胎儿红细胞。故其发病率虽高，症状却较轻。

### (三)免疫性血细胞减少症

某些具有半抗原性质的药物与体内血细胞膜结合或因病原微生物感染、辐射等，均可改变血细胞膜的抗原性质并诱生相应的抗体而致病。发病机理主要有：①半抗原型。常见于药物过敏性血细胞减少症。是药物半抗原先与体内蛋白质或血细胞结合，刺激产生抗半抗原抗体。再次使用同样药物时，血细胞上的药物与相应抗体结合，激活补体、调理吞噬细胞，导致靶细胞溶解。至于何种靶细胞受损，取决于药物吸附在何种血细胞上。如青霉素易吸附于红细胞上，导致溶血性贫血；匹拉米洞易吸附于粒细胞上，导致粒细胞减少症；奎宁等药物易吸附于血小板上，导致血小板减少性紫癜。②膜抗原改变型。用甲基多巴治疗高血压等病时，可导致血细胞膜上的抗原性发生改变，诱发自身抗体而导致自身免疫性溶血反应。此类症状在停药后，症状多数能自行消失。

(四)抗体针对交叉反应性抗原所致的疾病

A族12型乙型溶血性链球菌与人类肾小球基底膜具有共同抗原，故链球菌感染后产生的抗体可结合于肾小球基底膜，激活补体而导致肾小球病变。此类肾炎又称为肾毒性肾炎或抗膜性肾小球肾炎。A族链球菌蛋白质抗原与心肌细胞有共同抗原，因而链球菌感染机体后产生的抗体可结合于心肌细胞上，引起风湿病。

(五)甲状腺功能亢进症(Graves病)

属刺激型。甲亢症病人血清中长效甲状腺刺激素(long acting thyroid stimulator，LATS)是针对甲状腺细胞上TSH受体的自身抗体(属IgG类)，半衰期比TSH长，刺激作用比TSH强，能与甲状腺细胞上的TSH受体长期结合引起胞内cAMP增高，促使甲状腺细胞分泌大量甲状腺素，此作用不受甲状腺素的生理性反馈抑制，从而发生甲状腺功能亢进的各种临床症状。

## 第三节　Ⅲ型超敏反应

### 一、概念

抗原与血清中的抗体组成免疫复合物(immune complex，IC)，在一定条件下，可以沉积于全身或局部血管壁基底膜或组织间隙，激活补体和白细胞，引起以充血水肿、局部坏死和中性粒细胞浸润为主要特征的炎症反应和组织损伤。称**免疫复合物病**(ICD)或Ⅲ型超敏反应。

### 二、发生机制

在正常情况下，机体受抗原刺激发生免疫应答，产生的特异性抗体能与抗原形成IC。这种复合物可迅速被吞噬细胞吞噬、消化和清除，或由肾小球基底膜排出。只有在特定条件下，IC才不能被清除，沉积到特定部位而致病。

(一)免疫复合物沉积的条件

1. 抗原物质持续存在　抗原在体内长期留存，可与抗体不断形成大量IC。当IC超过一定限度时，不易被彻底清除。如类风湿性关节炎病人的IgG、系统性红斑狼疮(SLE)病人的核抗原及肿瘤抗原等内源性抗原；又如由细菌、病毒、寄生虫、药物等外源性抗原成分，长期刺激机体产生抗体形成的循环IC易沉积到特定的组织和器官而致病。

2. 形成IC的大小　细菌、细胞等颗粒性大体积抗原与相应抗体结合后，可加强吞噬细胞的吞噬作用，使抗原易于消毁和清除。可溶性小体积抗原如微生物的降解成分或代谢产物、机体组织释放的少量自身抗原等，与相应抗体结合时，形成较小的IC，易通过肾小球基底膜滤出。但中等大小体积的IC，其分子量约1 000 kD，沉降系数为19S者，不易被吞噬细胞吞噬，易于随血流播散到特定部位沉积下来，形成ICD(表14-3)。由于沉积部位不同，使ICD有多部位发病的特点。

3. 抗原抗体的比例　抗原抗体结合时，由于二者比例不同，所形成的IC大小亦不同。当抗原高度过剩时，形成小于19S的IC，不易致病；当抗原略多于抗体时，易形成中等体积的IC，是引起 ICD 的重要原因；当抗原抗体比例适合时，形成大体积 IC，也不致病(表 14-3)。

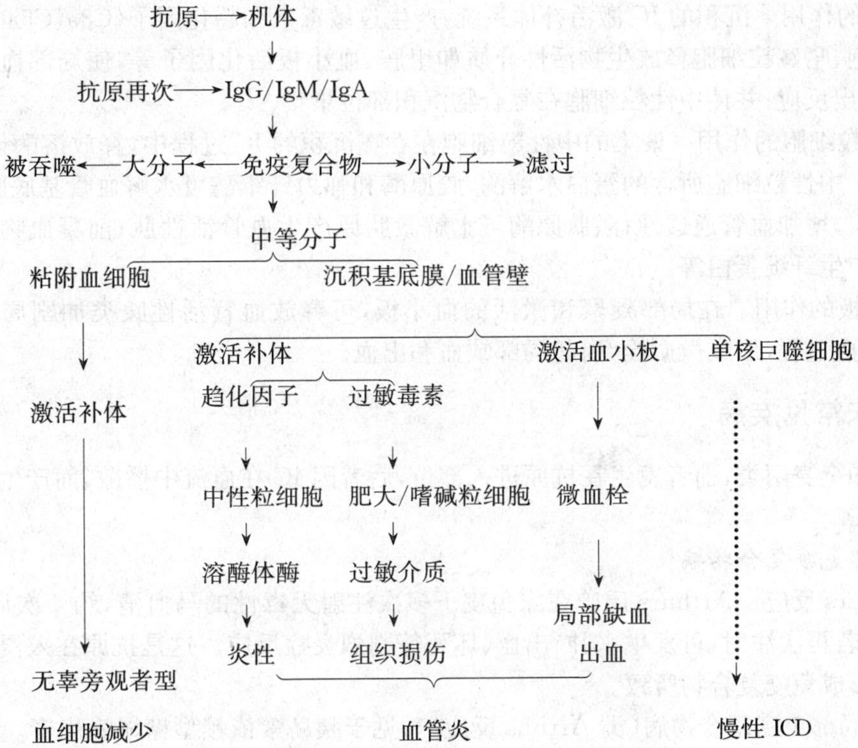


图 14-5 Ⅲ型超敏反应的发生机制

**表 14-3 不同大小的 IC 的特性**

| 比较项目 | 小分子 IC | 中等分子 IC | 大分子 IC |
|---|---|---|---|
| 抗原、抗体比例 | 抗原或抗体过多 | 抗原或抗体略多 | 比例适合 |
| 免疫复合物的大小 | ＜19S | ≈19S | ＞19S |
| 固定补体能力 | － | ＋＋＋ | ＋＋＋ |
| 被清除途径 | 肾小球滤过排出 | 沉积局部不易清除 | 吞噬细胞吞噬 |
| 危害性 | 一般无害 | 易引起 ICD | 一般无害 |

4. 抗原抗体的理化特性　抗原抗体的带电性、结合价、相互作用的亲和力、免疫球蛋白的抗原特异性等都可影响 IC 的形成和沉积。如带正电荷抗原所形成的 IC 特别易和带负电荷的肾小球基底膜结合，引起严重和持久的组织损伤。

5. 解剖和血液动力学因素　主要决定 IC 的沉积位置。肾小球和滑膜中的毛细血管迂回曲折，血流缓慢，易产生涡流。且 IC 又是在高流体静压下通过上述毛细血管壁起超过滤作用。因此这些部位常成为 IC 最易沉积的地方。

另外，IC 的沉积还易发生在抗原进入部位，因大体积抗原在输入局部尚未清除，再与略少于抗原量的抗体结合，形成中等体积的 IC，引起局部 ICD。

6. 其他因素　当 IC 结合至炎症细胞上，刺激了细胞因子和血管活性介质的分泌，引起毛细血管通透性增强，内皮细胞间隙加大，利于 IC 的沉积而致病。

(二)IC 引起的组织损伤和致病机制

IC 仅是引起损伤的始动因素，由于 IC 可以活化补体，吸引白细胞集聚、浸润，在血小板参与下引起炎症反应，这才是组织损伤的直接原因。

1. 补体的作用　沉积的IC激活补体系统，产生过敏毒素和趋化因子(C3a、C5a、C567等)招引肥大细胞、嗜碱粒细胞释放生物活性介质如组胺、血小板活化因子等，使局部血管通透性增高，引起渗出反应；并使中性粒细胞在复合物沉积部位聚集。

2. 中性粒细胞的作用　聚集的中性粒细胞在吞噬沉积的IC过程中，释放溶酶体酶，使邻近组织损伤。中性粒细胞所含的蛋白水解酶、胶原酶和弹力纤维酶可水解血管基底膜、内弹力膜和结缔组织，增加血管通透性；激肽原酶可水解激肽原产生血管活性肽；前凝血物质可激活血小板促使产生纤维蛋白等。

3. 血小板的作用　在局部凝聚和激活的血小板，可释放血管活性胺类加剧局部渗出反应，并激活凝血过程，形成微血栓，引起局部缺血和出血。

## 三、临床常见疾病

有局部和全身两类，前者发生在抗原进入部位，后者因IC在血流中播散，而产生多部位沉积的全身ICD。

### (一)局部免疫复合物病

1. Arthurs反应　Arthurs氏曾在家兔皮下多次注射无毒性的马血清，约4次后，局部出现细胞浸润；若再次注射，可发生水肿、出血、坏死等剧烈炎症反应。这是抗原在入侵局部与相应抗体结合形成免疫复合物所致。

2. 人类局部免疫复合物病(类Arthus反应)　见于胰岛素依赖型糖尿病患者。由于反复注射胰岛素后体内产生过多的抗胰岛素抗体，此时再注射胰岛素，可在注射局部出现类似Arthus反应，数日后逐渐恢复。此外，长期大量吸入粉尘中所含的植物性或动物性蛋白质及霉菌孢子所引起的变应性肺泡炎或间质性肺泡炎，也属此类。

### (二)全身免疫复合物病

1. 血清病　某些机体在初次注射大剂量异种抗毒素血清7～14天后，局部出现红肿、全身皮疹、发热、关节肿痛、淋巴结肿大及一过性蛋白尿等症状。一般病程较短，停止注射后自行康复。原因可能是一次输入较多量抗原(异种血清)，刺激机体产生抗体。抗体与逐渐被吸收而尚未排除的抗原结合，形成中等分子IC，随血流运行至全身各处，引起一系列临床症状。现在应用精制抗毒素，此病极为罕见。

2. 急性免疫复合物型肾小球肾炎或感染后肾小球肾炎　占急性肾小球肾炎的80%。常发生于A族链球菌感染2～3周后。其他如葡萄球菌、肺炎球菌、某些病毒或寄生虫(疟原虫)等的感染也可引起。链球菌可溶性抗原与相应抗体结合形成的IC沉积在肾小球基底膜，引起急性肾小球肾炎。

### (三)结节性多动脉炎

是全身性血管炎，常发生在乙肝病毒感染后。由机体产生的乙肝病毒表面抗体与该抗原结合形成IC，广泛地沉积在全身动脉血管壁引起病变。我国慢性乙肝病人多，病人中10%～20%曾出现过小动脉炎、肾小球肾炎或关节炎。

### (四)免疫复合物在身体其他部位的沉积

脉络膜丛是一个主要的过滤场所，有利于IC的沉积，这是SLE病人出现中枢神经系统症状的原因。在亚急性硬化性泛脑炎病人的神经组织中有麻疹抗原和相应抗体的复合物沉积。

在血清病和 SLE 的皮疹中，其表皮与真皮连接的基底膜上有 Ig 和 C3 沉积。

## 第四节 Ⅳ型超敏反应

### 一、概念

Ⅳ型超敏反应是由致敏 T 细胞再次接触相同抗原 18～24 小时后产生 T 细胞介导的，以单核细胞、淋巴细胞浸润为主的病理性损伤，48～72 小时达高峰（如结核菌素皮试）。由于反应发生迟缓，故又称**迟发型超敏反应**（delayed type hypersensitivity，DTH）。通过致敏的 T 细胞可将致敏状态转移给正常机体，与抗体和补体无关。T 细胞免疫功能缺陷的个体，不发生Ⅳ型超敏反应。

### 二、发生机制

Ⅳ型超敏反应的发生机制如图 14-6。引起Ⅳ型超敏反应的抗原包括病毒、胞内寄生菌（如结核杆菌、麻风杆菌等）、寄生虫、真菌、细胞抗原（如肿瘤细胞、移植细胞）等，经抗原致敏后，机体产生特异性的致敏 T 细胞。

参与本型超敏反应的致敏 T 细胞包括 $CD4^+$ TH1 细胞和 $CD8^+$ CTL。这些 T 细胞在识别由 APC 表面 MHC Ⅱ/Ⅰ类分子及其递呈的抗原肽复合体后，被激活并产生一系列反应。前者可在局部释放促炎症性细胞因子如 IFN-γ、TNF、LT 及 IL-3、GM-CSF、IL-2 等，激活 Mϕ 产生 IL-12 可加强 TH1 细胞产生更多的细胞因子，作用于炎症局部的血管内皮细胞促使其表达粘附分子，使各种单个核细胞和白细胞进入局部，扩大炎症反应。其中 IFN-γ 可诱导血管内皮细胞活化，粘附分子表达增加和其他细胞（通常不表达 MHC Ⅱ类分子）表达 MHC Ⅱ类分子，这种 MHC Ⅱ类分子的异常表达，不仅表示周围环境中 T 细胞的活化，也表示递呈抗原的细胞增多，而使更多的 T 细胞活化，扩大反应。后者可通过脱颗粒，释放穿孔素和颗粒酶等介质损伤带有抗原的靶细胞，导致细胞的变性和破坏或诱导靶细胞凋亡。

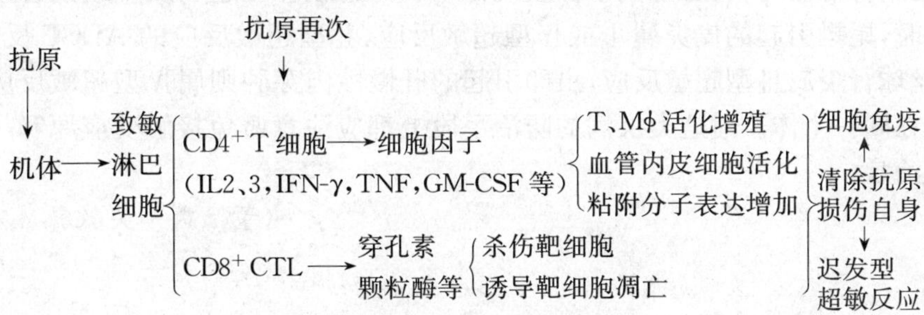


图 14-6 Ⅳ型超敏反应的发生机制

### 三、临床常见疾病

#### （一）传染性迟发型超敏反应（胞内微生物感染）

胞内寄生菌（如结核杆菌等）和某些病毒、寄生虫、真菌感染机体后，可使机体发生Ⅳ型超敏反应。由于这种超敏反应由感染诱发，且需感染因子持续存在，故称传染性迟发型超敏反应。如结核病形成的肺空洞、干酪样坏死；麻风患者的皮肤肉芽肿等均属此型。麻疹的皮疹、单纯疱疹的皮肤损伤也是因广泛的病毒感染引起 T 细胞活化，介导Ⅳ型超敏反应有关。另外，念珠菌病、皮肤丝状菌病、球孢子病等真菌感染以及血吸虫病等也有Ⅳ型超敏反应引起的病变。

对结核杆菌所致Ⅳ型超敏反应的研究证明，结核杆菌可与其感染的巨噬细胞长期共存，细菌主要靠其菌壁磷脂成分(LAM)对抗各种细胞内杀菌酶和氧或氮代谢产物的作用，且能增殖和释放抗原物质。被结核杆菌致敏的 TH1 细胞释放 IFN-γ、IL-2 和 TNF 等细胞因子可增强巨噬细胞的杀伤能力，销毁细胞内的细菌；CTL 也能杀伤感染的巨噬细胞，使细菌失去细胞的保护。上述细胞在活菌存在的条件下，所形成的肉芽肿可限制细菌的扩散，进而清除之。结核杆菌清除后，肉芽肿消退，传染性迟发型超敏反应也逐渐消失。LAM 的长期存在是感染性肉芽肿形成和持续的必要条件，也是免疫保护性的来源。

(二)接触性皮炎

某些个体的皮肤接触半抗原性化学物质(如药物、化妆品、染料、油漆、塑料、农药等)后，半抗原可与皮肤角质细胞表面的蛋白结合形成全抗原，刺激 T 细胞分泌细胞因子(如 IFN-γ)发生 DTH 反应，一般在再次接触相同抗原后数小时或数天内出现，可持续数天到数十天。表现为局部皮肤红肿、硬结、水泡等，重症者可发生剥脱性皮炎。

(三)其他

同种异体移植排斥反应，是由针对同种异型抗原的 T 细胞介导的一种迟发型超敏反应。主要表现为单个核细胞局部浸润为主的炎症反应甚至移植器官的坏死。

实验性变态反应性脑脊髓炎、甲状腺炎、多发性神经炎等与自身免疫有关的疾病，目前认为它们可能是由自身反应性 T 细胞介导的类似迟发型超敏反应的炎症现象。所以其病理表现为Ⅳ型超敏反应，在机理上应属自身免疫病(详见第十五章)。

理论上，超敏反应可以分为Ⅰ、Ⅱ、Ⅲ、Ⅳ型，但在临床表现上并非界限分明。往往同一抗原在不同机体可引起不同的反应。而某些相似的临床表现也可由不同机制所引起。在临床实践中，遇到的超敏反应性免疫疾病往往不是单一型表现，而是以某一型损伤为主的混合形表现。例如，使用青霉素时，可在不同个体表现为Ⅰ、Ⅱ、Ⅲ或Ⅳ型超敏反应或混合型超敏反应；血吸虫感染时，尾蚴引起的皮炎属Ⅰ或Ⅳ型超敏反应，Ⅱ型超敏反应的 ADCC 反应可杀伤童虫，血吸虫丝球肾炎属Ⅲ型超敏反应，虫卵引起的肝慢性肉芽肿则属Ⅳ型超敏反应，这些超敏反应可出现在同一个体。对这类疾病的防治手段上都应注意避免接触变应原和/或适当应用免疫抑制剂治疗。

(董　群　吴敏毓　宋春华)

# 第十五章 自身免疫和自身免疫病

**自身免疫**是指机体产生针对自身成分的抗体或淋巴细胞的现象。自身免疫现象不一定引起自身免疫病，当机体产生病理改变并出现临床症状时，就称为**自身免疫病**(Autoimmune disease，AID)。自身免疫病约30种，大都为原发性，少数为继发性。前者与遗传密切相关，常为终身疾病；后者与用药、外伤、感染有关，愈后一般良好。

## 第一节 自身免疫病的分类

### 一、原发性AID

常呈特发性，原因不明，与遗传密切相关，可分为器官特异性AID和非器官特异性AID。器官特异性AID的自身抗原及病变常局限于某一特定器官；非器官特异性AID也称全身性或系统性AID，其自身抗原和病变可见于多种器官及结缔组织，故这类疾病又称结缔组织病或胶原病。

**表15-1 常见原发性自身免疫病的种类和举例**

| 类别 | 病名 | 靶抗原 | 相关的HLA |
|---|---|---|---|
| 器官特异性AID | 甲状腺功能亢进 | 甲状腺细胞TSH受体 | DR3、B8 |
| | 桥本氏甲状腺炎 | 甲状腺细胞微粒体 | DR3、DR5、B8 |
| | 重症肌无力 | 乙酰胆碱受体 | DR3、B8、A1 |
| | 胰岛素依赖性糖尿病 | 胰岛β细胞 | DR3、DR4 |
| | 特发性Addison氏病 | 肾上腺细胞 | DR3 |
| | Goodpasture氏肺肾综合征 | 肺泡、肾小球基底膜 | DR2、B7 |
| 非器官特异性AID | 系统性红斑狼疮 | 细胞核、组蛋白、DNA、RNA | DR3、DR2、B8 |
| | 类风湿性关节炎 | 尚未确定，疑为Ⅱ型胶原蛋白？IgG-Fc端 | DR4、DR1 |
| | 干燥综合征 | 线粒体、细胞核、RNA蛋白 | DR3、B8、A1 |
| | 硬皮病 | DNA、异构酶、核小体 | DR5、B8 |
| | 自身免疫溶血性贫血 | 红细胞 | B8 |
| | 特发性血小板减少性紫癜 | 血小板 | DR2、B8 |

### 二、继发性AID

与遗传无关，愈后一般良好。

1. 用药引起的可逆性狼疮样反应 长期使用降压药肼苯哒嗪者8%～13%引起红斑狼疮样综合征，停药后临床症状逐渐消失，血清抗核抗体可持续数月，甚至数年。

2. 外伤引起交感性眼炎(Sympathetic ophthalmia) 穿刺眼球等外伤引起眼葡萄膜炎。

受伤的眼发病在先，经半月到一月后另一眼亦发病，这称为交感性眼炎。刺伤后，眼葡萄膜释放色素抗原，从而使致敏的T细胞增殖扩散，对另一眼的葡萄膜发生免疫攻击，引起葡萄膜炎(属Ⅳ型超敏反应)，最后双目失明。20世纪60年代前，为了防止交感性眼炎，受伤后必须尽早将受伤眼球外科摘除，以防止色素抗原致敏T细胞。60年代后，只需抗生素控制感染，并用适量的免疫抑制剂，如环孢菌素A等药物，即能达到防止交感性眼炎的发生。眼球摘除手术，现已很少采用。

3. Coxsackie病毒感染早期过后到恢复期，常可发生心肌炎，其免疫病理机制是出现针对心肌的致敏T细胞而非抗体，属于Ⅳ型超敏反应。

## 第二节 常见AID举例

以下所述重点是AID的免疫异常和免疫病理。

### 一、系统性红斑狼疮(Systemic lupus erythematosus,SLE)

男女发病率为1:9，育龄妇女发病率为0.1%～0.2%。病变累及皮肤、关节、浆膜、肾、肺、血管、脑、血细胞等。病人血清中常发现抗核抗体(Antinuclear antibody,ANA)亦称抗核因子(antinuclear factor,ANF)。抗核抗体是总称，是分别针对双链DNA、单链DNA、组蛋白和RNA蛋白复合体的自身抗体，其检出率各为60%、90%、70%和30%。这些抗核抗体与其相应的自身抗原结合形成的免疫复合物可引起肾小球肾炎、关节炎、血管炎等。抗红细胞抗体和抗血小板抗体可引起溶血性贫血和血小板减少性紫癜。激发自身抗体的抗原大都为凋亡细胞的崩解物。病人日光暴晒后常使病情加剧，可能的解释就是日光中的紫外线促使大量细胞凋亡，从而使自身抗原大量释放，激发自身抗体的产生。20世纪90年代末若干研究者发现SLE病人及SLE小鼠(包括NZB系、lpr系、gld系等)由于细胞凋亡途径的缺陷(Fas/FasL途径的缺陷)导致凋亡下调，从而克隆排除受阻，于是自身抗体和自身反应性T细胞大量产生。但病人产生Fas/FasL缺陷的根本原因，尚待进一步阐明。本病遗传性极为明显，在一卵双生同胞中，一例如发病，另一例于3～5年内发病者占半数左右，且不受外界环境影响，生活在相同环境和生活在不同环境两组相比较，其发病率相同。一卵双生姊妹，即使两地生活，相隔万里，其发病命运也是相同的。

### 二、类风湿性关节炎(Rheumatoid arthritis,RA)

正常人群中约有1%患此病，60岁以上老人中有5%患此病。病人血清中常有自身抗体称为类风湿因子(Rheumatoid factor,RF)，是针对IgG-Fc片段的抗体。RF主要属IgM，是诊断RA的重要参考指标。RF或RF-IgG Fc复合物的致病问题一直是研究的热点，经历了数十年，无论动物实验或人体志愿者实验，都不能证实其致病作用：不能沉积于关节滑膜和血管内皮。近10年来重点研究关节滑膜中、关节囊内滑液的细胞成分和其分泌物成分，发现在发病之初，囊内滑液中有少量的RF-IgG复合物，滑膜的浸润细胞有$CD4^+$ T细胞、B细胞、浆细胞、中性粒细胞和巨噬细胞，即既有免疫活性细胞，又有急性炎症细胞。几种细胞因子主要为IL-1、IL-8、TNF-α和IFN-γ大量存在于滑液中，均为TH1和巨噬细胞的产物。这些细胞因子使滑膜细胞活化，产生胶原水解酶，有破坏软骨、肌腱的作用。总之，急性炎症中TH1和巨噬细胞及其所分泌的细胞因子 IL-1、IL-8、TNF-α、IFN-γ 等是最关键的因素，而 RF 及其相应的复合物不但数量少，且其致病作用一直未得到确认。以上所述为近 10 年来的研究结论。另有一种观点认为 RF-IgG 复合物沉积于滑膜囊，激活补体，释放大量致炎物质，从而引起急性或慢性关节炎，这是传统的、较旧的看法，国内许多教科书延用此说。

本病中关节滑膜增厚常伴有滑膜细胞 HLA Ⅱ类分子表达增强、血管内皮细胞表面粘附分子（主要为 ICAM-1）的增多，进而新生的微血管长进肥厚的滑膜，成为薄层肉芽组织，称为血管翳（Pannus），最终导致软骨及肌腱破坏，骨畸变导致严重病人的运动困难，卧床不起。本病的关节外病变可累及肾、肝、脾、肺、脑、胸膜、淋巴结、血管、皮下组织（结节）等，最终危及生命。所有以上病变的形成中，RF 几乎没有起致病作用，它只是参考性诊断指标。

本病常规治疗为免疫抑制剂，如可的松、环孢菌素 A、FK-506、氨甲喋呤、环磷酰胺、硫唑嘌呤及中药雷公藤等。

20 世纪 90 年代末起，研究者开始用大剂量化疗和自身造血干细胞移植（Hematopoietic stem cell transplantation）联合治疗危重顽固的类风湿性关节炎，已取得初步成果。例如，Verburg（2000）报道：12 例危重顽固病人，平均年龄为 43 岁，平均病程为 10 年，多种常规治疗无效。采用大剂量环磷酰胺连续 5 天，其目的是尽可能杀伤自身反应的淋巴细胞，然后移植自身造血干细胞（预先采集、冻存的 CD34 细胞、量为 $2\times10^6$ 个细胞/Kg 体重），移植后连续 2 年观察其药物毒副作用、造血功能的恢复、免疫功能的恢复及类风湿病活动指标。其结果是无严重的毒副作用，造血功能和免疫功能在 3 个月以内完全恢复，类风湿活动指标连续 7～21 个月长期改善。虽然以后又渐渐恶化，未能根治，亦是本病治疗的突破性进展。

## 三、重症肌无力（Myasthenia gravis，MA）

是神经肌肉系统的疾病，由于自身抗体与神经肌肉接头处的乙酰胆碱受体（AchR）结合，从而对此受体起封闭和破坏作用，由于该受体的大量破坏，引起神经冲动不能传至肌肉，临床表现为肢体肌肉软弱无力，严重者不能起床。病人血清中常能检测到此种受体的抗体（anti-AchR），其滴度常与病情的严重程度平行。该抗体属 IgG，可通过胎盘，病妇的新生婴儿在出生 1～3 个月内，可有轻度症状（肢体肌肉软弱无力）。病灶活检材料切片，用组化法染色，能检出 AchR 处有 IgG 和补体 C3 的存在。

抗 AchR 自身抗体的产生必须同时存在针对 AchR 的 T 细胞及其分泌的 INF-γ，这已从 INF-γ 基因敲除小鼠的实验中得到证实。

## 四、桥本氏甲状腺炎（Hashimoto's thyroditis）

常见的症状为甲状腺功能不足。病人血清内有两种自身抗体，针对两种抗原：甲状腺球蛋白和甲状腺细胞表面的过氧化物酶。这两种自身抗体滴度均很高，有诊断价值，而无免疫病理作用。本病的免疫病理因素是产生针对甲状腺过氧化物酶的致敏 T 细胞，由此种 T 细胞介导的Ⅳ型超敏反应，杀伤大量甲状腺细胞，从而导致甲状腺功能不足。

同样，特发性爱狄森氏病（Idiopathic Addison's disease）和胰岛素依赖性糖尿病（Insulin dependent diabetes mellitus，IDDM）两者免疫病理特点与上述桥本氏甲状腺炎相似：特异的自身抗体只有诊断价值，并无免疫病理作用。针对肾上腺上皮细胞和胰岛 β 细胞的自身反应性，T 细胞具有对上述两种腺上皮的杀伤作用，是免疫病理的主要因素。

## 五、甲状腺机能亢进症

甲状腺机能亢进症(thyrotoxicosis)又称 Grave 氏病。本病亦属抗受体病,但自身抗体吸附于甲状腺上皮细胞表面,对甲状腺分泌功能起促进作用,故这种抗体称为长效甲状腺刺激因子(long acting thyroid stimulator,LATS),其特点如下:①针对甲状腺上皮细胞表面 TSH 受体;②属 IgG,存在于病人血清中,亦存在于甲状腺组织中,起作用的活性部分为 Fab 段,而非 Fc 段;③能通过胎盘,病妇的新生婴儿有轻度甲状腺功能亢进症状,持续数周,方逐渐消退。

## 六、自身免疫溶血性贫血和特发性血小板减少性紫癜

以上两病的病人血清中有针对红细胞和血小板的自身抗体,即使在有补体的情况下,并不一定起溶细胞反应,而是被抗体包被后的红细胞和血小板易被脾脏中的巨噬细胞吞噬,使上述两种血细胞的寿命(半衰期)缩短。

# 第三节　常见自身免疫病的免疫病理

表 15-2 是常见自身免疫病的免疫病理简单总结。表中自身免疫溶血性贫血、自身免疫性紫癜、Goodpasture 氏综合征、重症肌无力、甲状腺功能亢进均属Ⅱ型超敏反应;桥本氏甲状腺炎、胰岛素依赖性糖尿病均属Ⅳ型超敏反应;系统性红斑狼疮基本属于Ⅲ、Ⅳ、Ⅱ型超敏反应;类风湿性关节炎基本属于Ⅳ型为主、Ⅲ型为次的超敏反应的范畴。

**表 15-2　常见自身免疫病的临床表现**

| 病　名 | 靶抗原 | 致病机理 | 临床表现 |
|---|---|---|---|
| 自身免疫性溶血性贫血 | 红细胞膜蛋白 | 红细胞的调理吞噬 | 贫血 |
| 自身免疫性紫癜 | 血小板膜蛋白 | 血小板的调理吞噬 | 出血 |
| Goodpasture 氏综合征 | 肾小球、肺泡基底膜 | 补体、Fc 受体介导炎症 | 肾炎、肺出血 |
| 重症肌无力 | 乙酰胆碱受体 | 乙酰胆碱受体破坏 | 肢体肌肉软弱无力 |
| 甲状腺功能亢进 | TSH 受体 | 自身抗体刺激 TSH 受体 | 甲状腺功能过高 |
| 桥本氏甲状腺炎 | 甲状腺上皮 | 自身反应性 T 细胞破坏甲状腺上皮 | 甲状腺功能过低 |
| 胰岛素依赖性糖尿病 | 胰岛 β 细胞 | 自身反应性 T 细胞破坏胰岛 β 细胞 | 糖尿病(IDDM) |
| 系统性红斑狼疮 | 细胞核降解成分及其他许多组织成分 | 核抗体、其他各种自身抗体及各种自身反应性 T 细胞 | 肾炎、血管炎、浆膜炎等各种器官的病变 |
| 类风湿性关节炎 | Ⅱ型胶原蛋白、IgG 和许多组织成分 | TH1 和巨噬细胞释放的细胞因子引起炎症,胶原酶引起关节囊壁、韧带、软骨的破坏。RF-IgG 复合物激活补体,释放炎症物质引起炎症 | 关节炎及其他器官多种病变 |

# 第四节　自身免疫病的发生机制

自身免疫病的发生机制总的来说是通过各种途径使体内自身反应性 T、B 细胞异常激活所致。前已述及,正常机体识别自身抗原的 T 细胞,在胚胎期胸腺细胞分化发育时已被阴性

选择而克隆清除，未被清除的克隆也因缺乏刺激信号而处于抑制状态。在各种内因、外因的作用下，这些自身反应细胞可通过以下机制被病理性激活(详见第十二章)。本节所述有些已被证实，有些尚属推论。

### 一、隐蔽抗原(Sequestered antigen)的释放

隐蔽抗原是指体内某些抗原与免疫系统在解剖学位置上处于隔离状态，如精子、眼晶体、眼葡萄膜、神经系统髓鞘磷脂碱性蛋白、甲状腺细胞、胰岛β细胞等均属这类抗原。机体对这类抗原并未形成自身耐受性，在外伤和感染的情况下，这些抗原被释放进入血流和周围组织，有机会与免疫活性细胞发生接触，从而导致免疫应答，发生自身免疫病。例如眼球贯通外伤后可发生交感性眼炎，手术外伤后可发生白内障，输精管结扎手术后会诱生抗精子的自身抗体，引起男性不育。用中枢神经组织匀浆提取物或胰腺组织提取物混加弗氏佐剂，反复注射可使动物引起实验性自身免疫性脑脊髓炎或自身免疫性胰岛组织炎，后者是胰岛β细胞严重脱颗粒而导致糖尿病。

### 二、分子模拟(Molecular mimicry)

抗原结构相似而出现交叉免疫应答，如链球菌某些菌株与人心肌有共同抗原，溶血性链球菌感染后可发生心肌病。同样，Coxsackie 病毒感染恢复期可出现 T 细胞介导的心肌病。

### 三、激活诱导的细胞凋亡机制障碍

动物实验观察到 Fas 或 FasL 缺陷的小鼠易产生自身免疫病。lpr 小鼠有 Fas 基因缺陷，而 gld 小鼠的 FasL 基因由于突变而失去信号传递的能力，以上两鼠系均有类似于人类 SLE 病变。反之，Fas、FasL 的异常高表达造成 Fas-FasL 介导的细胞凋亡，也可能是多种器官特异性自身免疫病的发病因素之一。例如原不表达 Fas 的胰岛β细胞，受炎症介质如 IL-1 诱导而表达 Fas，当该细胞与表达 FasL 的 T 细胞接触时，便发生 Fas-FasL 互相作用所致的细胞凋亡，这可能是 IDDM 重要发病机制之一。多发性硬化症、桥本氏甲状腺炎亦可能有此类似的发病机制参与。

### 四、**MHC Ⅱ**类分子的异常表达

正常情况下心肌细胞、胰岛细胞、肾上腺细胞、甲状腺上皮细胞表面几乎查不出 MHC Ⅱ类分子。但在特发性心肌扩张病、胰岛素依赖性糖尿病、特发性爱狄森氏病、桥本氏甲状腺炎等病灶中各种相应细胞表面 MHC Ⅱ类分子呈高水平表达。许多学者认为，这可能会影响细胞表面抗原性的改变，并可能成为发病诱因。上述诸病的发生有家族遗传倾向。

### 五、**TH** 细胞旁路激活(TH cell by-pass activation)

机体对某些自身抗原的耐受性仅是由于 TH 细胞处于耐受状态，B 细胞缺乏活化信号。改变的自身抗原和交叉抗原可能提供新的载体，激活相应的新的 TH 细胞克隆，取代已耐受的 TH 克隆，为 B 细胞提供活化信号，产生有效的自身免疫应答。近年来研究者对解释自身免疫病发生机制还提出了一些新的观点，如 SLE 的研究者发现，TH2 功能活跃，IL-10 表达增强，而 TH1 和 Ts 则受抑制。

$CD4^+$ T 细胞可分为 TH1 和 TH2 两类。TH1 参与器官特异性自身免疫病的发病；TH2 则能抑制这些疾病的发病。应用 TH1 抑制物（如抗 IL-2 受体、抗 IFN-γ 或 IL-12 的单抗）或 TH2 细胞因子（如 IL-4、IL-10）等可抑制疾病。反之，TH1 刺激剂（IFN-γ、IL-12）或 TH2 抑制物（如抗 IL-4 单抗）可加剧加速发病。

总之，以上各种推论和假说对自身免疫病的发病理论并无普遍性意义，各种自身免疫病的发病机制也许是多元性的，目前尚有许多自身免疫病的发生机制不能解释。

## 第五节　自身免疫病的诊断和治疗原则

### 一、自身免疫病供诊断的特点

1. 患者血液中可测得高亲和力、高效价的自身抗体或/和针对自身成分起反应的自身致敏 T 细胞。
2. 自身抗体或/和自身致敏 T 细胞作用于靶细胞或靶抗原，形成病理损伤和功能障碍。
3. 动物实验中可复制相似的病理模型，并能通过血清或淋巴细胞被动转移。
4. 病情转归与自身免疫反应强度密切相关。
5. 原发性自身免疫病一旦发病，常呈反复发作和慢性迁延。
6. 疾病的发生有一定的遗传倾向，女性病人多于男性。

自身免疫病的诊断除个人史、家族史和临床表现外，主要靠检测血清中的自身抗体，常用的方法有 ELISA、放射免疫试验、间接免疫荧光试验。检测自身反应性 T 细胞的技术难度较大，目前尚未列入临床医院检验室的工作范围。

### 二、自身免疫病的治疗原则

抗炎药物的应用能有效抑制自身免疫病的炎症反应，但长期应用，副作用较多。免疫抑制剂如皮质类固醇、硫唑嘌呤、环磷酰胺、环孢菌素 A 和 FK-506 较为常用。其中环孢菌素 A 优点较多，能有效地抑制 T 细胞介导的免疫病理反应，FK-506 所用剂量较低，副作用较小。硫唑嘌呤、环磷酰胺、氨甲喋呤和皮质激素等药物进行组合后，可联合使用，是目前最常用的方案。

血浆置换法的目的在于降低病人血浆中的免疫复合物含量，减轻复合物在组织中的沉积，对于严重的血管炎、系统性红斑狼疮有一定的疗效。若与免疫抑制剂联合应用，疗效更佳。

口服抗原激发耐受疗法目前尚处于试验阶段，以类风湿性关节炎为例，口服Ⅱ型胶原，对有些病人有一定的疗效。造血干细胞移植可短时缓解严重类风湿性关节炎、系统性红斑狼疮和硬皮病等。目前尚属临床试验阶段。

T 细胞疫苗近来受到重视，将自身反应性 T 细胞在体外活化增殖，灭活处理，制成疫苗接种，目前尚属试验阶段。总之，自身免疫病是顽固的慢性病，目前所有疗法大都只能在一定时间内使之缓解，尚无根治的办法。

（胡　荫　周瑶玺）

# 第十六章 免疫缺陷病

免疫缺陷病(Immunodeficiency disease,IDD)是由免疫系统中任何一个成分在发生、发育和成熟过程中的缺失或功能不全而导致免疫功能障碍所引起的疾病。

IDD按其发病原因可分为原发性(先天性)免疫缺陷病(primary immunodeficiency disease,PIDD)和继发性(获得性)免疫缺陷病(secondary immunodeficiency disease,SIDD)两大类。根据主要累及的免疫成分不同,可分为体液免疫缺陷、细胞免疫缺陷、联合免疫缺陷、吞噬细胞缺陷和补体缺陷等。

免疫缺陷病的共同特点是:①对各种感染的易感性明显增加,反复发作,难以治愈,是患者死亡的主要原因。易感染的病原体种类主要取决于免疫缺陷的类型,如体液免疫、吞噬细胞、补体缺陷时,患者易发生细菌性感染,以化脓性细菌(葡萄球菌、链球菌和肺炎双球菌等)感染为主,临床表现为气管炎、肺炎、中耳炎、化脓性脑膜炎和脓皮病等。而细胞免疫缺陷患者则易发生病毒、真菌、胞内寄生菌和原虫的感染。②易发生恶性肿瘤和自身免疫病,尤以T细胞免疫缺陷者为甚。③临床表现复杂多样。免疫系统不同成分的缺陷可引起不同的疾病,并可同时累及多系统多器官,出现相应的症状和功能障碍,同一疾病的不同患者亦可有不同的临床表现。

对IDD领域的研究进展,将有助于进一步理解正常人体免疫系统的发育,以及各种免疫细胞、免疫分子和胞内信号分子在免疫应答中的作用。

## 第一节 原发性免疫缺陷病

PIDD是由于免疫系统先天性(多为遗传性)发育缺陷而导致的免疫功能不全。根据所累及的免疫细胞或免疫分子,PIDD可以分为特异性免疫缺陷(如B细胞或T细胞缺陷、两者联合免疫缺陷)和非特异性免疫缺陷(如补体缺陷和吞噬细胞缺陷)。PIDD是一种罕见疾病,多发生于婴幼儿,其中体液免疫缺陷约占50%,联合免疫缺陷占20%,细胞免疫缺陷占18%,吞噬细胞缺陷占10%,补体缺陷占2%(表16-1)。

**表16-1 原发性免疫缺陷病分类**

| 分 类 | 代表性疾病 |
|---|---|
| 1. 体液(B细胞)免疫缺陷病 | 性联无丙种球蛋白血症,选择性IgA、IgM、IgG亚类缺陷病,性联淋巴细胞增殖缺陷病 |
| 2. 细胞(T细胞)免疫缺陷病 | 先天性胸腺发育不全(DiGeorge综合征)、慢性粘膜皮肤念珠菌症、T细胞缺陷伴有嘌呤核苷磷酸化酶缺陷、T细胞缺陷伴有膜糖蛋白缺陷、T细胞缺陷伴有MHC Ⅰ类和/或Ⅱ类分子缺陷 |

续表 16-1

| 分　　类 | 代 表 性 疾 病 |
| --- | --- |
| 3. 联合免疫缺陷病 | 重症联合免疫缺陷病(SCID)、Nezelof 综合征、腺苷酸脱氢酶缺陷、Wiskott-Aldrich 综合征 |
| 4. 吞噬细胞功能缺陷病 | 慢性肉芽肿病;G-6-PG 缺陷症、髓过氧化物酶缺乏症 Chediak-Higashi 综合征、Job's 综合征、Tufsin 缺陷病、性迟钝白细胞综合征 |
| 5. 补体缺陷病 | 单个补体成分缺乏、补体调控蛋白缺乏、补体受体缺陷 |

## 一、原发性 B 细胞缺陷

### (一)性联无丙种球蛋白血症

性联无丙种球蛋白血症(X-linked agammaglobulinemia, XLA),又称 Bruton 综合症,1952 年由 Bruton 首次报道而得名。多见于男性婴幼儿,以血循环中缺乏 B 细胞及 $\gamma$ 球蛋白为主要特征,是最常见的先天性 B 细胞免疫缺陷病。在 B 细胞活化的早期,B 细胞胞浆中所特有的 Bruton 酪氨酸蛋白激酶(Bruton's tyrosine Kinase, BtK)被磷酸化,与 G 蛋白、Src 家族成员结合,参与细胞内活化信号的传递。BtK 基因定位于 Xq22 染色体上。BtK 基因发生突变将影响前 B 细胞的分化成熟。在性联无丙种球蛋白血症患者中发现的 BtK 基因突变种类超过 118 种。该病属 X-连锁隐性遗传,女性为携带者,男性发病。该病由一条染色体上携带有缺陷基因,经表型正常的母亲传给其儿子。病儿在出生后 6～8 月起发病,临床表现为反复持久的化脓性细菌(如肺炎球菌、链球菌、嗜血杆菌等)感染。因患者体内的前 B 细胞不能分化为 SmIgM 阳性的 B 细胞,所以血清中缺乏 IgG(＜2g/L)、IgM、IgA、IgD 和 IgE。患者血循环和组织中没有成熟的 B 细胞,淋巴结中没有生发中心,组织中无浆细胞。患者接种抗原后不产生体液免疫应答,但因 T 细胞功能和数量正常,对病毒、真菌等细胞内寄生生物有一定抵抗力。

### (二)选择性 IgA 缺陷或 IgA 和 IgG 缺陷

选择性 IgA 缺陷病是常见的免疫缺陷病,免疫学特征表现为:①IgA 水平低于 50mg/L,其余 Ig 水平正常,SIgA 含量很低。②细胞介导的免疫功能正常。该病的确切发病机制尚不清楚。大多数患者无明显症状,或仅表现为反复呼吸道、消化道、泌尿道感染,少数患者出现反复严重感染,伴有类风湿性关节炎、SLE 等自身免疫病和哮喘、过敏性鼻炎等超敏反应。该病预后良好,少数病人可自行恢复合成 IgA 的功能。

普通变化型免疫缺陷病(common variable immunodeficiency)为 IgA 和 IgG 缺陷。2% IgA 缺陷者同时有 IgG2、IgG4 缺陷。患者反复出现化脓性细菌感染。

### (三)性联高 IgM 综合征

性联高 IgM 综合征(X-linked hyperimmunoglobulin M cyndrome, HIM)患者多为男性,其特点为血清 IgM 增高或正常,但对 TD-Ag 仅有弱的 IgM 应答,IgG、IgA、IgE 均明显降低或缺乏,IgD 正常或增高。患者 B 细胞和 T 细胞发育正常。临床表现主要为反复胞外细菌感染和某些机会感染(如卡氏肺囊虫)。HIM 的发病机制是 X 染色体上 CD40L 基因突变,活化的 $CD4^+$ T 细胞不表达 CD40L,T 细胞与 B 细胞协同作用受阻,不能诱导 B 细胞进入增殖,导致 Ig 类别转换障碍,不能产生 IgG、IgA、IgE 类抗体。

## 二、原发性 T 细胞缺陷

单独的 T 细胞免疫缺陷较为少见。在大多数病人中常伴随有 B 细胞免疫异常,因为在抗体形成过程中，T、B细胞之间存在相互调节作用。虽然有些T细胞缺陷的病人Ig水平正常，但对抗原的刺激却不产生特异性抗体，这种病人对胞内菌的易感性增高。

(一)DiGeorge综合征(先天性胸腺发育不全)

本病是由于妊娠早期第Ⅱ、Ⅳ咽囊神经嵴发育障碍，致使来源于它的器官如胸腺、甲状旁腺、主动脉弓、唇和耳等发育不全。胸腺上皮细胞发育不全，导致T细胞发育障碍，细胞免疫和T细胞依赖的抗体产生缺陷。患者易发生胞内寄生菌、病毒和真菌感染，接种牛痘、麻疹、BCG等减毒活疫苗可致全身性反应甚至死亡。

(二)T细胞信号转导缺陷

CD3γ链缺陷，导致细胞表面TCR-CD3复合体表达水平降低，T细胞应答缺陷。CD3ε链缺失引起T细胞活化缺陷。ZAP-70缺陷患者$CD4^+$ T细胞数量正常而$CD8^+$ T细胞缺失。

## 三、联合免疫缺陷病

联合免疫缺陷病通常指T细胞及B细胞均缺陷导致的体液免疫和细胞免疫联合缺陷，包括多种不同的疾病，其病因各异，但具有共同的临床特征。患者表现为严重、持续的病毒及机会性感染，如口腔、皮肤的白色念珠菌感染、轮状病毒或肠道细菌引起的顽固腹泻、卡氏肺囊虫引起的肺炎等。患儿如接种麻疹、牛痘、BCG等减毒活疫苗，可引起全身弥散性感染而致死亡。若未接受同种异体骨髓移植治疗，患者一般在1～2岁内死亡。

(一)重症联合免疫缺陷病

重症联合免疫缺陷病(severe combined-immunodeficiency disease，SCID)有性联隐性遗传和常染色体隐性遗传两种类型。

1. 性联重症联合免疫缺陷病(X-linked SCID，XSCID)　XSCID为性染色体遗传缺陷，约占SCID的50%。患儿外周血T细胞和NK细胞数量减少；B细胞数量正常但缺乏功能，血清Ig水平低下。XSCID的发病机制是IL-2受体γ链基因突变。IL-2受体γ链是多种细胞因子受体共有的γ链(Common γ chain)，它参与细胞因子的信号转导并调控T细胞、B细胞分化发育和成熟。γ链突变使T细胞发育停滞于Pro-T阶段，从而发生SCID。

2. 腺苷脱氨酶(adenosine deaminase，ADA)和嘌呤核苷磷酸化酶(purine nucleotide phosphorylase，PNP)缺陷引起的SCID　大多数常染色体遗传的SCID由ADA基因缺陷(占SCID总数的15%)和PNP基因缺陷(占4%)所致。ADA或PNP缺陷，导致核苷酸代谢产物dATP或dGTP的蓄积，对早期T细胞和B细胞有毒性作用，使之发育停滞于pro-T/pro-B阶段，导致T细胞和B细胞免疫缺陷。

3. MHC Ⅰ类分子/MHC Ⅱ类分子缺陷的SCID

(1)MHC Ⅰ类分子缺陷：淋巴细胞内MHC Ⅰ类分子的合成正常，但由于TAP基因突变，不能将抗原肽转运至内质网，不结合抗原肽的MHC Ⅰ类分子很少能够表达于淋巴细胞表面，导致$CD8^+$ T细胞功能缺陷，患者常表现为慢性呼吸道病毒感染。

(2)MHC Ⅱ类分子缺陷：该病为常染色体隐性遗传，又称Ⅱ型裸淋巴细胞综合征(type Ⅱ bare lymphocyte syndrome)，是极为罕见的原发性重症联合免疫缺陷病。由于胸腺基质细胞MHC Ⅱ类分子表达缺陷，T细胞阳性选择受阻，导致$CD4^+$ T细胞分化障碍。APC表面MHC Ⅱ类分子表达缺陷，可致其递呈抗原功能发生障碍。患者体细胞MHC Ⅰ类分子表达正常，$CD8^+$ T细胞发育正常，B细胞数正常，临床表现为迟发型超敏反应以及对TD-Ag的抗体应答缺陷，对病毒的易感性增高。该病的发生并非由于MHC Ⅱ类基因本身缺陷，而是由于调节MHC Ⅱ类分子表达的基因发生缺陷所致。目前已知与之有关的基因为：①Ⅱ类反式活化子(class Ⅱ transactivator，CⅡTA)基因缺陷，导致MHC Ⅱ类基因转录障碍；②RFX5和RFXAP基因突变，该基因编码的蛋白能与MHC Ⅱ类基因的启动子结合。诊断该病的特征性指标是所有骨髓来源的细胞均不表达MHC Ⅱ类分子。

(二)毛细血管扩张性共济失调综合征

毛细血管扩张性共济失调综合征(ataxia telangiectasia syndrome，AT)属常染色体隐性遗传。特点是：进行性小脑共济失调；毛细血管扩张，主要表现在眼结膜和面部；反复呼吸道感染(如鼻窦炎、肺炎)；对电离辐射极其敏感；部分病例并发恶性肿瘤。发病机制可能为DNA修复缺陷，特别是TCR基因和编码Ig重链的基因，可同时伴有信号转导相关基因(如磷脂酰肌醇激酶PI3-Kinase基因)异常，因此AT患者有不同程度的T细胞缺陷，70%患者有IgA缺陷，有些患者有IgG4缺陷。

(三)伴湿疹血小板减少的免疫缺陷病

伴湿疹血小板减少的免疫缺陷病(Wiskott-Aldrich syndrome，WAS)属于性连锁隐性遗传，是T细胞、B细胞和血小板均受影响的疾病，临床上以湿疹、血小板减少和极易感染化脓性细菌三联征为特点，亦易伴发自身免疫病及恶性肿瘤。患者的免疫学异常表现为T细胞数目及功能缺陷，对多糖抗原的抗体应答明显降低，血清IgM水平降低，IgG正常。WAS发病机制的分子基础是位于X染色体上编码WAS蛋白(WASP)的基因缺陷。WASP表达于胸腺和脾脏淋巴细胞和血小板上，能与Cdc42结合。Cdc42是一种小分子的GTP结合蛋白，能调节细胞骨架的组成，并在T细胞和B细胞相互协同效应中具有重要作用。WASP也能与胞内信号转导蛋白的SH3功能区结合。

## 四、吞噬细胞功能缺陷

主要的原发性吞噬细胞功能缺陷病见表16-2。

**表16-2　主要的原发性吞噬细胞功能缺陷病**

| 名　　称 | 功能缺陷 | 受损细胞 | 缺损机制 | 遗传及其他 |
|---|---|---|---|---|
| 慢性肉芽肿病(CGD) | 杀菌力↓ | 中性粒细胞<br>单核吞噬细胞 | 过氧化酶、超氧化酶产生障碍 | X性联隐性常染色体隐性 |
| 髓过氧化酶缺乏症 | 杀菌力↓ | 中性粒细胞 | 同上 | 常染色体隐性 |
| G-6-PD缺乏症 | 杀菌力↓ | 中性粒细胞 | 同上 | 性联隐性 |
| Chediak-Higashi 综合症 | 移动性↓杀菌力↓ | 中性粒细胞<br>单核吞噬细胞<br>巨噬细胞 | 膜流动性异常? | 常染色体隐性<br>毛发和皮肤色素变化<br>NK细胞缺陷 |
| 肌动结合蛋白缺乏症 | 移动性↓ | 中性粒细胞 | 肌动蛋白缺乏 | 常染色体隐性 |
| 性迟钝白细胞综合征 | 移动性↓ | 中性粒细胞 | 细胞膜缺陷? | 外周粒细胞减少 |

(一)白细胞粘附缺陷

白细胞粘附缺陷(leukocyte adhesion deficiency，LAD)为常染色体隐性遗传，主要由于CD18基因突变，使整合素β2亚单位(CD18)表达障碍，导致整合素家族中具有共同β2亚单位的LFA-1、Mac-1/CR3和gp150,95/CR4缺陷，使中性粒细胞不能与内皮细胞粘附、移行并穿过血管壁到达感染部位。患者表现为反复的化脓性细菌感染。

（二）慢性肉芽肿病

慢性肉芽肿病（chronic granulomatous disease，CGD） 约 2/3 的 CGD 为性联隐性遗传，其余为常染色体隐性遗传。发生机制是由于编码还原型辅酶Ⅱ（NADPH）氧化酶系统的基因缺陷，细胞呼吸爆发受阻，不能产生足量超氧离子、过氧化氢及单态氧离子，致使细胞内杀菌功能减弱，非但不能杀死摄入胞内的细菌和真菌，反而使它们能在胞内得以存活、繁殖，并随吞噬细胞游走而播散，造成反复的慢性感染。由于吞噬细胞活化缺陷，持续地感染刺激 $CD4^+$ T 细胞而形成肉芽肿。患者对毒力较低的过氧化氢酶阳性细菌（如葡萄球菌、灵杆菌、大肠杆菌等）及真菌易感，临床表现为反复出现化脓性感染，淋巴结、皮肤、肝、肺、骨髓等有慢性化脓性肉芽肿。本病可利用定量氮唑蓝（NBT）试验和吞噬细胞杀菌试验进行确诊。

（三）Chediak-Higashi 综合征

为常染色体隐性遗传，是一种吞噬细胞功能缺陷的疾病，其临床特征为反复化脓性细菌感染；眼和皮肤白化病；中性粒细胞、单核细胞和淋巴细胞含有异常巨大的胞浆颗粒。由于巨大的溶酶体不能与吞噬小体融合形成吞噬溶酶体，导致胞内杀菌功能受损。该病的分子机制尚不清楚。

## 五、补体系统缺陷

补体系统中几乎所有的成分都可以发生缺陷。大多数补体缺陷属常染色体隐性遗传，少数为常染色体显性遗传，其临床表现为反复化脓性细菌感染及自身免疫病。

（一）补体固有成分缺陷

补体两条激活途径的固有成分包括 Clq、Clr、Cls、C4、C2、C3、P 因子、D 因子等均可能出现遗传性缺陷。C3 缺陷可导致严重的甚至是致死性的化脓性细菌感染，其机制在于 C3 缺陷的患者吞噬细胞的吞噬、杀菌作用明显减弱。C4 和 C2 缺陷使经典途径激活受阻，导致免疫复合物病的发生。旁路途径的 D 因子、P 因子缺陷使补体旁路激活途径受阻，患者易感染化脓性细菌和奈瑟菌属。MAC（C5～C9）缺陷可引起奈瑟菌属感染。

（二）补体调节分子缺陷

1. C1INH 缺陷 补体调节分子中以 C1INH 缺陷最常见，属常染色体显性遗传病。C1INH 与活化的 Clr、Cls 结合，从而使 $\overline{C_1}$ 酯酶失活。遗传性 C1INH 缺陷者不能控制 C2 的裂解，产生过多的 C2a，使血管通透性增高。此症又称为遗传性血管神经性水肿，临床表现为反复发作的皮下组织、肠道水肿，咽喉水肿可导致窒息死亡。

2. 衰变加速因子（DAF）和 CD59（gp18～20）缺陷 DAF 和 CD59 借助糖基化的磷脂酰肌醇（GPI）锚定在细胞膜上。CD59 通过与 C8 结合，干扰 C5678 与 C9 结合而抑制 MAC 形成，阻止细胞溶解。DAF 加速补体经典途径 C3 转化酶解离为 C4b 和 C2b 或旁路途径 C3 转化酶的 Bb 与 C3b 分离，从而抑制 MAC 形成，使细胞免受补体的损伤。阵发性夜间血红蛋白尿（paroxysmal nocturnal hemoglobinuria，PNH）患者由于编码 N-乙酰葡糖胺转移酶的 PIG-A 基因突变，不能合成 GPI，使红细胞缺乏 DAF 和 CD59，导致自身红细胞对补体介导的溶解敏感。

（三）补体受体缺陷

红细胞表面 CR1 表达减少，可致循环免疫复合物清除障碍，从而发生某些自身免疫病（如 SLE 等）。CR4、CR3 缺陷参见白细胞粘附缺陷部分。

## 第二节 继发性免疫缺陷病

继发性免疫缺陷主要发生于出生后较晚时期。许多因素可以影响细胞免疫和体液免疫，导致免疫功能低下。引起继发性免疫缺陷的常见因素包括：①营养不良：是引起继发性免疫缺陷最常见的原因。蛋白质、脂肪、维生素和微量元素摄入不足可影响免疫细胞的成熟，降低机体对微生物的免疫应答。②感染：如 HIV 可直接感染 $CD4^+$ T 细胞，并在其中增殖。此外，多种病毒（如麻疹病毒、巨细胞病毒、风疹病毒和 EB 病毒）、结核杆菌或麻风杆菌、原虫或蠕虫感染均可导致免疫缺陷。③药物：免疫抑制剂（激素、环孢菌素 A）、抗癌药物等可杀死或抑制淋巴细胞功能。放射治疗也有同样的作用。④肿瘤：恶性肿瘤特别是淋巴组织的恶性肿瘤常可进行性地抑制患者的免疫功能。如霍奇金（Hodgkin）病患者细胞免疫缺陷，对结核杆菌、布氏杆菌、隐球菌和带状疱疹病毒易感；慢性淋巴细胞白血病患者 B 细胞增殖受损。此外，手术、创伤、烧伤和脾切除等均可引起继发性免疫缺陷。

根据对各种免疫功能受损类型的不同，可将继发性免疫缺陷分为继发性 T 细胞功能缺陷、继发性低丙种球蛋白血症、继发性吞噬功能缺陷和继发性补体缺陷等几类。

本节仅介绍由人类免疫缺陷病毒（human immunodeficiency virus，HIV）引起的获得性免疫缺陷综合征（acquired immune deficiency syndrome，AIDS）。

### （一）HIV/AIDS 的流行情况

1981 年发现首例 AIDS 患者以来，已有 1 600 万人死于 AIDS。至 20 世纪末全球 HIV/AIDS 感染患者达 3 610 多万。目前流行最严重的是非洲撒哈拉南部地区，其次是亚洲。我国自 1985 年发现第一例 AIDS 以来，至 1999 年 12 月全国共报告 HIV 感染者 15 088 例，而实际感染人数可能超过 40 万。

AIDS 的传染源是 HIV 的无症状携带者和 AIDS 患者。HIV 存在于血液、精液、阴道分泌物、乳汁、唾液和脑脊液中，通过 HIV 污染的体液而感染。主要是血源传播，其方式有 3 种：①性接触；②注射途径，输入 HIV 感染者的血液或被 HIV 污染的血制品，静脉毒瘾者共用 HIV 污染的针头和注射器；③垂直传播，HIV 可经胎盘或产程中的母血或阴道分泌物传播，产后可通过乳汁传播。

### （二）临床特点

AIDS 的临床表现较为复杂。感染早期，多数无症状或仅表现为流感样症状，此时病毒在体内大量复制，并经血液向全身播散，随后病毒在 $CD4^+$ 细胞内潜伏。抗 HIV 抗体通常在病毒感染后 3～20 周出现，是重要的诊断指标，但由于此抗体的中和 HIV 能力较低而缺少保护作用。AIDS 的潜伏期可长达 2～10 年以上。许多患者在此期间出现全身淋巴结肿大，但免疫系统功能尚正常。部分病人接着出现 AIDS 相关症状群（AIDS-related complex，ARC），即发热、体重减轻、腹泻、白细胞减少等症状，此时患者的免疫功能已受到明显损害。许多 ARC 患者发展为典型的 AIDS 病。90％的患者血清中可测出 HIV 抗体，而晚期病人抗体应答能力极度低下，致使 HIV 抗体阴性或效价不高。典型的 AIDS 有机会感染、肿瘤、神经系统异常等三大症状。机会感染是 AIDS 患者死亡的重要原因之一。引起机会感染的病原体包括细菌、真菌和寄生虫，其中以卡氏肺囊虫、白色念珠菌、单纯疱疹病毒、巨细胞病毒、EB 病毒、乙型肝炎病毒、隐球菌、鼠弓形体最为常见。患者常并发各种肿瘤，约 30％发生 Kaposi 肉瘤，恶性淋巴瘤的发生率也明显高于正常人。中枢神经系统是HIV感染的重要靶器官，巨噬细胞是脑组织中受感染的主要细胞，脑血管内皮细胞和神经元也可直接被感染，导致病人出现神经系统异常表现。60%以上的病人患有AIDS脑病性痴呆，表现为记忆力衰退或丧失、偏瘫等精神神经症状。

（三）发病机制与免疫学异常

近年来发现HIV的gp120可与CD4分子高亲和性结合，同时也与表达在T细胞、巨噬细胞和树突状细胞表面的趋化性细胞因子受体CXCR4和CCR5结合，然后gp41介导病毒包膜与细胞膜融合，使HIV的基因组和相关病毒蛋白进入细胞。最近发现，少数HIV感染者并未发展为严重的AIDS，其保护性机制之一可能是HIV靶细胞表面趋化性细胞因子受体CCR5的遗传性缺陷。HIV感染可损害体内多种免疫细胞。

1. $CD4^+$ T细胞　外周血$CD4^+$ T细胞数量显著减少和功能严重受损，$CD4^+$ T和$CD8^+$ T细胞比值下降，可能与以下变化有关。

(1) HIV感染导致$CD4^+$ T细胞减少，其主要机制可能是：①HIV感染引起细胞发生病变而直接杀死感染细胞。②gp120或gp120抗原—抗体复合物与CD4分子结合，直接诱导$CD4^+$ T细胞凋亡。③识别病毒肽的$CD8^+$ CTL杀死$CD4^+$ T细胞。另外，gp120与CD4分子结合，可激活gp120特异的$CD4^+$ CTL，后者的杀伤作用受MHC Ⅱ类分子限制，且可通过旁邻者效应，杀伤被感染或未被感染的$CD4^+$ T细胞，从而使$CD4^+$ T细胞数目大大减少。

(2) 感染早期对抗体应答的影响：感染早期产生HIV抗体而无症状者，gp120与CD4分子结合，可干扰$CD4^+$ T细胞与APC的相互作用，患者表现为对破伤风类毒素等抗原无应答。

(3) TH1与TH2细胞平衡失调：HIV感染的无症状阶段以TH1细胞占优势，分泌IL-2刺激$CD4^+$ T细胞增殖，同时$CD8^+$ T细胞的特异应答表现为对机体的保护作用；至AIDS晚期则以TH2细胞占优势，分泌IL-4和IL-10抑制TH1分泌IL-2，从而减弱$CD8^+$ CTL的细胞毒作用。

(4) HIV LTR(long terminal repeat)的V3区同宿主细胞NF-κB结合：正常情况下，$CD4^+$ T细胞被激活后，可使转录因子NF-κB与相应DNA结合座位间的结合力增强，促进IL-2分泌和T细胞增殖。HIV和LTR V3区序列可与宿主NF-κB结合，使NF-κB不能与相应基因调控区结合，而影响T细胞增殖及细胞因子分泌。

2. 巨噬细胞　HIV感染巨噬细胞后在胞内复制，但不杀死细胞。因此，巨噬细胞可作为HIV的重要庇护所，并将病毒播散到其他组织（如脑）。HIV感染的巨噬细胞是晚期AIDS患者血中高水平病毒的主要来源。

3. 树突状细胞　树突状细胞也是HIV感染的重要细胞和病毒的主要庇护所。HIV gp120与树突状细胞表面的CD4分子和趋化性细胞因子受体CCR结合而进入细胞，HIV也可以免疫复合物形式通过Fc受体或补体受体结合在滤泡树突状细胞（FDC）表面而进入细胞。感染HIV的成熟树突状细胞可与$CD4^+$ T细胞结合并传播HIV，导致$CD4^+$ T细胞的感染。感染HIV的某些树突状细胞功能下调，导致记忆性T细胞缺乏，再次免疫应答能力降低。因此，树突状细胞数量和功能降低可能是AIDS患者免疫缺陷的一个重要因素。

4. B细胞　HIV可多克隆激活B细胞，患者表现为高免疫球蛋白血症并产生多种自身抗体。

（四）AIDS的预防

AIDS疫苗目前尚处于研究和试验阶段，所面临的主要困难是：①HIV在体内增殖迅速，每天产生$10^9$～$10^{10}$病毒颗粒。其包膜抗原高度易变（突变率约为$3\times10^{-5}$），不断产生新的HIV变异株，逃避免疫系统的作用，因而难以获得具有广泛保护作用的有效疫苗；②HIV表现为前病毒形式潜伏体内，从而逃避和阻止免疫系统对病毒的清除。

在AIDS预防领域中也取得了一些重要进展，已获得活的减毒猴免疫缺陷病毒（simian immunodeficiency virus，SIV）株，在猕猴中能产生长期的保护作用；已发现少数HIV感染者（3%～7%）维持健康状态长达10年以上，长期无症状出现；少数长期与感染者有性接触的人其血清抗HIV抗体始终为阴性，似乎具有抗HIV的天然免疫；HIV-2感染者具有一定的抗HIV-1的交叉保护作用。上述进展可望为研制出理想的AIDS疫苗提供线索。

## 第三节　免疫缺陷病的治疗原则

### 一、骨髓移植

同种异体骨髓移植（bone marrow transplantation，BMT）实际上是干细胞移植，能代替受损的免疫系统以达到免疫重建，可用于治疗致死性免疫缺陷病，如SCID、Wiskott-Aldrich综合征、DiGeorge综合征和慢性肉芽肿等病。

### 二、基因治疗

取患者的淋巴细胞或脐血干细胞作为受体细胞，将正常外源基因转染受体细胞后，再回输体内，所产生的正常基因产物可替代缺失或不正常的基因产物。例如用逆转录病毒载体将正常腺苷脱氨酶（ADA）基因转染患儿淋巴细胞后，再回输体内，治疗ADA缺陷引起的SCID已获成功，患儿体内ADA水平可达正常值的25%，免疫功能趋向正常。ADA的免疫重建是世界上应用基因治疗最早获得成功的实例。该方法由于淋巴细胞寿命短，需反复多次治疗。

### 三、输入**Ig**或免疫细胞

一般用静脉注射免疫球蛋白（IVIg）治疗体液免疫缺陷，如XLA、性联高IgM综合征和普通变化型免疫缺陷病。IVIg治疗是一种替补治疗，只能替代IgG而无法重建免疫功能。选择性IgA缺陷患者一般不用IVIg治疗，因IVIg中所含IgA量很少，不足以替补IgA的缺陷。而且可能因产生抗IgA抗体而引起严重的甚至致死的过敏反应。PNP缺陷引起的SCID患者，可输入红细胞以补充PNP。

### 四、抗感染

感染是免疫缺陷病患者死亡的主要原因，而适当地进行抗生素控制或长期预防感染是临床处理大多数免疫缺陷病的重要手段之一。

（申厚凤　季明春）

# 第十七章　移植免疫

采用组织、细胞或器官替代已丧失功能的组织、细胞或器官的方法称为移植。提供移植物(graft)的个体称**供者**(donor)，接受移植物的个体称**受者**(recipient)。可根据供者与受者之间的相互关系，把移植分为4种类型。

1. 自体移植(autograft)　移植物取自移植受者本身。

2. 同种同基因移植(syngraft)　移植物取自遗传背景完全相同或非常相似的个体(同卵孪生或同类系动物之间)。

3. 同种异基因移植(allograft)　移植物取自同一物种内遗传背景不同的个体，如人→人的移植。

4. 异种移植(xenograft)　是不同动物种个体之间的移植，如猪→人的移植。

器官移植是治疗人类器官功能不可逆转丧失的重要手段之一。自体移植和同种同基因移植不会造成排斥反应；而在进行同种异基因移植或异种移植前虽然需进行MHC抗原配型，以挑选合适的供者，并使用了免疫抑制剂，但仍会发生排斥反应，以致移植器官的功能丧失，甚至对受者的其他器官造成很大危害。受者对移植物的排斥反应发生与否、严重程度如何是影响移植能否成功的主要因素。移植免疫(transplantation immunity)的任务主要是：研究同种异基因移植或异种移植后发生排斥反应的类型及其免疫学机理，以及诊断、防治等方面的问题。

## 第一节　同种异基因移植排斥反应的机理

### 一、同种异基因移植排斥反应的本质

同种异基因移植排斥反应的本质是免疫应答，具备免疫应答的特征即识别“自己”与“非己”、记忆性、特异性等。此反应是由受者T细胞识别移植物表面的同种异型抗原而发生的。对小鼠进行皮肤移植实验的证据表明：①将A系小鼠的皮肤移植给同类型A系小鼠，不出现排斥反应，而移植给B系小鼠，则发生排斥，说明移植排斥具有区分“自己”与“非己”的特征。②首次对小鼠进行同种异基因皮肤移植后10～13天出现移植皮肤褪色、发炎等排斥反应的表现，即**初次排斥反应**(first-set rejection)；而用首次移植供者皮肤在相同受者再次移植，发生排斥的时间缩短至6～8天，且反应更强烈，称**再次排斥反应**(second-set rejection)，表明移植排斥具有**免疫记忆性**。③对接受过首次移植的受者，用与首次移植遗传学上无关的个体皮肤，再次移植时仍出现初次排斥反应，说明移植排斥反应的免疫记忆性具有与供者同种异型(体)**抗原特异性**。④先输入发生过初次排斥反应受者的T细胞，再接受该皮肤移植时，该受者可出现再次排斥反应；T细胞缺陷的裸鼠接受无关小鼠的皮肤移植后不出现排斥反应，说明同种异基因移植排斥反应是由**T细胞介导**的。

## 二、移植抗原(transplantation antigen)

能引起受者发生免疫应答,导致移植排斥反应的抗原统称为**移植抗原**。同种异体抗原主要包括:①MHC 抗原(分子):是导致移植排斥反应的主要抗原系统,人类主要与 HLA-A、B 和 DR 抗原相关。移植成功几率与供、受者之间 MHC 抗原的一致性呈正比。②mHC 抗原(分子):引起弱而缓慢的排斥反应。③ABO 血型抗原系统:血型物质在组织中分布广泛,几乎所有组织的血管内皮中均存在,ABO 血型不相容的供、受者移植后常会引起术后不可逆的急性血管排斥,导致移植失败。④组织特异性抗原:是指特异性表达于某一器官、组织、细胞上的抗原,是独立于 HLA、ABO 抗原系统之外的抗原抗体系统。广泛分布于全身所有组织中,并存在多态性。组织特异性抗原在器官移植中具有重要意义,表现为不同器官的同种移植有不同存活率,说明不同的组织抗原引起免疫应答的强度不同。HLA 相符的活体亲属供、受者,仍有 10%发生不可逆排斥,然而经特殊处理后,HLA 不符的器官移植也能长期存活,说明尚有与 HLA 无关的组织特异性抗原系统存在。

## 三、在同种异基因移植中 T 细胞的重要作用

T 细胞并不直接识别天然抗原,而是通过与 APC 表面的 MHC-相关多肽(抗原肽)特异性结合,以促使 T 细胞的活化。在临床移植中,抗原的识别十分复杂。移植时 APC 可导致独特的同种异基因 T 细胞应答,并有两套不同来源的 APC 参与免疫应答,除受者的 APC 识别 MHC-抗原肽以外,还包括供者 APC 上所表达的同种异型 MHC 抗原分子对受者 T 细胞有超常的刺激能力。

### (一)T 细胞对同种 MHC 抗原分子的超常反应性

体外试验证实,T 细胞对带有同种异基因 MHC 抗原分子的细胞,可直接产生增殖反应和细胞毒效应,并发现体内大约有 2%的 T 细胞对同种异基因 MHC 抗原分子有反应性,而只有约 $10^{-4}$～$10^{-5}$T 细胞对病原生物发生反应。Bevan 提出,同种 APC 表面表达的同种 MHC 抗原分子,远远多于自身 APC 表面"改变"(结合外来抗原)的自身 MHC 抗原分子。一般情况下,外来病原生物抗原经 APC 加工成为上千种类别(构象)的多肽,而其中某一特定类别的多肽决定簇在 APC 表面相对少见,但是,同种异体 APC 表面的任一 MHC 分子均能表现为同一类别的供 T 细胞识别的外来抗原决定簇,因此细胞表面受病原生物等外来抗原决定簇改变的自身 MHC 分子的密度,明显低于细胞表面同种异体 MHC 抗原决定簇。Matzinger 提出,一个同种异型 MHC 分子能产生大量同种异型的决定簇。此二学说分别称为"决定簇密度"和"决定簇频数"假说。同种异体反应性 T 细胞产生的超常免疫应答,可导致强烈的移植排斥反应,也是 T 细胞对同种异型 MHC 抗原分子超常反应性的重要原因。

### (二)T 细胞对同种异基因的直接识别和间接识别

移植时有供者 APC 与受者 APC 两套,均参与移植排斥的免疫应答。由于供、受者 MHC 抗原分子的不同,两套 APC 触发的 T 细胞应答就有区别,表现为抗原递呈中的"直接"和"间接"识别作用。两套 APC 都参与刺激 T 细胞对同种异基因抗原的反应,这是移植免疫有别于普通免疫的特点之一。

1. 受者 T 细胞对同种异基因抗原的**直接识别作用**

直接识别是指供者的 APC 对受者 T 细胞的刺激,也即是受者 T 细胞识别供者移植物细

胞表面完整的同种异型 MHC 抗原分子，说明 T 细胞具有识别完整同种异基因分子的能力而不必经加工、处理和 MHC 递呈过程。T 细胞的形成是与胸腺内的阳性选择过程有关。经阳性选择作用后，只有那些对“改变的”自身 MHC 抗原有反应性的 T 细胞才能发育成熟，这些 T 细胞同时也能对同种 MHC 抗原发生反应，即发生交叉识别或交叉反应，因此，即使同种 MHC 抗原分子与自身 MHC 抗原分子的结构仅相差一个氨基酸，与之相对应的反应性 T 细胞前体的频数，可相差数百倍，足以使移植排斥反应不可逆地发生。也就是说，在一般情况下，每一个 T 细胞克隆可分别识别由自身 MHC 分子和外来抗原肽形成的表位，而在同种异基因移植时，还能识别来自供者的同种异基因 MHC 分子及其肽形成的表位。

2. 受者 T 细胞对 MHC 分子的**间接识别**

间接识别是指受者 T 细胞识别经过受者 APC 加工处理的、来源于供者的 MHC 分子的抗原肽。由于供者的 MHC 抗原分子的构象与受者 MHC 分子不同，当供者的 MHC 抗原从移植物细胞脱落，被受者 APC 摄取、加工形成的抗原肽与受者 APC 的 MHC 分子结合并递呈给受者的 T 细胞所识别(即同种异基因 MHC 分子作为外来抗原)，从而启动受者 $CD4^+$ TH 细胞的活化、增殖，产生 IL-2 等细胞因子，导致免疫应答的发生。

通常，经过直接识别活化的 T 细胞以 $CD8^+$ CTL 为主，常引起强烈的急性排斥反应；而通过间接识别活化的 T 细胞以 $CD4^+$ TH 为主，引起的排斥反应比较弱且出现缓慢，在慢性排斥反应中发挥重要作用。通常，$CD4^+$ TH 细胞接受同种异型 MHC Ⅱ类抗原刺激，$CD8^+$ Tc 细胞对同种异型 MHC Ⅰ类抗原应答，然而有一些 $CD8^+$ T 细胞在与同种 MHC Ⅰ类分子反应时可自身提供辅助作用，有些 $CD8^+$ CTL 可以识别同种 MHC Ⅱ类分子。另外还发现对 MHC Ⅱ类分子刺激有反应能力的 $CD4^+$ CTL，在某些情况下对 MHC Ⅰ类分子的刺激也有反应。这些称为**双功能 T 细胞**，由于受同种 MHC 抗原的强烈刺激，功能被放大，而在普通免疫应答中是居次要地位的。这些非常见型 T 细胞应答是构成移植排斥反应的重要组成部分，使 T 细胞可通过多种途径对移植物产生反应。

3. 细胞间的相互联系

在移植免疫中，供、受者两种 APC 的存在，使得 T 细胞与其他细胞之间的联系更显重要。

细胞因子的释放是淋巴细胞群间联系的重要方式，由一组淋巴细胞产生的细胞因子作用于另一组淋巴细胞表面的相应受体而发挥作用。细胞因子在体内的短暂作用可增加效应性 T 细胞的分化。此外，免疫应答的发生依赖于功能相关免疫细胞的聚集。当供者 APC 在向 BCR 递呈完整的异己 MHC 抗原时，也向 $CD4^+$ TH 细胞递呈供者 MHC Ⅱ类抗原分子和供者蛋白多肽复合体，通过供者 APC 递呈两类不同决定簇，从而使 APC 、$CD4^+$ T 细胞和 B 细胞聚集在一起，形成**三细胞群**(three-cell cluster)。也可由供者 APC 递呈完整的同种异型 MHC 抗原给 B 细胞，B 细胞又作为抗原递呈细胞，将 MHC Ⅱ类分子结合的供者蛋白肽递呈给 TH 细胞，以形成紧密结合的**三细胞群**。在细胞免疫应答中，APC 必须递呈辅助性决定簇给 $CD4^+$ T 细胞，同时又递呈细胞毒决定簇给 $CD8^+$ T 细胞，这样就可使 $CD8^+$ 和 $CD4^+$ T 细胞与 APC 结合成**三细胞群**。在 MHC 不匹配的移植中，供者 APC 递呈表达在移植物细胞上的抗原决定簇给 $CD8^+$ Tc 细胞，受者 APC 则递呈与其 MHC Ⅱ类分子结合的供者蛋白肽给 $CD4^+$ TH 细胞，使 APC、TH 和 Tc 3 种细胞结合在一起，使 TH 对 Tc 发挥有效的辅助作用。同时，还需要通过粘附分子介导等方式使免疫细胞直接接触，触发免疫应答。

**混合淋巴细胞培养**(MLC)是用于测定受者 T 细胞(反应细胞群)对供者白细胞(刺激细胞

群）HLA抗原的增殖反应，是研究T细胞识别外来MHC分子的体外模型。而进行MLC时可诱生针对供者抗原的CTL，由此衍生出细胞介导的淋巴细胞溶解试验（CML）。供者APC上的MHC Ⅱ类抗原与受者TH细胞反应，供者MHC Ⅰ类分子与受者Tc细胞反应。在两个非亲缘关系的个体间进行MLC时，增殖细胞群以$CD4^+$ TH为主，并可通过分泌细胞因子促使Tc细胞的发育成熟，即$CD4^+$ TH与$CD8^+$ CTL之间存在协作关系，提示在体内两者也存在类似关系。

另外，在同种异基因移植的排斥反应中，NK细胞、Mϕ等细胞也发挥作用。

## 第二节　同种异基因移植排斥反应的类型和机制

同种异基因移植排斥反应的机制涉及细胞免疫和体液免疫，主要有：①$CD8^+$ CTL直接杀伤移植物细胞；②$CD4^+$ TH1细胞释放细胞因子，使Mϕ活化，介导迟发型超敏反应引起排斥；③抗同种异型抗原的抗体与特异性抗原结合，激活补体系统，造成组织损伤。根据病理学特点和免疫机理不同，可将移植排斥反应分类。

### 一、超急性排斥反应（Hyperacute rejection，HR）

是移植器官与宿主血管接通血液循环恢复后数分钟至数小时发生，也可于24～48小时内发生不可逆转的体液免疫排斥反应。主要由于供、受者血型不符，或受者体内预先存在抗供者的抗体而发生。受者体内**预存抗体**的出现可由于反复输血、多次妊娠、长期血透或接受过异体移植，也可由于某些细菌、病毒感染而产生。一般认为其免疫学机理是受者已被抗原致敏，体内存在抗供者淋巴细胞或血管内皮细胞的预存抗体，当再次接触相同抗原时即可发生以Ⅲ型超敏反应为主的局部坏死反应，补体系统的激活，多种炎性介质释放，促使血管内皮细胞受损伤和血栓形成，以致组织缺血和梗塞，移植物的功能完全丧失。

### 二、急性血管性排斥反应（acute rejection）

血管性脏器移植后数天到数周内均可发生急性排斥反应。主要表现为急性血管炎的病理特征，故又称为急性血管性排斥反应，多见于反复输血、长期血透、多次妊娠和再次移植等。受者体内存在预存抗体，发生机理与超急性排斥反应相似。其实质是不可逆的体液免疫排斥反应，常发生于术后早期，病程进展迅速，若在术后后期发生者，可能与感染有关。

### 三、急性细胞性排斥反应

同种异基因移植时，发生率最高的是急性细胞性排斥反应。认为其发生与预存抗体可促使ADCC效应，促使细胞性排斥反应的发生，以及炎性介质等可激活移植物中的Mϕ或其他APC，导致T细胞效应扩大。$CD4^+$ TH1细胞在抗原作用下，释放多种淋巴因子的扩大免疫效应作用是体内破坏移植物靶细胞的主要机理，病理表现以间质水肿和局部炎症性细胞浸润为特征。

### 四、慢性排斥反应

在移植后数月或数年内发生，可引起移植器官不可逆的功能减退或丧失，可继发于急性排斥反应，也可无急性排斥反应史，其病因错综复杂，根本原因仍是免疫应答所致，与细胞免疫和体液免疫均有关系，退行性病变和破坏性病变为其病理学特点。

### 五、移植物抗宿主反应(graft versus host reaction, GVHR)

移植物抗宿主反应多见于骨髓移植后，亦可见于小肠移植、脾移植及输血等。是移植物中淋巴细胞(T细胞为主)识别受者抗原后，产生直接或间接攻击受者靶组织而发生的排斥反应。由GVHR所引起的宿主全身性疾病称**移植物抗宿主病**(graft versus host disease, GVHD)，分急性和慢性两种。急性多发于移植后3个月内。GVHD是同种异基因骨髓移植的主要并发症之一，发生率可达40%～60%，累及多种器官且病情较重，是影响骨髓移植疗效的主要并发症。

## 第三节　同种异基因移植排斥反应的防治

移植物能在受者体内存活的关键在于供、受者之间组织相容性是否高度一致，由于HLA抗原及其他相关抗原系统的多样性和复杂性，使得在人群中HLA高度一致的可能性极小。目前用于移植的器官、组织、细胞多来源于同种尸体或亲属供者，移植后会发生排斥反应。因此，临床上器官移植成功的主要障碍是移植排斥反应。对同种异基因移植排斥反应的预防和治疗应该包括移植前组织配型和免疫抑制疗法。诱导对移植抗原的特异性耐受是最理想的防治措施。

### 一、移植前组织配型

HLA能激活T细胞而产生移植排斥或GVHD，导致移植失败。移植物的存活率，尤其是长期存活率很大程度上取决于供者和受者之间HLA配型是否相符以及其相符的程度。寻找合适的供者，目的在于尽量减少供者移植抗原对受者的同种异型免疫刺激性。要避免超急性排斥反应，供、受者之间ABO血型必须相符。HLA-Ⅰ类抗原中的A、B抗原的相容性配位越多，移植物存活率越高，尤其在术后第一年；HLA-DR的匹配也非常重要，如果HLA-DR相匹配，HLA-DQ多能匹配。供、受者的HLA-DR类型对移植物存活影响较大，原因是其编码的抗原在诱导T细胞应答中可发挥重要作用。

由于HLA的高度多态性，HLA配型对不同位点的等位基因、等位基因之间的差异和基因表现型差异的相吻合程度要求越来越高，血清学配型和混合淋巴细胞反应已不能满足要求。而且供、受者之间HLA基因差异的检测仍不能完全预测移植的效果，因为机体对HLA差异的耐受性是不相同的，机体可耐受某些HLA的差异，而另外一些HLA抗原的某一单个核苷酸的差异就可诱发强烈的移植排斥反应。所以应采用HLA核苷酸系列分析、细胞学检查，并结合临床观察，才能较好地评价HLA差异与移植排斥反应的关系。

### 二、免疫抑制疗法

免疫抑制治疗的发展与器官移植学的发展密不可分。免疫抑制治疗的发展经历了几个阶段，首先是采用放射线或化学药物破坏所有的分化细胞；第二阶段主要侧重于对T细胞抑制的研究；第三阶段是研究利用药物去抑制参与免疫反应的细胞，其标志是环孢菌素A广泛、迅速地用于防治各种类型的器官移植排斥反应;理想的免疫抑制剂只能抑制移植抗原诱导的T、B细胞克隆,目前所用的免疫抑制剂均不能达到此标准。只有在完全阐明每个靶分子与药物相互作用的机理后才能实现。目前临床上所用的免疫抑制剂包括硫唑嘌呤、环磷酰胺、肾上腺皮质激素、环胞菌素A和FK506等,其中最常用的是环胞菌素A(cyclosporin A,CsA)。

环胞素A是从真菌属 *Tolypocladium inflatum gams* 提取出来的。1976年,Borel等首先报道环胞素A具有免疫抑制作用。1978年,Calne等首先试用于肾移植和骨髓移植的病例。随着环胞素A的使用,明显延长了同种异基因移植物的存活期。环胞素A通过干扰淋巴细胞活性,阻断参与排斥反应的体液免疫和细胞免疫效应,从而防止排斥反应的发生。其突出的作用是干扰TH细胞的功能,通过抑制IL-2、IFN-r和B细胞分化因子等细胞因子的生成和释放,阻断细胞增殖G0或G1周期的淋巴细胞,从而阻断IL-2依赖性T细胞的生长和分化。使用环胞素A后,使大多数肝脏移植和心脏移植的生存期达到5年以上。但使用后有肝毒性和肾毒性副作用,并可能出现消化道、内分泌系统、神经系统症状等。副作用常与剂量有关,减少剂量可减轻副作用。环胞素A与其他免疫抑制剂联合应用,可大大减少其用量,副作用亦减少。

FK506是从一株土壤真菌(*Streptomyces tsukubaensis*)的肉汤培养物中分离出的大环内酯抗生素,有极强的免疫抑制作用,商品名为Prograf(普乐可复)。FK506是T细胞特异性免疫抑制剂,通过与胞浆内特异性结合蛋白的结合,干扰或抑制T细胞内依赖钙的信号转导,从而阻止细胞因子基因的转录;体外实验证明,FK506可抑制特异性抗原或有丝分裂原对T细胞的激活作用,抑制IL-1β、IL-2、IL-3、IL-4、IL-6、IL-7、IL-8和IFN-r的表达及其受体(如IL-2R)的表达,抑制TH、Tc以及TH依赖性B细胞的激活和增殖反应。对T细胞的体内和体外作用较环胞素A分别强10倍和100倍,治疗指数相近,但结构与环胞素A明显不同,即FK506是大环内酯,环胞素A是环多肽。其他免疫抑制剂还有霉酚酸酯(Mycophendate Mofetil)、雷帕霉素(Rapamycin)、15-脱氧精胍素(15-Deoxyspergualin)等。

此外还可利用抗体清除、脾切除、放射线照射等进行免疫抑制。其中抗体清除进展较快。在准备实施抗体清除时,首先要控制抗体的产生以及受者的适应能力。其方法包括换血疗法、血浆置换和血浆淋巴细胞置换、非特异免疫球蛋白清除、供者特异性免疫球蛋白清除等等。

另外,考的松等抗炎药可以抑制同种异型抗原应答的效应阶段,作用机制为抑制IL-1、IL-6、TNF等细胞因子的转录。正处于研制阶段的抗炎新药还包括抗细胞因子抗体、抗粘附分子抗体和可溶性细胞因子受体等。

### 三、对移植抗原特异性耐受的诱导

移植排斥是导致移植失败的主要原因。虽然采用了术前组织配型和免疫抑制疗法,但仍未能完全解决问题。目前所用的免疫抑制剂的特异性不强,在抑制移植排斥的同时,会造成受者免疫功能的全面低下,导致致死性感染和肿瘤发生的危险。所以,诱导对移植抗原的特异性耐受,是解决移植排斥最理想的方法。可以根据移植排斥反应发生的机理,设计对移植抗原特异性耐受的诱导方案。克隆无能与移植耐受的形成密切相关。主要特点是T细胞在缺乏协同刺激信号的条件下,接受抗原刺激而对该抗原产生无反应性。诱导克隆无能的方法包括清除供者的APC,阻断供、受者APC传递协同刺激信号等。可给受者输入大剂量的可溶性CTLA-4以阻断移植物细胞的B7家族分子与受者CD28分子的相互作用。细胞凋亡与移植物存活有很大关系，可通过给受者输入大剂量的与供者 MHC 分子序列相符的多肽或供者的可溶性 MHC 分子，以诱导特异性 T 细胞耐受乃至凋亡。当外来抗原在通过 CD3-TCR 刺激静止 T 细胞活化时，也启动了活化 T 细胞的凋亡过程，被称为**活化诱导的细胞死亡**（activation-induced cell death，AICD）。细胞因子在体外诱导和阻止凋亡中也发挥了一定作用，同种异体抗原也可发生 AICD。AICD 是外周 T 细胞克隆清除（clonal deletion）的一种机制，可参与细胞免疫的调节，有利于免疫耐受机制的建立。当活化的 T 细胞与特异性抗原接触时，诱导部分 T 细胞发生 AICD，可在一定范围内限制体内免疫应答发生的强度。

## 第四节　临床移植举例

随着免疫学、外科学和免疫抑制剂研究的不断发展，移植物的存活率不断提高和生存时间延长，使器官、组织和细胞的移植范围在不断增大。现将肾移植和骨髓移植举例如下。

### 一、肾移植

同种肾移植已广泛应用于治疗人类慢性不可逆的肾功能衰竭，全球已超过 50 万人次接受肾移植。我国每年施行 2 000 余例次肾移植，一年存活率达 90%以上，最长成活期已达 34 年。在临床各种器官移植中，肾移植效果最好，开展得最多。而且肾移植中涉及的免疫移植问题与其他同种器官、组织移植有共同特点，可利用对肾移植的研究推动其他器官移植的发展。

供肾主要来源于尸体或有血缘关系的活体亲属志愿者。虽然同种异基因肾性抗原可引起受者免疫应答，但由于离体肾的保存已得到解决，受者可经透析以等待手术，有时间去选择 HLA 抗原相对一致的供者。如 HLA-A、HLA-B 和 HLA-DR 抗原均相符者可以与同卵孪生间移植效果相近，10 年存活率达 65%；而配型差的病例，虽在使用 CsA 后初期效果尚好，但 10 年移植肾存活率仅 30%，其中以 HLA-DR 的相容性影响最大，其次为 HLA-B，影响最小的是 HLA-A。第一次移植失败后，再次移植存活率下降 15%～20%，因此，对这些患者进行 HLA 的配型，寻求合适的供者尤为重要。

### 二、骨髓移植

**骨髓移植**（bone marrow transplantion ，BMT）分为同基因（syngeneic）和异基因（allogeneic）骨髓移植两类。骨髓移植的实质是造血干细胞移植，由于干细胞有自我增殖并分化为造血细胞和免疫活性细胞的能力，因此异基因骨髓移植（allo-BMT）比肾、肝、心移植更易发生移植排斥反应，一旦供体骨髓细胞存活后又可发生 GVHD，所以，在移植前，受者必须使用免疫抑制剂预处理，供、受者之间必须进行严格的组织配型。

allo-BMT 的适应症包括恶性血液病、遗传性疾病和重型再生障碍性贫血，广泛应用于治疗白血病。1980 年以后，70%的 allo-BMT 应用于各种类型的白血病病人。因受者还存在不同程度的免疫功能，必须在移植前接受大剂量免疫抑制剂或加放疗，才可能移植成功。否则，即使配型相同，供者骨髓细胞也将被排斥。供髓植活的间接证据是骨髓出现粒系和红系前体细胞，粒细胞和血小板增高。直接证据是利用血清学、细胞遗传学和分子生物学技术证实骨髓及血液中的细胞来自供者。一般再生骨髓呈供者的表型，有时可出现供、受者嵌合体。GVHD 是人类 BMT 的主要并发症，发生机理是供者的 T 细胞在植活后对宿主所表达的同种异型抗原发生免疫应答。GVHD 分急、慢性两种，急性者多在移植后 3 个月内发生，慢性 GVHD 可以是急性 GVHD 的延续或在移植 3 个月后自然发生。急性 GVHD 的发生及其严重程度取决于与供、受者之间组织配型的差异和输入 T 细胞数，并与受者年龄、性别、免疫抑制程度、并发感染以及供者性别等有关。慢性 GVHD 与免疫抑制的控制异常及可能存在的自身反应性 T 细胞克隆有关。

## 第五节　异种移植

异种移植(Xenotransplantation)是指用手术或其他措施将某一种属个体的器官、组织、细胞移植到另一种属个体体内。对人类而言，最适宜的异种供体应为灵长类动物。但由于其来源有限、饲养困难、动物保护措施等的限制，而且这些动物脏器对人而言体积偏小，还存在逆转录病毒等传播的潜在危险。在非灵长类动物中，最受关注的动物是猪，猪的来源广，易获取，其脏器大小、解剖、代谢与人类相似，特别是猪的红细胞体积和脏器的代谢特点也与人类相似，又可对猪进行基因修饰，培养转基因猪。1995 年 7 月，美国食品与药物管理局已批准可以使用经基因工程修饰的猪肝移植给人，因此，转基因的猪将是今后人类异种移植的理想供体，用以解决供者器官不足的困难。

人接受猪为供体的异种移植中，主要出现异种移植体液免疫反应，表现为超急性排斥反应和延迟性排斥反应，前者是目前异种移植的主要障碍，与内皮细胞被激活有关。在移植物恢复血供后，受者的 IgM 类天然抗体首先接触供者移植物的内皮细胞，形成抗原抗体复合物，激活补体发生一系列免疫应答，并在其他因素的共同作用下，造成超急性排斥反应。而由细胞介导的异种排斥应答则是次要的。

异种器官移植是人类追求的理想，已有许多研究取得令人瞩目的成就，但仍有许多目前无法解决的问题。基因工程技术的发展给异种移植带来希望，在不断努力下，异种移植的成功将给人类带来极大的福音。

（左　丽）

# 第十八章　肿 瘤 免 疫

**肿瘤免疫学**(tumor immunology)是研究肿瘤的抗原性、机体对肿瘤的免疫应答、机体免疫状态与肿瘤发生、发展的相互关系以及肿瘤的免疫诊断、预防和治疗等的学科。

20 世纪 50 年代,随着纯种小鼠的培育成功,科学家们确切地证实了化学致癌剂甲基胆蒽(methylcholanthrene ,MCA)诱发小鼠的肉瘤所表达的移植排斥抗原是肿瘤特异性的。随后,在其他致癌因素导致的肿瘤中亦证实了肿瘤抗原的存在,并证明其所诱导的免疫应答具有抗肿瘤作用。据此,Burnet 加以精辟的分析并提出肿瘤的免疫监视(immunosurveillance)学说,即机体免疫系统可监视肿瘤的发生并通过细胞免疫机制杀灭肿瘤,若免疫监视功能低下则可发生肿瘤。该学说为肿瘤免疫学理论打下了基础。20 世纪 60 年代以后,大量的体外实验证实肿瘤患者的淋巴细胞、巨噬细胞和细胞毒性抗体等均具有抗肿瘤效应。20 世纪 70 年代,随着单克隆抗体的问世,肿瘤免疫诊断技术和肿瘤免疫治疗得到很大的发展。20 世纪 80 年代中后期,分子生物学和免疫学的迅速发展和交叉渗透,进一步推动了肿瘤免疫学的发展,同时也促进了肿瘤免疫技术在临床诊断和治疗肿瘤上的应用。

## 第一节　肿 瘤 抗 原

肿瘤抗原(tumor antigen)是指细胞癌变过程中出现的新抗原及过度表达的抗原物质的总称。肿瘤抗原在肿瘤的发生、发展及诱导机体抗肿瘤免疫效应中起重要作用,并可作为肿瘤免疫诊断和治疗的靶分子。可以说肿瘤免疫的理论和实际应用,主要取决于肿瘤细胞是否具有肿瘤特异性抗原为基础。

关于肿瘤抗原的种类,目前已在实验性和自发性的动物和人类肿瘤细胞表面发现了多种抗原,也有多种分类方法,如根据肿瘤抗原特异性,可分为肿瘤特异性抗原和肿瘤相关抗原;根据编码抗原的基因不同可分为正常细胞基因编码的肿瘤抗原、突变细胞基因编码的肿瘤抗原和病毒基因编码的肿瘤抗原;还有根据肿瘤诱发和发生情况不同而分为化学或物理因素诱发的肿瘤抗原、病毒诱发的肿瘤抗原、自发肿瘤抗原和胚胎抗原等。但目前尚无统一的分类标准。现在介绍根据肿瘤抗原特异性的分类方法。

### 一、肿瘤特异性抗原

肿瘤特异性抗原(tumor specific antigen, TSA)指仅表达于肿瘤细胞表面而不存在于正常细胞的抗原。这类抗原是通过近交系小鼠间进行肿瘤移植排斥的方法得到证实的。实验过程中,先用化学致癌剂 MCA 诱导小鼠皮肤发生肉瘤,当肉瘤生长至一定大小时,予以手术切除。将此切除的肿瘤组织移植给正常同系小鼠后可生长出肿瘤,若将此肿瘤植回原来的有肿瘤小鼠,则移植的肿瘤被排斥,表明该肿瘤具有诱导机体产生特异性免疫排斥反应的抗原。因此,又称肿瘤特异性移植抗原(tumor specific transplantation antigen, TSTA)。TSA,主要诱发T细胞特异性免疫应答。现已采用移植排斥方法、动物免疫及分子生物学的方法,在动物和人的肿瘤中发现了多种TSA。

(一)理化因素诱生的肿瘤特异性抗原

在化学致癌剂(甲基胆蒽、氨基偶氮染料、二乙基亚硝胺)或物理致癌因素(如紫外线、X射线、放射性粉尘等)诱发的动物肿瘤中均已检出肿瘤特异性抗原,是整合在肿瘤细胞脂质双层膜中的糖蛋白,有较强的免疫原性,易被宿主免疫系统识别和排斥。如P 815肥大细胞瘤表达的P 815A和P 815B抗原;Meth A纤维肉瘤表达的Meth A抗原。由理化因素在纯系动物中诱发的肿瘤抗原一般有个体特异性,甚至同一理化因素在同一动物不同部位诱发的肿瘤,其抗原性亦不相同。因此,应用单一抗血清不能检出某一理化因素诱导的所有肿瘤,也难以研制出对某一化学致癌物诱发的不同组织类型的肿瘤均有效的单一抗癌瘤疫苗。

(二)病毒诱生的肿瘤抗原

在病毒诱发的肿瘤中,**前病毒**基因整合到宿主细胞基因组中,进而产生病毒基因编码的蛋白,并以病毒肽-MHC Ⅰ类分子复合体的形式表达在肿瘤细胞表面,刺激机体产生特异性抗肿瘤免疫应答。DNA病毒如多瘤病毒、猴空泡病毒、腺病毒等,含有双股DNA,可直接与宿主细胞基因组DNA整合,并通过病毒的转化基因使宿主细胞转化,诱发实验动物肿瘤。RNA病毒含有逆转录酶,可将病毒基因组逆转录成前病毒,后者整合到宿主细胞DNA中,进而诱发动物肿瘤。病毒诱生的肿瘤特异性抗原一般位于肿瘤细胞的表面。同一种病毒诱发的肿瘤,不管其组织来源或动物种系如何,均表达相同的TSA,即无种属及组织特异性,可引起交叉反应。但由不同DNA或RNA肿瘤病毒诱生的肿瘤抗原,其分子结构和生物学特性各异,即具有病毒特异性。

## 二、肿瘤相关抗原(**tumor associated antigen, TAA**)

肿瘤相关抗原(tumor associated antigen, TAA)并非肿瘤细胞所特有,在正常细胞上也有微量表达,只是在细胞发生癌变时表达明显增加的一类抗原。此类抗原只表现出量的变化而无肿瘤特异性。如胚胎抗原。胚胎抗原是胚胎发育期由胚胎组织产生的正常成分,出生后控制编码该抗原的基因受阻遏而逐渐消失,或表达量很低。当细胞癌变时,受抑制的基因脱阻遏,胚胎抗原重新合成,大量表达于肿瘤细胞表面,也可分泌到血清中,成为诊断肿瘤的一个重要辅助指标。人类肿瘤中已发现多种胚胎抗原,其中对甲胎蛋白和癌胚抗原的研究最为深入。

(一)甲胎蛋白(alpha fetoprotein, AFP)

是一种分泌性胚胎抗原,主要由胎肝和卵黄囊产生的70 kD的糖蛋白。正常成人血清中含量极微(<20 ng/ml),用常规免疫测试方法不能检出。肝细胞发生癌变时,AFP在血清中的含量急剧增加,可超过500 ng/ml。AFP已作为肝癌早期普查、诊断、判断疗效、监视复发的一项重要免疫学指标。

(二)癌胚抗原(carcinoembryonic antigen, CEA)

是一种膜结合性胚胎抗原,分子量为180 kD的糖蛋白。最初在结肠癌和直肠癌组织中检出,由于高水平CEA出现于2～6月胎儿肠、胰和肝脏等组织,故称为癌胚抗原。正常机体由消化道分泌的CEA大多进入肠腔,血清中水平极低(<2～5 ng/ml)。细胞癌变时所分泌的CEA,其极性可发生改变,并进入血液,使血清中水平增高。CEA除在结肠癌、直肠癌患者外,

在内胚层来源的恶性肿瘤(如食管癌、胃癌、肝癌和胰腺癌)及其他一些非肿瘤性疾病(如肾病、肝硬化、肠息肉和消化道炎症等)患者的血清中也可见增高,故不是消化道特异性的肿瘤抗原。由于早期结肠癌 CEA 的检测率低,一般不用于诊断。但在临床上,观察 CEA 动态水平,有助于疗效的判断及复发、转移的观察。

### 三、病毒诱发的肿瘤抗原

已发现某些肿瘤的发生与病毒(DNA 病毒和 RNA 病毒)诱导有关。如 EB 病毒常与 B 细胞淋巴瘤和鼻咽癌的发生有关,人乳头状瘤病毒(HPV)与宫颈癌有关,乙型和丙型肝炎病毒(HBV,HCV)与原发性肝癌有关。而属于 RNA 病毒的人嗜 T 细胞病毒 1(HTLV-1)可导致 T 细胞白血病的发生。在上述肿瘤细胞的细胞核、细胞浆或细胞膜上均可表达由病毒编码又不同于病毒本身的抗原,可诱导 MHC Ⅰ类分子限制的特异性 CTL 应答。已发现由病毒基因编码的抗原,有人腺病毒诱发的肿瘤表达 EIA 抗原;人乳头状瘤病毒诱发的宫颈癌细胞表达的 E6、E7 蛋白等。

### 四、突变的癌基因与抑癌基因编码的蛋白质

Ras 原癌基因(pro-oncogene)和 P53 抑癌基因(tumor suppressor gene)是恶性肿瘤中最常见的基因突变,属点突变。野生型 P53 肿瘤抑制基因及其编码的正常 P53 蛋白在维持细胞正常生长、抑制恶性增殖中起重要作用。P53 基因突变后导致其编码的 P53 蛋白空间构型发生改变,而失去抑制细胞生长的功能,从而引起恶性肿瘤增殖,其本身也成为肿瘤特异性抗原。Ras 基因家族能编码合成 $P21^{ras}$蛋白,可诱导特异性 $CD3^{+}$ T 细胞的产生,而被认为是一个真正的 TSA。

### 五、人黑色素瘤细胞上表达的 TATAs

在人黑色素瘤细胞上发现了几种肿瘤相关移植抗原(tumor-associated transplantation antigens, TATAs),MAGE-1、MAGE-3、BAGE、GAGE-1、GAGE-2 这 5 种 TATAs 是肿瘤胚胎抗原,在人黑色素瘤细胞和多种肿瘤细胞(非小细胞肺癌、头颈部肿瘤等)有较高的表达率,约 50%黑色素瘤细胞表达 MAGE-1,75%黑色素瘤细胞表达 MAGE-2、MAGE-3,但在正常成熟组织细胞(睾丸除外)均不表达。它们可被黑色瘤素患者特异性 T 细胞所识别,诱导对肿瘤的排斥反应,因而是黑色素瘤特异性免疫治疗的重要靶目标,对研制肿瘤疫苗有重要意义。

## 第二节　机体抗肿瘤免疫的机制

据 Burnet 提出的“免疫监视”学说认为,机体免疫系统能识别并及时清除突变细胞,防止肿瘤的发生。未被清除的突变细胞,或突变细胞逃避宿主的监视能力,则突变细胞可发展成为肿瘤。机体对肿瘤的免疫应答包括细胞免疫和体液免疫,两者相互协作共同杀伤肿瘤细胞,但以细胞免疫为主。

### 一、体液免疫应答

抗肿瘤抗体可通过以下几种方式发挥作用:

1. 补体依赖的细胞毒作用(CDC)　细胞毒性抗体(IgM)和某些 IgG 亚类与肿瘤细胞结合后,在补体参与下,溶解肿瘤细胞。

2. ADCC 作用　IgG 抗体通过 Fab 段与肿瘤细胞结合,通过 Fc 段与表达 FcγR 的效应细胞(包括 NK 细胞、巨噬细胞和中性粒细胞等)结合发挥 ADCC 效应,使肿瘤细胞溶解。

3. 抗体的调理作用　吞噬细胞可通过其表面 Fc 受体的调理作用,增强对肿瘤细胞的吞噬或杀伤。此外,B 细胞也可通过递呈肿瘤抗原,增加 T 细胞免疫应答。

## 二、细胞免疫应答

在抗肿瘤免疫应答中,细胞免疫比体液免疫发挥更为重要的作用。

### (一)T 细胞

1. **αβT 细胞**　αβT 细胞包括 MHC Ⅰ类分子限制的 $CD8^+$ CTL 细胞和 MHC Ⅱ类分子限制的 $CD4^+$ 辅助性 T 细胞,两者活化都需要双信号刺激。①第一信号(抗原刺激信号):从肿瘤细胞脱落下的肿瘤抗原,经 APC 摄取,加工成抗原多肽,并与细胞表面 MHC Ⅱ类分子结合递呈给 $CD4^+$ TH 细胞。在肿瘤细胞合成的肿瘤肽,与 MHC Ⅰ类分子结合后共同表达于细胞表面,而被 $CD8^+$ CTL 细胞识别。②第二信号(协同刺激信号):T 细胞除通过 TCR 与 Ag-MHC 分子复合体接受抗原信号外,还要通过 APC 或肿瘤细胞表面协同刺激分子如 B7、CD137L 等与 T 细胞表面相应受体(CD28、CD137)结合,提供 T 细胞协同刺激信号,才能使 T 细胞有效地活化。活化的 $CD4^+$ T 细胞可产生大量细胞因子,促进 $CD8^+$ T 细胞活化,激活巨噬细胞,参与抗肿瘤作用。$CD8^+$ CTL 细胞活化后,既可以特异性识别肿瘤抗原,直接杀伤肿瘤细胞,也可分泌细胞因子(如 γ-干扰素、淋巴毒素等),间接杀伤肿瘤细胞。

2. **γδT 细胞**　γδT 细胞分化发展早于 αβT 细胞,多分布在全身各处上皮组织内,所发挥的细胞毒作用可能不受经典 MHC 分子限制,且能杀伤对 NK 细胞不敏感的靶细胞,因此 γδT 细胞与 NK 细胞一样被认为是抗肿瘤免疫监视功能的第一道防线。

### (二)NK 细胞

NK 细胞是细胞免疫中的非特异性成分,是一群广谱的杀伤细胞。杀伤作用无须抗原预致敏,不依赖抗体和补体,无肿瘤特异性,不受 MHC 限制,而且能选择地杀伤 MHC Ⅰ类分子表达低下或缺如的肿瘤细胞。因此,NK 细胞是在肿瘤早期起作用的效应细胞,是机体抵抗肿瘤发生及转移的第一道防线。

### (三)巨噬细胞

Mϕ 在抗肿瘤免疫中具有重要性。体内注射 Mϕ 抑制剂(抗 Mϕ 血清、硅粉等)能加速肿瘤生长;若使用卡介苗或短小棒状杆菌等使 Mϕ 激活,则肿瘤生长受到抑制,肿瘤转移也减少。病理活检资料显示,肿瘤组织周围有明显巨噬细胞浸润者,肿瘤转移发生率低,预后较好,反之则较差。Mϕ 可通过多种途径发挥抗肿瘤作用:①处理和递呈肿瘤抗原,激活 T 细胞以产生特异性抗肿瘤免疫应答;②活化巨噬细胞(通过释放溶酶体酶和氧化代谢产物,如 NO 等)直接杀伤肿瘤细胞;③Mϕ 表面有 Fc 受体,通过 ADCC 作用杀伤肿瘤细胞;④活化的 Mϕ 可释放 TNF、IL-2、IFN-γ、CSF 等直接作用于肿瘤细胞或调节抗肿瘤免疫应答。Mϕ 只有被激活后才具有抗肿瘤活性,具有选择性,即只杀伤肿瘤源性的细胞,对正常组织细胞无作用。

### (四)树突状细胞

树突状细胞具有很强的递呈抗原的能力,能显著刺激童贞 T 细胞的活化增殖,起抗肿瘤作用。

## 第三节　肿瘤的免疫逃逸机制

机体具有严格的免疫监视机制，对于某些肿瘤如病毒诱导的肿瘤有一定监视和消除作用，但对已经生成的肿瘤，其作用是有限度的。临床实践表明，多数患者的肿瘤能逃逸机体的免疫排斥，机制尚未完全明了，可能有以下几种因素。

### 一、肿瘤细胞方面的因素

#### （一）肿瘤细胞的免疫原性弱及抗原调变

多数肿瘤细胞仅表达低水平的 TSA 或 TAA，且免疫原性很弱，故肿瘤生长早期不足以刺激机体产生足够强度的免疫应答。另外，宿主对肿瘤抗原的免疫应答可能导致肿瘤细胞表面抗原的减少或丢失，使肿瘤细胞不易被宿主免疫系统识别，而逃避免疫攻击，这种现象称**“抗原调变”**（antigen modulation）。

#### （二）肿瘤细胞表面“抗原覆盖”或被封闭

**“抗原覆盖”**是指肿瘤细胞表面抗原可能被某些物质覆盖。（1）肿瘤细胞可表达高水平唾液多糖或肿瘤激活的凝聚系统，可覆盖肿瘤抗原，从而干扰宿主淋巴细胞对瘤细胞的识别和杀伤。（2）血清中存在的**封闭因子**（blocking factor），如封闭性抗体、可溶性抗原或抗原抗体复合物，可封闭瘤细胞表面的抗原决定簇或封闭效应细胞的抗原识别受体，从而逃脱对靶细胞的识别，逃避淋巴细胞的攻击。

#### （三）瘤细胞 MHC Ⅰ类分子表达低下或缺失

某些肿瘤细胞表面 MHC Ⅰ类分子表达低下或缺失使 CTL 不能识别肿瘤细胞表面的抗原，以致肿瘤细胞逃逸宿主的免疫攻击。

#### （四）肿瘤细胞缺乏协同刺激分子

在 T/B 细胞特异性识别和激活过程中需要 B7 及 CD28 等提供的协同刺激信号。某些肿瘤可表达 MHC Ⅰ类分子但由于缺乏协同刺激分子 B7 等，故不能诱导机体产生有效的免疫应答。此外，肿瘤细胞表面的其他协同刺激分子如 ICAM-1、LFA-3 等也可表达异常，从而使肿瘤细胞逃避 T 细胞的免疫监视

#### （五）肿瘤抗原的加工、递呈发生障碍

某些人类小细胞肺癌不能将 MHC Ⅰ类分子从细胞浆内质网转移至细胞表面，癌细胞内 LMP-1、LMP-2、TAP-1、TAP-2 的 mRNA 的表达降低，提示对抗原加工时的酶介、转运和递呈发生障碍，可能是肿瘤逃逸免疫监视的机制之一。

#### （六）肿瘤细胞分泌免疫抑制因子

某些肿瘤细胞可分泌 TGF-β、IL-10 等细胞因子，抑制机体抗肿瘤免疫的产生。

### 二、宿主免疫系统方面的因素

#### （一）机体免疫系统功能障碍

先天性免疫缺陷、后天获得性免疫功能低下的个体，如 HIV 感染或长期应用免疫抑制的病人，其肿瘤的发病率较高。

（二）肿瘤直接或间接抑制机体免疫功能

恶性肿瘤可直接侵犯免疫器官或激活体内的抑制性免疫细胞，造成免疫功能低下，却有助于肿瘤细胞逃避宿主免疫系统的攻击。

## 第四节　肿瘤的免疫学治疗

肿瘤免疫学治疗的目的是激发或调动机体的免疫系统，增强抗肿瘤免疫力，从而控制和杀伤肿瘤细胞。肿瘤免疫学治疗方法的种类繁多，已与现代生物高科技结合，发展成为继常规疗法如：手术、化疗和放疗之后的第四种治疗模式——肿瘤生物学治疗方法。但这些方法大多还处于探索阶段，对临床上已生长的肿瘤或实体瘤的消除能力也十分有限，对大量的肿瘤细胞也难以奏效，因此，临床上先用常规疗法清除大部分肿瘤细胞，再使用生物学治疗方式清除、杀伤少量的残留或扩散的肿瘤细胞，以提高、巩固肿瘤治疗的效果，减少肿瘤的复发。常用的肿瘤免疫学治疗方法如下。

### 一、主动免疫疗法（肿瘤疫苗）

肿瘤的主动免疫疗法与传统免疫疫苗的概念不同，主要不是用于肿瘤的预防，而是给机体输入具有抗原性的肿瘤疫苗，刺激机体产生特异性抗肿瘤免疫，以达到治疗肿瘤、预防肿瘤转移和复发的目的。常用的肿瘤疫苗有以下几类：

（一）肿瘤细胞疫苗

将自身或异体同种肿瘤细胞，经过物理因素（照射、高温）、化学因素（酶解）以及生物因素（病毒感染、基因转移等）的处理，改变或消除其致瘤性，保留其免疫原性，常与佐剂（卡介苗等）联合应用，对肿瘤治疗有一定疗效。

（二）肿瘤抗原疫苗

肿瘤抗原疫苗包括 TAA/TSA 疫苗、MHC 抗原多肽复合疫苗、HSP/肽复合体疫苗，及人工合成肿瘤肽疫苗等。HSP 是在生物进化中高度保守、广泛分布的蛋白质，具有“分子伴侣”（molecule chaperone）作用，参与胞内蛋白的折叠、装配及转运。从肿瘤组织中提取的 HSP/肽复合体含有多种肿瘤相关肽，可诱导多个肿瘤特异性 CTL 克隆，发挥特异性杀伤作用，且不受 MHC Ⅰ类分子限制，因此，HSP/肽复合体疫苗展示良好的应用前景。人工合成肿瘤肽疫苗是合成为 8～12 个氨基酸的特异性多肽，能直接与 MHC Ⅰ类分子结合诱导特异性 CTL，并能在体内外特异杀伤其表达天然肽序列与人工合成肽相同的肿瘤细胞，目前正在研究的有黑色素瘤相关抗原（MAGE）、HPV 16E7 抗原，以及 P21/k-ras、P53 蛋白中特定序列多肽等。

（三）病毒疫苗

病毒疫苗不仅可以预防病毒性疾病，更重要的可以预防或治疗人类许多与病毒感染密切相关的肿瘤，如乙型肝炎病毒疫苗。目前，以病毒为载体与其他肿瘤抗原或多肽组成的重组病毒疫苗（如重组痘苗病毒）正在研制和Ⅰ期临床试验中。

（四）抗独特性疫苗

抗独特型抗体作为抗原的内影像，可模拟抗原的结构并代替肿瘤抗原成为疫苗，诱发机体产生特异性抗肿瘤免疫应答。制备简便，只需以肿瘤特异性单克隆抗体作为免疫原，制备抗体并筛选具有内影像作用的抗独特型抗体，不需要分离或鉴别肿瘤抗原。

(五)DNA疫苗

DNA疫苗是指人工克隆一段编码肿瘤特异性抗原的DNA,并通过质粒等方式注入机体,使其在体内细胞中有效表达蛋白而成为肿瘤特异性抗原。这种抗原模仿病毒蛋白等内源性抗原的递呈方式,解除免疫耐受,诱导机体产生特异性抗肿瘤免疫应答。DNA疫苗还有许多问题有待研究,已显示诱人的前景。

(六)抗原递呈细胞疫苗

肿瘤细胞要能被机体免疫系统识别杀伤,除了必须有效地递呈抗原外,还须提供刺激信号。肿瘤细胞可以通过低表达抗原递呈相关分子而逃避机体抗肿瘤免疫。APC包括巨噬细胞、树突状细胞和B细胞均能表达高水平的MHC分子和其他粘附分子及共刺激分子,将肿瘤抗原以基因、多肽、蛋白甚至完整细胞的形式负荷给APC细胞制成疫苗,能够产生有效的抗肿瘤免疫。最近我国创建了应用肿瘤与APC融合制备肿瘤疫苗的新技术,把肝癌细胞和具有很强抗原递呈能力的激活B细胞融合,制备了一种新型肿瘤疫苗,Ⅰ期临床已获得了良好的抗肿瘤效果。

## 二、免疫导向疗法

免疫导向疗法是将具有细胞毒作用的杀伤因子与单克隆抗体偶联制成“生物导弹”,并利用单抗能特异性结合肿瘤抗原的特性使杀伤因子“导向”到肿瘤病灶,杀伤肿瘤细胞。常用的杀伤因子有:放射性核素($I^{131}$)、抗肿瘤药物(氨甲蝶呤、阿霉素)、毒素(蓖麻毒素、白喉毒素、绿脓杆菌外毒素等)。其中放射性核素应用方便、标记简便,易显像及定位定量检测,并能破坏邻近未被单抗结合的肿瘤细胞,因此应用最多。今后应设法研制人源性单克隆抗体,或使鼠源性单抗“人源化”,以减少或避免因反复使用鼠源性单抗引起的副作用。

## 三、过继免疫疗法

肿瘤过继免疫疗法是将自身或异体的抗肿瘤效应细胞的前体细胞,在体外采用IL-2、抗CD3单抗、特异性多肽等激活剂进行诱导、激活和扩增,然后转输给肿瘤患者,提高患者抗肿瘤免疫力,以达到治疗和预防复发的目的。常见的免疫效应细胞有:①LAK细胞:用高浓度IL-2激活病人自体或正常供者的外周血单个核细胞;②TIL细胞:从切除的瘤组织或癌性胸腹水中分离淋巴细胞,体外经IL-2诱导激活和扩增;③CD3AK细胞:用抗CD3单抗辅以小剂量IL-2激活外周血单个核细胞;④CTL细胞:用特异性多肽抗原体外诱导CTL克隆。

## 四、细胞因子疗法

该疗法是近期随着高纯化或重组细胞因子的生产得以实现。细胞因子疗法的原理是某些细胞因子注入体内后可调节、增强一种或多种免疫细胞的功能,发挥更强的抗肿瘤免疫功能。目前临床常用的细胞因子有IL-2、TNF-α、IFN-γ及CSF等。

## 五、基因疗法

肿瘤的基因疗法不同于其他治疗方法,其原理是克隆某些可用于肿瘤治疗的目的基因,将目的基因在体外转染受体细胞,然后回输体内,或直接将目的基因体内注射,使目的基因在体内有效表达,增强体内抗肿瘤作用或改善肿瘤微环境增强抗肿瘤免疫力。目前常用的抗肿瘤基因治疗的目的基因有：细胞因子基因如编码 IL-2～12、IFN-γ、TNF-α、CSF 等细胞因子基因，肿瘤抗原基因如编码 MAGE、CEA 等的基因，MHC 基因，协同刺激分子基因如编码 B7、CD54、LFA-3 等的基因，肿瘤自杀基因如 TK、CD 基因等，肿瘤抑癌基因如 RB 基因、P53 基因等。

（张利宁）

# 第十九章　免疫学检测

免疫学检测技术是应用免疫学理论设计的一系列测定抗原、抗体、免疫细胞及其分泌的细胞因子的实验方法。随着学科间的相互渗透，免疫学涉及的范围不断扩大，新的免疫学检测方法层出不穷。免疫学检测技术的应用范围亦在日益扩大，不仅成为多种临床疾病诊断的重要方法，也为众多学科的研究提供了方便。本章将主要介绍免疫学检测技术的基本类型、基本原理和主要用途，并对分子生物学技术(分子杂交、转基因、多聚酶链反应)在免疫学领域的应用作简要介绍。

## 第一节　抗原抗体的测定

### 一、抗原抗体反应的相关理论

抗原与相应抗体相遇可发生特异性结合，并在外界条件的作用下出现某种反应，如凝集或沉淀，藉此可用已知抗原(或抗体)检测未知抗体(或抗原)。因抗体主要存在于血清中，又称之为**血清学反应**(serological reaction)。

#### (一)抗原抗体反应的特点

1. 抗原抗体结合的**特异性**　抗原借助表面的抗原表位与抗体分子超变区空间构型的互补，发生特异性结合。同一抗原分子可具有多种不同的抗原表位，若两种不同的抗原具有一个或多个相同(相似)的抗原表位，在与相应抗体反应时可出现**交叉反应**(cross reaction)。

2. 抗原抗体结合的**可逆性**　抗原抗体主要以氢键、静电引力、范德华力和疏水键等分子表面的非共价方式结合，结合后形成的复合物在一定条件下可发生解离，回复抗原、抗体的游离状态。解离后的抗原和抗体仍保持原有的性质。抗原抗体复合物解离度在很大程度上取决于特异性抗体超变区与相应抗原表位三维空间构型的互补程度，互补程度越高，分子间距越小，作用力越大，两者结合越牢固，不易解离；反之，则容易发生解离。此外与电解质的 pH 强度和离子强度有关。

3. 抗原抗体结合的**比例性**与结合物的**可见性**　抗原与抗体的结合能否出现肉眼可见的反应，取决于两者的比例。若比例合适，可形成体积较大的抗原抗体结合物，出现肉眼可见反应；反之，虽能形成结合物，但体积小，肉眼不可见。由于这种分子比例的差异，分别形成了 3 种区带现象。**等价带**表示抗原与抗体比例最合适，形成大而多的结合物，此时在反应体系中测不出或有极少游离的抗原或抗体；**抗体过剩带**(前带)和**抗原过剩带**(后带)皆表示抗原与抗体的比例不合适，所形成的结合物少且小，在反应体系中存在着较多的游离抗原或抗体。抗原抗体分子的比例与结合物大小的关系如图 19-1 所示。小分子可溶性抗原，因其表面积大，容易导致抗原过剩现象；而细胞等颗粒性抗原，在与抗体反应时则易出现抗体过剩现象。因此在抗原抗体检测中，为能得到肉眼可见的反应，在了解抗原的物理性状之后，对抗原或抗体进行稀释，以调整二者的比例。

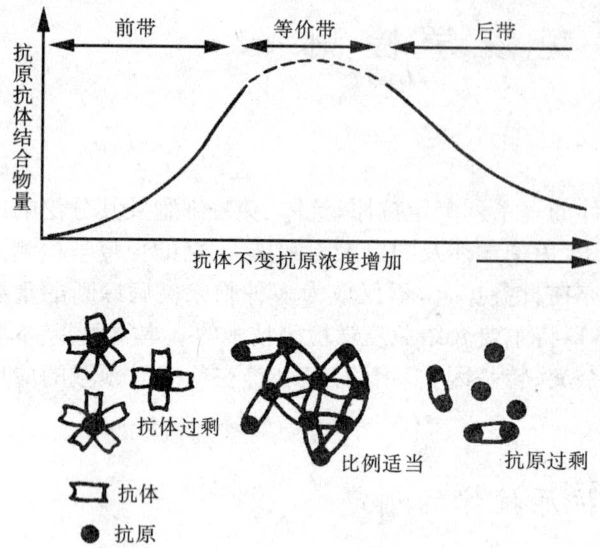

图 19-1 抗原抗体反应模式图

4. 抗原抗体反应的**阶段性** 抗原抗体反应分为两个阶段。第一阶段是抗原抗体的特异结合，此阶段仅需几秒到几分钟，尚无可见反应；第二阶段为可见反应阶段，需数分钟、数小时乃至数日，受各种因素影响。

（二）抗原抗体反应的主要影响因素

1. 抗原和抗体浓度、比例 抗原和抗体浓度、比例对抗原抗体反应影响最大，是决定性因素，如前所述。

2. 电解质 抗原与抗体特异性结合后，抗原抗体分子结合部位表面所带的电荷被中和。抗原抗体分子表面所带电荷易受电解质影响而失去，复合物亲水性减弱，相互间的排斥力下降，导致第一阶段已形成的可溶性结合物能进一步联结，出现明显的凝集或沉淀现象。试验中常用 0.85%的 NaCl 溶液作稀释液，提供适当浓度的电解质。

3. 温度 适当的温度可增加抗原与抗体分子碰撞的机会，加速结合物体积的增大，一般而言温度越高，形成可见反应的速度越快，但过高则会使抗原或抗体变性失活，影响试验结果。一般在 37℃下进行试验，但也有些抗原抗体在 4℃下进行反应较好。

4. 酸碱度 pH 过高或过低都将直接影响抗原或抗体的理化性质。例如，当电解质的 pH 降至 3.0 左右时，因接近细菌抗原的等电点，细菌表面蛋白或其他基团所带的电荷消失，其相互间的排斥力丧失而导致**非特异性酸凝集**，影响凝集试验的可靠性。

## 二、抗原与抗体的制备

抗原与抗体是血清学反应的物质基础。抗原的制备与纯化是获得特异性抗体的先决条件，所得到的抗体又可反过来纯化和检测抗原。

（一）抗原的制备

抗原种类繁多，按其物理性状可分为颗粒性和可溶性两类。前者指细胞性抗原（包括细菌抗原），制备较简便，一般用新鲜细胞以无菌生理盐水或磷酸缓冲液洗涤后配成一定浓度。若为细菌抗原，则取新鲜培养物，经集菌作如下处理，鞭毛抗原（H 抗原）不耐热，常用 0.3%～0.5%甲醛处理；菌体抗原（O 抗原）耐热，采用加热 100℃2 小时去除 H 抗原后应用。可溶性抗原（细胞膜、细胞浆、细胞核及核膜或可溶性的细胞分泌因子等）。细胞组成部分需经机械或酶解法破碎、离心获得粗制抗原，并通过选择性沉淀或层析等方法进一步纯化。而体液中（如血清等）的可溶性抗原则可直接用生化手段获得所需成分。有些可溶性物质仅具有免疫反应性，无免疫原性，如半抗原，需与载体偶联方可成完全抗原。

(二)抗体的制备

单克隆抗体(McAb)用杂交瘤技术制备(详见第三章、第二十一章),其特点为:特异性好,亲和力高,只识别一个表位,主要用于免疫学诊断和免疫学治疗。多克隆抗体(polyclonal antibodies)存在于免疫动物的血清中,可通过直接分离血清获得,主要应用于免疫学诊断。也可经中性盐析和层析法进一步提出单一类别的免疫球蛋白(多为 IgG),使诊断及各种研究能更精确地进行。优点:可识别多个表位,缺点:特异性差,易出现交叉反应,亲和力低,通过其他抗原的吸收可获得针对单个抗原决定簇的单价因子血清。

## 三、血清学反应的种类

抗原抗体反应种类甚多,为叙述方便按反应现象分类介绍于下。

(一)凝集反应(agglutination)

**凝集反应**是指颗粒性抗原(细菌、细胞等)与相应的抗体,或可溶性抗原(亦可用抗体)吸附于与免疫无关的载体,形成致敏颗粒(免疫微球)与相应的抗体(或抗原),在有合适的电解质存在下,形成肉眼可见的凝集小块。

1. **直接凝集反应**(direct agglutination) 是颗粒性抗原(**凝集原**)与相应抗体(**凝集素**)直接结合所呈现的凝集现象,如红细胞和细菌凝集试验。有玻片法、试管法。**玻片法**为定性试验,方法简便快速,常用已知抗体检测未知抗原,主要用于菌种鉴定、分型及红细胞 ABO 血型测定等;**试管法**常为半定量试验,用已知抗原检测待检血清中有无相应抗体及其相对含量,以帮助临床诊断和分析病情。例如常用于诊断伤寒或副伤寒的肥达氏试验(Widal test),诊断布鲁氏菌病的瑞特氏实验(Wright test)及诊断斑疹伤寒及恙虫病的外裴二氏试验(Weil felix test)等。

2. **间接凝集反应**(indirect passive agglutination) 是可溶性抗原或抗体吸附于与免疫无关的微球载体上,形成致敏颗粒,与相应的抗体或抗原在电解质存在的条件下进行反应,产生凝集。实验室常用的载体微球有醛化的人 O 型血红细胞、绵羊或家兔红细胞、聚苯乙烯乳胶、活性炭等,根据应用的载体不同,分别称为间接血凝、间接乳胶凝集及间接炭凝试验等。主要用于某些传染病如钩端螺旋体抗原和原发性肝癌的早期诊断。间接凝集扩大了凝集反应的应用范围,其发展取决于载体,修饰载体使其带有化学活性基团,或选用吸附力强、稳定性高和带有色素的载体,将演化出新的方法。

3. **间接凝集抑制试验**(indirect agglutination inhibition test) 将可溶性抗原与相应抗体预先混合并充分作用后,再加入抗原致敏的载体,此时因抗体已被可溶性抗原结合,阻断了抗体与致敏载体上的抗原结合,不再出现凝集现象。临床常用的免疫妊娠试验(immune pregnancy test)即属此类。若以红细胞作为载体则称为**间接血凝抑制试验**。

4. **协同凝集试验**(co-agglutination) 以金黄色葡萄球菌为载体,利用其细胞壁中的 A 蛋白(SPA)具有结合人及多种哺乳动物 IgG Fc 段的特性。将特异性抗体结合至金黄色葡萄球菌菌体,其 Fab 段暴露于菌体表面,遇到相应抗原时与之结合,即可导致金黄色葡萄球菌凝集(图 19-2)。常用于流脑、伤寒、菌痢及布鲁氏菌病早期诊断。

5. **抗人球蛋白试验**(anti-human globulin reaction) 机体受抗原刺激后,除产生完全抗体外,某些病人也可产生不完全抗体(IgG),后者虽能与抗原结合,但不出现肉眼可见的反应。Coomb 氏等把含有不完全抗体血清球蛋白注射到异种动物体内,使其产生抗人球蛋白抗体,将该抗体加入到颗粒性抗原与相应不完全抗体的复合物中，就能出现肉眼可见的凝集现象，称为抗人球蛋白试验，又称 Coomb's 试验。主要用于检测 Rh 抗体及布鲁氏菌抗体(图 19-3)。

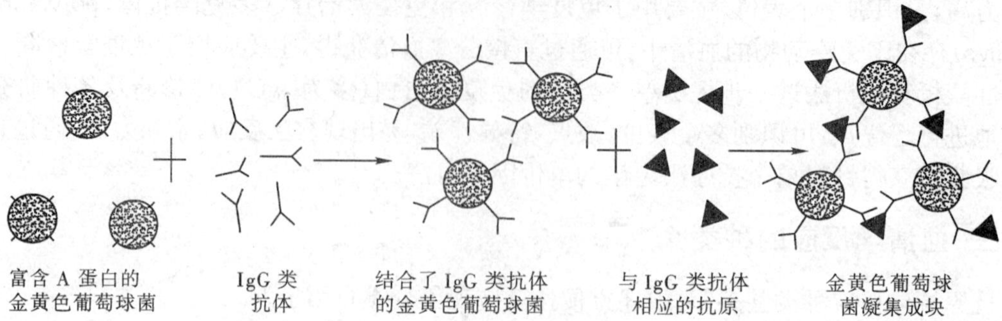


图 19-2　协同凝集试验示意图

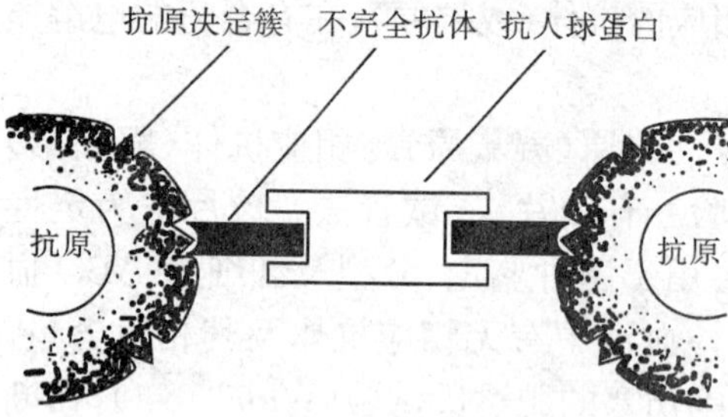


图 19-3　抗人球蛋白试验示意图

(二)沉淀反应(precipitation)

**沉淀反应**是指可溶性抗原与相应抗体在合适的电解质存在下，出现肉眼可见的沉淀现象。参与反应的抗原称**沉淀原**(precipitinogen)，抗体称**沉淀素**(precipitin)。沉淀原大多为多糖、蛋白质、类脂等，由于其体积小，相对反应面积大，故试验时需对抗原进行稀释，以避免后带现象。环状沉淀反应(ring precipitaion)和絮状沉淀反应(flocculation precipitation)应用较早，但因敏感性不高已被淘汰。目前应用最多的沉淀反应是 Oudin 建立的凝胶(琼脂)沉淀反应及其派生方法。

1. **单向琼脂扩散**(simple agar diffusion)　简称单扩，将特异性抗体与熔化的琼脂混合均匀，使抗体均匀分布于琼脂，然后浇制成琼脂板，再按一定要求打孔并加入抗原，使抗原向孔周自由扩散，与板中的抗体形成沉淀圈。本法为定量试验，沉淀圈的直径与抗原浓度成正比。单扩常用于血清中各类免疫球蛋白、AFP 等的定量测定。

2. **火箭电泳**(rocket electrophoresis)　若在单向琼脂扩散基础上，将琼脂板置于电场中，使抗原(在 pH8.6 的电解质溶液中带负电荷)由负极向正极作定向扩散，与板中的抗体结合而形成锥形沉淀峰，形似火箭，峰的高度与抗原浓度成正比。在电场作用下，抗原作定向扩散，火箭电泳所需时间短，可快速测定抗原含量。如在标本中加入少量同位素标记的抗原，可作放射免疫自显影，能检出微量抗原。应用范围与单扩相似。

3. **双向琼脂扩散**(double agar diffusion)　简称双扩，先制备琼脂板，再按要求打孔并分别加入抗原和抗体，使两者同时在琼脂板上扩散，若两者对应且比例合适，可在抗原和抗体两孔之间形成白色沉淀线。一对相应的抗原抗体只形成一条沉淀线，因此可根据沉淀线的数目推断待测抗原液中有多少种抗原成分；根据沉淀线的吻合、相切或交叉形状，可鉴定两种抗原是完全相同、部分相同还是完全不同(图 19-4)。常用于定性测定抗原抗体，亦可用于滴定免疫血清的效价。

4. **对流免疫电泳**(counter immunoelectrophoresis)　在双扩基础上加电泳，将抗原孔置负极端，抗体孔置正极端。由于抗原带负电荷多于抗体，抗原分子小于抗体，在电场中能克服电渗的作用而由负极向正极泳动；抗体却克服不了电渗作用，从正极向负极移动，二者形成对流，并在比例适宜处形成白色沉淀线，称对流电泳。因抗原抗体皆作定向运动，其敏感性较双扩高。常用于各类蛋白质的定性、半定量测定和某些传染病原体抗原或抗体的测定。

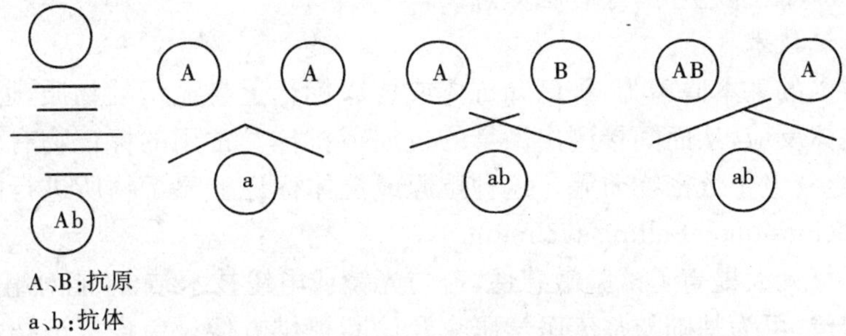


图 19-4　双向琼脂扩散试验模式图

除上述方法外还有多种免疫沉淀分析技术，如**区带电泳**和双扩相结合的**免疫电泳**（immunoelectrophoresis）、区带电泳与火箭电泳联用的**交叉免疫电泳**（cross immunoelectrophoresis），及**免疫选择电泳**、**免疫固定电泳**等，分别用于复杂抗原成分的分析和骨髓瘤、冷球蛋白血症等临床疾病的辅助诊断。随着精密仪器的研制成功，最近又建立了**散射比浊**、**速率散射比浊**等方法，使沉淀反应技术更加敏感、精确和自动化。

（三）补体结合试验（complement fixation test，CFT）

**补体结合试验**是在补体参与下，以绵羊红细胞和溶血素作为指示系统，来检测未知的抗原或抗体的试验。有 5 种成分参与：指示系统和待检系统（已知抗原或抗体和未知抗体或抗原），补体通常用新鲜豚鼠血清。方法是将已知的抗原或抗体与未知标本（可能含相应抗体或抗原）充分混合，再加入补体作用一段时间，最后加入指示系统。若待检系统有相应抗体或抗原，则能形成抗原抗体复合物，消耗了补体而不出现溶血现象，此为阳性；相反，出现溶血则为阴性。本试验的影响因素较多，正式试验前需对已知成分作一系列滴定，尤其是补体，应选择适宜的量参与反应，避免假性结果。每次试验尚需同时设立多种对照，以作为判断结果可靠性的依据。该法对所有抗原、抗体均适用，临床上常用于检测某些病毒、立克次氏体和螺旋体感染者血清内的中和抗体，亦可用于某些病毒的分型。

（四）中和反应（neutralization）

毒素、酶、激素或病毒等与其相应的抗体结合后，导致生物活性的丧失，称**中和反应**。常用的有病毒中和试验和毒素中和试验。

1. 病毒中和试验（virus neutralization）　是检测抗病毒抗体（中和抗体）的试验。当机体感染病毒后，能产生特异性抗病毒中和抗体，使相应的病毒失去毒力。将待检血清与病毒悬液混合，接种于细胞培养，根据对细胞的保护效果，判断病毒是否已被中和，计算出"中和指数"，即代表中和抗体的效价。该试验可将已知免疫血清用于病毒鉴定，或用已知病毒检测患者血清内的中和抗体，用于流行病学调查及病毒性疾病的诊断。

2. 毒素中和试验（toxinneutralization）　抗链球菌溶血素 O 试验（antistreptolysin O test），简称**抗"O"试验**，是体外的毒素抗毒素中和试验。乙型溶血性链球菌能产生溶解人和兔红细胞的溶血素 O，具有抗原性，能刺激机体产生相应抗体。该毒素与相应抗体作用时，毒性被中和而失去溶血活性。试验时，病人血清先与溶血素 O 混合，作用一定时间后加入人红细胞，若不出现溶血，表明待测血清中有相应抗体（抗 O），即为阳性。可根据抗体的含量并结合临床，对风湿病、类风湿等自身免疫性疾病活动期有辅助诊断。由于健康人血清中也有一定量抗体，其含量与地区、季节、年龄等因素有关，因此检测到抗体并不一定表明疾病处于活动期。而当效价高达 500 单位以上时，才有临床意义。

（五）免疫标记技术

免疫标记技术的基本原理为：将已知抗体或抗原标记上易显示的物质，通过检测标记物，反映有无抗原抗体反应，从而间接测出微量的抗原或抗体。常用的标记物有酶、荧光素、放射性同位素、胶体金及电子致密物质等。这种抗原或抗体标记上显示物所进行的特异性反应称为**免疫标记技术**（immunolabelling technique）。

免疫标记不仅大大提高了试验敏感性，若与光镜或电镜技术结合，能对组织或细胞内的待测物质作精确定位，可为基础与临床医学研究及诊断提供方便。免疫标记技术大致分为两大类：一类属于**免疫组织化学技术**（immunohistochemical technique），用于组织切片或其他标本中抗原的定位；另一类称为**免疫测定**（immunoassay），用于液体标本中抗原或抗体的测定。

1. **免疫酶技术**（immunoenzymatic technique）　最早应用的免疫酶技术是免疫酶组织化学染色，即用酶标记的抗体与标本中的抗原发生特异性结合，当加入酶的底物时，在酶的作用下经一系列反应产生不溶性有色物质，借助光镜作出定位判断。

目前，应用最广的是**酶联免疫吸附试验**（enzyme linked immunosorbent assay，ELISA）。该法特异性强，敏感性高，既可检测抗体，又能测定可溶性抗原。常用于各类病原体的抗原、抗体（如乙型肝炎两对半抗原抗体的检测）和细胞因子的检测。其衍生的技术在基础研究中应用广泛。ELISA 常采用的酶为辣根过氧化物酶（hosradish peroxidase，HRP），底物是邻苯二胺（OPD），底物被分解则呈棕褐色，可目测或借助酶标仪比色。酶标记技术可分为均相和非均相，后者最为常用，ELISA 等均为非均相测定。还有均相技术，在此不作介绍。

通常 ELISA 可分为双抗夹心法、间接法和竞争法。

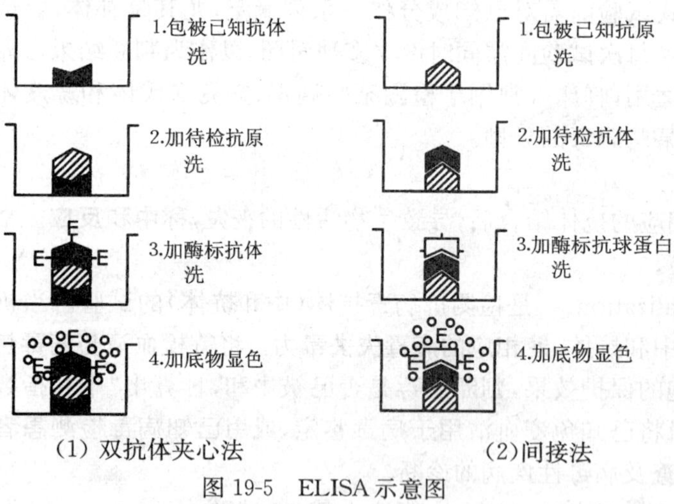


图 19-5　ELISA 示意图

（1）双抗夹心法：用于测定抗原。将已知抗体吸附于固相载体上，加待检标本（可能含相应抗原）与之结合。37℃温育 2 小时，将未结合的待检抗原洗去，再加入酶标抗体温育 2 小时，再洗去未结合的酶标抗体，最后加入底物显色，用酶标仪检测确定结果（图 19-5 左）。

（2）间接法：常用于测定抗体。将已知抗原吸附于固相载体上，加待检标本（可能含相应抗体）与之结合。37℃温育 2 小时，将未结合的待检抗体洗去，再加入酶标抗抗体温育 2 小时，再洗去未结合的酶标记抗体，最后加入底物显色并测定（图 19-5 右）。

（3）竞争法：常用于抗原和半抗原的定量测定，但也可用于抗体的测定。现以**抗原**测定为例叙述。先将已知特异性抗体吸附于固相载体上，在测定孔内同时加入待检标本（可能含相应抗原）和一定量已知酶标抗原，使之与固相载体上的特异性抗体结合，待检标本中的抗原可以与已知的酶标抗原竞争性地结合包被的特异性抗体，对照孔仅加入一定量的的酶标记抗原，不加待检标本，37℃温育 2 小时，将未能结合的待检抗原和酶标记抗原洗去，加入底物显色，用酶标仪检测确定结果。根据对照孔和测定孔的 OD 值之差，计算标本中的待检抗原的含量。

由于酶免疫测定的仪器设备价格低廉、操作简便、酶对人和环境基本无污染，因此在免疫标记技术中，该法应用最广泛。在原有方法基础上对酶标技术加以改良，使众多新的、更敏感的方法应运而生。①**生物素—亲和素放大系统**（biotin-avidin system，BAS）：将酶标记在生物素或亲和素上，借助生物素与亲和素的高度亲和力和生物素能与抗体结合的特点应用于 ELISA，显著提高了检测的敏感性。②**双表位 ELISA**（two-site ELISA）：方法同双抗体夹心法，只是将包被的抗体和酶标抗体换成针对两个不同抗原决定簇的单抗，用于检测单抗的亲和性及表位特异性，亦可用于标本中抗原的快速检测，即在试验时可将待测抗原与酶标单抗同时加入反应体系，减少检测步骤。③**斑点免疫渗滤试验**（dot immunofiltration assay，DIFA）：原理与 ELISA 相同，但以微孔膜（如硝酸纤维素膜、尼龙膜等）代替聚苯乙烯板作载体。试验时，将包被有抗原或抗体的微孔滤膜贴置于吸水材料上，依次滴加的标本、酶标记物、底物，分别进行洗涤，使多余的标本和酶标记物及洗涤液等可渗滤入吸水材料中，最后阳性标本在膜上呈现着色斑点。④**酶联免疫电转移印迹法**（enzyme linked immunoelectrotransferblot，ELIB）：该法将免疫转印技术与酶标技术相结合，有利于分析和检测更加复杂的抗原成分。ELIB 实际上就是免疫印迹法中的一类，分三阶段进行。第一阶段为 SDS-聚丙烯酰胺凝胶电泳，先将抗原分成不同区带（肉眼不可见）；第二阶段为转移电泳，即将凝胶上的电泳区带经电泳转移至硝酸纤维素膜上；第三阶段为酶免疫定位，用特异性抗体和酶标抗抗体作间接 ELISA，结果阳性区带呈显色反应。

2. **免疫荧光技术**（immunofluorescence techniques）　该法是以荧光素，如异硫氰酸荧光素（fluorescence isothiocyanate，FITC）、罗丹明等标记抗体或抗原，以检测标本中抗原或抗体的方法。免疫荧光技术也包括两种基本类型，即荧光抗体染色（fluoresceintantiboby technique）和荧光免疫测定（fluorescein immunoassay）。

①荧光抗体染色：是用荧光抗体浸染可能含有抗原的细胞或组织切片，若有相应抗原存在，则抗原与荧光抗体结合，在荧光显微镜下可见发光的物体，从而达到定位检测目的，在基础与临床医学的研究及疾病的诊断等方面有广泛用途，如在肾炎、肾病综合症、SLE 等自身免疫性疾病的诊断中。可分直接法和间接法，前者即用荧光标记的第一抗体直接检测标本片上的抗原物质；后者则在未标记的相应抗体（第一抗体）处理标本片后，覆以荧光标记的抗抗体（第二抗体），借此可检测多种抗原与抗体。与直接法相比，间接法仅需标记一种第二抗体（抗抗体）即可适应多种抗原或抗体的检测，且敏感性较高，但特异性较直接法差。

②荧光免疫测定：本法与酶免疫测定一样，可分均相和非均相法。均相法常利用荧光的某些特性，如荧光的激发、吸收、猝灭等设计试验，无需将结合的标记物与游离的标记物分离。双标记法即为均相荧光免疫测定的一种类型，检测试剂为 FITC 标记的抗原和罗丹明标记的抗体，当两种标记物标记的抗原和抗体特异性结合后，使两种荧光素靠近，由于 FITC 的发射光谱能被罗丹明吸收，而使 FITC 的荧光明显减弱。试验时将可能含有相应抗原的标本与两种标记物一起反应，则标本中的抗原能与 FITC 标记的抗原竞争结合罗丹明标记的抗体，从而减

少罗丹明对 FITC 发射光谱的吸收。通过 FITC 荧光测定可推算出标本中抗原的量，其与荧光强度成正比。非均相法限于实验室条件、试剂和容器或载体的非特异性荧光干扰等，应用不及 ELISA 广泛。

此外近年来**时间分辨荧光免疫测定**（time resoloved fluorescence immunoassay，TR-FIA）有很大改进，该法利用稀土金属（铕、铽等）的螯合物具有特长的荧光寿命，将其标记抗体并延长测定时间，使短命的非特异性荧光衰退，从而测得均一的长寿稀土螯合物荧光。此外稀土螯合物的激发光吸收峰（340 nm）与荧光发射峰（613 nm）之间的差别显著，也利于排除非特异荧光的干扰。尽管 TR-FIA 有许多优点，但是仪器昂贵，难以推广。目前主要用于 IgE、激素等微量血清成分检测及某些药物血液浓度的监测。

3. **放射免疫测定**（radioimmunoassay，RIA） RIA 是最敏感的免疫标记技术，精确度高且操作易于标准化和自动化。但由于放射性同位素有一定的危害性，使其临床应用受到一定限制。主要用于激素（如 HCG、胰岛素）检测和血药浓度的监测。

①液相放射免疫分析：为经典的放射性同位素标记技术（radio-isotypelabelingtechnique），简称放射免疫分析。原理是用已知的标记抗原与标本中可能存在的抗原竞争一定量的已知抗体，分别形成标记的抗原抗体结合物（B）和无标记的抗原抗体结合物（F）。然后将两者分离，并根据测得的放射性强度，算出结合率[B/(B+F)]，此与标本中抗原的量成反比。试验时除作标本检测外，还要以不同浓度的已知抗原参与反应得到的数据绘出竞争抑制曲线，作为定量分析的依据。液相放射免疫测定的另一类型是**免疫放射测定**（immunoradionmetricassay，IRMA），试验时受检抗原与过量的标记抗体反应，然后加入固相的抗原免疫吸附剂，以结合游离的标记抗体，经离心后测定上清液中放射性强度，从而推算出标本中抗原的含量。

② 固相放射免疫测定（solidphase radioimmunoassay，SPRIA）：其原理、方法和应用与 ELISA 基本相同，区别在于标记物和检测仪。SPRIA 的敏感性略高于 ELISA。与 RIA 相比，该法既可用已知的标记抗原测抗体，也可用已知的标记抗体测抗原。主要用于特异性 IgE 的检测。

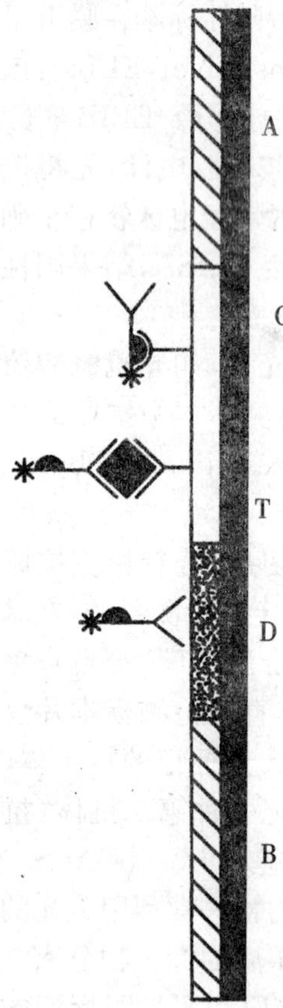

图 19-6 免疫胶体金层析法原理示意图

4. **免疫胶体金标记技术**（immunologic colloidal gold signature，ICS） 胶体金是分散相粒子的金溶液，经凝聚法制成的金溶胶颗粒表面带有较多电荷，能吸附抗体形成金标记的抗体。用这种金标记抗体与组织或细胞标本中的抗原反应，借助显微镜观察颜色分布即可定位、定性测定组织或细胞中的抗原。该法最早用于免疫胶体金标记电镜技术，利用胶体金颗粒高电子密度，经衬染后对超微切片中的抗原作定量或定位研究。随后又应用于光镜，并根据金催化还原银离子的原理，结合显影技术，以银增强金标抗体的可见性，建立了**免疫金银法**（IGSS）。此外，若将荧光素吸附于胶体金，在荧光显微镜下作定向性分布及定位观察荧光染色标本，可增强荧光效果。胶体金标记技术发展较快，如**胶体金斑点渗滤试验**和**胶体金斑点免疫层析试验**，尤其后者检测敏感度高，操作简单，时间短，

1～2分钟即可出现结果，已应用于 HCG 和 HBV 两对半的检测。方法简述如下（图 19-6）：试验时均用干试剂，多个试剂被组合在一狭长的试剂条上，条上端（A）和下端（B）分别为吸水性材料，胶体金标记的特异性抗体干片粘贴在 B 的上段 D 处，紧接着为硝酸纤维膜，其上有两个反应区域，测试区（T）包被有与待检抗原相应的特异性抗体，对照区（C）包被有对应的抗 IgG 抗体（二抗）。测试时将试纸下端浸入液体标本中，通过吸水材料虹吸作用吸引标本液向上移动，经过 D 处时如标本中有与金标抗体相应的抗原，两者即结合，在 T 区金标记的抗体—抗原复合物再与包被的抗体结合，呈现胶体金颗粒的红色，反之 T 区则不显色。过剩胶体金标记的抗体或金标记的抗体—抗原复合物继续向前移动，与 C 区的抗 IgG 抗体结合，出现红色质控条带。

## 第二节　免疫细胞的检测

采用体外或体内试验对机体各种参与免疫应答的细胞进行鉴定、计数和功能测定，藉以了解机体的免疫状态，并对某些临床疾病的诊断、预后判断及疗效观察等也有一定意义。

### 一、免疫细胞的分离

体外测定免疫细胞首先要从外周血或淋巴组织中分离所需的细胞。主要方法是根据细胞的表面标记、理化性状及功能等方面的差别进行设计。常用密度梯度离心法辅以花环沉降或亲合板粘附法（panning）等。目前最先进的方法是采用**荧光激活细胞分离仪**（fluorescence activited cell sortor，FACS）进行细胞标记分离，可自动、快速和大量地分出各类细胞，且分离的细胞纯度高、活性强。

#### （一）外周血单个核细胞的分离

主要用聚蔗糖泛影葡胺分离液（Ficoll-Hypaque）密度梯度离心法。分离人外周血单个核细胞时，通常将分离液的比重配成 1.077，肝素抗凝血置分离液上，于水平离心机 2 000 转/分，离心 20 分钟，血液中各种细胞可因比重不同而被分开（图 19-7）。此外，分离剂还可选用 Percoll、Metrizamid 及牛血清白蛋白（BSA）等。分离不同动物血中单个核细胞时，对分离液比重的要求各不相同，如小鼠为 1.088，大鼠为 1.084，马为 1.090 等。

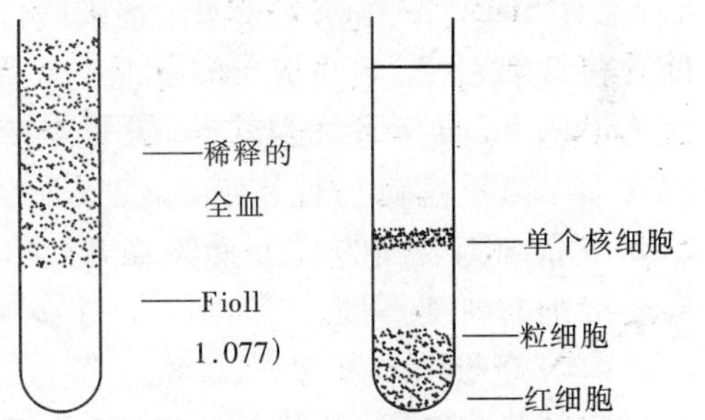

图 19-7　淋巴细胞分离（Ficoll 密度梯度法）

#### （二）T、B 细胞及其他免疫细胞的纯化

经密度梯度离心法获得的单个核细胞是不均一的细胞群，还可根据各种细胞的生物学特性、表面标记等进一步纯化。例如单核细胞等具有粘附和吞噬作用，可用玻璃或塑料容器的粘壁法和吞噬羰基铁颗粒的磁铁吸引法除去或获得。绵羊红细胞能与人 T 细胞形成 **E 花环**，藉此可通过花环沉降法分离 T、B 细胞。此外，利用 B 细胞具有易粘附于尼龙纤维表面的特性，也可将 T 和 B 细胞分开。为了进一步除去细胞悬液中个别细胞群，尚可将相应的单抗结合于塑料板上，利用亲和层析的原理作亲和板粘附法，或在细胞悬液中加入相应的单抗和补体，特异性地破坏相应细胞，使获得的细胞更加均一。

（三）免疫磁珠分离法

近来免疫磁珠法应用较多，基本方法是将特异性抗体标记在磁性珠上，当细胞与标记了特异性抗体的磁珠混合后，两者发生结合，置于磁铁上，吸取上清中的细胞，即可将所需的细胞与其他细胞分离开。

（四）荧光激活细胞分离仪分离法

流式细胞计数（flow cytometry，FCM）是集光学、流体力学、电子学、计算机技术和荧光标记技术于一体的高科技仪器，将特异性荧光抗体标记的细胞样品装入样品管内，通过高速流动系统，在鞘液的作用下使细胞排成单行，一个个地流经检测区进行测定。当细胞从流动室喷嘴处流出时，经超声系统振荡搅动液流，使液流断裂成一连串均匀小滴，每小滴最多含一个细胞，在激光束照射下产生荧光和散射光，经光电倍增管接收，转换成脉冲信号，经电脑对细胞的多个参数定量测定、综合分析和处理分辨细胞类型，包括细胞的大小、蛋白质、核型（DNA 和 RNA）、表面分子的种类等信号。同时当液滴在通过喷嘴喷出时，给予液滴一个充电脉冲信号，使标记不同荧光抗体的细胞液滴流带上不同的电荷，在这些细胞小液滴通过电场时，在电场的作用下向不同方向偏离，即可收集到所需类型的细胞。研究型的 FCM 能以 5 000 个细胞/秒的速度高效分离细胞。目前 FCM 已广泛应用于各类细胞表面分子、细胞内细胞因子、细胞周期、细胞凋亡的研究。此外 FCM 还可用于各种大分子、胶乳颗粒或其他粒子的分析等。

## 二、免疫细胞的计数

（一）花环形成试验

T 细胞与 B 细胞皆可应用该试验进行计数。计数 T 细胞的方法称 **E 花环形成试验**（erythrocyte rosette forming cell test，ERFC-T），即取外周血淋巴细胞与绵羊红细胞（SRBC）混合，在一定温度下作用一定时间，使 SRBC 与 T 细胞表面的 E 受体结合，形成以 T 细胞为中心，绕有 SRBC 的花环样集团。B 细胞计数的方法有 **EA 花环**形成试验或 **EAC 花环**形成试验，前者将红细胞（E）与相应 IgG 抗体（A）结合成 EA 悬液，再与受试者的淋巴细胞混合，使 IgG 抗体借助 Fc 段与 B 细胞的 Fc 段受体结合，制片染色后镜检，计数花环形成率；EAC 花环试验仅在 EA 花环基础上加上补体，使先形成 EAC，再与受试淋巴细胞混合，使 EAC 复合物通过 C3b 与 B 细胞表面的 C3b 受体结合，再计数。此两类方法也可用于淋巴细胞的分离，但是分离后细胞的纯度不高。

（二）荧光抗体染色

应用范围广泛，可用于 B 细胞、T 细胞及其亚类、Mϕ 及 NK 细胞的计数及表面标志的测定，一般选用间接荧光抗体染色，即活细胞与其特异性单抗作用后再与荧光抗 IgG 抗体反应，经荧光显微镜观察可见膜荧光。

## 三、免疫细胞功能的测定

（一）T 细胞功能测定

1. 淋巴细胞转化试验（lymphocyte blastogenesis test）　T 细胞在体外受特异性抗原或有丝分裂原（PHA、ConA 等）刺激后，能转化为淋巴母细胞。试验时取外周血，分离淋巴细胞，加入有丝分裂原或特异性抗原，在培养液中培养 72 小时，经涂片染色后镜检计算转化百分率。

正常人为70%左右，转化率低表明细胞免疫功能低下。目前采用$^{3}H$-TdR和四甲基偶氮唑盐(MTT)掺入法。$^{3}H$-TdR掺入法，是在培养终止前6小时加入$^{3}H$-TdR，经β液体闪烁仪检测淋巴细胞内$^{3}H$-TdR的掺入量，与对照组比较计算出转化率。MTT掺入法是依据增殖的活细胞线粒体能裂解MTT中四氮唑环而产生蓝色沉淀物甲臜，加入溶剂溶解后借助酶标仪于波长570 nm下测吸光值作为判断指标。MTT法简单、易行且无污染，常被一般实验室采用。$^{3}H$-TdR和MTT掺入法也可应用于细胞毒活性的检测。

2. 淋巴细胞参与的细胞毒性试验(lymphocyte mediated cytotoxicity test，LMC-T)　主要是检测CTL和NK细胞毒性的方法。当CTL再次接触细胞表面靶抗原时，即表现出破坏、溶解靶细胞的特性。检测时将受试者外周血单个核细胞(效应细胞)与传代的$^{51}Cr$标记的肿瘤细胞(靶细胞)按一定的效靶比例混合，于37℃孵育一定时间，离心后用γ计数器测定上清同位素强度，其强度与效应细胞的细胞毒性成正比。按下式计算溶解百分率作为判断指标。

$$溶解百分率=\frac{实验组\ cpm-自发释放组\ cpm}{最大释放组\ cpm-自发释放组\ cpm}\times 100\%$$

通过测定肿瘤患者CTL对肿瘤细胞的杀伤力，可判断患者的预后和观察其疗效。

3. T细胞功能的体内测定法　常用的方法是体内皮试法，细胞免疫功能正常者可出现硬结、红斑等阳性反应，细胞免疫功能低下者常呈弱阳性或阴性反应。临床上常作为某些病原微生物感染的诊断和观察患者的细胞免疫状态、疗效及其预后判断的指标。

①生物性抗原皮肤试验：分为特异性与非特异性两类，前者包括以结核菌素(OT)、纯蛋白衍生物(PPD)及链激酶—链道酶(SK-SD)等为抗原的皮肤试验，其中以OT皮肤试验应用最普遍。定量注射上述抗原于前臂屈侧皮内，24～48小时观察结果，局部出现红肿，硬结者(>0.5 cm)为阳性。后者多用有丝分裂原如植物血凝素(PHA)作皮肤试验，在注射后6～12小时局部出现红斑、硬结，24～48小时可达高峰，硬结大于1.5 cm为阳性。特异性抗原皮试常用于测试过敏反应。若用于免疫功能的评价，若受试者未曾接触过所试抗原，则不出现阳性反应，因此需要作两种以上抗原皮试，以对受试者的细胞免疫功能作出综合评价。

②化学性半抗原皮试：常用二硝基氯苯(DNCB)和二硝基氟苯(DNFB)，均为小分子物质的半抗原，进入皮肤后即与组织蛋白结合，构成完全抗原并致敏机体，当机体再次接触该抗原时即可引起迟发型超敏反应。试验时先将受试者致敏，即将1%DNCB或DNFB丙酮溶液涂于前臂皮肤，24小时后洗去并于2～3周后再以小剂量DNCB或DNFB涂于同侧或对侧皮肤，在24～48小时后发生红肿、硬结、水泡或溃疡者为阳性。细胞免疫功能低下或缺陷者，常呈弱阳性或阴性反应。但由于局部反应较大，病人难以接受。

(二)B细胞功能的检测

1. 空斑形成细胞(plaque formingcell，PFC)检测　是体外检测B细胞功能的方法。该法最早用于实验动物的PFC测定。是以SRBC作为抗原免疫小鼠，从免疫小鼠脾脏分离淋巴细胞或直接用脾细胞，与5%SRBC混合于琼脂中，经37℃ 5%$CO_2$温育后，抗体形成细胞分泌的特异性抗SRBC抗体在补体参与下使其周围的SRBC溶解而形成溶血小区，即**溶血空斑**(plaque)。一个空斑代表一个抗体形成细胞，空斑的数量表示抗体形成细胞的多少。参与本反应的抗体主要是IgM，固定补体能力强，可直接激活传统途径，导致SRBC溶解，称直接法。若检测其他类别免疫球蛋白的抗体形成细胞，需在试验系统中加入相应的第二抗体才能使SRBC溶解形成空斑，称间接空斑形成试验。近年来，已应用SPA致敏的SRBC结合抗人球蛋白来检测人抗体形成细胞，称 SPA-SRBC 溶血空斑试验。在此检测系统中加入抗人 Ig，能与受检细胞产生的 Ig 结合成复合物，并通过复合物中抗人 Ig Fc 段与致敏 SRBC 上的 SPA 结合，激活补体而使 SRBC 溶解。空斑形成细胞的检测，有助于免疫应答动力学的研究和探讨药物对机体免疫状态的影响，是目前研究 B 细胞抗体产生功能的重要手段。

2. 定量溶血分光光度法(quantitative hemolysis spectrophotometry，QHS)　又称 B 细胞介导的红细胞定量溶血分光光度法，是根据溶血空斑试验的原理衍化而来的，可用以测定由 B 细胞产生和分泌的抗体裂解红细胞所释放的血红蛋白(以吸光值表示)，从而反映机体的体液免疫功能。试验时，将免疫的脾细胞与 SRBC 及新鲜豚鼠血清等体积混合，于 37℃水浴 1 小时，离心后测上清吸光值，其与产生抗体的量成正比。

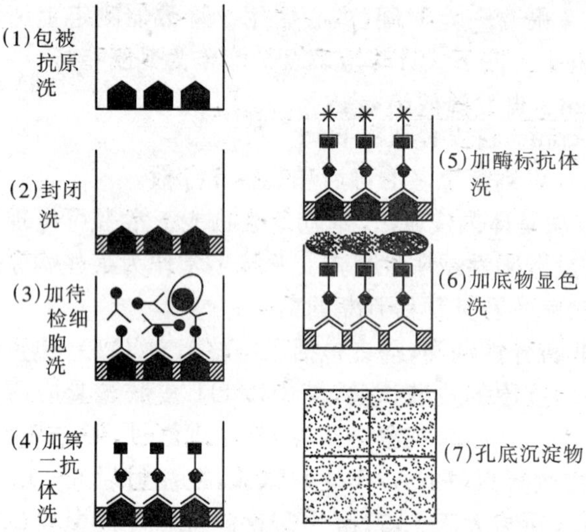

图 19-8　ELISPOT 原理示意图

3. 酶联免疫斑点试验(enzyme linked immunospot，ELISPOT)　该法与 ELISA 不同之处是，加入的待检标本是细胞，而非可溶性物质；所使用的底物在酶的作用下可形成不溶性终产物。原理和步骤参见图 19-8。ELISPOT 不仅可应用于 B 细胞分泌抗体功能的测定，也能检测分泌细胞因子的 T 细胞和巨噬细胞。该技术现已有应用于计数类风湿因子分泌细胞的报道，但尚未在临床广泛应用。

(三)其他淋巴细胞功能的检测

1. NK 细胞活性测定　包括两方面：即 NK 细胞的自然杀伤活性和 ADCC 活性。①NK 细胞自然杀伤功能的检测：NK 细胞的功能无需抗原或有丝分裂原的刺激，亦不依赖抗体或补体。测定方法主要是体外同位素释放法。试验时将分离的淋巴细胞与$^{51}$Cr 标记的 NK 细胞敏感的靶细胞(K562)共育于 37℃ 4 小时，离心取上清用 γ 计数器测定放射性强度，其与 NK 细胞活性成正比。②ADCC 试验：有两种方法。a. 空斑形成法：是将鸡红细胞在经多聚 L-赖氨酸处理过的玻片上形成单层细胞，加入一定量的抗鸡红细胞抗体及人淋巴细胞，作用一定时间后，由于杀伤性细胞的 ADCC 效应，使其周围的鸡红细胞被溶解，于低倍镜下可见空斑。计数空斑可算出 NK 细胞的百分率。b. $^{51}$Cr 释放试验：与空斑形成法的主要区别是观察指标不同。所用的靶细胞除需用相应的抗体处理外，还要用$^{51}$Cr 标记。当靶细胞破损后，标记的$^{51}$Cr 释出胞外，不能再被其他细胞吸收。用 γ 计数器测量上清液中的放射性强度可反映靶细胞破坏程度，从而得知 NK 细胞的相对水平。

2. LAK 细胞活性测定　LAK 细胞直接杀伤多种肿瘤细胞的作用依赖于 IL-2 的存在。若将经 IL-2 诱导的受检细胞(效应细胞)与瘤细胞(靶细胞)按一定的效/靶比例混合，37℃孵育一定时间后即可杀伤瘤细胞。目前多采用同位素标记法，根据加入同位素先后次序的不同，可分为前标记法(试验前先用$^{51}$Cr 标记靶细胞)和后标记法(即在效靶反应后掺入$^{3}$H-TdR)。前者通过测定上清液的放射性强度判断 LAK 细胞活性；后者在培养结束后收集细胞，测其放射性强度，此与 LAK 活性成反比。

(四)吞噬细胞功能检测

1. 中性粒细胞吞噬功能的测定　较早应用NBT试验,即中性粒细胞在杀菌过程中能量消耗剧增、耗氧量增加、糖代谢增强,致使糖代谢的中间产物6-磷酸葡萄糖增多,并在己糖途径中氧化脱氢,脱下的氢可被硝基蓝四氮唑(nitroblue tetrazolium,NBT)所接受,使原来淡黄色的NBT还原成蓝黑色沉淀物,沉积在胞浆内。试验时取抗凝血与等体积NBT混合,37℃温育一定时间后推片,经瑞氏染色后光镜下计数百分率,正常人为10%左右,全身性细菌感染患者可见升高。此外,根据细胞的吞噬作用,将抗凝血与等量$5\times10^7$/ml的菌液混合,经37℃温育一定时间后推片、染色,于油镜下观察细胞吞噬细菌的情况并计算吞噬率和吞噬指数。

$$吞噬率=\frac{吞噬细菌的细胞数}{中性粒细胞总数(200个)}\times100\%$$

$$吞噬指数=\frac{200个粒细菌吞菌总数}{200个中性粒细胞}\times100\%$$

2. 大吞噬细胞的检测　①巨噬细胞吞噬功能的检测:巨噬细胞具有吞噬大颗粒异物的特性,因此常选用鸡红细胞、白色念珠菌、酵母菌等作为吞噬颗粒。将通过斑蝥发泡法获得的人巨噬细胞与鸡红细胞悬液于体外37℃温育一定时间,离心后取细胞涂片染色,镜检计算吞噬百分率和吞噬指数即可估计病人巨噬细胞的吞噬功能。②巨噬细胞其他功能的测定:巨噬细胞具有多种胞内和胞外酶,也可分泌一些可溶性因子,这些物质在一定程度上可反映该细胞的功能状态。胞内酶通过细胞化学染色法检测,例如最常用的酸性磷酸酶及特异性酯酶的测定。溶菌酶是巨噬细胞的一种胞外酶,可在体外溶解细菌,若将血清与一定量细菌悬液混匀后加入比色杯内,经光电比色后记录每分钟光密度变化百分率,与标准曲线相比即可得出标本中血清溶菌酶的含量。

## 第三节　细胞因子的检测

随着免疫学理论研究的深入,细胞因子在免疫应答的调节和效应中起着重要作用,其体内水平的高低直接反映机体的免疫状况及与各种疾病的关系,因而细胞因子的检测受到重视。方法主要分三类:①细胞生物学活性检测法。②免疫学标记技术法,常用ELISA。③分子生物学方法,常用逆转录PCR检测细胞因子的mRNA转录的情况。方法参见本章相关节段的内容,现以生物活性法为例介绍以下几种细胞因子的检测。

### 一、人类干扰素的检测

人类干扰素(human interferon,HuIFN)有α、β和γ 3种,其中HuIFN-γ由T细胞产生,3种HuIFN都有抗病毒作用,因此可利用其抗病毒的特性建立相应的检测方法,如血凝素生成抑制试验,是以人肺癌细胞株A549作为小鼠脑脊髓心肌炎病毒的敏感细胞,将此病毒接种于A549的单层细胞培养中,可产生使人"O"型红细胞凝集的血凝素。若在此培养中加入IFN,由于IFN能抑制病毒在细胞中的增殖,而使血凝素产生降低,借助"O"型红细胞的凝集反应判断IFN的活性。本法既可定性又可定量。

### 二、白细胞介素-1(IL-1)的检测

IL-1活性最常用的检测法是小鼠胸腺细胞增殖反应。原理是:IL-1可辅助ConA或

PHA 等刺激小鼠胸腺细胞的增殖，增殖细胞的 DNA 合成增加。在细胞培养结束前 6 小时加入$^3$HTdR，待培养结束时收集细胞，检测放射性强度，即可判断 IL-1 活性。由于 IL-1 能促进小鼠 T 细胞传代株 LBRM-33 和 EL-4 分泌 IL-2，当含 IL-1 待检样品加入上述细胞培养液，则培养上清 IL-2 增加，再用 IL-2 依赖细胞株测定分泌 IL-2 的多少，可间接推测样品中 IL-1 含量。其他 IL 的生物学检测方法大致相同，增殖反应细胞常采用 IL 的依赖株。

### 三、肿瘤坏死因子(TNF)的检测

TNF 的主要生物学功能是对某些肿瘤细胞有细胞毒作用。常用于 TNF 检测的敏感细胞为 L929 细胞，基本方法如下：收集处于对数生长期的 L929 细胞，经洗涤、计数后调节到适宜浓度，加入至 96 孔细胞培养板中，37℃ 5%$CO_2$ 培养 16～24 小时，换液后在各孔内加入不同稀释浓度的待检样本，再加入适量的放线菌素 D 和培养液，继续培养 16 小时左右，加入 100$\mu$l MTT，培养 6 小时后，轻轻吸去上清，加入酸化异丙醇，再在 570 nm 波长下测定光密度，其光密度值与 TNF 细胞毒功能成反比，据此推测样本中 TNF 含量。TNF 的检测在某些炎症、自身免疫性疾病、移植排斥反应、重症肝炎等疾病的诊断、监测中有一定意义。

## 第四节　分子生物学技术在免疫检测中的应用

已有许多新的生物学技术应用于免疫学研究，促进了免疫学的发展，丰富了免疫学检测的内容，使免疫学研究与相关疾病的诊断建立在基因水平，提高了检测的敏感性和可靠性。

### 一、分子杂交技术

其基本原理是根据双链 DNA 经高温解链成两条互补的单链，降温后又可恢复原来的双链。两条不同的单链分子可根据碱基配对的原则，只要它们的碱基序列同源或部分同源，即可完全或部分复性，此称核酸杂交。用来探测 DNA 的已知互补片段称为 DNA 探针，通常是应用已预先经放射性标记或非放射性标记的 DNA 单链来识别另一核酸分子中与其同源的部分，其特异性和敏感性极高。方法有**印迹杂交**(southern blot)、**斑点杂交**和**原位杂交**。目前分子杂交技术已应用于免疫球蛋白分子、T 细胞受体、补体、细胞因子以及 MHC 分子的基因结构、功能及表达等方面的研究。

### 二、转基因技术

转基因技术是近年来生物技术中的一项重大突破。其建立使得动物可不必通过有性杂交即能获得新的基因。基本原理是通过显微注射或病毒载体，将外源性基因导入哺乳动物的受精卵或其早期胚胎，并经分子杂交分析胚胎或其后代组织中是否有外源性基因存在及其在体内的表达情况。目前通过转基因技术建立的转基因鼠，已应用于研究多种免疫分子的基因表达、自身反应性 T 细胞的阴性选择作用及自身耐受机制、MHC 分子的表达与糖尿病的关系等。

### 三、多聚酶链反应

多聚酶链反应(polymerase chain reaction，PCR)又称体外核酸扩增技术，其基本过程是将

已提取的待测DNA在一对寡核苷酸引物、三磷酸核苷及耐热DNA多聚酶存在的情况下，分别于90℃、55℃和72℃下经变性、退火和核苷酸链的延伸，如此循环数十次以扩增DNA。扩增物经凝胶电泳后作溴乙锭染色，再于紫外灯下观察特定碱基对数的DNA片段，以出现橙红色的电泳带为阳性。若需进一步鉴定，可将凝胶分离的DNA转移至硝酸纤维膜上，再用特异性探针进行杂交分析。PCR在免疫学中通常应用于癌基因、凋亡相关基因的表达、HLA的定型与基因分析、免疫球蛋白和T细胞受体多样性研究以及细胞因子、粘附分子的检测。PCR的方法有30余种，如多重PCR、巢式PCR、二次PCR、共享引物PCR、逆转录PCR、锚定PCR等等。现临床研究最常用的是**逆转录PCR**，现简介如下：首先提取细胞总RNA，然后在逆转录酶的作用下，以mRNA为模板合成互补DNA(cDNA)，随后加入特异性引物进行扩增，再经琼脂糖电泳检测特异性的DNA，从而反映出某种基因的转录状况。

近年来由于开展人类基因组计划、后基因组研究、干细胞研究和组织工程研究的广泛展开，分子生物学手段也不断更新，如近年来蓬勃兴起**DNA测序技术**、**DNA芯片技术**等等，这些技术必将大大地推动免疫学的基础和临床研究。

（邵启祥　许化溪）

# 第二十章　免疫预防和免疫治疗

应用免疫制剂、免疫调节剂来建立、增强或抑制机体的免疫应答，调节免疫功能，达到预防和治疗疾病的目的称为免疫学防治。随着免疫学理论和技术的不断发展，免疫预防和治疗的范围已由最初仅仅防治传染性疾病而扩展到对其他许多疾病的防治，如对超敏反应、自身免疫病、免疫缺陷病、器官移植排斥反应和肿瘤等的预防和治疗。

## 第一节　免疫预防

免疫预防(immunoprophylaxis)是根据特异性免疫应答的原理，采用人工方法将抗原(疫苗、类毒素等)或抗体(免疫血清、丙种球蛋白等)制成各种制剂，接种于人体，使其产生或获得特异性免疫力，达到预防某些疾病的目的。前者称**人工主(自)动免疫**，主要用于预防；后者称**人工被动免疫**，主要用于治疗和紧急预防。有关人工自动和被动免疫的特点见表 20-1。

**表 20-1　人工主动免疫和人工被动免疫特点**

| 项　目 | 人工主动免疫 | 人工被动免疫 |
|---|---|---|
| 接种物质 | 抗原 | 抗体 |
| 接种次数 | 1～3 次 | 1 次 |
| 生效时间 | 2～3 周 | 立即 |
| 维持时间 | 数月至数年 | 2～3 周 |
| 主要用途 | 预防 | 治疗和紧急预防 |

### 一、人工主动免疫

人工主动免疫(artificial active immunization)是应用人工方法给机体接种疫苗、类毒素等抗原物质，刺激机体产生特异性免疫力的方法。在预防和控制传染病方面发挥了巨大的作用。

#### (一)人工主动免疫生物制剂

1. **疫苗**　用细菌菌体制成的生物制剂称菌苗；用病毒、螺旋体、立克次体和衣原体制成的生物制剂称疫苗。以上两种制剂可统称为疫苗(vaccine)。分为死疫苗和活疫苗两种。

(1)**死疫苗**　用物理或化学方法将病原体杀死而制成的称死疫苗(dead vaccine)或灭活疫苗(inactivated vaccine)。死疫苗在机体内不能生长繁殖，对人体免疫作用弱，为获得强而持久的免疫力，必须多次注射(2～3 次)，用量较大，接种后反应亦大。但死疫苗稳定，易保存，无毒力回复突变危险。常用的死疫苗有乙型脑炎疫苗、狂犬疫苗、霍乱疫苗等。

(2)**活疫苗**　用人工定向变异或直接从自然界筛选出来的毒力减弱，或由基本无毒的活病原体制成的称为活疫苗(live vaccine)，亦称减毒活疫苗(attenuated vaccine)。活疫苗在体内有一定增殖能力，如同轻型或隐性感染，对免疫系统刺激时间较长，故只需接种一次，用量较小，接种后不良反应亦小。活疫苗的缺点是稳定性较差，不易保存，有毒力回复突变可能，故制备和鉴定必须严格。常用的活疫苗有卡介苗(BCG)、脊髓灰质炎疫苗、麻疹疫苗等。

2. **类毒素** 用0.3%～0.4%甲醛处理细菌外毒素，使失去毒性，保留免疫原性，即为类毒素(toxoid)。若在类毒素中加入适量氢氧化铝或明矾等吸附剂，可制成精制吸附类毒素。该制剂在体内吸收较慢，能增强免疫效果。类毒素常与死疫苗混合使用，如百白破三联疫苗是用百日咳杆菌死疫苗、白喉类毒素和破伤风类毒素的混合制剂。

3. **新型疫苗**

(1)**亚单位疫苗** 从病原体中提取有效抗原成分制成的疫苗称亚单位疫苗(subunit vaccine)。为提高该疫苗的免疫原性，常加入适当佐剂。如口服幽门螺杆菌亚单位疫苗，是用该菌表面蛋白脲酶与粘膜佐剂混合制成，并诱导粘膜免疫应答，可产生免疫保护作用。另外，亚单位疫苗可减少无效抗原组分所致不良反应，毒性显著低于全菌疫苗。又因其不含核酸，排除了病毒核酸致癌的可能性。目前研制成功的亚单位疫苗有流感病毒血凝素、神经氨酸酶亚单位疫苗、霍乱弧菌B亚单位疫苗和乙型肝炎病毒表面抗原亚单位疫苗等。

(2)**合成肽疫苗** 用具有免疫保护作用的人工合成抗原肽制成的疫苗称合成肽疫苗(synthetic peptide vaccine)。研制时，首先需确定病原生物体有效免疫原的氨基酸序列，据此设计并合成免疫原性多肽。人工合成的抗原肽很小(约3～10个氨基酸残基)，抗原性弱，需要交联载体才能诱导免疫应答。合成疫苗不仅可以大量生产，而且无病毒核酸致癌的可能性和减毒活疫苗返祖的危险性。如乙型肝炎病毒多肽疫苗。

(3)**基因工程疫苗** 是利用基因工程技术，将天然或人工合成的编码病原体免疫原的基因插入某种载体(如细菌质粒)，或借助该重组载体导入另一生物体基因组中，使之在体外或体内表达所需抗原，并诱导机体产生免疫应答。基因工程疫苗不含活的病原体及其核酸，不仅安全有效，而且成本低，能大量生产。按其制备方法和疫苗性质可分为以下几种。

① 重组抗原疫苗：利用基因重组技术将编码病原体有效免疫原的基因导入细菌、酵母菌或哺乳动物细胞基因组中，通过体外培养，提取纯化所需保护性抗原，即重组抗原疫苗(recombinant antigen vaccine)。目前应用最广的重组抗原疫苗为乙型肝炎病毒表面抗原疫苗。

② 重组载体疫苗：将编码病原体有效免疫原的基因插入某种减毒或无毒病毒基因组中，将这种重组病毒作为目的基因载体(vector)，接种机体后，经体内增殖，并不断表达所需要的免疫原，刺激机体产生体液或细胞免疫应答。这种重组活病毒载体(live viral vector)称重组载体疫苗(recombinant vector vaccine)。通常采用痘苗病毒(vaccinia virus)为载体，已用于甲型和乙型肝炎病毒、麻疹和单纯疱疹疫苗的研制。值得注意的是，尽管重组载体疫苗本身对所感染的宿主细胞无致病性，但它们在宿主细胞内所表达的抗原可诱导CTL活化及应答，后者可杀伤被感染的宿主细胞。

③ DNA疫苗：将编码某种蛋白质抗原的cDNA与细菌质粒重组，并将该重组质粒直接接种机体，进而转染宿主细胞，使其表达保护性抗原，诱导机体产生特异性免疫力。这种重组质粒被称DNA疫苗(DNA vaccine)。DNA疫苗在体内可持续表达目的抗原，免疫效果好，能诱导机体产生体液和细胞免疫应答。其机制可能是某些专职APC被重组质粒转染，并表达免疫原性多肽或蛋白，后者在APC胞浆内经加工、递呈，诱导产生特异性免疫应答，尤其能激发较强的细胞免疫应答。目前，DNA疫苗在人体内的安全性、有效性、保护性免疫力及维持时间等还有待进一步研究。

④ 转基因植物口服疫苗：采用转基因技术，将编码病原体有效免疫原基因与质粒重组后导入食用植物(如番茄、黄瓜、马铃薯、香蕉等)的基因组中，该转基因植物可表达所需免疫原。人或动物经食用后即可达到免疫接种目的。这种供人食用的转基因植物即称**转基因植物口服疫苗**(oral vaccine in transgenic plants)。由于转基因植物能保留天然免疫原形式，模拟自然感染方式接种，能有效地激发体液和粘膜免疫应答。另外，转基因植物疫苗具有接种方便、易被幼儿接受、价廉等优点。目前尚处于研究阶段。

(二)人工主动免疫注意事项

1. **接种对象**　凡是免疫防御能力差、与某些病原体接触机会多、疾病及并发症危害大及流行地区易感者均应进行免疫接种。

2. **接种剂量、次数和间隔时间**　在一定范围内，免疫力的产生与接种剂量成正相关，但一次接种量不宜过大。通常死疫苗接种量较大，要种 2～3 次，每次间隔 7～10 天。类毒素接种 2 次，因其吸收缓慢，产生免疫力需时稍长，间隔 4～6 周。活疫苗能在体内繁殖，一般只接种 1 次。新生儿体内 IgG 水平与母体相等，大约每 3 周递减 50%，直至婴儿免疫系统发育成熟。4～12周前婴儿还不能有效地产生抗体，故一般 3 月龄婴儿开始预防接种。目前，我国计划免疫程序见表 20-2。

**表 20-2　我国目前计划免疫程序表**

| 出生后时间 | 接种疫苗 | 出生后时间 | 接种疫苗 |
|---|---|---|---|
| 1天 | 乙型肝炎疫苗 | 6个月 | 乙型肝炎疫苗 |
| 2～3天 | 卡介苗 | 8个月 | 麻疹疫苗 |
| 1个月 | 乙型肝炎疫苗 | 1.5～2岁 | 百白破混合制剂 4 |
| 2个月 | 三价脊髓灰质炎疫苗 1 | 4岁 | 三价脊髓灰质炎疫苗 4 |
| 3个月 | 三价脊髓灰质炎疫苗 2<br>百白破混合制剂 1 | 7岁 | 卡介苗、麻疹疫苗、精制吸附白喉、破伤风二联类毒素 |
| 4个月 | 三价脊髓灰质炎疫苗 3<br>百白破混合制剂 2 | 12岁 | 卡介苗(农村) |
| 5个月 | 百白破混合制剂 3 | | |

3. **接种途径**　死疫苗用皮下注射，活疫苗可皮内注射、皮上划痕或根据自然感染途径接种，如脊髓灰质炎疫苗以口服为佳，麻疹、流感、腮腺炎疫苗雾化吸入为好。

4. **接种后反应**　接种后 24 小时可表现为局部红肿、疼痛、淋巴结肿大；全身发热、头痛、恶心等，数天后即恢复正常。引起这些反应的主要原因是，疫苗中带有异种蛋白、培养基成分或防腐剂等因素。一般无需处理。少数人接种后，可引起严重的超敏反应及全身进行性疾病。如接种后过敏性休克，接种后脑炎等。预防措施：严格掌握各疫苗使用范围。制备疫苗时，要尽量减少异种蛋白和有害成分。

5. **禁忌症**　凡高热、严重心血管疾病、急性传染病、恶性肿瘤、肾病、活动性结核、活动性风湿病、甲亢、糖尿病和免疫缺陷病等患者，均不宜接种疫苗，以免引起病情恶化。为防止流产或早产，孕妇应暂缓接种。

## 二、人工被动免疫

人工被动免疫(artificial passive immunization)是给机体输入含有特异性抗体的免疫血清，使机体被动获得特异性免疫力，以达到紧急预防或治疗某些疾病的目的。人工被动免疫输入的特异性抗体可立即发挥免疫效应，但在体内容易被清除，维持时间短，约 2～3 周。

(一)人工被动免疫生物制剂

1. **抗毒素** 抗毒素(antitoxin)是将细菌外毒素或类毒素免疫马，待马体内产生大量抗体(抗毒素)后采血，分离血清，提取、纯化免疫球蛋白而制成，主要用于治疗或紧急预防外毒素所致疾病。如白喉抗毒素、破伤风抗毒素等。因抗毒素制剂来自动物，对人体来说属于异种蛋白，使用前应常规做皮肤过敏试验，防止发生Ⅰ型超敏反应。

2. **正常人血浆丙种球蛋白和胎盘丙种球蛋白** 正常人血浆丙种球蛋白(plasma gammaglobulin)是正常人血浆提取物，含 IgG 和 IgM；胎盘丙种球蛋白(placental gammaglobulin)则是健康孕妇胎盘血液中的提取物，主要含 IgG。由于多数成人已隐性或显性感染过麻疹、脊髓灰质炎和甲型肝炎等传染病，血清中含有相应抗体。因此，这两种丙种球蛋白可用于上述疾病潜伏期治疗或紧急预防，以达到防止发病、减轻症状或缩短病程的目的。

3. **人特异性免疫球蛋白** 来源于恢复期病人或含高效价特异性抗体供血者血浆，以及接受类毒素或疫苗免疫者血浆。与丙种球蛋白相比，人特异性免疫球蛋白含高效价特异性抗体；与动物免疫血清比较，人特异性免疫球蛋白在体内维持时间长，超敏反应发生率低。常用于过敏性体质及丙种球蛋白治疗不佳病例。

(二)人工被动免疫注意事项

1. **注意防止超敏反应** 动物免疫血清使用前，应询问病史，做皮肤过敏试验。在注射时亦应严密注意观察。

2. **早期和足量** 只有在毒素尚未结合组织细胞前使用足量抗毒素，才能有效地发挥其中和毒素的作用；若毒素已与组织细胞结合，抗毒素则不能有效地发挥中和作用。

3. **不滥用丙种球蛋白** 多次注射丙种球蛋白，易引起超敏反应。如给无麻疹接触史者注射丙种球蛋白，使其不易产生隐性感染，反而使易感人群增多。给儿童注射丙种球蛋白预防麻疹，虽能推迟发病年龄，但大年龄发病时症状较重，并发症亦多。鉴于以上情况，应严格控制丙种球蛋白的使用。

## 第二节 免疫治疗

机体免疫功能异常和缺陷可导致多种疾病的发生，如感染性疾病、自身免疫性疾病、免疫缺陷病和肿瘤等。免疫治疗(immunotherapy)是针对异常的免疫状态，应用免疫制剂、免疫调节药物或其他措施来调节或重建免疫功能，以达到治疗疾病的目的。免疫治疗的方法不断出现，目前尚无统一分类法，根据作用机制不同可分为主动免疫治疗和被动免疫治疗、特异性免疫治疗和非特异性免疫治疗、免疫增强疗法和免疫抑制疗法等。

### 一、特异性主动免疫治疗

特异性主动免疫治疗(specific active immunotherapy)是利用抗原性疫苗对机体进行免疫接种，诱导产生特异性免疫应答或免疫耐受，达到治疗目的。其特点是见效慢，维持时间长。在预防传染病方面已取得很大成就，除常用的疫苗和类毒素外，许多新型疫苗在防御感染方面已展现出广阔的应用前景，如亚单位疫苗、合成肽疫苗、基因工程疫苗等。

肿瘤的特异性主动免疫治疗主要是通过给荷瘤机体接种具有免疫原性的肿瘤疫苗或肿瘤抗原，激发或增强机体的抗肿瘤免疫应答。该方法对手术后清除残留癌细胞、微小转移瘤灶，预防肿瘤复发和转移具一定疗效。肿瘤特异性免疫治疗通常采用灭活肿瘤细胞和纯化的肿瘤抗原进行免疫接种，虽具有一定的疗效，但由于肿瘤的免疫原性弱，肿瘤特异性抗原(TSTA)提取困难等原因，使肿瘤特异性主动治疗在临床上难以获得明显疗效。最近，人们通过肿瘤特异性CTL识别鉴定技术，使多种人类TSTA编码基因得以克隆，为肿瘤特异性主动免疫奠定了基础。如表达于人类黑色素瘤细胞的MAGE-1，已成功地用于黑色素瘤的主动免疫治疗。

采用分子生物学技术原理，研制新型肿瘤疫苗，为肿瘤的主动免疫治疗开辟了新的途径。如将肿瘤抗原载荷于APC(如树突状细胞)或用肿瘤抗原基因转染于APC制成的肿瘤疫苗；用细胞因子基因或协同刺激分子B7基因转染肿瘤细胞制成的肿瘤疫苗；用编码肿瘤抗原的重组质粒制成的DNA瘤苗；用肿瘤抗原编码基因插入腺病毒或痘苗病毒基因组制成的重组病毒载体瘤苗等。

## 二、特异性被动免疫治疗

特异性被动免疫治疗(specific passive immunotherapy)是直接向机体输注特异性免疫效应物质，如抗体或免疫效应淋巴细胞，使机体立即获得某种特定的免疫力，以达到治疗目的。其特点是见效快，但维持时间短。在治疗和紧急预防传染病方面常采用抗毒素和特异性免疫球蛋白，并取得了显著效果。

肿瘤的特异性免疫治疗主要采用单抗疗法。肿瘤特异性单克隆抗体在体内能识别肿瘤细胞表面的相应表位，诱导机体产生免疫应答，通过调理作用、吞噬杀伤及活化补体等作用，清除肿瘤细胞。例如，癌基因产物Her-2/Neu常高水平表达于乳腺癌等某些肿瘤细胞上，利用特异性抗Her-2/Neu单抗治疗乳腺癌已取得显著疗效，并已获准用于临床。该抗体不仅可激发免疫效应，还能干扰Her-2/Neu分子的生长信号作用。McAb对肿瘤的杀伤作用是有限的，为提高其抗肿瘤效应，可采用化疗药物、毒素或放射性核素与McAb偶联，制成能定向与靶细胞特异性结合的导向药物，大大提高了杀瘤效应。其中用毒素与抗肿瘤McAb连接而成的导向药物又称免疫毒素(immunotoxin)，常用的毒素有蓖麻毒素、白喉毒素、绿脓杆菌外毒素、阿霉素和氨甲喋呤等。

由于目前所用的抗肿瘤抗体通常是鼠源性McAb，在人体内会诱导产生抗鼠源性Ig的抗体。后者不仅会加快抗肿瘤抗体的清除，而且能阻碍抗肿瘤抗体与靶细胞的结合，反复使用会引起超敏反应。为克服McAb的上述缺点，正采用先进的生物技术手段研制新型抗体。如利用基因工程技术，用人Ig的部分氨基酸序列(如Fc段或V区骨架区等)代替鼠源性McAb的某些氨基酸序列制成的人源化抗体基因工程抗体(genetic engineering antibody)，这种抗体，仍然保留了McAb的抗原结合特异性，但异种免疫原性明显降低。目前正在研究的基因工程抗体包括嵌合抗体、单链抗体、双价抗体和双特异性抗体等(详见第三章)。

## 三、非特异性免疫治疗

非特异性免疫治疗(non-specific immunotherapy)是采用非特异性免疫调节剂(包括免疫增强剂和免疫抑制剂)来调节机体免疫功能失衡的状况，以达到治疗或辅助治疗的目的。用于非特异性免疫治疗的免疫调节剂种类繁多，包括生物和非生物制剂，如各类细胞因子及其拮抗剂、免疫效应细胞、McAb、分化诱导物质等，这些制剂都具有对机体的免疫调节和生物应答的修饰作用，故又统称为**生物应答调节剂**(bilogical response modifier，BRM)。非特异性免疫治疗的主要目的是：通过免疫调节，提高机体的免疫功能，抵抗或防御病原微生物或癌细胞的侵袭。主要用于某些传染病、自身免疫病、器官移植排斥反应和恶性肿瘤的治疗。

### (一)重组细胞因子

细胞因子具有广泛的生物学作用，在体内许多生理和病理过程中具有重要功能。应用细胞因子治疗感染性疾病、自身免疫性疾病、肿瘤及造血功能障碍，称为**细胞因子疗法**(cytokine therapy)。

1. **干扰素** 不同类型的IFN其生物作用和临床适应症有所不同。IFN-α主要用于治疗病毒性感染和肿瘤，如对带状疱疹、乳头瘤病毒感染、病毒性肝炎和毛细胞白血病等有较好疗效。IFN-β对多发性硬化症具有明显疗效。IFN-γ具有较强的免疫调节作用，能激活单核—巨噬细胞，促进T、B细胞分化和Tc细胞成熟。IFN-γ主要用于治疗类风湿性关节炎、过敏性皮炎、慢性肉芽肿和肿瘤等。

2. **白细胞介素**-2 IL-2对肾细胞癌和黑色素瘤具有较好的治疗效果。鉴于IL-2单独大剂量注射会引起较严重的全身副作用，临床上常采用IL-2体外激活患者外周血淋巴细胞，制成LAK细胞后再与小剂量IL-2联合用于肿瘤治疗。亦可将IL-2基因导入肿瘤细胞，待扩增后再输入肿瘤病人体内。

3. **集落刺激因子** 如GM-CSF和G-CSF能明显促进各类髓系白细胞的分化和成熟，可用于治疗各种原因引起的粒细胞减少症，提高机体对化疗和放疗的耐受性，对再生障碍性贫血和骨髓移植患者造血功能的恢复也具有明显治疗效果。EPO对肾性贫血有明显治疗效果，已成为最有效的常规治疗手段。

4. **肿瘤坏死因子** 包括TNFα和TNFβ，但两者生物活性相似。临床上TNF与其他细胞因子联合用于肿瘤的局部治疗，已显示抗肿瘤效果，但全身使用时疗效不令人满意，且副作用较大。近来，将TNF基因导入肿瘤细胞或淋巴细胞，进行抗肿瘤基因治疗正处于研究和试用阶段。

(二)微生物制剂

1. **OK-432** 是Okamoto等人用溶血性链球菌弱毒株Su制备的细菌制剂，是一种免疫调节剂，具有较强的BRM作用，对肿瘤细胞有直接细胞毒效应，并具有较广泛的免疫调节作用，能增强Mϕ、CTL和NK细胞的活性，改善肿瘤患者淋巴细胞对丝裂原的敏感性，促进细胞因子的产生，刺激骨髓造血干细胞和各种祖细胞的增殖和分化。在临床上，已将OK-432单独或与化疗、放疗联合，用于多种肿瘤的治疗，取得明显疗效。

2. **卡介苗** 卡介苗(BCG)是预防结核病的减毒活疫苗，具有良好的非特异性免疫增强作用和佐剂效应，可用作BRM。能活化Mϕ，增强其吞噬作用；促进T、B细胞增殖和分化；增加NK细胞活性。还可引起某些肿瘤细胞坏死，阻止肿瘤细胞转移，消除机体对肿瘤抗原的耐受性，已用于多种肿瘤的辅助治疗。

3. **短小棒状杆菌** 是革兰氏阳性小杆菌，有非特异性免疫增强作用，作用机制主要是活化巨噬细胞，增强吞噬、杀伤作用。该制剂单独或与化疗药物联合应用，可抑制肿瘤的扩散和转移。

(三)化学合成制剂

1. **左旋咪唑** 左旋咪唑(levomisole)原为驱虫药，20世纪70年代发现有免疫增强作用。作用机制为增强吞噬细胞的吞噬功能，促进T细胞产生IL-2等细胞因子，增强NK细胞的活性。左旋咪唑对免疫功能正常的机体无明显作用，对免疫功能低下者可明显逆转其免疫功能。常用于因手术、放疗、化疗或其他原因所致免疫功能低下的慢性反复感染，对自身免疫性疾病也有一定疗效。

2. **西咪替叮** 西咪替叮(cimetidine)为H2受体拮抗剂，可通过与Ts细胞表面的H2受体结合，阻断组胺对Ts细胞的活化作用，从而增强机体的免疫功能。

3. **胞壁酰二肽** 胞壁酰二肽(muramyl dipeptide，MDP)是分枝杆菌胞壁中最小免疫活性单位，具有非特异性抗感染和抗肿瘤作用。能直接刺激单核/巨噬细胞，促使IL-1、IL-6、IFN-a和超氧离子释放；诱导内源性TNF生成，增强NK细胞杀伤力。临床发现MDP用于晚期肿瘤病人治疗能恢复免疫功能，增强机体抵抗力。另外，MDP有弗氏完全佐剂的辅助活性。若将人工合成的MDP衍生物B30-MDP与经X线照射的肿瘤细胞混合免疫动物，可激发CTL的细胞毒效应，发挥特异性抗肿瘤作用，现已制成肿瘤疫苗用于临床。

4. **异丙肌苷** 异丙肌苷(isoprinosine，ISO)由N-二甲基氨基-2-丙醇和肌甙组成的复合物。ISO原是抗病毒药物，机理是干扰和抑制病毒RNA的复制。研究发现，ISO有类似胸腺素样活性，能诱导T细胞成熟；增强其对丝裂原(PHA)的敏感性，促进T、B细胞的活化、增殖和分化；激发体内Mϕ和NK细胞的活性。临床研究表明，ISO的免疫增强作用，有利于艾滋病及肿瘤患者免疫功能的修复。

5. **多糖类物质** 多糖类免疫增强剂种类较多，主要从某些细菌、真菌和植物中提取，包括细菌脂多糖(LPS)、酵母多糖、灵芝多糖、枸杞多糖、黄芪多糖、猪苓多糖、茯苓多糖等，具有免疫刺激作用，能促进巨噬细胞和淋巴细胞产生多种细胞因子，增强细胞免疫功能，可用于肿瘤病人的辅助治疗。

## 四、过继性细胞免疫治疗

过继性细胞免疫治疗(adoptive cellular immunotherapy，ACI 或 AIT)是将自体或同种异体的免疫细胞，于体外激活诱导增殖后输给患者，使其获得免疫效应细胞，并通过这些活化效应细胞的直接或间接作用，达到治疗疾病的目的。该疗法可用于治疗肿瘤，更适宜作为手术、放疗或化疗后的辅助治疗，以提高机体免疫力。目前已有多种免疫细胞用于这一疗法。

1. LAK 细胞　从患者外周血中分离淋巴细胞，于体外经 IL-2 诱导成 LAK 细胞。LAK 主要来源于 NK 细胞，具有广泛杀瘤活性，且无需抗原致敏，也无 MHC 限制性。通常采用 LAK 细胞与 IL-2 联合输注，治疗肿瘤，对某些实体瘤和转移癌有一定疗效，其中，对肾癌和黑色素瘤效果较好。

2. TIL 细胞　是将肿瘤组织中浸润的淋巴细胞分离出来，用 IL-2 在体外激活增殖后，再回输体内。由于 TIL 细胞有特异性杀瘤活性，对 IL-2 的刺激比 LAK 细胞敏感，因此其杀瘤效应较 LAK 细胞强 50～100 倍。活化 TIL 细胞在体内应用时对 IL-2 依赖性较小。若与环磷酰胺联合应用，可取得更好杀瘤效果。

3. CIK 杀伤细胞　是用抗 CD3 单抗与 IL-2、IFN-$\gamma$ 及 TNF-$\alpha$ 等细胞因子联合于体外刺激 PBMC，使其活化、增殖并分化为 $CD3^+$ CD56 杀伤细胞，杀伤肿瘤细胞的作用强于 LAK 细胞。

4. 其他类型免疫效应细胞　将肿瘤抗原、肿瘤抗原多肽或肿瘤细胞提取物于体外载荷于树突状细胞或巨噬细胞等抗原递呈细胞，然后免疫接种于肿瘤患者，可有效地激活机体的抗肿瘤免疫应答，达到治疗肿瘤的目的。

5. 细胞因子基因重组免疫细胞　利用基因工程技术，将有关的细胞因子基因导入免疫效应细胞(如 TIL)，使细胞因子(如 TNF)基因随回输的 TIL 导向肿瘤灶，细胞因子则以自分泌或旁分泌方式在局部集聚，从而协同 TIL 发挥抗瘤效应。

## 五、免疫抑制疗法

是用人工方法减弱或抑制对机体不利的免疫应答，主要用于移植排斥反应和自身免疫病的治疗。可以通过免疫抑制剂、放射线照射、淋巴器官摘除或免疫细胞及免疫分子清除等手段来实现，目前以免疫抑制剂最为常用。

免疫抑制剂迄今尚无统一分类法。根据来源不同可分为合成药物、微生物制剂、生物制剂、中草药等四类。根据主要作用机制可分为：①影响抗原识别、处理及递呈的免疫抑制剂，代表性药物包括抗淋巴细胞单克抗、抗淋巴细胞球蛋白、糖皮质激素等。②影响细胞因子合成的免疫抑制剂，包括环孢素 A、FK506 等。③影响细胞因子信号转导的免疫抑制剂，如西罗莫司(irolimus)、来氟米特(leflunomide)等。④细胞毒药物，包括硫唑嘌呤、甲氨喋呤、环磷酰胺、咪唑立宾(mizoribine)、麦考酚酸(mycophenolic acid)等。

### (一)微生物制剂

**1. 环孢素 A**　环孢素 A(cyclosporin A，CsA)是从真菌(Tolypocladiuminflatum gams)代谢产物中分离得到的含 11 个氨基酸的环状多肽，原为抗真菌药物，后来发现对 T 细胞有较强的选择性抑制作用。CsA 能选择性地作用于 TH 细胞，干扰 TH 细胞的信号转导过程，抑制 IL-2 基因转录，使 IL-2 合成减少，从而抑制 TH 细胞的活化及增殖。还可以通过抑制 IL-2R 的表达而影响已激活 T 细胞对 IL-2 的反应性。亦能抑制 IL-4、

TNF-α 及 IFN-γ 等基因的转录活性。CsA 用于治疗器官移植排斥反应是目前所公认的有效免疫抑制剂。经 CsA 处理的病人较少发生不可逆急性排斥反应。另外，CsA 免疫抑制作用强，副作用小，无骨髓毒性。由于 Mϕ 和 NK 细胞对 CsA 不敏感，所以使用 CsA 后的继发感染率比使用其他免疫抑制剂要低。CsA 常与其他免疫抑制剂联合应用，不仅可增强免疫抑制效果，还可减少它们的用量，从而减少其毒副作用。CsA 可用于多种自身免疫病的治疗，如银屑病、肾病综合征、类风湿性关节炎、葡萄膜炎、IDDM 等。对特发性皮炎、慢性哮喘、原发性胆汁性肝硬化、重症肌无力和 SLE 等疾病也有一定的治疗效果。

2. **FK-506**　是继 CsA 以后发现的强效免疫抑制剂，为大环内脂类药物，分子式与 CsA 相同，但结构不同。FK506 是 T 细胞特异性免疫抑制剂，能抑制 T 细胞的激活和增殖；抑制 TH 细胞产生 IL-2、IL-3、IL-4、IFN-γ；抑制 IL-2R 和转铁蛋白受体的表达；抑制 TC 细胞的产生；对 B 细胞和 Mϕ 的抑制作用较小。其作用机制与 CsA 相似，也是作用于信号转导的钙依赖通路，抑制 IL-2 基因的转录和 IL-2 的合成。FK-506 的免疫抑制效果比 CsA 强，而且免疫抑制有效剂量远比 CsA 小。可用于肝、肾移植后的抗排斥反应，据报道，FK506 能逆转正在进行或已经形成的肝移植排斥反应，提高移植物的存活率。与 CsA 或糖皮质激素联合用药可减少剂量，减轻副作用。亦可用于顽固性自身免疫病的治疗，其治疗指数比 CsA 高，对肝、肾的毒性低。

（二）化学合成制剂

1. **肾上腺皮质激素**　可抑制 Mϕ 的功能和 IL-1 的合成。一定浓度下，可抑制淋巴细胞 DNA 复制及 IL-2 的合成，并能溶解破坏 B 细胞，抑制 TC 细胞的杀伤作用。还能稳定肥大细胞和嗜碱性粒细胞膜，使胞浆 cAMP 浓度升高，阻止血管活性介质释放，减轻炎症反应和超敏反应。已广泛用于预防和治疗超敏反应性疾病和自身免疫病的治疗，也可用于预防和治疗器官移植排斥反应。

2. **环磷酰胺**　环磷酰胺（cyclophosphamide，Cy；cytoxan，CTX）。CTX 本身无活性，在体内经肝细胞色素 P-450 作用下分解为活性代谢产物丙烯醛和磷酰胺氮芥。后者可与 DNA 发生烷化，形成交叉联结，影响 DNA 的复制和转录，而抑制蛋白质的合成，并阻止细胞分裂。CTX 对 T 和 B 细胞均有细胞毒作用，主要作用于细胞分裂周期的 G2 期，因此，对分裂速度较快的 B 细胞比对 T 细胞更敏感。各种淋巴细胞对 CTX 的敏感性有较大差异，B 细胞和 Ts 细胞的敏感性较高，TH 细胞和效应性 T 细胞的敏感性较低。因此，CTX 对体液免疫有较强的抑制作用，对细胞免疫在某些方面有抑制作用。另外，由于 Ts 细胞被抑制，也可能表现为免疫增强作用。如在皮肤移植后给予 CTX，能延长移植物的存活时间；而在移植前给予 CTX，则可能增强排斥反应。临床上，常用于治疗各种自身免疫病，如 Wegener's 肉芽肿、肾病综合征、系统性红斑狼疮、类风湿性关节炎、自身免疫溶血性贫血和血小板减少性紫癜等。

（三）抗淋巴细胞抗体

淋巴细胞是体内最重要的免疫活性细胞，通过抑制淋巴细胞可以建立免疫耐受，达到抑制排斥反应及自身免疫反应的目的。抗淋巴细胞抗体具有良好的免疫抑制作用，已广泛用于肾、肝、心脏、胰和骨髓移植的抗排斥反应。可分为多克隆抗体和单克隆抗体两类。

1. **抗淋巴细胞多克隆抗体**　是用人外周血或胸导管淋巴细胞作抗原，免疫动物而获得的抗淋巴细胞丙种球蛋白（antilymphocyte globulin，ALG）。ALG 有较强的免疫抑制作用，主要是选择性地耗竭 T 细胞所致。ALG 进入机体后与 T 淋巴细胞结合，经补体作用使 T 淋巴细胞溶解，从而抑制机体的特异性免疫应答。另外，ALG 与淋巴细胞的结合可阻止其抗原识别受体对抗原的识别。ALG 主要用于防治器官移植排斥反应。如用于急性移植排斥反应的冲击治疗，越早使用效果越好，因为早期急性排斥反应主要由细胞免疫介导的。ALG 可作为抗排斥反应常规疗法的辅助用药，一般与其他免疫抑制剂联合使用，如硫唑嘌呤、糖皮质激素及环孢素 A 等。近来，ALG 也用于治疗严重的 GVHR，和促进某些再生障碍性贫血的缓解。

2. **抗淋巴细胞单克隆抗体**　可特异性、选择性地抑制相应淋巴细胞亚群，而不影响其他淋巴细胞或亚群的功能。目前，正在应用或试用的抗 T 细胞表面抗原的 McAb 有多种，其中正式批准应用于临床治疗的只有 CD3 McAb，其他 McAb 如 CD4 McAb、CD25 McAb 也已进入Ⅱ期以上的临床试用。①抗 CD3 单抗：是针对所有 T 细胞表面 CD3 分子的 McAb。CD3 分子是成熟 T 细胞的共同分化抗原，可作用于全部 T 细胞，通过抑制 T 细胞或阻断细胞免疫应答，而产生明显的免疫抑制效应。实验证明，抗 CD3 McAb 经静脉输注后，机

体外周血 $CD3^+$ T 细胞迅速下降或消失(也可能只是检测不到 CD3 抗原)。但抗 CD3 McAb 的确切免疫抑制机制尚未完全阐明。②抗 CD4 单抗:抗 CD4 McAb 可干扰 $CD4^+$ T 细胞的功能,也可通过活化补体清除 $CD4^+$ T 细胞,导致外周血 $CD4^+$ T 细胞的减少。另外,抗 CD4 McAb 可阻碍 TH 细胞表面的 CD4 分子与 APC 所递呈的抗原肽-MHC Ⅱ类分子复合体的相互作用,阻碍 TH 细胞对抗原的识别与活化,导致免疫抑制。③抗 CD25 单抗:是抗 IL-2R α 链的 McAb,选择性地只作用于活化淋巴细胞而不干扰其他淋巴细胞的性质,此特点决定了作为免疫抑制剂的优势。目前,CD25 McAb 已进入临床试用阶段,其免疫抑制效果肯定。

目前,抗淋巴细胞单抗主要用于抗器官移植排斥反应,并以 CD3 McAb 的应用最为广泛。CD3 McAb 治疗急性排斥反应的疗效肯定,可作为第一线预防和治疗急排反应药物;用 CD3 McAb 处理移植骨髓,杀伤或抑制骨髓中混杂的 T 细胞,可预防和减轻 GVHR。CD25 McAb 主要用于预防和治疗器官移植时的急性排斥反应。联合使用 CD3 McAb 和 CD4 McAb 或 CD25 McAb,对 T 细胞的抑制作用比单用某一种 McAb 疗效好,但尚需做更多的研究。

## 六、免疫重建

免疫重建是将免疫功能正常个体的造血干细胞或淋巴干细胞,移植给免疫缺陷个体,使后者的造血能力和免疫功能全部或部分得到恢复。主要用于治疗免疫缺陷病、再生障碍性贫血和白血病等。

### (一)骨髓移植

1. **自体骨髓移植** 在肿瘤患者接受放疗或化疗前,常预先将患者骨髓取出,低温保存,待放疗或化疗结束后,再将低温保存的自体骨髓回输,其中的造血干细胞可迅速增殖、分化,以恢复其造血和免疫功能。该方法可用于治疗白血病、何杰金氏病及多种肿瘤。

2. **同种异体骨髓移植** 由于供、受者组织相容性差异和受者处于免疫缺陷状态,骨髓移植后常发生 GVHR,导致移植失败。因此,必须要求供、受者组织相容性抗原(HLA)配型相同。若在术前用抗 T 细胞及其亚群的单抗,或免疫毒素清除供者骨髓中成熟 T 细胞,可避免 GVHR。另外,由于 T 细胞分泌的 IL-3 和 GM-CSF,可促进造血干细胞的再生和其他细胞成熟,故临床上在清除供者骨髓 T 细胞的同时,常给予 IL-3 和 GM-CSF,以提高骨髓移植成功率。

### (二)脐血干细胞移植

人脐血中含有大量多能造血干细胞,对供者无任何伤害,且来源方便,可部分代替同种异体骨髓,作为免疫重建的细胞来源。目前,脐血干细胞移植治疗白血病已取得较好疗效。有些国家已开始建立脐血造血干细胞库,并正在研究造血干细胞扩增及保存技术。

(司传平)

# 第二十一章　免疫学实验

## 第一节　非特异性免疫实验

### 实验一　溶菌酶的杀菌试验

**【原理】**溶菌酶是广泛存在于唾液、泪液、乳汁、肠道、呼吸道分泌液及中性粒细胞内的蛋白酶，能销毁细菌胞壁，而使菌体溶解，属机体非特异性体液免疫功能。

**【材料】**黄色小球菌 18～24 小时培养物　0.15 mol/L pH 6.4 磷酸盐缓冲液　琼脂粉　标准溶菌酶液　待检体液标本　平皿　酒精灯　镊子　直径 6.0 mm 滤纸片

**【方法】**

1. 取菌液 1.2 ml 至平皿内。

2. 用 0.15 mol/L pH 6.4 磷酸盐缓冲液配制 1%琼脂，煮沸融化，待冷至 60℃～70℃，将 10 ml 1%琼脂倒入平皿内，与菌液混匀，静置冷却凝固。

3. 取滤纸片分别浸透于标准溶菌酶液、待检标本或生理盐水，小心贴于琼脂表面。

4. 置 37℃孵箱 18～24 小时后观察结果，测量滤纸片周围透明环(即溶菌环)直径，结果记录于下表。

**表 21-1　溶菌酶杀菌试验结果**

| | 待检标本 | | | | 标准溶菌酶液 | 生理盐水对照 |
|---|---|---|---|---|---|---|
| | 1 | 2 | 3 | 4 | | |
| 溶菌环直径(mm) | | | | | | |

**【附】**标准溶菌酶液的配制

溶菌酶干粉　　　　　　　　　　　5 mg

0.15 mol/L pH 6.4 磷酸盐缓冲液　　5 ml

将上物混合，溶解，即为 1 000 μg/ml，然后作 1:5、1:10、1:20、1:40、1:80 倍比稀释，成为每毫升含 200 μg、100 μg、50 μg、25 μg、12.5 μg 的标准溶菌酶液。

### 实验二　白细胞吞噬功能试验

**【原理】**吞噬细胞有大小两类，小吞噬细胞即血液中的中性粒细胞，大吞噬细胞即组织中的巨噬细胞和血液中的单核细胞，它们对外来异物有吞噬和消化的功能，是机体非特异性免疫的重要组成部分。

#### 一、中性粒细胞吞噬功能试验

**【材料】**2%枸橼酸钠液　葡萄球菌培养物(16～18 小时)　瑞氏染色液　载玻片　试管

【方法】

1. 取2%枸橼酸钠溶液1 ml、人外周血或动物血1 ml,加入试管中混匀。再加入葡萄球菌培养物0.1 ml,摇匀。

2. 置37℃孵育,15～20分钟时振摇一次,继续静置孵育至30～60分钟后取出。以1 500转/分,离心5分钟。吸弃上清,取红细胞面上的白细胞层制成血膜片,自然干燥。

3. 瑞氏液染色:将瑞氏染液数滴加于血膜片上,染1分钟。再加等量蒸馏水,轻轻晃动混合,染15分钟(勿让染液干掉),用自来水冲洗、干燥。

【结果观察】油镜检查:寻找中性粒细胞,如果染色结果正确,可见细胞核及被吞噬的细菌染成紫色,而粒细胞的细胞浆则为淡红色。计数:

(1)吞噬百分率:观察100个中性粒细胞,计算其中吞噬有细菌的中性粒细胞数,计算出吞噬细胞百分率。

(2)吞噬指数:观察100个中性粒细胞,计算其中被吞噬的细菌总数,平均每个中性粒细胞吞噬的细菌数即为吞噬指数。

吞噬指数＝被吞噬的细菌总数/计数的吞噬细胞总数

## 二、巨噬细胞吞噬功能试验

【材料】小白鼠　1%醛化鸡血球悬液　葡萄糖肉汤　肝素　姬姆萨染色液

无菌注射器　载玻片　木板　手术器械一套　显微镜

【方法】

1. 试验前4～5小时,在小鼠腹腔内注射葡萄糖肉汤1～2 ml,诱导巨噬细胞游出。试验时将1 ml 1%醛化鸡血球悬液注入小鼠腹腔,轻揉腹部,使鸡血球分散。

2. 待作用1～2小时后,处死小鼠,腹部向上,放置木板上,打开腹腔,用洁净玻片在小鼠腹腔脏器上轻印。待印片自然干燥后,用甲醇固定2分钟,姬姆萨染液染15分钟后冲净,干燥后镜检。

【结果观察】油镜下可见吞噬细胞的胞浆内,有被吞噬的鸡血球(有核,形状似橄榄)。

【附】1%醛化鸡血球悬液制备

取肝素抗凝的新鲜鸡血球,用生理盐水离心洗涤两次。向1 ml压积的鸡血球中加入24 ml生理盐水,混匀。再加0.1 ml 25%戊二醛,混匀,室温下摇动30分钟。用生理盐水离心洗涤3次,4℃冰箱可保存一年,使用时配成1%浓度。

## 三、硝基四氮唑蓝试验

【原理】硝基四氮唑蓝(nitroblue tetrazolium, NBT)还原试验是一种测定多形核粒细胞杀菌功能的简易方法。多形核粒细胞在杀菌过程中,能量和氧消耗骤增,己糖磷酸旁路糖代谢的活力增强,葡萄糖代谢中间产物6-磷酸葡萄糖被脱氢脱羧氧化成为戊糖,所脱的氢被外加的硝基四氮唑蓝染料接受,使淡黄色的硝基四氮唑蓝还原成为点状或块状蓝黑色颗粒,沉积于细胞胞浆中,这种细胞称为NBT阳性细胞。细菌感染时,中性粒细胞吞噬作用增强,NBT阳性细胞增多;而病毒感染时,NBT阳性粒细胞并不增多,可用该试验鉴别细菌感染。

【材料】0.2%硝基四氮唑蓝生理盐水溶液　0.015 mol/L pH 7.2磷酸盐缓冲液(PBS)

肝素抗凝静脉血　瑞氏染色液　载玻片　凹玻片　保湿盒

【方法】

1. 将0.2%硝基四氮唑蓝生理盐水溶液与等量0.015 mol/L pH 7.2磷酸盐缓冲液混合,

即为应用液。

2. 向凹玻片中滴 0.1 ml 肝素抗凝静脉血，加等量应用液混匀。将玻片置于湿盒内，37℃孵育 20 分钟，室温中再放置 10 分钟。

3. 吸弃上清液，取沉淀物推制薄膜血片。自然干燥后用瑞氏染液染色，然后用水冲洗，干燥后镜检。

**【结果观察】**油镜检查 100 个嗜中性粒细胞，计算 NBT 阳性细胞的百分率。正常值为 7.5%～15%，大于此值即提示细菌感染。

**【附】**0.2%硝基四氮唑蓝生理盐水溶液的配制

称取 20 mg 硝基四氮唑蓝，加生理盐水 10 ml，于 70℃～80℃水浴中使其溶解，滤纸过滤除去沉淀物，置棕色瓶内，暗处保存。

## 实验三　自然杀伤(NK)细胞活性检测

检测 NK 活性的方法很多，包括形态学方法、放射性同位素方法、酶释放法和一些特殊方法。其中形态学方法受人为因素影响较大；同位素方法需贵重的仪器设备和放射性防护；酶学方法较简便，敏感性也能满足检测的要求，这里介绍一种酶释放法。

乳酸脱氢酶(LDH)是细胞浆中的酶，细胞死亡裂解时释放到培养上清液中。上清液中 LDH 的量与死亡细胞数成正比，故可用生化方法检测上清液中 LDH 的活性，间接推算出被 NK 细胞杀伤的靶细胞数，从而了解 NK 细胞杀伤活性的高低。检测人 NK 细胞的标准靶细胞是 K562 细胞，小鼠是 YAC-1 细胞。

**【材料】**肝素抗凝静脉血　淋巴细胞分离液　培养液(含 10%小牛血清的 RPMI-1640)
Hanks 液　1% NP40 溶液　0.1 mol/L 柠檬酸溶液　K562 细胞　细胞计数板
滴管　试管　吸管　40 孔板　$CO_2$ 培养箱　酶联检测仪　离心机

底物液[硝基氯化四唑氮蓝 2 mg，氧化型辅酶 I ($NAD^+$) 5 mg，吩嗪二甲酯硫酸盐(PMS) 0.5 mg，加水至 1 ml，再加 0.2 ml 的 1.0 mol/L 乳酸钠溶液，最后加 0.1 mol/L pH 7.4 的磷酸缓冲液至 7.5 ml]

**【方法】**

1. 效应细胞制备　取正常人肝素抗凝静脉血，用淋巴细胞分离液常规分离单个核细胞(其中 NK 细胞约占 5%～7%)。Hanks 液洗涤 2 次后，用培养液调细胞浓度至 $1\times10^7$/ml。

2. 靶细胞制备　培养 24～48 hr 的对数生长期 K562 细胞，Hanks 液洗涤 1 次后，用培养液调节浓度至 $1\times10^5$ 细胞/ml。

3. NK 活性测定　在 40 孔板中每孔加靶细胞 100 μl ($1\times10^4$)，再根据需要以 25:1、50:1 或 100:1 的比率加入效应细胞(常用 100:1)100μl，各孔总容积为 200μl。自然释放组以培养液代替效应细胞，最大释放组以 1% NP40 溶液代替效应细胞。每个标本需重复 3 孔。在 37℃ 5% $CO_2$ 孵箱中培养 4 小时后 1 500 转/分，离心 5 分钟。

4. LDH 测定　各孔取 100μl 上清液置另一 40 孔板的各对应孔中，37℃保温 5 分钟，加底物液 100μl/孔。室温放置 10 分钟，每孔加 30μl 0.1 mol/L 柠檬酸溶液(或 1 滴)终止酶促反应。在酶联检测仪上用 570 nm 波长测定各孔 OD 值，按下式计算 NK 活性。

$$自然杀伤率(\%)=\frac{平均样品释放\ OD\ 值-平均自然释放\ OD\ 值}{平均最大释放\ OD\ 值-平均自然释放\ OD\ 值}\times100\%$$

## 第二节　体液免疫实验

### 实验四　免疫血清的制备、纯化、鉴定和保存

用抗原免疫动物可刺激动物产生特异性免疫应答，其中B细胞分化为浆细胞并合成抗体，含有特异性抗体的血清即称为免疫血清。要制备特异性强、亲和力好、效价高的免疫血清，应掌握以下环节，即制备纯的、免疫原性强的抗原，选择适宜的动物和设计有效的免疫方法。

**一、免疫血清制备**

实验研究多选用家兔、豚鼠、大鼠或小鼠，商品化生产则采用马、牛、羊等。这些动物要求适龄、健康（最好雄性）、无感染的正常动物。必要时，在免疫前预先测定体内有无低滴度交叉反应天然抗体。

（一）抗原制备

抗原可分为颗粒性抗原（如血细胞、细菌、组织细胞、原虫等）、可溶性抗原（如血清、毒素、组织浸出液等）和半抗原（如多糖多肽、类脂质、核苷、某些药物，它们必须与载体结合后才具有免疫原性）。颗粒性抗原通常不需加用佐剂，将细胞性抗原（细菌除外）用生理盐水离心洗涤2～3次（2 000转/分，离心10分钟），再用生理盐水把压积的沉淀细胞配成所需浓度的细胞悬液（以上操作需无菌）。可溶性抗原，需加佐剂制成油包水的乳化混合物。

（二）免疫方法

免疫途径通常有静脉、腹腔、肌肉、皮下、皮内、淋巴结、趾垫等。抗原在体内代谢速度按不同免疫途径而不同，应使抗原较长期贮留体内（如混以佐剂），让其缓慢释放，有利于抗体的产生。故抗原剂量、注射次数及注射间隔时间，应随抗原的性质、佐剂的种类而定。

(1) 无佐剂免疫法　以制备溶血素为例。将绵羊红细胞（SRBC）按下表剂量及程序给家兔耳缘静脉免疫注射。

| 日　程 | 第1日 | 第5日 | 第10日 | 第15日 |
|---|---|---|---|---|
| 细胞浓度 | 5% | 10% | 15% | 20% |
| 注射剂量(ml) | 0.25 | 0.5 | 1.0 | 2.0 |

末次注射后6～7天，由耳缘静脉采血1 ml，分离血清作溶血素效价滴定。若效价在1∶4 000以上者即可放血。如效价不够高，再加强免疫1～2次，常能使效价明显增高。

(2) 弗氏佐剂免疫法　于家兔趾垫（1～4个）皮下注射弗氏完全佐剂乳化的抗原1～10 mg，一周后再皮下多点注射弗氏佐剂乳化的抗原1～10 mg，以后每隔一周皮下多点注射1～10 mg弗氏佐剂乳化的抗原，共4周。5周后取耳缘静脉血测定抗体效价，常用双向免疫扩散法测定，若效价在1∶16以上为合格，即可放血。

(3) 血清分离和保存　通常采用心脏抽血或颈静脉放血，待血液在室温凝固后，置37℃培养箱或4℃冰箱，使血块收缩，吸出血清，3 000转/分，离心10分钟，除去红血球。将血清分装小瓶，加适当防腐剂，冷冻保存。如要进一步纯化，则不必加防腐剂。

**二、抗体的纯化**

利用各类免疫球蛋白与其他血清蛋白在分子大小、电离密度、等电点以及在水溶液中的溶解度等的差异，可用生化方法加以鉴别和分类，或分离和提取。常用免疫球蛋白的提纯方法主

要有盐析法、离子交换层析法、凝胶过滤法和亲和层析法等。

**三、鉴定**

经提纯的免疫球蛋白可作为抗原，用已知的抗血清进行鉴定，可选用琼脂单向扩散法、双向扩散法及免疫电泳等方法。

**四、保存**

经鉴定合格后，在纯化的抗体溶液（或免疫血清）中加 1% 硫柳汞或 5% 叠氮钠，使其最终浓度分别为 0.01% 或 0.05%。然后将免疫血清以 1～2 ml 分装在小瓶（或安瓿）内，置 -20℃～-40℃ 保存，一般可保存 5 年。如有条件可将抗体溶液或免疫血清冷冻干燥，冻干后放 4℃ 冰箱中 4～5 年内效价无明显下降。

## 实验五　凝集试验

颗粒性抗原与相应抗体在合适的环境中结合，抗原抗体复合物相互凝集形成肉眼可见的凝集块，称凝集反应。有直接法和间接法两种，直接凝集反应有玻片法、试管法。依据载体性质不同，间接凝集反应有血凝反应、乳胶凝集反应等。在临床免疫学检验中应用广泛。

**一、直接凝集试验**

**【原理】** 颗粒性抗原（细菌、细胞等）与相应的抗体混合后，在适当的电解质环境中，彼此发生特异结合，形成抗原抗体结合物，再由这些结合物相互凝集成为肉眼可见的凝块。

（一）玻片凝集试验

玻片凝集反应为定性试验，通常用已知抗体（诊断血清）鉴定未知抗原（细菌）。

**【材料】** 伤寒杆菌免疫血清（1:10 稀释）　伤寒杆菌培养物　接种环　生理盐水　载玻片

**【方法】**

1. 取清洁载玻片一张，用蜡笔划分两区，一边做试验，一边作对照。

2. 用接种环取生理盐水两环置于对照区中心；同法，取两环伤寒杆菌免疫血清置于试验区中心。

3. 刮取少许菌苔置对照区与生理盐水混匀，再取少许菌苔置试验区与免疫血清混匀。（取菌苔前及实验后，接种环应在火焰上灭菌。）

4. 将载玻片轻轻左右转动，注意勿使试验区与对照区液体互相混合。

5. 静置数分钟后观察结果。出现乳白色凝集块者，即为阳性反应(图 21-1)。

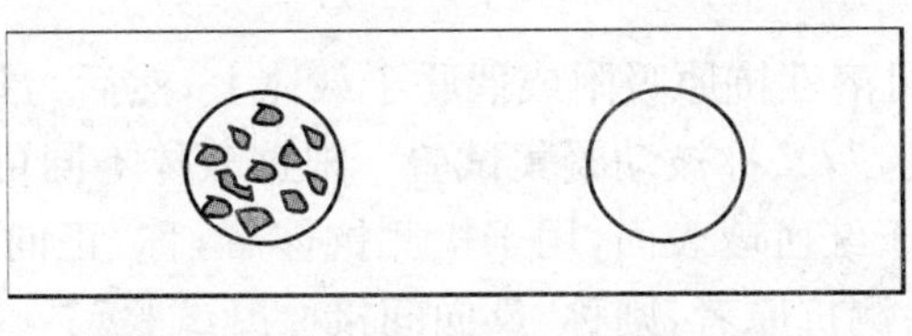

图 21-1　肉眼观察玻片凝集反应

（二）试管凝集反应

试管凝集反应是半定量试验法。用已知的标准抗原检测血清中的特异性抗体及其含量。试验中若电解质浓度和 pH 不适当，常可引起抗原非特异性凝集，出现假阳性，应设立阴性对照管。

**【材料】** 伤寒杆菌免疫血清（1:10 稀释）　生理盐水　试管　吸管　水浴箱

"O"或"H"型伤寒杆菌菌液(加温或用甲醛杀死)

**【方法】**

1. 取清洁试管 8 支排成一排置于试管架中,按顺序标号。

2. 吸取生理盐水,每管中分别加入 0.25 ml。

3. 吸取伤寒杆菌免疫血清(1∶10 稀释)0.25 ml,加入第一管中。

4. 用同一根吸管将第一管内的血清及盐水吸上吹下三次混匀,吸出 0.25 ml 加入第二管再混匀,如此按序倍比稀释,直到第七管为止,从第七管吸出 0.25 ml 弃去。此时从第一管到第七管的血清稀释度分别为 1∶20、1∶40、1∶80、1∶160、1∶320、1∶640、1∶1280,第八管不加血清为盐水对照管。

5. 吸取"O"或"H"伤寒杆菌菌液,从第八管开始,每管分别加入 0.25 ml,此时每管血清的稀释倍数又递增 1 倍。

6. 前后摇晃试管,使血清与菌液充分混和。置 56℃水浴箱中 1 小时(或 37℃ 4 小时),初步观察结果。然后置冰箱,次日再观察结果。

**【结果判断】**观察结果时,先观察对照管再观察各试验管,注意是否有凝集现象。管底出现凝集块,上层液澄清,即为阳性。然后轻轻摇动试管,观察凝块的大小。根据凝块大小及上清液清晰度判定结果,并将结果记录如表 21-2。

"++++"　完全凝集,上层液澄清;　"+++"　大部凝集,上层液微混;

"++"　中等凝集,上层液较混;　"+"　少量凝集,上层液混浊;

"—"　无凝集,菌液混浊。

凝集效价(又称滴度),是指能发生"++"凝集现象的最高稀释管的血清稀释度。如在 1∶640血清管中发生"++"凝集现象,则凝集效价应为 1∶640。

**表 21-2　结果记录**

| 试管号 | 1 | 2 | 3 | 4 | 5 | 6 | 7 | 8(对照) |
|---|---|---|---|---|---|---|---|---|
| 生理盐水(ml) | | | | | | | | |
| 1∶10 稀释血清(ml) | | | | | | | | |
| 菌液(ml) | | | | | | | | |
| 血清最终稀释度 | | | | | | | | |
| 结果 | | | | | | | | |

## 二、间接凝集试验

**【原理】** 本试验是将可溶性抗原吸附或偶联于载体上,然后与相应抗体混合,即可发生凝集现象,称为"间接凝集试验",又称被动凝集试验。根据载体不同可分为间接血凝试验和乳胶凝集试验。如将抗原吸附于红血球表面,用于检测抗体者,称"正向间接血凝试验";若将抗体吸附于红血球表面,用于检测抗原者,则称"反向间接血凝试验"。

### (一) 反向间接血凝试验——测定血清甲胎蛋白

检测血清甲胎蛋白(AFP)是诊断原发性肝癌的一个重要指标。取待测血清,加入经抗 AFP 抗体致敏的绵羊红细胞(SRBC)(即抗体吸附于 SRBC 表面,称致敏红细胞)。阳性反应时,血清中 AFP 与 SRBC 表面的相应抗体结合,间接地使 SRBC 凝集而出现肉眼可见的凝集现象。

**【材料】**冻干甲胎蛋白诊断血球——AFP 抗体致敏的 SRBC　微量稀释棒

稀释液(1%正常兔血清生理盐水)　37℃培养箱　微量加样器

待测血清样品(阳性、阴性)　96孔"V"型微量血凝板　振荡器

**【方法】**

1. 加稀释液　用微量加样器将稀释液分别加于"V"型微量血凝板前两排第1～11(或1～7)孔内,每孔加25μl,第12(或8)孔加生理盐水25μl,作为盐水对照。

2. 稀释抗原　用稀释棒两支各蘸取阴性及阳性标本约25 μl(稀释棒的缝隙可携带25 μl液体),分别插入前两排的第1孔内,将稀释棒上下跺3次,用两手掌左右(或前后)搓转20次左右,再上下跺3次,充分混匀后,提出稀释棒移入各排第2孔,如此顺序进行倍比稀释,直至各排第10(或6)孔为止,稀释棒用后插入75%酒精内消毒,第11(或7)孔作为稀释液对照。

3. 加致敏血球　取冻干甲胎蛋白诊断血球1支,加生理盐水2 ml,溶解后充分摇匀,用微量加样器取诊断血球悬液,每孔加25μl。

4. 振荡混匀后将血凝板置振荡器上振荡1分钟,再用烧灼后的针头刺破孔内气泡。加盖,置37℃孵育1小时。

**【观察结果】**应先看对照孔,然后再看试验孔,根据下列情况判定结果(图21-2)。

"－"　血球下沉至孔底,周边光滑整齐,呈紧密圆点状。

"＋"　血球下沉至孔底,呈圆扣状,周围有隐约可见的轻度凝集。

"＋＋"　部分血球沉至孔底,周围有薄层凝集,但面积较小,边缘松散。

"＋＋＋"　红血球形成薄层凝集,布满于整个孔底。

"＋＋＋＋"　红血球形成明显凝集块,布满全孔底,甚至出现卷边。

以能产生"＋＋"以上血凝反应的甲胎蛋白阳性血清的最高稀释倍数作为检出效价。

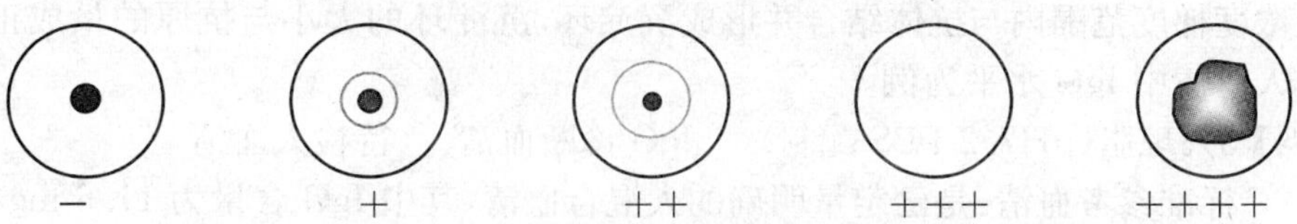


图21-2　间接血凝试验结果判定示意图

**【注意事项】**

1. 所有器具(血凝板、稀释棒、微量滴管)须高度洁净,待检血样和各种溶液须避免沾污甲胎蛋白或生长杂菌。

2. 检测中须设甲胎蛋白阳性血清对照、甲胎蛋白阴性血清对照和生理盐水对照。

3. 冻干甲胎蛋白诊断血球应保存于2℃～10℃暗处,并注明使用有效期。

(二) 类风湿因子乳胶凝集试验——玻片法

**【原理】**类风湿性关节炎是一种自身免疫性疾病,患者因产生了以IgM为主的抗自身的IgG抗体,称类风湿因子(RF)。用乳胶颗粒吸附此种IgG,与患者血清作凝集试验,RF能与IgG特异性结合,呈现凝集反应者为阳性。该试验简便易行,有助于类风湿性关节炎的临床诊断。

**【材料】**类风湿乳胶诊断试剂(即吸附了人变性IgG的聚苯乙烯乳胶颗粒)　阳性血清

阴性血清　待检血清　毛细滴管

背面涂有墨汁或黑漆的载玻片,正面以红漆划分为3格

【方法】

1. 用毛细滴管先分别加阴性血清、阳性血清各1滴于玻片的1、2格作为对照。加待检血清1滴于第3格。液滴大小应均匀一致。

2. 再加致敏乳胶每格1滴，连续转动玻片2～3分钟，观察结果。

**【结果判断】**玻片法主要作定性测定，以肉眼观察出现凝集为阳性，不出现凝集为阴性。若先在试管中将待检血清倍比稀释，然后分别加在玻片上做试验，也可作半定量测定。

## 实验六　沉淀试验

可溶性抗原(如血清、毒素、细菌浸出液等)和相应抗体相遇，形成抗原抗体复合物，当二者比例适当，并在电解质参与下，可形成肉眼可见的沉淀物或沉淀线，称为沉淀反应。由于该抗原多为蛋白质胶体溶液，分子小，反应面积大。为使抗原与抗体间比例合适，一般均应稀释抗原。

沉淀反应方法多样，是临床上最常用的免疫学诊断技术之一，目前最常用的主要是凝胶中的沉淀反应，包括单向扩散、双向扩散、对流电泳、免疫电泳、火箭电泳、交叉免疫电泳等。

### 一、琼脂凝胶免疫扩散试验

**【原理】**　用半固体琼脂凝胶作为介质，使可溶性抗原和抗体在凝胶中扩散。在反应中，抗原和抗体分子大小不等，扩散速度各异，若两者相应，可在比例合适位置上，形成沉淀线或沉淀环。试验结果可染色，干燥后能长期保存。

(一)单向琼脂扩散试验(单向扩散)

**【原理】**将一定量的抗体混合入琼脂凝胶中，使抗原溶液单独在含抗体的凝胶中扩散。抗原在一定浓度梯度范围内与抗体结合并形成沉淀环，沉淀环的大小与抗原的量成正比。本实验以测定人血清中IgG水平为例。

**【材料】**3%琼脂(pH7.2 PBS配制)　IgG诊断血清　待检人血清

标准参考血清：是已定量明确的人混合血清，其中IgG含量为11.6 mg/ml)

打孔器(直径3 mm)　微量加样器　4.5 cm×10 cm塑料板或玻璃板

湿盒(有盖、内铺浸有5%石炭酸的纱布)

**【方法】**

1. 制备含抗体的琼脂板　制备厚度为2 mm的琼脂凝胶需用含抗体琼脂12 ml。

(1)将3%琼脂置沸水浴中溶化，吸取6 ml加至中号试管内，置56℃水浴保温。

(2)稀释IgG诊断血清：如诊断血清的单向扩散效价为1∶120，则将0.1 ml诊断血清加入5.9 ml PBS中，配成1∶60的诊断血清稀释液；置56℃水浴中保温。

(3)将上述56℃保温的琼脂和已稀释好的诊断血清充分混匀，立即将此12 ml含抗体的琼脂倾注于放在水平台上的塑料板上，凝胶中血清终浓度为1∶120，琼脂浓度为1.5%，待凝固冷却。

2. 稀释参考血清和待测血清

(1) 稀释参考血清　每支干燥参考血清中加入蒸馏水0.5 ml，完全溶解后用PBS稀释成几个不同稀释度。例如参考血清的IgG含量为11.66 mg/ml，1∶10、1∶16、1∶20、1∶32、1∶40、1∶64稀释后，IgG相应含量分别为1 166、728、583、364、291、182μg/ml。

(2) 稀释待测血清　用PBS作1∶40稀释。

(3) 打孔　用打孔器按打孔模式图在琼板上打孔，用注射器针头挑出孔中琼脂，务必将琼脂挑净。

(4) 加样　用加样器吸取各稀释度的参考血清及待测样品，准确地分别滴加孔中，每孔加 10 $\mu$l。

(5)温育　加样完毕后，将琼脂平板置湿盒中，37℃温育 24 小时后观察结果。

**【结果判断】**取出琼脂板，即可见到孔周围有乳白色沉淀环，沉淀环直径与抗原量成正比(见图 21-3)。用直尺准确测量沉淀环直径，以参考血清的各孔沉淀环直径为横座标，相应孔中 IgG 含量为纵座标，在半对数座标纸上绘出标准曲线(标准曲线应随每次测定同步做出，以排除意外干扰)。测量待测血清孔的沉淀环直径，从标准曲线上查出相应的 IgG 含量，再乘以待测血清稀释倍数(40 倍)，即为待测血清中 IgG 的含量。

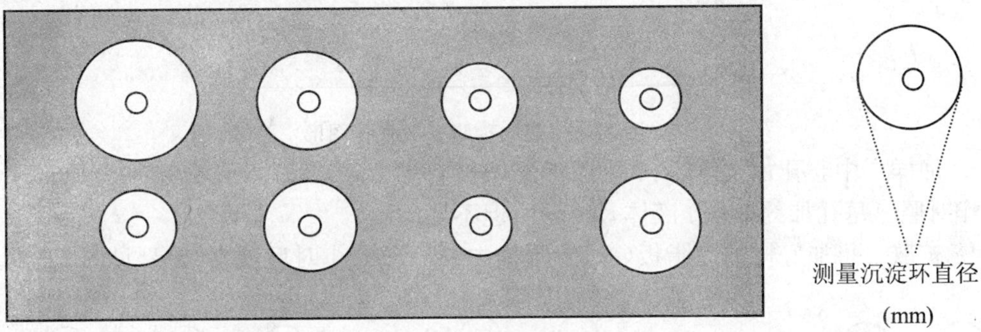


图 21-3　单向琼脂扩散试验出现的沉淀环

上排：标准参考血清孔　下排：待测血清孔

**【附】**琼脂凝胶板染色干燥法

1. 试剂配制

(1) 氨基黑染液　将 1.0 g 氨基黑 10B 溶于 50 ml 1 mol/L 醋酸钠溶液中，置棕色瓶中保存。

(2) 脱色液　有多种配方。A：取冰醋酸 2～5 ml，加蒸馏水至 100 ml；B：10%醋酸与 10%乙醇的混合液，脱色力较强。

2. 染色与脱色

(1) 将扩散完毕的凝胶板放人生理盐水中浸泡过夜(至少 2 小时)，漂洗出未参加反应的游离蛋白质和无机盐类。

(2) 浸泡完毕后，将凝胶板放入染色液染 5～10 分钟，取出后用水轻轻洗净。

(3) 放入脱色液中反复脱色直至背景无色。

3. 干燥保存　用湿滤纸覆盖于凝胶表面，加盖数张吸水纸，再盖一张玻璃板，上面加 1～5 kg 重物，将凝胶板挤成薄纸样，置 50℃～60℃烤箱烘干。凝胶成光滑透明的干燥膜，沉淀线清晰透明，可长期保存。

(二) 双向琼脂扩散试验(双向扩散)

**【原理】**将蛋白质抗原和相应的抗体分别加到琼脂板上相应的小孔中，两者互相扩散，在比例适宜处特异性结合，形成沉淀线。因此，可用已知抗体鉴定未知抗原，也可用已知抗原鉴定未知抗体。如果双向扩散的抗原和抗血清分别含有几对相关的抗原和抗体，则因各种抗原的浓度、分子量及扩散系数不同以及各对抗原/抗体形成沉淀时所需的最适比例不同，而在扩散后形成几条沉淀线。每条沉淀线代表一对相应的抗原/抗体。此外，双向琼脂扩散试验还可用于检查抗原或抗血清的纯度及滴定抗血清的效价。

**【材料】** 1.2%琼脂生理盐水　生理盐水　抗原溶液　抗体溶液　载玻片　试管　吸管　毛细滴管　打孔器　图形卡　挑针　湿盒

**【方法】**

1. 制琼脂板　用吸管吸取热溶琼脂 3.5 ml，平铺于载玻片上。若使用 6 cm 直径的平皿，可倒入热琼脂 10 ml，冷凝后加盖。4℃冰箱可保存 2 周。

2. 打孔　待琼脂凝固后，按圆形卡(图 21-4)用打孔器打孔，用针挑去孔内琼脂。

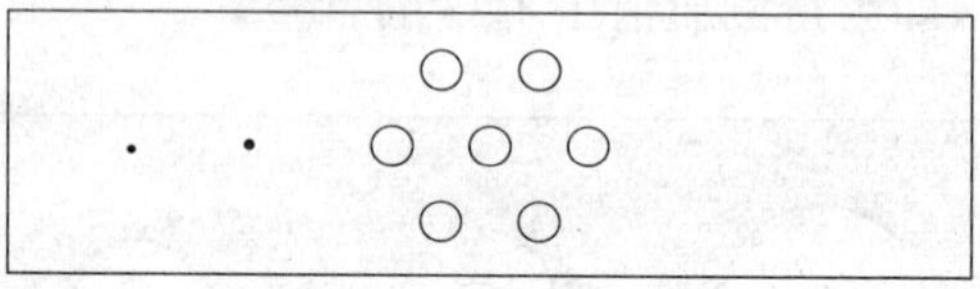

图 21-4　双向琼脂扩散打孔图形

3. 加样　中心孔加抗体，1、4 孔加标准阳性对照血清，2、3、5 孔分别加抗原，6 孔加生理盐水作对照。每孔加约 20? l 液体，加满孔，但不要溢出。

4. 扩散　将加好样的琼脂板(皿)置湿盒中，37℃ 18 小时后观察结果(见图 21-5)。

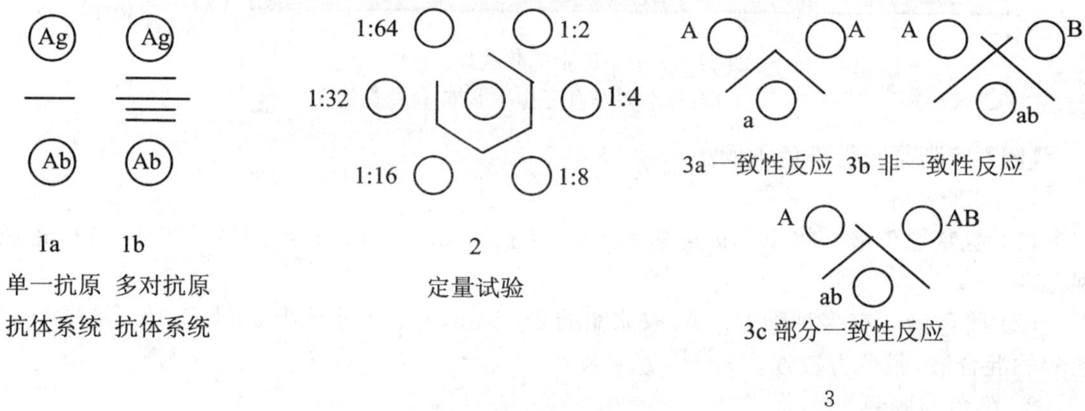


图 21-5　双向琼脂扩散沉淀线图形

**【结果判断和分析】** 图 21-5(1a)左结果：一对相应的抗原和抗体，浓度相等，分子大小相等，沉淀线在两孔之中呈直线状；图 21-5(1b)右结果：多对相应的抗原和抗体，形成多条沉淀线。图 21-5(2)为半定量滴定抗体的效价：在琼脂上按图模式打孔，中央孔加已知抗原，四周孔中加不同稀释度的抗血清(1∶2～1∶64)，扩散后，根据形成的沉淀线，可以初步了解抗体的相对效价，图中效价为 1∶32。图 21-5(3)结果：两种抗原(A)相同时，它们与抗体(a)之间形成相互连接的沉淀线(ca)；两种抗原不同时，抗原与抗体的沉淀线互不干扰，呈交叉状(cb)；但如两种抗原部分相同，则两条沉淀线既相联接，呈枪刺状(cc)。

## 二、对流免疫电泳

**【原理】** 带电胶体颗粒在电场中的移动主要受两种因素影响，一种是荷电颗粒向与其电荷性质相反的电极方向移动，称电泳；一种是电泳介质与电泳液的相互作用使液体带正电，液体向负极移动，称电渗。在 pH8.6 的缓冲液中，蛋白质抗原通常带较多负电荷，电泳＞电渗，故由阴性向阳极移动；而抗体带负电荷少，分子量大，电泳速度较慢，因此电渗＞电泳，故反而向负极倒退，当抗原与抗体在两孔间相遇时，于比例适当处形成白色沉淀线。这种在琼脂扩散基础上加电泳的方法，称为对流免疫电泳。由于抗原、抗体在电场中定向移动，限制了抗原抗体多方向自由扩散的倾向，因而敏感度较高，沉淀线出现较快，可在 1 小时内观察结果，但不能定量测定。通常用于检查特异性抗原或抗体。

【材料】1.2％琼脂(0.075 mol/L pH8.6 的巴比妥—巴比妥钠缓冲液配制)
电泳液(0.1 mol/L pH8.6 的巴比妥钠—盐酸缓冲液)　生理盐水
电泳槽　电泳仪　吸管　载玻片　打孔器　图形卡　毛细滴管　试管

【方法】

1. 制板　吸取热溶 1.2％琼脂 3.5 ml，立即平铺于载玻片上，自然冷却凝固。
2. 打孔　按图形卡(图 21-6)用打孔器打孔，挑去孔内琼脂。

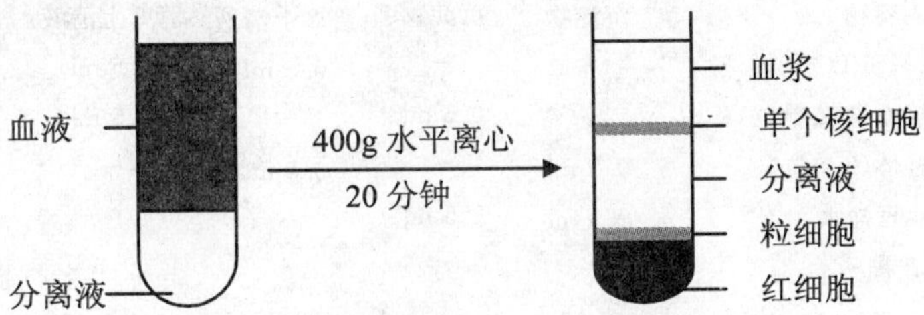


图 21-6　对流免疫电泳示意图

3. 稀释抗原、抗体　用生理盐水将抗原和抗体分别稀释成 1∶2、1∶4、1∶8、1∶16、1∶32、1∶64 等不同浓度。

4. 加抗原、抗体　用毛细滴管按顺序将不同稀释度的抗原加入第 1 和第 3 列各孔中；将不同稀释度的抗体加入第 2 和第 4 列各孔中。每孔加满为止(注意不要溢出孔外)。

5. 电泳　将加好样品的琼脂板置电泳槽上，抗原端接负极，抗体端接正极，琼脂板两端分别用 4 层纱布与缓冲液相连，接通电源，控制电流 2～4 mA/cm 宽，电泳 1 小时后，关闭电源。

【观察结果】取出琼脂板，对光观察抗原与抗体间是否有白色沉淀线，出现沉淀线最佳比例和最高稀释度是多少，并绘出沉淀线的位置、数量、形态。

## 实验七　补体的测定

### 一、溶血反应中补体的作用

【原理】绵羊红细胞与其相应抗体(溶血素)结合后，在有电解质存在时，可产生凝集现象。再加入补体时，绵羊红细胞可被溶解，称为溶血反应。

【材料】2％绵羊红细胞(SRBC)悬液　补体(由 3 只以上豚鼠的新鲜血清混合而成)
抗绵羊红细胞抗体(溶血素)　生理盐水　试管　刻度吸管　37℃水浴箱
离心机

【方法】

1. 取试管三支,按下表加入各物

| 序 号 | 1 | 2 | 3 |
|---|---|---|---|
| 2%SRBC | 0.5 ml | 0.5 ml | 0.5 ml |
| 溶血素(2 单位) | 0.5 ml | 0.5 ml | — |
| 补体(2 单位) | 0.5 ml | — | 0.5 ml |
| 生理盐水 | 0.5 ml | 1.0 ml | 1.0 ml |
| 结果 | | | |

2. 将上述 3 支试管放在 37℃水浴箱内 15～30 分钟,观察有无溶血现象。若红细胞溶解,则混浊液体变为红色透明液体。

3. 将不溶血的第 2、3 试管,低速离心 1 000 转/分 3～5 分钟。用毛细滴管将第 2 管上清液放人第 4 管中,第 3 管放入第 5 管中。并按下表加入各物

| 管 号 | 2 | 3 | 4 | 5 |
|---|---|---|---|---|
| 内容物 | 沉淀物 | 沉淀物 | 管 2 上清液 | 管 3 上清液 |
| 2%SRBC | — | — | 0.5 ml | 0.5 ml |
| 溶血素(2 单位) | — | 0.5 ml | — | 0.5 ml |
| 补体(2 单位) | 0.5 ml | — | 0.5 ml | — |
| 生理盐水 | 2.5 ml | 2.5 ml | — | — |
| 结果 | | | | |

4. 再放在 37℃水浴箱内 15～30 分钟,观察结果并将结果记录于表内。

**【注意事项】**补体必须新鲜　其他试剂与器材要洁净

**二、血清总补体活性测定($CH_{50}$ 测定)**

1942 年 Rustein 和 Walker 根据补体能使兔抗绵羊红细胞抗体(即溶血素)致敏的绵羊红细胞发生溶血的特点建立了检测血清中总补体的方法后,几十年来,在方法学方面有较多的改进,种类繁多。目前主要采用试管法。

**【补体 50 %溶血原理】**在试管中将受检标本作一系列稀释后,分别加入溶血素和绵羊红细胞,经一定的时间的温育,使反应完全。标本中如含有补体,反应后使红细胞溶血。释放在上清中的血红蛋白可借助光电比色计测定,溶血程度和总补体活性有关,以溶血百分率作纵坐标,相应的血清量为横坐标绘图,可得到典型的"S"型曲线(图 21-7)。

从图 21-7 可见在 50%溶血附近,大约 30%～70%处,"S"型曲线最陡,呈直线,当补体量稍有变动,即可对溶血程度发生很大的影响,因而称为 50%溶血即 $CH_{50}$。

**【材料】**pH7.4 巴比妥缓冲盐水　2%绵羊红细胞悬液　37℃水浴箱吸管试管
50%溶血标准管　751 型分光光度计

**【方法】**

1. 溶血素的滴定　先按表 21-3 配制不同稀释浓度的溶血素,再按表 21-4 依次加入各试剂,滴定溶血素。温育后观察结果,以溶血素最高稀释度能产生完全溶血者定为一个单位,在表 21-4 中为 1:4000。正式试验时一般使用 2 个溶血素单位,即 1:2000。

**表 21-3　不同浓度溶血素的配制**

| 所加溶血素 | | 巴比妥缓冲液(ml) | 最终稀释度 |
|---|---|---|---|
| 稀释度 | 容积(ml) | | |
| 1:100 | 0.2 | 1.8 | 1:1 000 |
| 1:1 000 | 0.2 | 0.2 | 1:2 000 |
| 1:1 000 | 0.2 | 0.4 | 1:3 000 |
| 1:2 000 | 0.2 | 0.2 | 1:4 000 |
| 1:1 000 | 0.2 | 0.8 | 1:5 000 |
| 1:3 000 | 0.2 | 0.2 | 1:6 000 |
| 1:4 000 | 0.2 | 0.2 | 1:8 000 |
| 1:5 000 | 0.2 | 0.2 | 1:10 000 |

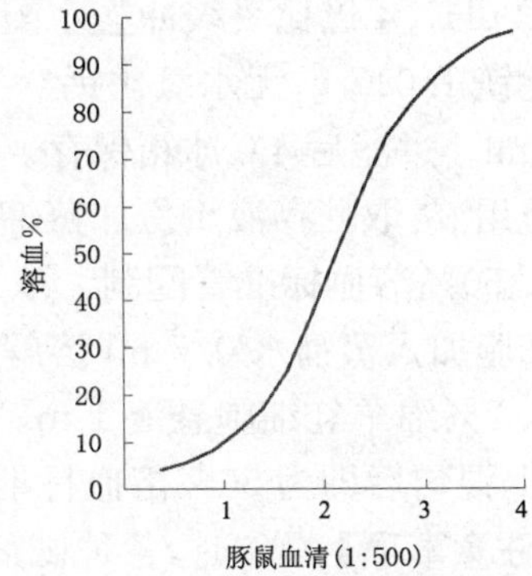


图 21-7　溶血程度与补体含量的关系

**表 21-4　溶血素的滴定**

| 管号 | 溶血素稀释度 | 试管内加的各种试剂材料 | | | | | 结果 |
|---|---|---|---|---|---|---|---|
| | | 溶血素(ml) | 1:60 稀释补体(ml) | 缓冲液(ml) | 2%绵羊红细胞(ml) | | |
| 1 | 1:1000 | 0.1 | 0.2 | 0.2 | 0.1 | 37℃ | 全溶 |
| 2 | 1:2 000 | 0.1 | 0.2 | 0.2 | 0.1 | 水 | 全溶 |
| 3 | 1:3 000 | 0.1 | 0.2 | 0.2 | 0.1 | 浴 | 全溶 |
| 4 | 1:4 000 | 0.1 | 0.2 | 0.2 | 0.1 | 内 | 全溶 |
| 5 | 1:5 000 | 0.1 | 0.2 | 0.2 | 0.1 | 放 | 大部分溶 |
| 6 | 1:6 000 | 0.1 | 0.2 | 0.2 | 0.1 | 置 | 微溶 |
| 7 | 1:8 000 | 0.1 | 0.2 | 0.2 | 0.1 | 30 | 不溶 |
| 8 | 1:10 000 | 0.1 | 0.2 | 0.2 | 0.1 | 分 | 不溶 |
| 9 | 1:10 000 | 0.1 | — | 0.4 | 0.1 | 钟 | 不溶 |

2. 总补体溶血活性测定　先配制 50%溶血标准管，按表 21-5 在各试管中加入反应物，置 37℃水浴中温育。然后将所有试管离心，再与 50%溶血标准管作比较，观察溶血程度。取与 50%溶血标准管相接近的 2 管在 751 型分光光度计上分别读取光密度值，以最接近 50%溶血标准管的 1 管的值，按下列公式求得 50%溶血的总补体值。

每毫升血清总补体活性=(1/血清用量)×稀释倍数

本法测得的总补体正常值为 50～100 U/ml。

**表 21-5　总补体溶血活性的测定**

| 试管号码 | 1:20 稀释血清(ml) | 巴比妥缓冲盐水(ml) | 2U 溶血素(ml) | 2%绵羊红细胞(ml) | | 结果(U/ml) |
|---|---|---|---|---|---|---|
| 1 | 0.10 | 1.40 | 0.5 | 0.5 | | 200.0 |
| 2 | 0.15 | 1.35 | 0.5 | 0.5 | 置 | 133.0 |
| 3 | 0.20 | 1.30 | 0.5 | 0.5 | 37℃ | 100.0 |
| 4 | 0.25 | 1.25 | 0.5 | 0.5 | 水 | 80.0 |
| 5 | 0.30 | 1.20 | 0.5 | 0.5 | 浴 | 66.6 |
| 6 | 0.35 | 1.15 | 0.5 | 0.5 | 30 | 57.1 |
| 7 | 0.40 | 1.10 | 0.5 | 0.5 | 分 | 52.0 |
| 8 | 0.45 | 1.05 | 0.5 | 0.5 | 钟 | 44.4 |
| 9 | 0.50 | 1.00 | 0.5 | 0.5 | | 40.0 |
| 10 | — | 1.50 | 0.5 | 0.5 | | — |

**【附】**

1. pH7.4 巴比妥缓冲盐水配制　贮存液：称氯化钠 85 g、巴比妥 5.75 g、巴比妥钠 3.75 g、氯化镁 1.017 g、无水氯化钙 0.166 g，逐一加至热蒸馏水中，待溶解冷却后，再加蒸馏水至 2 000 ml。过滤后 4℃冰箱保存。

应用液：取贮存液 1 份加蒸馏水 4 份，当日配制，当日应用。

2. 50%溶血标准管配制　取 2%绵羊红细胞 1 ml，离心 1 000 转/分 10 分钟，弃上清液，向压积细胞加入蒸馏水 0.5 ml 溶解绵羊红细胞，再加入 1.7% NaCl 溶液 0.5 ml，充分混匀后，再加入 2%绵羊红细胞悬液 1 ml，充分混匀，取此混悬液 0.1 ml 加入 pH 7.4 巴比妥缓冲液 0.5 ml，混匀后即为 50%溶血标准管。（配制时，应与实验操作同时进行，置 4℃ 24 小时。）

**【注意事项】**操作时，各种试剂加样应准确，所用试管经须一致，玻璃透明度要好，应使红细胞完全沉降后（可离心或放 4℃ 24 小时），观察结果，取上清液与标准管比色。

## 实验八　补体介导的细胞毒试验

**【原理】**带有特异抗原的淋巴细胞（靶细胞）在体外与相应抗体结合后，可被补体溶解，称为补体介导的细胞毒。靶细胞死亡与否可用染料（台盼兰或伊红 Y）排斥试验判定。利用细胞毒试验可以检查细胞膜抗原，亦可鉴定细胞毒抗体的特异活性。

本实验是用小鼠胸腺细胞（T 细胞特异的表面抗原）免疫家兔制备的抗小鼠胸腺细胞抗血清，通过补体介导的细胞毒试验鉴定细胞毒抗体的特异活性和效价。

**【材料】**抗小鼠胸腺细胞血清　新鲜兔血清（含补体）　含 10%小牛血清的 RPMI-1640 培养液　小鼠　湿盒　24、40 孔聚苯乙烯微量板　1 ml 吸量管　微量加样器　载玻片　盖玻片

**【方法】**

1. 小鼠胸腺细胞悬液的制备　4～6 周龄小鼠拉脱颈椎处死，取出胸腺放入已加有 4 ml 左右冷 Hanks 液（4℃）的平皿中，研磨通过 200 目的不锈钢网。取通过钢网的单个细胞悬液离心 1 500 转/分 5 分钟，再用冷 Hanks 液洗两次。将沉淀重悬于冷 Hanks 液中，配成 $1\times10^7$/ml细胞浓度。一般每个胸腺约含 $0.5\times10^8$～$1\times10^8$ 个细胞。

2. 稀释抗血清　将抗小鼠胸腺细胞血清作 1∶20 稀释。用微量加样器按下表在微量板上作连续倍比稀释（第 2 管混匀后取0.1 ml 加入第 3 管，依此类推）。

| 稀释板孔号 | 1 | 2 | 3 | 4 | 5 |
|---|---|---|---|---|---|
| 1640 培养液（ml） | — | 0.1 | 0.1 | 0.1 | 0.1 |
| 1∶20 抗血清（ml） | 0.1 | 0.1 | 0.1 | 0.1 | 0.1 |
| 抗血清稀释度 | 1∶20 | 1∶40 | 1∶80 | 1∶160 | 1∶320 |

3. 做细胞毒试验　按下表顺序在聚苯乙烯微量板上进行操作。

| 操作步骤 | 1<br>1∶20 | 2<br>1∶40 | 3<br>1∶80 | 4<br>1∶160 | 5<br>补体对照 | 6<br>血清对照 | 7<br>细胞对照 |
|---|---|---|---|---|---|---|---|
| 1. 抗血清（μl） | 25 | 25 | 25 | 25 | — | 25 | — |
| 2. 1640 培养液（μl） | — | — | — | — | 25 | 25 | 50 |
| 3. $10^7$/ml 胸腺细胞（μl） | 25 | 25 | 25 | 25 | 25 | 25 | 25 |

续表

| 操作步骤 | 1<br>1∶20 | 2<br>1∶40 | 3<br>1∶80 | 4<br>1∶160 | 5<br>补体对照 | 6<br>血清对照 | 7<br>细胞对照 |
|---|---|---|---|---|---|---|---|
| 4. | 振荡1分钟，置湿盒37℃ 10分钟 | | | | | | |
| 5. 新鲜兔血清(μl) | 25 | 25 | 25 | 25 | 25 | — | — |
| 6. | 振荡1分钟，置湿盒37℃ 10分钟 | | | | | | |
| 7. | 各孔加1滴1%台盼蓝染液，混匀，室温2分钟，混匀，滴片加盖玻片，镜检 | | | | | | |

**【结果观察】** 死细胞呈蓝色、无光泽且肿胀变大；活细胞不着色，有光泽且形态正常。

先用低倍镜观察各孔中出现蓝色的杀伤细胞的百分率，以半定量法测定结果。"++"为效价。

"－" 死细胞<10% "++" 死细胞40%～70%
"±" 死细胞10%～20% "+++" 死细胞>70%
"+" 死细胞20%～40%

如检查某一血清浓度细胞毒百分率，则在高倍镜下计数200个细胞中死细胞的百分数。

细胞毒百分率＝(试验孔死细胞%－对照孔平均死细胞%)/(100%－对照孔平均死细胞%)

**【注意事项】** 胸腺细胞制备要快速，且需冰浴中进行操作，以保持细胞活力。

设置补体对照(不加血清)、血清对照(不加补体)和细胞对照(不加血清和补体)是为了排除血清、补体或培养液中存在细胞毒物质的可能性。这些对照孔的细胞应当全部存活，如有较多死亡，提示该制剂中有细胞毒性物质，应当更换该制剂，重做试验。

## 实验九 酶联免疫吸附试验(ELISA)

免疫酶标技术的原理与免疫荧光技术基本相似，不同的是显示酶标抗体(或抗原)的方法与荧光抗体不同，酶标抗体(或抗原)与抗原(或抗体)特异结合后，需加酶的底物，由于酶的催化作用，使底物发生水解、氧化或还原反应而显示颜色，根据颜色差别判断有无特异性抗原(或抗体)及量的大小。检测方法有间接法(检测抗体)、双抗体法(检测抗原)和抗原竞争法(检测抗原)。本试验可定性、定量、定位，是一种较理想的微量测定技术。

用ELISA双抗体夹心法检测HBsAg

**【原理】** 将纯化的抗HBs抗体吸附于固相载体表面，加入受检者血清，其中含有的HBsAg与载体上的抗体结合，形成HBsAg-抗HBs抗体复合物；再加入酶标记抗HBs抗体，结合固定在载体上的HbsAg；再加底物显色。底物颜色的改变与HBsAg量成正比。

**【材料】** 聚苯乙烯微量板(40孔) 包被缓冲液(0.05 mol/L pH9.6碳酸盐缓冲液配制) 包被用抗HBs抗体 清洗液(pH 7.4 PBS-Tween20液) 酶标抗HBs抗体 酶标抗体稀释液(含1%牛血清白蛋白和清洗液) 被检血清 阴性对照血清 HBsAg阳性对照血清 底物溶液 100 μl加样器

**【方法】**

1. 吸附包被抗体 (1) 配制包被抗体液，取1 ml包被缓冲液加一定量包被用抗体，摇匀。(2) 吸取包被抗体液，加入40孔板中，每孔100μl，4℃冰箱过夜。倒去板中溶液，用清洗液洗涤3次，在吸水纸上拍打，去净各孔中残留液体。

2. 加被检样品使之与板上抗HBs结合 (1) 将被检样品、HBsAg阳性对照血清、阴性对照血清分别加到各孔中，每孔100μl，空白对照加清洗液100μl。(2) 置湿盒中40℃ 30分钟或

37℃ 1小时后取出，清洗液洗涤3次，在吸水纸上拍干。

3. 加酶标记抗HBs使之与HBsAg结合　加酶标抗体应用液每孔100μl，置湿盒中40℃ 30分钟或37℃ 1小时后取出，洗涤3次，拍干。

4. 加酶底物溶液使酶催化显色　每孔中加100?? l底物溶液(OPD)，避光放室温15～30分钟后，每孔中加2 mol/L硫酸50μl，中止酶促反应。

**【结果判断】**在白色背景上用肉眼判断结果：HBsAg阳性对照血清孔应呈明显黄色乃至桔红色，阴性对照血清孔无色，空白对照孔无色。如对照孔反应正确，凡待测样品中溶液的色泽深于阴性对照孔，可判断为HBsAg阳性。

## 实验十　EA花环形成试验

**【原理】**B淋巴细胞表面有IgGFc段受体，Fc受体与自然游离状态的IgG分子结合力较弱，易解离；而与抗原抗体复合物中的IgG分子或凝聚的IgG分子的Fc段结合很牢固。先制备抗鸡(或抗牛)红细胞的抗体，然后将抗体与红细胞结合使之致敏，再将致敏红细胞与淋巴细胞混合，能形成花环的细胞即为B细胞。用此试验可以检测B细胞的数量。

**【材料】**肝素抗凝静脉血　pH7.4的Hanks液　淋巴细胞分离液　兔抗鸡红细胞抗体　4%鸡红细胞悬液　37℃水浴箱　水平离心机

**【方法】**

1. 配制致敏红细胞　4%鸡红细胞悬液5 ml，加亚凝集效价(先做试管凝集试验)，取不能引起凝集反应的抗体最低稀释度(如抗体效价为1∶32 000则作1∶40 000稀释)的抗鸡红细胞抗体5 ml，混合后室温放置30分钟，用Hanks液洗2次，在洗过的致敏鸡红细胞中加入5 ml Hanks液，即为4%致敏鸡红细胞，供试验用。

2. 淋巴细胞的分离(见实验十五)。

3. EA玫瑰花形成试验　将0.1 ml分离的淋巴细胞悬液(含$1\times10^6$细胞)与0.1 ml 4%致敏鸡红细胞混匀，37℃水浴5分钟，以500转/分，离心5分钟，放室温20分钟后弃上清，将沉淀轻轻摇匀，制片染色。

4. 镜检观察计数200个淋巴细胞，在淋巴细胞表面吸附有3个以上有核的鸡红细胞者为Fc受体阳性细胞，算出其百分数。

有些单核细胞、中性粒细胞、T细胞、NK细胞表面也有IgG Fc段受体，所以Fc受体不是B细胞的特异标志，在计数时要注意鉴别。

## 实验十一　B细胞膜表面免疫球蛋白(SmIg)的检测——直接免疫荧光法

**【原理】**SmIg是B细胞识别抗原的受体，也是B细胞特异性表面标志，可用直接免疫荧光法检测。荧光素标记的抗Ig抗体在一定条件下与淋巴细胞混合后，可与B细胞表面的Ig结合，在荧光显微镜下可观察到B细胞膜上出现荧光。根据发光和不发光的淋巴细胞数，可求得$SmIg^+$细胞的百分数。

**【材料】**异硫氰酸荧光素(FITC)标记的兔抗人IgG(或IgM、IgA)抗体　淋巴细胞　pH7.4 Hanks液(内含0.1% $NaN_2$)　1 ml椎形离心管　高速台式离心机

**【方法】**

1. 经淋巴细胞分离液分离的淋巴细胞，用Hanks液洗1次，作细胞计数，配成$1\times10^6$/ml

浓度的细胞悬液。

2. 取小离心管2支，每支加入$1\times10^6$/ml细胞悬液1 ml，置离心机2 000转/分3分钟，去除上清液，加入荧光素标记的兔抗人IgG(或IgM、IgA)抗体50 μl，置4℃冰箱30分钟。

3. 用Hanks液洗细胞2次，去除游离的荧光抗体。滴片，荧光镜检。

**【结果观察】** 在荧光显微镜下可见SmIg阳性细胞呈环状或斑点状荧光，用普通灯光源照明，计数总数，共计数300～400个淋巴细胞，算出其中SmIg阳性细胞的百分数。参考值：$SmIg^+$细胞总数平均21%(16%～28%)。

## 实验十二 抗体生成细胞的检测——溶血空斑试验

**【原理】** 空斑形成细胞(PFC)是体外检测抗体形成细胞的方法。此法是检测分泌高溶血效应IgM的PFC，可作为机体免疫状态的指标，用以研究药物对机体免疫功能的影响等指标，具有特异性高、筛检力强，可直接观察等特点。用一定量洗涤过的绵羊红血球(SRBC)免疫小鼠，4～5天后杀死小鼠，取脾脏制成细胞悬液(内含抗体形成细胞)。然后将脾细胞、绵羊红血球、补体混合孵育，由于PFC所分泌的抗体与周围SRBC(抗原)结合形成抗原抗体复合物，经补体作用而溶解，形成一个透明的肉眼可见的溶血空斑。PFC检测方法很多，有琼脂固相法、单层细胞法、小室液相法，这里介绍琼脂固相法。

**【材料】** 20 g左右的健康小鼠　1%琼脂糖　双倍RPMI-1640培养液　Earles液　10%SRBC悬液　补体(新鲜豚鼠血清)　解剖器械　注射器　钢丝网　注射器内芯　试管　吸管　载玻片　湿盒　水浴箱

**【方法】**

1. 免疫动物　取5% SRBC 1 ml，无菌操作注射于小鼠腹腔内。

2. 制备脾细胞悬液　将免疫4～5天的小鼠脱颈椎处死，背部朝上固定于木板上，用剪刀剪开左侧靠背腹部皮肤，取出脾脏，放置于有钢丝网的平皿内。平皿内加入少量Earles液，用注射器内芯将脾脏在钢丝网上轻轻研磨，将全部细胞挤过钢丝网成单个细胞悬液。将细胞悬液吸入试管中，用少量Earles液洗下平皿内剩余细胞，一并置试管内离心(1 500转/分)5分钟后，倾去上清，加Earles液0.9 ml，使总量达1 ml。悬浮沉淀细胞，计数，配成$1\times10^7$/ml细胞浓度。

3. 溶血空斑的测定

(1) 将1%琼脂糖加热融化，加入等量预热的双倍1640液，立即摇匀，置45℃水浴箱中预温备用。

(2) 取康氏试管，内加0.05 ml 10% SRBC、0.1 ml脾细胞悬液，置45℃水浴中混匀，再加0.4ml预温的1640-琼脂糖液，仍在45℃水浴中混匀，迅速倒于载玻片上，使之铺平。凝固后置湿盒中，37℃温育半小时。加1:10稀释的豚鼠血清1 ml，继续温育2小时，即可出现肉眼可见的溶血空斑。

(3) 肉眼可见的边缘整齐的圆形透亮区为空斑，显微镜下可见空斑的中央有淋巴细胞，每一空斑代表一个PFC，计数每玻片的空斑数，算出每个脾脏或每百万个脾细胞(需计数脾细胞悬液的细胞数)的PFC值。

## 实验十三 McAb的制备和杂交瘤细胞的冻存和复苏

**【原理】** 用融合剂使骨髓瘤细胞与免疫小鼠的B细胞融合，经选择培养液筛选，即可获得杂交瘤细胞。杂交瘤细胞具有瘤细胞无限生长及B细胞产生特异抗体的双重性能，再经反复的克隆化培养，可获得单克隆的杂交瘤细胞，所产生的抗体称为单克隆抗体。

选择培养液内含有次黄嘌呤(H)、胸腺嘧啶核苷(T)和氨基喋呤(A)，前两者是合成DNA的前体物质。氨基喋呤则是叶酸拮抗物，能阻断合成DNA的主要途径。骨髓瘤细胞由于缺乏次黄嘌呤—鸟嘌呤磷酸核糖转移酶(HGPRT)或胸腺嘧啶核苷激酶(TK)，当合成DNA的主要途径受阻时，亦无法由合成DNA的旁路途径得到补偿而在HAT培养液中因代谢障碍而逐渐死亡。未融合的B细胞虽具备合成DNA旁路途径的酶，但在体外培养的存活期常不超过2周。唯独杂交瘤细胞因既有骨髓瘤建系细胞的特点，又获得了B淋巴细胞的酶系统，因而得以在HAT液中生长下去。(参见第三章图3-10 McAb制备原理示意图。)

以下以制备抗绵羊红细胞(抗原)的McAb为例介绍。

**【材料】** 健康BALB/c近交系成年小鼠(8周龄)　SP2/0骨髓瘤细胞　培养液(含10%小牛血清的RPMI-1640)　0.1 mol/L pH7.2 PBS

HT保存液(100倍浓缩)：取136.1 mg次黄嘌呤和38.8 mg胸腺嘧啶，加去离子双蒸水到100 ml。加热50℃溶解后过滤除菌，1 ml分装，−20℃保存。用前稍加热溶解次黄嘌呤沉淀，在99 ml细胞培养液中加1 ml HT保存液即为HT培养液

A保存液(100倍浓缩)：用90 ml去离子双蒸水溶解1.76 mg氨基喋呤，加入0.5 ml 1 mol/L NaOH助溶，再用0.5 ml 1 mol/L HCl中和，定容到100 ml。过滤除菌，1 ml分装，−20℃避光保存。在99 ml细胞培养液中加1 ml HT保存液和1 ml A保存液即为HAT培养液。

50%聚乙二醇(PEG，分子量1 000～4 000)　二甲基亚砜(DMSO)　新生牛血清　刻度试管　滴管　50 ml塑料离心管　培养皿　钢丝网　96孔细胞培养板　50 ml细胞培养瓶　细胞冻存管　手术器械　$CO_2$培养箱　定量加样器　倒置相差显微镜　水平离心机

**【方法】**

1. 免疫小鼠　取抗凝绵羊外周血，离心弃血浆，沉淀红细胞用PBS洗涤3次。取0.1 ml压积红细胞，用PBS稀释至0.5 ml，腹腔注射免疫健康成年BALB/c小鼠。2周后自免疫小鼠眼球或尾静脉采血，用血凝试验证实有特异抗体产生，再用同样剂量绵羊红细胞静脉加强免疫1次。3～4天后取小鼠脾脏，分离脾细胞作融合。

2. 饲养细胞的制备　取正常BALB/c小鼠一只，处死后消毒皮肤，用冷培养液无菌洗腹腔2次，洗出腹腔巨噬细胞。离心去上清后，用HAT培养液调节细胞浓度至$2\times10^6$/ml，加入5块96孔培养板，每孔0.1 ml，置$CO_2$培养箱过夜。

3. 小鼠脾淋巴细胞悬液的制备　无菌取免疫小鼠脾脏，分离脾细胞。用无血清RPMI-1640培养液洗涤1次，计数淋巴细胞，备用。

4. 骨髓瘤细胞的制备　将培养瓶中的小鼠骨髓瘤细胞进行扩大培养，选择生长旺盛、活力>95%的瘤细胞做融合。瘤细胞收集于50 ml塑料离心管中，1 500转/分，离心10分钟，弃上清液，细胞沉淀用无血清RPMI-1640培养液洗涤2次，备用。

5. 细胞融合　取制备好的脾淋巴细胞和骨髓瘤细胞以2∶1～10∶1混合(常用10∶1)，用无血清RPMI-1640培养液洗涤1次(500转/分，离心5分钟)，弃净上清。在37℃水浴中，将1 ml 50% PEG (pH>8.0)于1分钟内逐滴加入细胞沉淀中，边加边轻轻摇晃。静置1分钟。

再在1分钟内逐滴加入1 ml无血清RPMI-1640培养液。然后按先慢后快的原则逐渐加入37℃预温的无血清RPMI-1640培养液30～40 ml,在2～3分钟内加完,并用吸管轻轻上下搅动液体,500转/分,离心5分钟,弃上清。沉淀细胞用HAT培养液50 ml重新悬浮后,滴加于预先铺有饲养细胞的96孔培养板中(5块板),每孔加0.1 ml。置37℃ 5%$CO_2$培养箱培养。

6. 杂交瘤细胞观察和换液　融合细胞培养72小时后,在倒置相差显微镜下观察生长情况。此时未融合的骨髓瘤细胞开始死亡,死亡的细胞浆中有明显的粗颗粒物出现,细胞逐渐固缩破碎。存活的杂交瘤细胞则开始成堆地生长,并分裂繁殖。一般在2～3天后更换1/2体积的新鲜HAT培养液,5天后有较明显的杂交瘤细胞集落形成,每个集落有几十个甚至上百个细胞。一周左右后停止使用HAT培养液而改用HT培养液。每2～3天换液1次。9～14天后收集有杂交瘤细胞集落生长孔的上清液作特异抗体检测(ELISA检测法),选出杂交细胞生长旺盛、抗体反应强者作克隆化。

7. 杂交瘤细胞的克隆化　将选定的阳性孔杂交瘤细胞全部吸出移入刻度离心管中,计数活细胞。采用有限稀释法即取适量细胞液0.5 ml,加培养液至5 ml,每次作10倍稀释,直至杂交瘤细胞的最终浓度达10个细胞/ml。于预先铺有饲养细胞的96孔板内,每孔加0.1 ml细胞悬液(平均含0.5～1个细胞)。每2～3天换HT培养液一次,每孔换液量为原有孔内培养液的一半。每日或隔日观察并记录细胞生长情况。9～14天左右时检测呈单个集落旺盛生长的杂交瘤细胞上清液,将分泌特异性抗体强的杂交瘤细胞再次选出,按前述方法作第二、第三次克隆化。经3次克隆化的杂交瘤细胞其特异性抗体检出阳性率可达100%。一般要求经5次以上克隆化或/和连续3次特异性抗体检出阳性为100%后才作扩大培养,正式建立一个杂交瘤细胞株。

8. 杂交瘤细胞的鉴定　一般计数染色体数目。取杂交瘤细胞$1\times10^6$/ml,加入秋水仙素到0.2μg/ml,36℃培养4小时,1 500转/分,离心5分钟,沉淀细胞用8 ml预温的0.075 mol/L氯化钾溶液低渗处理10分钟。先弹散细胞,逐滴加入氯化钾溶液,边加边摇,防止细胞凝聚。逐滴加入固定液(甲醇冰醋酸=3∶1),边加边摇,预固定细胞。离心去上清,用5 ml固定液再洗涤2次。离心后用3～5 ml固定液悬浮细胞,在离玻片2～3寸处将悬浮细胞滴在洁净的玻片上,Giemsa染色,直接镜检或摄片后计数染色体数目,小鼠淋巴细胞染色体为40条,骨髓瘤染色体为60条左右,杂交瘤细胞染色体约为100条左右。

9. McAb的大量生产、纯化和鉴定

(1) McAb大量生产　杂交瘤细胞培养上清是单克隆抗体的一个重要来源。将杂交瘤细胞接种同品系小鼠腹腔可获得更高效价的单抗。给BALB/c小鼠腹腔内预先注射无菌石腊油或降植烷(pristane) 0.5～0.8 ml/鼠,4～7天后每只小鼠再接种杂交瘤细胞$2\times10^6$/ml。8～10天后收集小鼠血清和腹水,其效价是上清液中抗体效价的1 000～2 000倍。一只小鼠可得10～20 ml腹水(5～20 mg/ml),小鼠血清中也含有单克隆抗体(1～10 mg/ml)。

(2) McAb的纯化　不论是培养上清液还是小鼠腹水,如用作诊断试剂或其他试验用,一般不需纯化。如用于交联荧光素、酶、同位素或生物素等必须进一步分离和提纯。方法与一般的蛋白纯化技术相同,可用硫酸铵沉淀、凝胶过滤、亲和层析、超滤等方法。腹水最好先经高速离心和充分稀释,变成不甚粘稠的液体后,再作硫酸铵沉淀,经适当溶解或充分透析后,可采取进一步纯化。如单克隆抗体类型为IgG,可选用SPA亲和层析法或DEAE离子交换层析法。

(3) 单克隆抗体免疫球蛋白属性的鉴定　取杂交瘤细胞培养上清液置透析袋内4℃冷风中浓缩5～10倍后与兔抗小鼠IgM、IgG以及IgG各亚型定型血清分别进行免疫琼脂双向扩散试验，以确定杂交瘤细胞所分泌的Ig的类型。

(4) McAb的特异性鉴定　杂交瘤细胞培养上清液或其诱生的腹水在血凝试验和血凝抑制试验中，能特异地和绵羊红细胞起反应，但不能和牛、马、兔及其他禽类红细胞起反应。此单抗如事先用绵羊的红细胞吸收，即可抑制该单抗和绵羊红细胞的结合能力。

10. 细胞冻存

(1) 准备无菌冻存管，标好细胞名称、数量及冻存日期。

(2) 配制冻存液：含10% DMSO、50%新生牛血清的RPMI-1640培养液。

(3) 收集细胞，计数细胞总数，离心1 000转/分10分钟，弃上清。用冷冻液悬浮细胞。最高细胞浓度不宜超过$3\times10^7$/ml。操作最好在冰浴中进行。

(4) 将细胞对号移入已标号的冻存管中，并将冻存管插入冷冻盒内，立即存放于－20℃3小时后，再移入－80℃冰箱过夜(15～18小时)或放入液氮管口逐渐向下放，直至浸入液氮中保存。

11. 细胞复苏

(1) 取无菌试管，每管加入5～8 ml复苏液(含20%新生牛血清的RPMI-1640培养液)。

(2) 从液氯中取出冻存管，立即投入37℃～40℃水浴中。待冷冻液融化后，立即吸入内装有复苏液的试管中，此过程一般不宜超过2分钟。

(3) 加预温复苏液10～40 ml，离心1 000转/分10分钟，去上清，用复苏液重新悬浮细胞，并用台盼蓝排除试验，计数细胞存活率，将细胞调整到所需浓度，即可进行培养。

(刘辉　袁栎)

## 第三节　细胞免疫实验

目前检测人体细胞免疫功能是否正常的方法虽多，但成熟技术不多，有些方法还不足为临床提供准确的指标，是免疫学检测技术难点之一。

### 实验十四　结核菌素试验与植物血凝素皮肤试验

#### 一、结核菌素试验

**【原理】**结核菌素是结核杆菌的菌体成分，皮内注射后，若受试者曾感染过结核杆菌或接种过卡介苗，则结核菌素可刺激致敏的T细胞，释放多种淋巴因子，在注射局部形成以单个核细胞浸润为主的炎症，表现为红肿、硬结、溃烂者为阳性结果，说明对结核已产生迟发型超敏反应(有细胞免疫力)。若为阴性结果者，应接种卡介苗预防结核感染。现以豚鼠实验为例。

**【材料】**豚鼠2只　旧结核菌素1∶1 000稀释　卡介苗　注射器　针头

**【方法】**

1. 取豚鼠2只(1只于两个月前曾注射卡介苗)，用剪刀将豚鼠背部接种处的毛剪净或用剃刀剃净，用碘酒、酒精棉球消毒。

2. 用卡介苗注射器吸取0.1 ml 1∶1 000的旧结核菌素，注入两只豚鼠皮内。于48～72小时观察局部皮肤的反应。

皮肤反应可分为5种情况：

| | |
|---|---|
| "—" | 无反应； |
| "+" | 有轻度的浸润肿块，直径<10 mm； |
| "++" | 边缘有明显浸润肿块，直径10～15 mm，隆起达1 mm以上，四周皮肤红肿的范围较大； |
| "+++" | 有显著浸润肿块，直径>15 mm，隆起达2 mm，皮肤红肿范围更大； |
| "++++" | 有广泛浸润块，皮肤发红，有水泡和坏死现象，甚至出现体温升高。 |

**二、植物血凝素皮肤试验**

**【原理】**植物血凝素(PHA)是菜豆中提取的蛋白质，是一种非特异性T细胞促分裂原，注入体内可刺激T淋巴细胞释放淋巴因子，使局部微血管扩张、渗出、巨噬细胞聚集等，出现红斑、硬结；此种局部炎症反应属于以单个核细胞浸润为主的迟发型超敏反应。可用以检测机体的细胞免疫状态。

**【材料】**PHA：每安瓿10 mg粉末，加生理盐水配成50 μg/ml，4℃冰箱保存备用。

一次性无菌注射器　碘酒　酒精　无菌棉签

**【方法与结果观察】**

1. 将受试者前臂内侧皮肤按常规消毒。取0.1 ml PHA注射于前臂皮内。

2. 24小时观察结果，局部出现红斑硬结，以硬结直径大于15 mm者为阳性，24小时后红斑逐渐消失。

**【说明】**PHA皮试是敏感性很高、安全可靠的皮肤超敏反应试验。注射局部仅有轻度热感、痒感，持续时间不长。不仅能测定机体的细胞免疫功能状态，而且对临床疗效、预后观察也有一定的参考价值。如肿瘤患者随病程发展，PHA皮试逐渐减弱。

## 实验十五　E花环形成试验

**【原理】**T细胞表面具有能与绵羊红细胞表面糖肽结合的受体，称为E受体(CD2)。已证实E受体是人类T细胞所特有的表面标志。当T细胞与SRBC混合后，SRBC便粘附于T细胞表面，呈现花环状。根据花环形成的多少，可测知T细胞的数目。

**【材料】**肝素抗凝静脉血　Hanks液　小牛血清　淋巴细胞分离液　0.8%戊二醛

姬姆萨染液　1%绵羊红细胞悬液　水平离心机　吸管　滴管　玻片

**【方法】**

(一) 淋巴细胞的分离

1. 取2～3 ml肝素抗凝静脉血(加肝素20 U/ml抗凝)，用Hanks液稀释1倍。

2. 取2～3 ml淋巴细胞分离液(参见第十九章第二节)加入15 mm×150 mm试管中。

3. 用毛细滴管吸取稀释血液，在距分离液面上1 cm处，沿管壁徐徐加入，使稀释血液重叠于分层液上(尽量避免冲入分层液中)。稀释血液与分层液体积比为2∶1。

4. 2 000转/分，水平离心20分钟，离心后细胞分布见图21-8。

5. 用毛细吸管轻轻插到血浆与分离液的界面层，沿试管壁周缘吸出富含淋巴细胞的灰白色层即单个核细胞层，移入另一试管中。

6. 加入5倍以上体积的Hanks液混匀，离心1 500转/分10分钟，弃上清液，将沉淀细胞振摇重悬后加Hanks液同法洗涤2次。

7. 最后加 0.5～1 ml 培养液或 Hanks 液，即成淋巴细胞悬液。

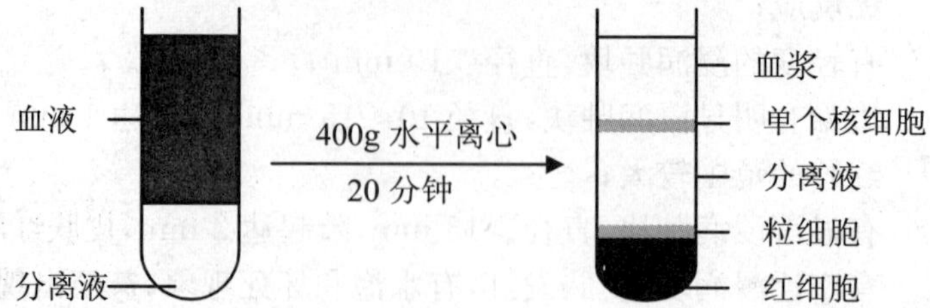


图 21-8　淋巴细胞分离示意图

（二）E 花结形成试验

1. 取上述淋巴细胞悬液加入等量 1% 绵羊红细胞悬液、0.1 ml 小牛血清，混匀。37℃水浴 5 分钟，500 转/分，离心 5 分钟，放 4℃冰箱 20 分钟。

2. 弃去适量上清，轻轻摇匀，加 0.8%戊二醛 1 滴，混匀后置 4℃冰箱 15 分钟，轻摇混匀，镜检。

(1) 湿片法　取 l 滴细胞悬液置于清洁玻片上，加 1 滴 0.2%美蓝染液，覆上盖玻片。高倍显微镜观察，淋巴细胞呈淡蓝色，SRBC 无色围绕于淋巴细胞形成花环，凡表面粘附有 3 个以上 SRBC 者为花环形的 T 淋巴细胞。计数 200 个淋巴细胞，算出花环形成的百分率，成年人外周血液中 T 淋巴细胞约占淋巴细胞总数的 60%～80%。

(2) 姬姆萨染色法　取细胞悬液涂片，自然干燥，甲醇固定，姬姆萨染色 15 分钟，水洗，干燥。油镜观察，淋巴细胞呈蓝色，SRBC 呈红色围绕淋巴细胞形成花环，计算方法同上。

## 实验十六　淋巴细胞转化试验

T 细胞在体外受有丝分裂原（如植物血凝素）或特异性抗原刺激后，可母细胞化并发生一系列形态和代谢变化，称为转化细胞。借助形态学观察，或检测同位素氚标记的胸腺嘧啶核苷（[$^3$H]TdR）掺入细胞内的量，可判定转化细胞百分率，从而了解 T 细胞的免疫功能。

**一、形态学方法**

**【材料】** 新鲜肝素抗凝血　细胞培养液（含 10%小牛血清的 RPMI－l640 培养液）
植物血凝素（PHA）　Tris-$NH_4Cl$ 缓冲液（pH7.2）　瑞氏染液　细胞培养瓶

**【方法】**

1. 取耳垂或手指血 0.2 ml，加肝素 0.1 ml（含 10 单位）抗凝，注入有 3 ml 含 1%（或 20～50 pg/ml）PHA 的细胞培养液的培养瓶中，摇匀。置 5% $CO_2$ 培养箱中，37℃培养 72 小时，每天轻轻摇匀 l～2 次。

2. 吸弃瓶内上清液，取 Tris-$NH_4Cl$ 溶液 3 ml 加入瓶内，充分混匀。移入离心管内，置 37℃水浴 10 分钟。

3. 加适量生理盐水混匀，以 1 500 转/分，离心 10 分钟，弃上清，共洗 2 次，摇匀沉淀细胞，推片，干燥，瑞氏染色。

4. 镜检计数：观察计数 200 个淋巴细胞，根据淋巴细胞转化的形态学指标（见表 21-6）计算出淋巴细胞转化的百分率。

淋巴细胞转化率正常值各实验室报告不一，一般在60%±10%。

**表 21-6　淋巴细胞转化的形态学指标**

| 形态特征＼淋巴细胞 | 转化淋巴细胞：转化的母细胞 | 转化淋巴细胞：过渡型 | 未转化淋巴细胞 |
|---|---|---|---|
| 胞核：细胞直径(μm) | 12～20 | 12～16 | 6～8 |
| 大　小 | 增　大 | 增　大 | 不增大 |
| 染色质 | 疏松呈网状 | 粗　松 | 密　集 |
| 核　仁 | 清晰可见1～3个 | 有或无 | 无 |
| 有丝分裂 | 有或无 | 无 | 无 |
| 胞浆：增　多 | 有 | 有 | 极　少 |
| 着　色 | 嗜　碱 | 嗜　碱 | 天青色 |
| | 核周围区淡染 | 核周围区淡染 | |
| 空　泡 | 有或无 | 有或无 | 无 |
| 伪　足 | 常可见 | 有或无 | 无 |

## 二、氚标胸腺嘧啶核苷([$^3$H]TdR)掺入法

**【原理】** T细胞经PHA刺激后，进入细胞周期的有丝分裂。有丝分裂前需要大量合成DNA，此时若在培养液中加入合成DNA的前体物质[$^3$H]TdR，后者即能掺入新合成的DNA中，根据渗入细胞内的同位素量，可推测细胞增殖反应的程度并计数细胞。

**【材料】** 肝素抗凝静脉血

细胞培养液　10%PHA　乙醇　10%三氯醋酸

[$^3$H]TdR放射性浓度为20 μCi/ml，比活性为5 Ci/mol

闪烁液：PPO (2,5-二苯基恶唑)4.0 g，POPOP[1,4-双-2-(5-苯基恶唑)]0.2 g，二甲苯(A.R.)1 000 ml置70℃～80℃水浴轻轻振摇，充分溶解，即可备用。

玻纤膜(49型)　培养小瓶　滴管　吸管

**【方法】**

1. 取0.1 ml肝素抗凝血，注入培养小瓶内，再加入含1% PHA的培养液3 ml，共两瓶。另取两瓶不加PHA，仅加0.1ml血和3 ml培养液，作为对照。

2. 混合后置5% $CO_2$ 培养箱，37℃培养72小时，终止培养前16小时加入[$^3$H]TdR 100μl，继续培养。

3. 加双蒸水终止培养，并溶解红细胞，吸出全部置玻纤膜上抽滤，再先后用10%三氯醋酸和乙醇抽滤。

4. 将玻纤膜置80℃中烘干，置闪烁液中，用闪烁仪计数每分钟放射性计数值(cpm)，取两瓶cpm的平均值按下式计算结果指数：

结果指数＝加PHA培养物的cpm / 未加PHA培养物的cpm

## 实验十七　单向混合淋巴细胞培养

**【原理】** 同种间不同个体的淋巴细胞混合培养(MLC)，能相互刺激并发生增殖反应，称双向MLC。如将一个个体的淋巴细胞经X线照射(2 000 rad)或丝裂霉素处理，使其丧失增殖能力但保持抗原性，作为刺激细胞。另一个体的淋巴细胞不经处理作为反应细胞，两者混合培养称单向MLC。

混合淋巴细胞培养的增殖反应受染色体上 MHC 控制。单向混合淋巴细胞反应(MLR)是反应者 T 细胞对刺激者 MHC 基因产物的特异识别和克隆增殖的过程。MLC 增殖反应可用同位素和形态学方法检测。

**【材料】**人外周血淋巴细胞或动物脾淋巴结细胞　0.1 mol/L pH7.2 PBS　细胞培养液(含 10%小牛血清的 RPMI-l640 培养液)　丝裂霉素 C　$[^3H]$-TdR　Giemsa 染料　刻度离心管　滴管　96 孔圆底细胞培养板　细胞收集仪　定量加样器　液体闪烁计数仪　水平式离心机

**【方法】**

1. 淋巴细胞悬液的制备　取两个不同个体(A、B)的外周血淋巴细胞(分离和制备方法参照实验十五),用细胞培养液调整细胞浓度到 $2\times10^6$/ml。个体 A 的细胞作为 MLR 的反应细胞,个体 B 的细胞作为 MLR 的刺激细胞(见下述)。

2. 刺激细胞的制备　取个体 B 的淋巴细胞,经 2 000 rad γ 射线或 X 线照射[或用丝裂霉素 C(最终浓度为 25～50 μg/ml)处理,37℃水浴 30 分钟],用培养液或 PBS 洗涤 2～3 次,调整细胞浓度至 $2\times10^6$/ml。经丝裂霉素 C 或放射线处理的细胞称 Bm 组。

3. 实验分组和同位素加样　用定量加样器或刻度吸管将反应细胞(A)和刺激细胞(Bm)各 0.1 ml (含 $2\times10^5$ 细胞)加入细胞培养板的微孔内(A+Bm),置 37℃ 5%$CO_2$ 培养箱培养 5 天,于培养终止前 16 小时每孔加入 1 μl $[^3H]$TdR(0.5 μCi)。培养结束后,借助细胞收集仪将标记有同位素的样品收集于玻璃纤维滤纸上,洗去游离同位素,然后将纸片放入烤箱或红外线灯下烘干。最后将纸片放入含有闪烁液的测量瓶中,用液体闪烁计数仪检测放射性强度。

上述设组 A+Bm 为单向 MLR,两个不同个体间的单向 MLR 亦可设成 B+Am。双向 MLR 即 A+B 组。实验应设置相应的对照组,如 A+Bm、B+Am、A+A 和 B+B。

**【实验结果的计算和分析】**MLR 的实验结果以每分钟放射性计数(cpm)表示。也可用 cpm 净值 (Δcpm=实验组 cpm 值－对照组 cpm 值)或刺激指数(SI=实验组 cpm 值/对照组 cpm 值)表示。

MLR 的形态学检测结果以转化细胞的百分率表示。

$$转化率\%=(转化细胞/转化细胞数+非转化细胞数)\times100\%。$$

如淋巴细胞转化率>5%～10%表示无血缘关系。显微镜下观察,转化细胞体积明显增大,核质疏松,有核仁和有丝分裂相出现。细胞浆呈现显著的嗜碱性,常可见到空泡。

**【注意事项】**实验操作需在净化台或无菌室完成。为保证获得 MLR 阳性反应,应选择两个无血缘关系的供体或遗传背景完全不同的两种近交系小鼠。

本实验可以用作细胞免疫反应的体外模型,也可用于移植前的组织配型,移植后急性排异反应的监护指标,以及 HLA Ⅱ类抗原或 H-2 的分型和功能研究。

## 实验十八　LAK 细胞活性的检测

**【原理】**LAK 细胞是在体外用重组 IL-2(rIL-2)活化和扩增人外周血单个核细胞(PBMC)后所得到的细胞。LAK 细胞具有较广谱的抗肿瘤活性,所以可通过检测 LAK 细胞在体外杀伤多种肿瘤细胞功能而了解其活性。目前测定 LAK 活性的方法很多,有非同位素法和同位素法,前者如乳酸脱氢酸(LDH)释放法、MTT 法等,后者如$[^3H]$TdR 掺入法,4 小时$^{51}$Cr 释放法。本实验介绍最常用的 4 小时$^{51}$Cr 释放法。

【材料】靶细胞:根据实验要求;选用不同靶细胞株。如选用人 NK 敏感细胞株 K562,人 NK 抵抗细胞株 Daudi 细胞、Burkitt 淋巴瘤细胞,或外科手术切除的新鲜实体瘤细胞等。

$Na_2{}^{51}CrO_4$ 溶液:比活性 250～500mCi/mmol,浓度 28mCi/ml

2.5% TritonX-100　0.5%台盼蓝染液　丝裂霉素 C　Tris-氯化铵溶液　细胞培养液(含 10%小牛血清的 RPMI-1640 培养液)　Hanks 液　培养瓶　血球计数板　滴管　定量加样器　离心管　青霉素瓶　96 孔微量细胞培养板　倒置显微镜　水平式离心机　γ计数仪　$CO_2$ 培养箱

【方法】

1. 效应细胞的制备　取正常人或未用任何化疗药物的肿瘤病人外周血,分离 PBMC(实验十五),用含 500 U/ml rIL-2 的细胞培养液调整细胞浓度到 $10^7$/ml,置 37℃ 5%$CO_2$ 培养箱中培养,收集第 3～15 天的细胞作为效应细胞。按需要配制适当浓度。

2. 靶细胞的制备　传代靶细胞要求在对数期生长旺盛时,标记 $Na_2{}^{51}CrO_4$ 的方法见下述。手术切除的实体瘤组织,先浸入含 100 μg/ml 青霉素、100 U/ml 链霉素的 Hanks 溶液内漂洗数次。去除包膜、血管及坏死组织,剪成 1 mm 组织块,研磨通过 150～200 目的钢丝网,镜下见细胞呈单细胞状即可使用,或冻存备用。

3. 细胞毒试验　根据不同效靶比例要求,将效应细胞用细胞培养液由 $10^7$/ml 倍比稀释成 $5\times10^6$/ml、$2.5\times10^6$/ml、$1.25\times10^6$/ml 细胞浓度。取 96 孔培养板,每孔加 0.1 ml 细胞悬液,每种浓度设 3 个复孔。再每孔加 0.1 ml $1\times10^6$/ml 的标记靶细胞,使最终效靶比例为 100∶1、50∶1、25∶1、10∶1。同时设自然释放组(0.1 ml 标记靶细胞+0.1 ml 细胞培养液)和最大释放组(0.1 ml 标记靶细胞+0.1 ml 2.5%TritonX-100),每组 3 个复孔。500 转/分,离心 30 分钟,使效靶细胞接触。置 5% $CO_2$ 培养箱 37℃培养 4 小时,最后经 1 500 转/分 5 分钟离心沉淀,依次轻吸每孔上清 0.1 ml 置小塑料管内,用γ计数器测定。

【结果分析】

$$\text{杀伤率}\% = \frac{\text{实验组 cpm} - \text{自然释放组 cpm}}{\text{最大释放组 cpm} - \text{自然释放组 cpm}} \times 100\%。$$

传代细胞 4 小时自然释放率<10%～15%,实体瘤细胞 4 小时自然释放率略高<30%仍属允许范围。

【注意事项】

1. 效应细胞活力大小是实验成败的关键,故操作过程要动作迅速,培养过程使 pH 在 7.2～7.4之间。要选择优质血清。

2. 靶细胞处于对数生长期时标记率高。因此实验前一天务必更换培养液,确保细胞生长良好。在标记过程中,由于$^{51}Cr$ 进人靶细胞浆内,细胞脆性增大,震荡动作要轻揉。

3. $^{51}Cr$ 自然释放率常随效靶细胞作用时间延长而偏高,故宜做短程试验;且$^{51}Cr$ 半衰期短,存放时间最好不要超过 2 个半衰期,否则标记率低,自然释放率高。

【附】靶细胞的同位素标记

1. 用细胞培养液洗涤 $10^7$ 靶细胞,去上清液。用 0.5 ml RPMI-1640 培养液悬浮细胞。加入 100 μCi (3.7MBq )$^{51}Cr$ 铬酸钠,37℃水浴中标记 1 小时,每 5～10 分钟摇匀细胞 1 次。

2. 用细胞培养液洗涤细胞 3 次,每次 400 转/分 10 分钟。用 50 ml 细胞培养液悬浮细胞,置 37℃水浴 30 分钟,以减少非特异的自然释放。

3. 离心 200 转/分 10 分钟，去上清液。小心用细胞培养液悬浮细胞，尽量减少振荡引起的细胞损伤以降低靶细胞的自然释放率，将细胞浓度调整为 $0.5\times10^5$/ml 或 $1\times10^5$/ml 备用。

如果需要得到更高的标记率，可以延长标记时间到 90 分钟，吸去上清液再加新鲜的 $^{51}Cr$ 铬酸钠标记 1 小时。这样，用液闪计数仪检测，每个细胞可以达到约 5 个 cpm；用 γ 计数仪检测，每个细胞约 1 个 cpm。

## 第四节　细胞因子的检测

### 实验十九　IFN 的活性检测

**【原理】** IFN 是具有高度种属特异性和多种生物学活性的蛋白质，其中抗病毒活性最重要。目前都用测定其抗病毒活性作为测试指标。正常细胞经同种属干扰素作用后，其对敏感病毒感染的保护程度，可以反映干扰素抗病毒活性的程度。测定活性的方法有多种，如细胞病变抑制法、放射化学测定法和染料摄入测定法等，下面介绍微量细胞病变抑制测定法。

**【材料】** 待测干扰素样品　消化液（0.5%胰蛋白酶溶液，PBS 配制）　Eagle 维持液（含 2%小牛血清）　Eagle 营养液（含 5%小牛血清）　Wish 细胞（人羊膜细胞）　VSV（水泡口炎病毒）液（$4\times10^4$ pfu/ml）　96 孔和 24 孔细胞培养板　微量加样器　吸管　$CO_2$ 培养箱

**【方法】**

1. 制备细胞悬液　取已长成单层的 Wish 细胞，弃培养液，加入 5 ml 消化液，37℃消化 5～10 分钟。吹打分散细胞，1 500 转/分，离心 5 分钟，弃上清液。用 Eagle 营养液配制成 $3\times10^6$/ml 细胞悬液，备用。

2. 稀释和加样　取 1 块 24 孔细胞培养板，按下表加入 Eagle 营养液，并连续倍比稀释干扰素样品：第 1 孔加 0.1 ml 样品，混匀后吸 0.5 ml 至第 2 孔，依此类推。

| 稀释板孔号 | 1 | 2 | 3 | 4 | 5 | 6 | 7 | 8 |
|---|---|---|---|---|---|---|---|---|
| Eagle 营养液(ml) | 0.9 | 0.5 | 0.5 | 0.5 | 0.5 | 0.5 | 0.5 | 0.5 |
| 干扰素样品(ml) | 0.1 ↘ | 0.5 ↘ | 0.5 ↘ | 0.5 ↘ | 0.5 ↘ | 0.5 ↘ | 0.5 ↘ | 0.5 |
| 样品稀释倍数 | 1:10 | 1:20 | 1:40 | 1:80 | 1:160 | 1:320 | 1:640 | 1:1280 |

将不同稀释度的样品分别加入 96 孔培养板内（100 μl/孔），每稀释度 3 个复孔，并设细胞对照和病毒对照各 3 孔（加培养液 100 μl）。然后加 Wish 细胞悬液（100 μl/孔）混匀。将培养板置 5%$CO_2$ 37℃培养箱内培养 24 小时。

3. 病毒攻击　将已长成单层细胞培养板放于倒置显微镜下观察，如细胞生长良好，即弃上清液，用 VSV 病毒攻击：每孔加 100μl VSV 病毒液（包括病毒对照）。细胞对照加 100μl Eagel 维持液，置 5%$CO_2$ 37℃培养箱 18～24 小时后观察结果。

**【结果观察】** 用倒置显微镜观察，以能保护 50% Wish 细胞免受 VSV 攻击的最高样品稀释度为干扰素的效价，其倒数即为干扰素的活性单位。

细胞对照　　应 95%以上的细胞生长良好，形态规则，大小均匀，轮廓清晰；
“+++”　　75%细胞生长良好；
“++”　　50%细胞生长良好；

“+”　　25%细胞生长良好；

病毒对照　　应95%以上细胞皱缩、变圆，坏死。

## 实验二十　IL-1的活性检测

**【原理】** IL-1是由活化的单核巨噬细胞合成和分泌的细胞因子，有活化淋巴细胞，协同刺激胸腺细胞增生、诱导抗体形成、促进炎症反应等生物学活性。IL-1的检测方法很多，主要有生物分析法和免疫分析法两大类，前者有小鼠胸腺细胞增殖测定法、细胞毒测定法、D10依赖细胞株测定法、IL-1受体诱导分析法以及IL-1诱导细胞产生IL-2的二步法；后者包括放射免疫分析法及酶联免疫吸附分析法。小鼠胸腺细胞增殖测定法是依据1L-1在最适剂量的有丝分裂原(PHA、ConA)协同下、增加小鼠胸腺淋巴细胞增殖反应的基本原理，利用$^3$H-胸腺嘧啶核苷对DNA的掺入作用或MTT(四甲基偶氮唑盐)在线粒体氧化酶作用下的显色作用进行测定。本实验介绍用MTT法检测IL-1。

**【材料】** $C_3H/He$小鼠，6～8周龄　无菌手术器械　标准IL-1和待测样品　血球计数板　Hanks液　针芯　平皿　钢网　1640培养液(完全)　$CO_2$孵箱　5mg/ml孔细胞培养板　酶联检测仪

**【方法】**

1. 胸腺细胞的制备

(1) 小鼠颈椎脱位致死后迅速无菌取出胸腺置于有钢丝网的平皿内，用Hanks液清洗。

(2) 倒去废液，再加入少量Hanks液，用针芯将胸腺在钢丝上研磨，挤出细胞。

(3) 细胞悬液吸入试管中，离心1500转/分5分钟弃上清，用1640培养液将细胞配成$1.5\times10^7$/ml，并加入ConA使其浓度为6$\mu$g/ml。

2. 标准IL-l和待测样品的稀释　将待测样品和标准IL-1用1640培养液做一定的倍比稀释(方法参考干扰素样品的检测)。

3. 加样与检测　将不同稀释度样品加入96孔培养板内每孔50$\mu$g，一种稀释度3个复孔，每孔加入胸腺细胞悬液50$\mu$g，置于5%$CO_2$，37℃培养60小时左右，加MTT(20$\mu$g/孔)混匀，再培养6小时加10%SDS(100$\mu$g/孔)，继续培养4小时，在酶联仪上选波长570nm测OD值。根据标准曲线求待测样品活性。

4. 计算结果　将各稀释度的OD值按照样品最大增殖OD值的百分比换算成概率单位，可将原来呈S形的曲线转换为直线。根据这些点的数据求出各直线的回归方程。再从回归方程求出各样品达50%最大增殖时的稀释度，尔后按下列公式求出待测样品IL—l的活性单位。计算公式：

$$x=\frac{d}{D}\times a$$

x：待测样品IL-l活性单位($\mu$/ml)；　　a：标准参考样品IL-1的活性单位($\mu$/ml)；

d：待测样品达50%最大增殖的稀释度；　D：标准参考样品在50%最大增殖的稀释度。

## 实验二十一　IL-2的活性检测

**【原理】** IL-2是由TH细胞产生的淋巴因子，在淋巴细胞增殖分化过程中到非常重要的作用。检测IL-2活性的原理是通过比较待测样品和已知IL-2活性单位的标准样品之间促进检

测细胞增殖能力的强弱，确定待测样品中的 IL-2 活性单位。该法需要稳定、敏感的检测细胞，目前最常用的检测细胞是对 IL-2 依赖很强的 CTLL-2 细胞株（源于小鼠的杀伤性 T 细胞）。下面介绍$^3$H 掺入法和 MTT 法检测 IL-2。

**一、CTLL-2 细胞短期培养$^3$H 掺入法**

CTLL-2 细胞受到 IL-2 作用后，细胞 DNA 合成大量增多，此时若将具有放射性$^3$H 胸腺嘧啶核苷加入培养液中，TdR 作为合成 DNA 的原料被摄入到增殖的 CTLL-2 细胞中，培养结束时测定 CTLL-2 细胞内放射性物质的相对数量（以 cpm 表示），就能反映出 IL-2 促进 CTLI-2 细胞增殖作用的强弱，进而通过计算得出待测样品中的 IL-2 的活性单位。

**【材料】**1640 培养液（完全） $^3$HTdR IL-2 标准品 96 孔细胞培养板
待测 IL-2 样品 多头细胞收集器 CTLL-2 细胞株 微量加样器 $CO_2$ 孵箱

**【方法】**

1. 制备 CTLL-2 细胞悬液 取生长旺盛的 CTLL-2 细胞，用 1640 培养液将细胞洗 3 次，用完全 1640 培养液配成 $1\times10^5$/ml 细胞悬液。

2. 稀释标准品和待测样品 将待测样品和标准 IL-2 用完全 1640 培养液做一定的倍比稀释。（方法参考干扰素样品的检测）

3. 加样与检测 在 96 孔细胞培养板内加入不同稀释度的样品和标准品（100μ/孔），每稀释度 3 个复孔，并设细胞对照和培养液对照。再向各孔加入 100μCTLL-2 细胞液。混匀，置 5%$CO_2$ 37℃培养 18～24 小时，每孔中加入 50μ 的 0.5μLCi$^3$HTdR，继续培养 4～6 小时后用多头细胞收集器收集细胞，用 β 计数仪检测细胞的$^3$HTdR 渗入值，通过比较待测样品与标准品使 CTLL-2 细胞掺入$^3$HTdR 量的多少计算待测样品中的 IL-2 活性单位的高低。具体计算方法参考 MTT 法。

**二、水岭 MTT 法**

细胞在增殖时能量代谢活跃，可产生大量的能量以供合成多种大分子物质和细胞分裂所需，能量代谢的水平与细胞合成 DNA 水平基本平行，因此，测定细胞能量代谢的水平可以间接地反映细胞增殖情况。MTT（四甲基偶氮唑盐）是一种淡黄色的水溶性化合物，活细胞，特别是增殖期的细胞通过线粒体能量代谢过程中的琥珀酸脱氢酶的作用，使淡黄色的 MTT 分解产生蓝色结晶状甲臜沉积于细胞内或细胞周围，而且形成甲臜的量与细胞增殖程度呈正比，甲臜经 SDS 作用后可溶解显色。

**【材料】**MTT 溶液（5mg/ml） 10%SDS 其他材料同方法一

**【方法】**

1. 制备 CTLL-2 细胞悬液 取生长旺盛的 CTLL-2 细胞，用 1640 培养液将细胞洗 3 次，用完全 1640 培养液配成 $2\times10^5$/ml 细胞悬液。

2. 稀释样品和标准品 将待测样品和标准 IL-2 用完全 1640 培养液做一定的倍比稀释。

3. 加样与检测 向 96 孔细胞培养板内加入不同稀释度的样品和标准品（50μL 孔），每稀释度 3 个复孔，并设细胞对照。再向各孔加入 50μL 细胞悬液，混匀，置 5%$CO_2$ 37℃培养 36 小时，每孔加入 MTT 溶液 20μL $CO_2$ 孵育 6～8 小时后，每孔再加 10%SDS 100μL，充分混匀，37℃孵箱静放（使甲臜全溶解）。在酶联仪上选波长 570 nm 测定 OD 值，将待测样品的 OD 值与标准品 OD 值比较后，求得待测样品的 IL-2 活性单位。

**【结果计算】**参考 IL-1 计算法。

## 实验二十二　TNF 的活性检测

TNF 是由活化单核巨噬细胞分泌的蛋白质细胞因子，对人或动物的肿瘤细胞有细胞毒作用或细胞静止作用，还参与炎症过程、免疫调节，发热、休克的恶液质等病理生理过程有密切关系。用免疫组织化学方法（单克隆或多克隆抗体加酶或放射性同位素）可以直接定量检测 TNF 的分子。但 TNF 活性必须用生物学方法测得，即用小鼠 L929 细胞作为靶细胞，检测 TNF 杀伤 L929 细胞的细胞毒指数。常用台盼蓝染色计数法、结晶紫染色法和直接（镜检）判定法。

**【材料】**完全 1640 培养液　96124 孔细胞培养板　消化液　微量加样器　L929 细胞　待测 TNF 样品

**【方法】**

1. 制备靶细胞　把对数生长期的 L929 细胞用消化液消化，加完全 1640 培养液，配成 $1\times10^6$/ml细胞悬液。用微量加样器加入 96 孔培养板内，每孔 100μL 放 5%$CO_2$ 37℃培养 6 小时。

2. 稀释和加样　取 0.1ml 样品加入第 1 孔混匀，吸 0.5 ml 加入第 2 孔作连续倍比稀释。

| 稀释板孔号 | 1 | 2 | 3 | 4 | 5 | 6 | 7 | 8 |
|---|---|---|---|---|---|---|---|---|
| * 稀释液（ml） | 0.9<br>0.1 | 0.5<br>0.5 | 0.5<br>0.5 | 0.5<br>0.5 | 0.5<br>0.5 | 0.5<br>0.5 | 0.5<br>0.5 | 0.5<br>0.5 |
| 干扰素样品（ml） | 0.5 | 0.5 | 0.5 | 0.5 | 0.5 | 0.5 | 0.5 | 0.5 |
| TNF 样品（ml） | 0.1 | 0.5 | 0.5 | 0.5 | 0.5 | 0.5 | 0.5 | 0.5 |

* 稀释液为完全 1640 培养液，内加入放线菌素 D 2μg/ml。

取出孵箱中 96 孔培养板，加入不同稀释度的样品；每稀释度 3 个复孔，每孔 100 闪，并设细胞对照。5%$CO_2$ 培养 36～72 小时后看结果。

**【观察结果】**

直接镜检　培养板放于倒置显微镜下观察，以破坏 50% 的 L929 靶细胞的最高稀释度为 TNF 效价，其倒数即为 TNF 的活性单位。

细胞对照组　　95%细胞生长良好，形态规则，大小均匀，轮廓清晰；

"＋＋＋＋"　　75%细胞皱缩、坏死；

"＋＋"　　50%细胞皱缩、坏死；

"＋"　　25%细胞皱缩、坏死。

染色　甩去培养液，用 37℃预温的 Hanks 液轻洗各孔 2 次，洗去不贴壁的死细胞，将板浸入结晶紫染液 10 分钟。取出板，用细流水冲去染液，37℃烘干。测定前每孔加 33%醋酸 100μL，充分振荡溶解结晶紫，在酶联仪以 570 nm 波长测定 OD 值，按下式计算细胞毒指数：

$$CI(\%)=\frac{\text{对照组平均 OD 值}-\text{实验组平均 OD 值}}{\text{对照组平均 OD 值}}\times100\%$$

# 第五节　过敏反应性实验

**【原理】**过敏原刺激机体产生 IgE 类抗体与肥大细胞、嗜碱粒细胞表面的 IgE Fc 受体结合时，使机体处于致敏状态。当第二次用相同抗原再刺激时，可立刻使上述细胞释放出具有血管活性胺类物质，导致过敏反应或休克。

## 实验二十三　豚鼠过敏性休克试验

**【材料】** 健康豚鼠(体重 100～150 g)　马血清　注射器　新鲜鸡蛋清　碘酒　生理盐水

**【方法】**

1. 致敏　取两只豚鼠，以甲、乙编号，于腹腔或皮下注射 1:10 稀释的马血清 0.1 ml。

2. 发敏隔 14～21 天，给甲豚鼠心脏注入马血清 1～2 ml，给乙豚鼠心脏注入鸡蛋清 1～2 ml。

3. 过敏反应注射后，密切观察动物的状态。甲豚鼠可出现兴奋不安、抓鼻、嗝逆、耸毛、喷嚏等症状，继而呼吸困难、痉挛性跳跃、大小便失禁、休克死亡。解剖后可见肺脏高度气肿，而乙豚鼠因二次抗原不相同未出现任何异常现象。

## 实验二十四　局部皮肤被动过敏试验(PCA)

**【原理】** 此法可用于测定能在同种或异种动物中间诱发过敏反应的抗体。作 PCA 反应时，先将致敏动物的抗体注入正常动物皮内，经一定潜伏期后，将相应的变应原混以适量染料作静脉注射，在 15～30 分钟内，即可发现染料聚集在原皮内抗体注射部位，根据染料出现部位面积大小以测定抗体的强度，本实验在致敏动物加强免疫过程中给以小量环磷酰胺，可增高 IgE 的产量。

**【材料】** 小白鼠　$Al(OH)_3$卵清蛋白

环磷酰胺(CY)：临用前用无菌蒸馏水配成 1 mg/ml 溶液

**【方法】**

1. 致敏　取小白鼠 4 只，分甲、乙两组，第 1 日甲组由皮下注射 $Al(OH)_3$ 卵清蛋白 0.1 ml，第 2 日再腹腔注射该抗体 0.2ml。乙组为对照，按甲组方法注射生理盐水。

2. 加强免疫　第 13 日给甲、乙两组动物腹腔注射 CY 150 mg/kg。第 16 日腹腔内注射墨汁卵清蛋白(鸡卵清蛋白 1 份，生理盐水 1 份，中国墨汁 1 份，充分混匀)0.2 ml。5 天后由小鼠眼眶取血分离血清。

3. 被动过敏转移　取致敏动物的血清加等量的 0.1％明胶生理盐水混和后取 0.1 ml 注射于已剃毛的同系小鼠皮内，45 分钟后，立即由尾静脉注射 0.5～1ml 含 0.1％伊文氏蓝(Evans blue)和 10％卵清蛋白的混合液。

4. 观察结果　在 10～30 分钟内观察曾在皮内注射血清的皮肤部位，呈蓝色斑块直径超过 5 mm 者为阳性。

（米娜　袁栎）

# 附录 1

# CD 分子的主要特征

| CD | Mr(1×$10^3$)和其他名称 | 家　族 | 配体/底物或功能 | 主要表达细胞 |
|---|---|---|---|---|
| CD1a | gp49 伴 $\beta_{2m}$ | Ig-SF | 递呈肽/脂与 $\beta_2$M 组成 MHCⅠ类样分子 | T,DC,B－sub |
| CD1b | gp45 伴 $\beta_{2m}$ | Ig-SF | 递呈肽/脂与 $\beta_2$M 组成 MHCⅠ类样分子 | T,DC,B－sub |
| CD1c | gp43 伴 $\beta_{2m}$ | Ig-SF | 递呈肽/脂与 $\beta_2$M 组成 MHCⅠ类样分子 | T,CD1a |
| CD1d | | Ig-SF | 递呈肽/脂与 $\beta_2$M 组成 MHCⅠ类样分子 | T |
| CD2 | gp50 | Ⅰ型外源凝集素 | LFA-3,CD58,CD48 | T,NK |
| CD3 | γ,δ,ε,ζ,η 链分别为 gp26,20,19,16,21 | Ig-SF | MHC-肽,信号转导 | T |
| CD4 | gp55 | Ig-SF | MHCⅡ类分子,HIVR、信号转导 | T,M,Mac |
| CD5 | gp67 | SRCR-SF | CD72,信号转导,CD5⁺B 与自身免疫有关 | T,B |
| CD6 | gp100 | SRCR-SF | ALCAM(CD166),T 细胞活化,胸腺细胞与基质细胞互作用 | T |
| CD7 | gp40 | Ig-SF | T、NK 细胞活化 | T,NK |
| CD8 | gp34 | Ig-SF | MHCⅠ类分子 | T,IEL,NKsub |
| CD9 | gp24 | TM4-SF | CD41/CD61,血小板活化 | Eo,Ba,M,Pt |
| CD10 | gp100 CALLA | 金属蛋白酶 | 肽酶、调节 B 细胞发育、T 细胞活化 | T,B－,N |
| CD11a | (LFA-1α 链)gp180 | α-整合素 | 作为 LFA-1 组分与 ICAM-1-3 结合介导粘附 | T, B, N, Eo, Ba, M,Mac |
| CD11b | gp165 | α-整合素 | 作为 Mac-1,2,3 组分与 ICAM-1(CD54)结合介导粘附,吞噬 | NK,N,Eo,Ba,M, Mac |
| CD11c | gp150,95 | α-整合素 | 作为 CR4 组分与纤维蛋白原,iC3bICAM-1(CD54)结合 | T, B, NK, N, Eo, Ba,M,Mac |
| CDw12 | gp90～120 | 未分 | 未知 | NK,N,Eo,Ba,M, Mac |
| CD13 | gp150～170 | 金属蛋白酶 | 外肽酶 | N,Eo,Ba,M |
| CD14 | gp55 | 富亮氨酸重复序列 | Lps/Lps 结合蛋白复合物 | N,Eo,Ba,M |
| CD15 | 缺 Lewis x | 未分 | E-选择素(CD62E)白细胞粘附到 En、Pt | N,Eo,Ba,M |
| CD16 | (FcRⅢ)gp50～70 | Ig-SF,穿膜形式 | IgG,Fcγ,吞噬 ADCC、NK 活化 | T,NK,N,Eo,Ba, Mac |
| CDw17 | 缺 | 乳糖基酰基鞘氨醇 | GM3 神经节苷脂 | N,Eo,Ba,M |
| CD18 | (LFA－1β 链)gp95 | β-整合素 | ICAM-1-3、纤维蛋白原、iC3b | 所有白细胞 |
| CD19 | gp90 | Ig-SF | 与 CD21/CD81/Leu13 结合 | B,Pre-B,FDC |
| CD20 | 异二聚体 gp135,gp37 | 未分 | 与 CD53,CD81,CD82,MHC 结合 | B |
| CD21 | gp145 | RCA,CCP | C3d,CD23,EBV 受体 | B,Pre-B,FDC |

| CD | Mr(1×10³)和其他名称 | 家　族 | 配体/底物或功能 | 主要表达细胞 |
| --- | --- | --- | --- | --- |
| CD22 | gp130/140,另 gp135 | Ig-SF | CD22,与 CD45R0、CD75 结合介导 B-B、B-T 粘附 | B |
| CD23 | gp45～50,FcεRⅡ | C 型外源凝集素 | IgE,Fcε,CD21,参与 IgE 生成的调节 | 活化 B,DC,Eo,Ba,Bm,M,Mac |
| CD24 | 异二聚体 gp38,gp41 | 未分 | p—选择素(CD62P) | T,B,N,Eo,Ba |
| CD25 | (IL-2 受体 α 链)gp55 | CCP 样 | IL-2 组成高亲和力 IL-2 受体 | 活化 T,B,NK,M,Mac |
| CD26 | gp120、DPPⅣ | 二肽基肽酶 | 胶原,T 细胞活化 | 活化 T,NK,Mac,Ba |
| CD27 | gp55 | TNFR-SF | CD70,T 细胞活化,增殖 | T |
| CD28 | gp44 | Ig-SF | CD86,80 配,提供协同信号 | T |
| CD29 | (VLA 抗原 β 链)gp13 | β-整合素 | 胶原,层粘连蛋白,纤连蛋白 | T,B,NK,N,Eo,Ba,M |
| CD30 | gp105～120 | TNFR-SF | CD153,转导"死亡"信号 | T,B,NK,M |
| CD31 | (血小板 gpⅢb)gp140 | Ig-SF | CD51/CD61 | NK,N,M |
| CD32 | gp40 FcrRⅡ | Ig-SF | IgGFcγ,吞噬,ADCC、B 细胞负活化 | B,N,Eo,Ba,M,Mac |
| CD33 | gp67 | 唾液粘附素 | 唾液酸化糖肽,参与造血 | N,Eo,Ba,M,Mac |
| CD34 | gp105～120 | 唾液粘蛋白 | CD62L,外周淋巴结地址素,参与造血 | 造血祖细胞 |
| CD35 | 多型 gp100～280,CR1 | RCA | C3b,C4b | B,N,Eo,M,DC |
| CD36 | gp90,GPⅣ | 未分 | 血小板反应素,胶原,LDL | DC,M,Mac,Pt,B |
| CD37 | 2～3 个 gp40～50 组成 | TM4-SF | 与 CD53,CD81,CD82,MHC Ⅱ 类分子结合 | B,N,M |
| CD38 | gp45 Ⅱ 型膜分子 | 未分 | 与 CD31 互为受体,细胞粘附 | T,B,Pc |
| CD39 | gp70～100 | 未分 | 同型粘附?信号转导 | T,B,NK,FCD,Ep |
| CD40 | 异二聚体 gp44 和 gp48 | TNFR-SF | CD40L | B,DC,Mac |
| CD41 | gpⅡb 异二聚体(gp120 和 gp23) | α-整合素 | vWF,纤维蛋白原,纤连蛋白,玻璃体结合蛋白血小板反应素;与 CD61 结合 | 血小板,巨核细胞 |
| CD42a | gp23 | 富亮氨酸重复序列 | vWF,血小板反应素 | 血小板,巨核细胞 |
| CD42b | 异二聚体 gp135,gp25 | 富亮氨酸重复序列 | vWF,血小板反应素 | 血小板,巨核细胞 |
| CD42c | gp22 | 富亮氨酸重复序列 | vWF,血小板反应素 | 血小板,巨核细胞 |
| CD42d | gp85 | 富亮氨酸重复序列 | vWF,血小板反应素 | 血小板,巨核细胞 |
| CD43 | gp95 | 唾液粘蛋白 | ICAM—1 | 大多数白细胞 |
| CD44 | gp80～215 | 核心/链环蛋白聚糖 | 透明质酸 | 大多数白细胞 |
| CD45RC<br>CD45RO | gp200～220<br>gp180 | RPTP | 调节信号转导<br>与 CD22 结合调节信号转导 | 所有白细胞 |
| CD46 | (膜辅助因子蛋白 MCP)gp45～70 | RCA | C3b,C4b | T,B,NK,DC,N,Eo,Ba,M,Mac |
| CD47 | gp47～52(TM5) | Ig-SF | 与 β2 整合素结合 | 所有白细胞 |
| CD48 | gp45 | Ig-SF | CD2 | T,B,NK,DC,Eo,M,Mac |

| CD | Mr(1×10³)和其他名称 | 家　族 | 配体/底物或功能 | 主要表达细胞 |
|---|---|---|---|---|
| CD49a<br>CD49b | (VLAα1 链)gp210<br>(VLAα2 链)gp170 | α-整合素 | 层粘连蛋白,胶原纤连蛋白,VCAM-1,MAdCAM-1:与 VLA-1-6 中的 CD29 结合 | 所有白细胞 |
| CD49c<br>CD49d | VLA-a3gp130,gp25<br>VLA-a4gp150 | α-整合素 | 层粘连蛋白,胶原纤连蛋白,VCAM-1,MAdCAM-1:与 VLA-1-6 中的 CD29 结合 | 所有白细胞 |
| CD49e<br>CD49f | VLA-a5gp135,gp25<br>VLA-a6gp150 | α-整合素 | 层粘连蛋白,胶原纤连蛋白,VCAM-1,MAdCAM-1:与 VLA-1-6 中的 CD29 结合 | 所有白细胞 |
| CD50 | gp108～140,ICAM-3 | Ig-SF | LFA-1,αdβ2 整合素,信号转导 | T,B,NK,N,M |
| CD51 | 异二聚体 gp140 | α-整合素 | 见 CD61 | M,Mac |
| CD52 | ? gp25～28aV | 未分 | 补体介导溶介的靶细胞 | T,B,M,Mac |
| CD53 | ? gp32～40 | TM4-SF | 与 VLA-4,HLA-DR 结合 | 所有白细胞 |
| CD54 | (ICAM-1)gp80～114 | Ig-SF | LFA-1,Mac-1 和 CD43 结合 | B,DC,M |
| CD55 | (衰变加速因子)gp70 | RCA | CD97,C3b/C3bB,C4b/C4b2a 转化酶 | 所有白细胞 |
| CD56 | 异二聚体 gp180 | Ig-SF | 粘附 | T,NK |
| CD57 | gp110 | 未分 | L 和 P-选择素,层粘连蛋白,参与 NK 活化后的杀伤 | T,NK |
| CD58 | (LFA－3)gp55～70 | Ig-SF | CD2 粘附 | 所有白细胞 |
| CD59 | gp18～20 | Ly6-SF | CD2,结合 C8,C9 抑制 MAC | 广泛 |
| CDw60 | 缺 | 糖脂 | 未知 | Ta |
| CD61 | gp105 | β-整合素 | CD31,vWF 纤维蛋白原,纤连蛋白,玻璃体结合蛋白,血小板反应素:与 CD41 或 CD51 结合 | M,Mac |
| CD62E | (选择素 E)gp115 | C 型外源凝集素 | E 选择素配体 1 | 血管内皮 |
| CD62L | (选择素 L)gp75～80 | C 型外源凝集素 | GlyCAM-1,CD34,sle$^x$ | 所有白细胞 |
| CD62P | (选择素 P)gp150 | C 型外源凝集素 | PSGL－1(CD162) | 激活的内皮 |
| CD63 | gp53 | TM4-SF | 与 CD9,CD81,VLA-3,-4,-6 结合,血小板活化,中粒细胞活化,内皮细胞粘附 | N,M,Mac |
| CD64 | gp75 | Ig-SF | IgGFcγ,吞噬,ADCC,Mac 活化 | DC,N,M,Mac |
| CD65 | 缺 | 多聚-N-乙酰乳糖胺 | 未知 | N,Eo,Ba,M |
| CD66a | gp180～200 | Ig-SF | N,Eo,Ba | |
| CD66b | gp95～100 | Ig-SF | | N,Eo,Ba |
| CD66c | gp90～95 | Ig-SF | | N,Eo,Ba |
| CD66d | gp30 | Ig-SF | | N,Eo,Ba |
| CD66e | gp180～200 | Ig-SF | | N,Eo,Ba |
| CD67 | 缺 | 划分为 CD66b | | |
| CD68 | gp110 | 唾液粘蛋白 | 氧化的 LDL(?)参与细胞摄粒、转送 | DC,N,Ba,M,Mac |
| CD69 | 同二聚体 gp28～34 | C 型外源凝集素 | 参与 TCRγδ 溶细胞,参与信号转导 | 所有活化白细胞 |

| CD | Mr($1\times10^3$)和其他名称 | 家　族 | 配体/底物或功能 | 主要表达细胞 |
|---|---|---|---|---|
| CD70 | gp55,75,95,110,170 | TNF-SF | CD27 淋巴细胞活化 | B,Tsub(NL) |
| CD71 | 同二聚体 gp95 | 未分 | 运铁蛋白,细胞增殖,结合 HFE(HLA-H) | Mac |
| CD72 | 异二聚体 gp39～43 | C 型外源凝集素 | CD5 调节 B 细胞活化,增殖 | B,Mac |
| CD73 | gp69(GPI 连接) | 未分 | T 细胞活化 | T,B |
| CD74 | MHC Ⅱ 类 γ 链 gp35,41,53 | 未分 | MHCⅡ类分子,防止 MHC 结合内源肽 | B,DC,M,Mac |
| CD75 | gp53 |  | CD22,B 细胞相互接触 | B |
| CDw76 | 异二聚体 gp85/76 |  |  | T,B |
| CD77 | BL－A | 鞘糖脂 | CD1,参与凋亡中的跨膜信号转导 | B |
| CDw78 | p67 | 未分 | B 细胞活化的辅助蛋白 | B,Mac |
| CD79a | gp33～40,Igα | Ig-SF | BCR 组分 | B |
| CD79b | gp33～40,Igβ | Ig-SF | BCR 组分 | B |
| CD80 | gp60B7-1 | Ig-SF | CD28,CD152 | B,Mac |
| CD81 | gp26,TAPA-1 | TM4-SF | 与 Leu13,CD19,CD21 结合,HCV 受体 | T,B,NK,Eo |
| CD82 | gp50～53 | TM4-SF | 淋巴细胞活化、信号转导 | T,B,NK,Mac |
| CD83 | gp43 | Ig-SG | APC 功能、细胞间相互作用 | Ba,Ta,DC,LHC |
| CD84 | gp73 | 未分 | 未知 | B,M,Mac |
| CD85 | gp12,83 | 未分 | 未知 | B,PC,Tsub |
| CD86 | gp80,B7-2 | Ig-SF | CD28,CD152,CTLA-4,协同刺激信号 | B,M |
| CD87 | gp50～65 | 未分 | uPA,玻璃体结合蛋白,参与细胞外渗 | T,NK,N,M |
| CD88 | (C5aR)gp40 | 结合的 G-蛋白 | C5a,C5a(desArg),刺激脱颗粒 | DC,N,Eo,Ba,M |
| CD89 | (FcαR)gp55～75 | Ig-SF | IgAFcα,信号转导 | N,Eo,M,Mac |
| CD90 | gp25～35,Thy1 | Ig-SF | 与 CD45 结合,T 细胞活化、识别、粘附 | T,PreB,大脑 |
| CD91 | (α2 巨球蛋白受体)gp600 | LDLR,EGF | LDL,α2-巨球蛋白 | M,Mac,PMN |
| CDw92 | gp70 | 未分 | 未知 | T,B,M,Mac |
| CD93 | gp120 | 未分 | 未知 | N,Eo,Ba,M |
| CD94 | gp43 | C 型外源集素 | 与 NKG2－A 结合,识别 HLA-E,抑制 NK 活性 | NK |
| CD95 | gp42,APO-1/Fas | TNFR-SF | Fas 配体诱导凋亡 | T,B |
| CD96 | gp160,TACTILE | Ig-SF,富 Ser/Thr/Pro | T 细胞活化 | T,NK |
| CD97 | 3 种蛋白 gp74,gp80,gp89 | EGF-TM7 | CD55 淋巴细胞活化 | N,Eo,Ba,M |
| CD98 | gp40～80 | 未分 | 与肌动蛋白结合,调节胞内 $Ca^{2+}$ | T,B |
| CD99 | gp32 | 未分 | 同型粘附(?) | 所有造血细胞 |
| CD100 | gp150 | IgSF | T,B,NK,同型粘附 | 广泛,T,NK,M,Ma |

| CD | Mr(1×10³)和其他名称 | 家　族 | 配体/底物或功能 | 主要表达细胞 |
|---|---|---|---|---|
| CD101 | gp140 | Ig-SF | 抑制T细胞增殖 | T,N,Eo,Ba,M |
| CD102 | gp60,ICAM−2 | Ig-SF | LFA-1,Mac-1,粘附,炎症 | T,B,NK,M,L,Pt |
| CD103 | gp35～150aE | α-整合素 | E-钙粘连素,T细胞与上皮细胞粘附 | T,IEL |
| CD104 | gp205 | β-整合素 | 层粘连蛋白 | T,M,En |
| CD105 | gp95,TGF-βRⅢ | TGFR | TGF-β | B,M,Mac |
| CD106 | gp100,VCAM-1 | Ig-SF | VLA-4,α4β7整合素 | DC,Mac淋巴细胞粘附、活化 |
| CD107a | gp110,LAMP-1 | 未分 | 结合的溶酶体 | T,N,Pt |
| CD107b | gp120,LAMP-2 | 未分 | 结合的溶酶体,血小板活化 | T,N,Pt |
| CDw108 | gp80 | 未分 | 粘附,细胞活化 | T(NL) |
| CD109 | gp150/170 | 未分 | 未知 | T细胞活化,信号转导,血小板活化 |
| CD110 |  | 未分 | 未知 | 不确定 |
| CD111 |  | 未分 | 未知 | 不确定 |
| CD112 |  | 未分 | 未知 | 不确定 |
| CD113 |  | 未分 | 未知 | 不确定 |
| CD114 | gp130,GCSFR | CKR-SF | G-CSF | N,Eo,Ba,M |
| CD115 | gp150,CSF-IR | RTK | M-CSF(c-fms原癌基因产物) | M,Mac |
| CD116 | gp80,GM-CSFRα链 | CKR-SF | GM-CSF,细胞增殖和分化 | DC,N,Eo,Mac |
| CD117 | gp145,SCF-R | Ig-SF,RTK | C-kit配体(SCF)肥大细胞增殖等 | T |
| CD118 | IFN-α/βR | CKR-SF | IFN-α,-β | T,B,NK,DC,N,Eo,Ba,M,Mac |
| CD119 | gp90,IFN-γR | CKR-SF | IFN-γ,MHC分子表达 | T,NK,Mac |
| CD120a | gp55 | TNFR-SF | TNF,淋巴毒素 | M,Mac |
| CD120b | gp75 | TNFR-SF | TNF,淋巴毒素,T细胞活化 | M,Mac |
| CD121 a<br>b | gp80,IL-1RⅠ<br>gp68,IL-1RⅡ | Ig-SF | IL-1 | T,M,Mac |
| CD122 | gp75,IL-2Rβ | CKR-SF | IL-2,IL-15,激活T,B,M | T,B,NK,M,Mac |
| CD123 | gp70,IL3Rα | CKR-SF | IL-3,祖细胞增殖和分化 | 大多数骨髓细胞 |
| CD124 | gp140,IL4Rα,IL-13Rα | CKR-SF | IL-4,与γc组成IL-4受体 | T,B |
| CDw125 | gp60,IL-5Rα | CKR-SF | IL-5,与IL-2,4,7,9,15受体共有γ链 | B,Eo,Ba. Pre-My |
| CD126 | gp80,IL-6Rα | CKR-SF | IL-6,与gp130组成高亲和IL-6R | T,B,M |
| CD127 | gp75,IL-7R | CKR-SF | IL-7,与γc组成IL-7R | T,B,M |
| CDw128 | gp58～67,IL-8R | CKR | IL-8,趋化,活化PMN | NK,N,M |
| CD129 | IL-9R | CKR-SF | IL-9,T细胞增殖 | T,B,Mac |
| CD130 | gp130,IL-6Rβ | CKR-SF | IL-6,CNTF,CT,IL-11等受体转导链 | 所有造血细胞 |
| CDw131 | gp95～120,IL-3R,IL-5Rβ链 | CKR-SF | IL-3,IL-5,GM-CSF | 大多数骨髓细胞 |

| CD | Mr(1×$10^3$)和其他名称 | 家　族 | 配体/底物或功能 | 主要表达细胞 |
|---|---|---|---|---|
| CD132 | gp64,γc | CKR-SF | IL-2,IL-4,IL-7,IL-9,IL-15 | T, B, NK, N, M, Mac |
| CD133 | | 未分 | 未知 | 不确定 |
| CD134 | gp50,OX40 | TNFR-SF | 结合 OX40 配体,参与活化 T 细胞等 | T,Mac |
| CD135 | gp130～150 | Ig-SF,RTK | 结合 FLT3 配体,参与早期造血细胞生长调节 | 所有的造血干细胞 |
| CDw136 | gp180,MSP-R | RTK | MSP,原癌基因表达产物 | Mac |
| CDw137 | gp30,4-1BB | TNFR-SF | 4-1BBL,参与 T 细胞活化 | T,B,Mac |
| CD138 | gp85,90 | 糖胺聚糖 | 纤连蛋白,胶原,血小板反应素 | B,Pc,Ep |
| CD139 | gp209～228 | Ig-SF | 未知 | B, N, Eo, Ba, M, Mac |
| CD140〈a<br>b | gp180<br>gp180 | Ig-SF | PDGF AR<br>PDGF bR | N,M<br>肾小球细胞 |
| CD141 | gp100,凝血酶受体 | C 型外源凝集素 | 凝血酶下调凝血性 | N,M 平滑肌细胞 |
| CD142 | gp45,组织因子 | 丝氨酸蛋白酶辅因子 | 因子Ⅶa,Ⅹa | M,En,Ep,角朊细胞 |
| CD143 | gp170,ACE | 肽基肽酶 | 血管紧张肽 | 内皮细胞 |
| CD144 | gp135,VE-Cadherin | 钙粘附素 | 内皮细胞,调控内皮通透性和生长 | En(EC) |
| CDw145 | gp25,90,110 | 未分 | 未知 | 内皮细胞(?)基底膜 |
| CD146 | gp113～118 | Ig-SF | 介导内皮细胞-白细胞相互作用 | T,En,FCD |
| CD147 | gp50～60 | Ig-SF | 参与细胞-细胞、细胞-基质间粘附 | T,B,NK,FDC,N, Eo,Ba,M,Mac |
| CD148 | gp260,HPTP-eta | FNⅢ,PTP | PTP 酶,抑制细胞增殖 | T, DC, N, Eo, Ba, M,Mac |
| CDw149 | | 未分 | 未知 | T,B,N,Eo,M |
| CDw50 | gp70,SLAM | Ig-SF | 未知 | T,B,DC |
| CD151 | gp27,PETA-3 | TM4-SF | 未知 | Mac, Pt, En, Ep, G,平滑肌 |
| CD152 | gp44,CTLA-4 | Ig-SF | CD80,CD86,下调 T 细胞活化 | T,Ta |
| CD153 | gp40,CD30L | TNF-SF | CD30,可介导细胞增殖或凋亡 | T,B,N,Mac |
| CD154 | gp32, 39, CD40L, TRAP1 | TNF-SF | CD40,协同刺激分子 | T,NK,Ba,M |
| CD155 | gp80～90,PVR | Ig-SF | 脊髓灰质炎病毒,可能与 CD44 相互作用 | M,Mac,神经元 |
| CD156 | gp60,ADAM8 | 金属蛋白酶 | 肽酶,蛇毒蛋白同源物 | N,M,G,Mac |
| CD157 | gp42～44,BST-1 | ADP-核糖基环化酶 | NAD,环 ADP-核糖 | T, B, M, Mac, FCD,PMN |
| CD158a,b | gp58/50,KIR2D | Ig-SF | HLA-Cw4(及相关)抑制 NK 活性 | NK |
| CD159 | | 未分 | 未知 | 不确定 |
| CD160 | | 未分 | 未知 | 不确定 |

| CD | Mr(1×$10^3$)和其他名称 | 家　族 | 配体/底物或功能 | 主要表达细胞 |
|---|---|---|---|---|
| CD161 | gp60,NKPR-1A | C型外源凝集素 | 结合NK细胞,促NK溶细胞活化 | T,NK |
| CD162 | gp110,PSGL-1 | 唾液粘蛋白 | P-选择素(CD62P) | T,B,N,Eo,Ba,M |
| CD163 | gp130,M130 | SRCF-SF | gp130R | M,Mac |
| CD164 | gp80,MUC-24 | 未分 | 造血细胞前体与骨髓基质粘附 | M,G,T,B |
| CD165 | gp37 | 未分 | 参与胸腺细胞与胸腺上皮粘附 | T,Pt,NK |
| CD166 | gp100,ALCAM | Ig-SF | CD6,参与T细胞增殖,细胞因子产生的信号转导 | T,M,En |

摘自 Immunology Today 1997.10

# 在第七届 HLD 会议上命名的 2001 年公布的 CD 分子表

New CD designations

| CD designation | Name | Section | Locus link |
|---|---|---|---|
| CD15u | Sulfated CD15 | Carbohydrate structures | |
| CD60a | GD3 | Carbohydrate structures | |
| CD60b | 9-O-acetyl-GD3 | Carbohydrate structures | |
| CD60c | 7-O-acetyl-GD3 | Carbohydrate structures | |
| CD75 | Lactosamines | Carbohydrate structures | |
| CD75s | alpha-2,6-sialylated lactosamines (formerly CDw75 and CDw76) | Carbohydrate structures | |
| CD85 | ILT/LIR family | Dendritic cells | |
| CD110 | MPL, TROR | Platelets | 4352 |
| CD111 | PRR1/Nectin 1 | Myeloid cells | 5818 |
| CD112 | PRR2 | Myeloid cells | 5819 |
| CD133 | AC133 | Stem/progenitor cells | 8842 |
| CD156b | TACE/ADAM17 | Adhesion structures | 6868 |
| CD158 | KIR family (see Table 2) | NK cells | |
| CD159a | NKG2A | NK cells | 3821 |
| CD160 | BY55 | T cells | 11126 |
| CD162R | PEN5 | NK cells | 6404 |
| CD167a | Discoidin domain R(DDR1) | Adhesion structures | 780 |
| CD168 | RHAMM | Adhesion structures | 3161 |
| CD169 | Sialoadhesin | Adhesion structures | 6614 |
| CD170 | Siglec-5 | Adhesion structures | 8778 |
| CD171 | L1 | Adhesion structures | 3897 |
| CD172a | SIRP alpha | Adhesion structures | 8194 |
| CD173 | Blood group H type 2 | Carbohydrate structures | |
| CD174 | Lewisy | Carbohydrate structures | |
| CD175 | Tn | Carbohydrate structures | |
| CD175s | Sialyl-Tn | Carbohydrate structures | |
| CD176 | TF | Carbohydrate structures | |
| CD177 | NB1 | Myeloid cells | |
| CD178 | Fas ligand | Cytokine/chemokine receptors | 356 |
| CD179a | Vpre-B | B cells | 7441 |
| CD179b | Lambda 5 | B cells | 3543 |
| CD180 | RP105 | B cells | 4064 |
| CD183 | CXCR3 | Cytokine/chemoking receptors | 2833 |
| CD184 | CXCR4 | Cytokine/chemoking receptors | 7852 |
| CD195 | CCR5 | Cytokine/chemoking receptors | 1234 |
| CDw197 | CCR7 | Cytokine/chemoking receptors | 1236 |
| CD200 | OX2 | Non-lineage molecules | 4345 |
| CD201 | EPC R | Endotheial cells | 10544 |
| CD202b | Tie2(Tek) | Endothelial cells | 7071 |
| CD203c | NPP3/PDNP3 | Myeloid cells | 5169 |
| CD204 | Macrophage scavenger R | Myeloid cells | 4481 |

| CD designation | Name | Section | Locus link |
|---|---|---|---|
| CD205 | DEC205 | Dendritic cells | 4065 |
| CD206 | Macrophage mannose R | Dendritic cells | 4360 |
| CD207 | Langerin | Dendritic cells | 50489 |
| CD208 | DC-LAMP | Dendritic cells | |
| CD209 | DC-SIGN | Dendritic cells | 30385 |
| CDw210 | IL-10R | Cytokine/chemokine receptors | 3587 |
| | | | 3588 |
| CD212 | IL-12R | Cytokine/chemokine receptors | 3594 |
| CD213a1 | IL-13 R alpha 1 | Cytokine/chemokine receptors | 3597 |
| CD213a2 | IL-13 R alpha 2 | Cytokine/chemokine receptors | 3598 |
| CDw217 | IL-17R | Cytokine/chemokine receptors | 23765 |
| CD220 | Insulin R | Non-lineage molecules | 3643 |
| CD221 | IGF1 R | Non-lineage molecules | 3480 |
| CD222 | Mannose-6-phosphate/IGF2 R | Non-lineage molecules | 3482 |
| CD223 | LAG-3 | Non-lineage molecules | 3902 |
| CD224 | Gamma-glutamyl transferase | Non-lineage molecules | 2678 |
| CD225 | Leu13 | Non-lineage molecules | 8519 |
| CD226 | DNAM-1(PTA1) | T cells | 10666 |
| CD227 | MUC. 1 | Non-lineage molecules | 4582 |
| CD228 | Melanotransferrin | Non-lineage molecules | 4241 |
| CD229 | Ly9 | Non-lineage molecules | 4063 |
| CD230 | Prion protein | Non-lineage molecules | 5621 |
| CD231 | TALLA-1/A15 | Non-lineage molecules | 7102 |
| CD232 | VESP R | Non-lineage molecules | 10154 |
| CD233 | Band 3 | Erythroid cells | 6521 |
| CD234 | Fy-gfycoprotein(DARC) | Erythroid cells | 2532 |
| CD235a | Glycophorin A | Erythroid cells | 2993 |
| CD235b | Glycophorin B | Erythroid cells | 2994 |
| CD235ab | Glycophorin A/B crossreactive mAb | Erythroid cells | |
| CD236 | Glycophorin C/D | Erythroid cells | |
| CD236R | Glycophorin C | Erythroid cells | 2995 |
| CD238 | Kell | Erythroid cells | 3792 |
| CD239 | B-CAM | Erythroid cells | 4059 |
| CD240CE | Rh30CE | Erythroid cells | 6006 |
| CD240D | Rh30D | Erythroid cells | 6007 |
| CD240DCE | Rh30D/CE crossreactive mAb | Erythroid cells | |
| CD241 | RhAg | Erythroid cells | 6005 |
| CD242 | ICAM-4 | Erythroid cells | 3386 |
| CD243 | MDR-1 | Stem/progenitor cells | |
| CD244 | 2B4 | NK cells | 51744 |
| CD245 | p220/240 | T cells | |
| CD246 | Anaplastic lymphoma kinase | T cells | 238 |
| CD247 | Zeta chain | T cells | 919 |

摘自 Eur. J. Immunol. 2001. 31:2842～2844

# 附录 2

## 《医学免疫学》教学大纲

本大纲参照国家教育部高教司关于《医学免疫学》课程要求(试行)为基础,并随学科的发展作出增删。为使学生能按照大纲的要求进行预习和复习而划出三级要求如下:

对掌握内容(______)要求深刻理解、记忆、融汇贯通并能举一反三。

对熟悉内容(.......)要求记忆和理解。

对了解内容(不作记号)要求理解。

### 第一章　免疫学概论

1. 免疫的基本概念:免疫的含义,免疫的功能,免疫的类型及其特征,免疫学分类。

2. 免疫学发展简史:经验时期、兴盛时期、近代免疫学时期、飞跃时期(免疫系统的研究、抗体的研究、免疫遗传学的研究、单克隆抗体技术的发展)。

3. 医学免疫学发展近况及展望:淋巴细胞信号转导途径的发现,免疫突触的研究,免疫耐受的研究,危险信号假说,细胞凋亡的研究,蛋白工程新技术,转基因动物和基因敲除动物模型的应用,展望免疫学的发展。

### 第二章　抗原

1. 抗原的概念。

2. 影响抗原分子免疫原性的因素:异物性,理化状态,分子结构和易接近性。

3. 抗原的特异性和交叉反应:特异性;表位或决定簇、T 细胞表位与 B 细胞表位、载体—半抗原效应、抗原抗体反应的特异性、共同抗原与交叉反应。

4. 抗原的分类:根据与机体的亲缘关系分类、根据免疫应答过程中是否需要 T 细胞协助分类(TI-Ag,TD-Ag),其他分类。

5. 医学上重要的抗原:病原微生物及其代谢产物、动物免疫血清、异嗜性抗原、同种异型抗原,自身抗原,肿瘤抗原,超抗原,其他。

6. 免疫佐剂。

### 第三章　免疫球蛋白

1. 免疫球蛋白与抗体的基本概念:Ig 的基本结构、Ig 的功能区,Ig 的水解片段。

2. 五类 Ig 的特点与功能:IgG、IgM、IgA、IgE、IgD。

3. Ig 的生物学活性:特异性结合抗原、激活补体,与 Fc 受体结合,选择性传递,具有抗原性(同种型、同种异型、独特型)。

4. Ig 的基因结构与抗体多样性:Ig 重链 VDJ 基因重排及 C 基因类别转换,Ig 轻链基因结构与 VJ 重排。

5. 人工制备抗体：多克隆抗体、单克隆抗体、基因工程抗体。

### 第四章　补体系统

1. 概念：补体的含义和基本特征，补体系统的组成与命名，补体的理化特征。

2. 补体系统的激活：经典激活途径（识别、活化），旁路激活途径（$C_3$ 转化酶的形成、$C_5$ 转化酶的形成、补体激活的放大），MBL 途径，补体活化的共同终末途径。

3. 补体系统激活的调节：自身衰变、调节因子的作用。

4. 补体受体：Ⅰ、Ⅱ、Ⅲ型补体受体等。

5. 补体系统的生物学作用：溶菌、溶介细胞、调理作用、免疫粘附与清除免疫复合物，中和及溶介病毒、炎症介质作用。

6. 补体系统与疾病：补体的遗传缺陷，血清补体水平与临床疾病，补体与Ⅱ、Ⅲ型超敏反应。

### 第五章　主要组织相容性复合体

1. MHC 的结构与特点：MHC 的基因组成；经典 MHC 基因（Ⅰ类基因、Ⅱ类基因）、免疫功能相关基因（编码补体成分的基因、抗原加工递呈的基因、非经典基因、炎症相关基因），MHC 的遗传特点；单元型遗传、多态性、连锁不平衡。

2. MHC 分子的结构与功能：MHC 分子的结构与分布（MHC 的分子结构、MHC 分子的分布与调节），MHC 的生物学功能（是抗原递呈分子、参与 T 细胞分化及中枢性免疫耐受的建立、MHC 限制性）。

3. HLA 等位基因分型技术。

4. HLA 与医学：HLA 与疾病的关系（HLA 与疾病的相关性、HLA 表达异常与某些疾病的关系），HLA 与器官移植的关系，HLA 与输血反应的关系，HLA 与母胎关系，HLA 在法医学上的应用。

### 第六章　CD 分子、粘附分子

1. CD 分子：CD 分子的概念，常用的 CD 分子（T 细胞表面的 CD 分子、B 细胞表面的 CD 分子、其他 CD 分子）

2. 粘附分子：粘附分子的种类（免疫球蛋白超家族、整合素家族、选择素家族、钙粘蛋白家族、其他），粘附分子的生物学功能（参与免疫细胞的分化和发育、参与免疫应答、参与炎症反应、淋巴细胞的归巢和再循环），粘附分子的临床意义。

### 第七章　细胞因子

1. 细胞因子的概念和特点。

2. 细胞因子的种类及其生物学活性：白介素（IL-1～18～23）、干扰素、集发刺激因子、肿瘤坏死因子、生长因子、趋化性细胞因子。

3. 细胞因子受体：细胞因子受体的分类，细胞因子受体介导的信号转导，可溶性细胞因子受体。

4. 细胞因子的临床意义：细胞因子受体水平与临床疾病，细胞因子与临床疾病的治疗。

### 第八章　免疫器官

1. 中枢免疫器官:骨髓,胸腺,腔上囊。

2. 外周免疫器官:淋巴结、脾脏、粘膜相关和皮肤相关淋巴组织,淋巴细胞再循环。

### 第九章　淋巴细胞

1. T淋巴细胞:①T细胞的膜表面分子;T细胞抗原受体和TCR复合体(TCR、$CD_3$、ζ),T细胞的膜辅助分子(CD4/CD8、CD28、CD2、CD45),T细胞的其他膜表面分子(细胞因子受体、CD40L、丝裂原受体、MHC分子受体、激素和介质受体)。②T细胞亚群及其主要功能:γδT细胞,αβT细胞($CD4^+$ T和TH细胞亚群,$CD8^+$ T细胞和Tc细胞,抑制性T细胞),NKT细胞。③T细胞的分化发育过程与膜表面分子的表达;阳性选择;阴性选择。

2. B淋巴细胞:①B细胞的膜表面分子;B细胞抗原受体和BCR复合受体(BCR-SmIg、Igα/Igβ),B细胞的膜辅助分子;CD19和CD2协同受体复合体,CD40协同刺激受体,CD45-蛋白酶氨酸磷酸酶,其他膜表面分子;B7分子、MHC分子、Fc受体、补体受体、丝裂原受体。②B细胞亚群:B1细胞,B2细胞。

3. NK细胞:NK细胞的特征,NK细胞识别靶细胞的机制,NK细胞杀伤靶细胞的方式,NK细胞的ADCC作用,LAK细胞,NK细胞的免疫功能。

### 第十章　抗原递呈细胞和其他免疫细胞

1. 抗原递呈细胞:①单核吞噬细胞;吞噬和杀伤作用,抗原递呈作用,产生各种活性因子;②突状细胞;D细胞的来源和膜表面分子,D细胞亚群(IDC、胸腺D细胞、滤波D细胞),D细胞的生物学功能(对T细胞递呈抗原、对B细胞递呈抗原,诱导免疫耐受,调节免疫应答和诱导T细胞亚群的分化);③B细胞;④其他APC-非专职APC。

2. APC和MHC分子处理和递呈抗原的过程:内源性抗原-MHC Ⅰ类分子途径,外源性抗原-Ⅱ类分子途径,非经典抗原递呈途径,CD1分子-非肽类抗原递呈途径,MHC分子与抗原肽结合的方式和特点。

3. 粒细胞等炎症细胞:嗜中性、嗜酸性和嗜碱性粒细胞,肥大细胞,血小板,红细胞。

### 第十一章　免疫应答

1. 概述:免疫应答的概念、类型、发生场所,免疫应答的过程。

2. T细胞介导的免疫应答:①抗原的识别与递呈(感应阶段);APC对抗原的递呈,TCRαβT细胞的双识别和MHC限制性。②T细胞的活化、增殖和分化(反应阶段);T细胞活化的双信号刺激,T细胞活化的信号转导,T细胞的增殖和分化($CD4^+$ TH细胞、$CD8^+$ Tc细胞)。③效应阶段;$CD4^+$ TH1细胞介导的炎症反应(活化TH1细胞对巨噬细胞的作用,活化MΦ与TH1细胞间的相互作用),$CD8^+$ Tc介导的细胞毒作用(Tc细胞的活化、Tc对靶细胞的杀伤过程)。④细胞免疫的生物学效应。

3. B细胞介导的免疫应答:①B细胞对TD抗原的免疫应答;BCR复合体是由SmIg和Igα/Igβ以非共价键结合构成;B细胞活化需要的信号(抗原与BCR可变区结合产生第一活化信号、B细胞辅助分子对第一活化信号转导的辅助),TH细胞对B细胞应答的辅助作用(TH细胞的激活、TH细胞提供的第二活化信号);B细胞在生发中心的分化成熟,Ig转换和记忆性

B细胞的产生，抗体产生的一般规律及其效应。②B细胞对TI抗原的免疫应答；TI-1抗原诱导的B细胞应答，TI-2抗原诱导的B细胞应答。

4. 粘膜免疫应答：结构特点和细胞组成，MIS的功能特点。

免疫应答产生主要过程的概括。

## 第十二章　免疫耐受

1. 免疫耐受的概念：免疫耐受现象(天然与获得性免疫耐受现象)。

2. 免疫耐受形成的条件：抗原(性质、剂量、入体途径)，机体(种系、免疫系统状态)。

3. 免疫耐受的细胞学基础及形成机制：免疫耐受的细胞基础，免疫耐受形成机制，克隆排除(T、B细胞的克隆排除、克隆无能)，与B细胞抗原受体有关的免疫耐受机制，抑制性T细胞的作用，独特型网络的作用。

4. 研究免疫耐受的意义：促进免疫学基础理论研究的发展，临床意义(防止移植排斥反应，自身免疫病和超敏反应的防治，肿瘤及感染性疾病的防治，控制生殖过程)。

## 第十三章　免疫调节

1. 免疫应答的遗传控制。

2. 抗原抗体的免疫调节：抗原的调节作用，抗体的反馈调节。

3. 分子与信号转导水平的免疫调节。

4. 免疫细胞和细胞因子的免疫调节：T细胞的调节；($CD4^+$ T和$CD8^+$T细胞相互作用、TH1和TH2细胞相互作用、TH1和TH2类型的逆转及其临床意义)，B细胞的免疫调节，巨噬细胞的免疫调节；NK细胞的免疫调节；细胞因子的免疫调节。

5. 免疫调节学说：独特型网络学说，抗独特型网络学说，免疫网络应用的理论意义。

6. 神经内分泌系统的免疫调节：神经内分泌系统对免疫的调节，免疫系统对神经内分泌系统的影响。

## 第十四章　超敏反应

1. 超敏反应的含义及主要型别，第Ⅰ型超敏反应概念，发生机制，(变应原，IgE抗体，肥大细胞及相关细胞，生物活性介质)，临床常见疾病，(过敏性休克，呼吸道过敏反应，胃肠道过敏反应，皮肤过敏反应)，防治原则(寻找过敏原，皮肤试验，特异性脱敏疗法，药物防治)。

2. 第Ⅱ型超敏反应：概念，发生机制(抗原的分类，抗体及所致的溶细胞作用)，临床疾病(输血反应，新生儿溶血症，免疫性血细胞减少症，抗体针对交叉反应性抗原所致的疾病，甲状腺功能亢进症)。

3. 第Ⅲ型超敏反应：概念，发生机制(IC沉积的条件，IC引起的组织损伤及致病机制)，临床常见疾病(局部免疫复合物病，全身免疫复合物病，结节性多动脉炎，IC在身体其他部位沉积)。

4. 第Ⅳ型超敏反应：概念，发生机制，临床常见疾病(传染性迟发型超敏反应，接触性皮炎，其他)

## 第十五章　自身免疫与自身免疫病

1. 自身免疫与自身免疫病的概念：自身免疫病的分类，原发性自身免疫病，继发性自身免疫病(药物引起可逆性红斑狼疮样反应,外物引起的交感性眼炎,coxsackie 病毒感染后自身免疫性心肌炎)。

2. 常见的 AID 举例:SLE,类风湿性关节炎,重症肌无力,桥本氏甲状腺炎,甲状腺机能亢进症,自身免疫溶血性贫血和特发性血小板减少性紫癜。

3. 自身免疫病的发病机制:隐蔽抗原的释放,分子模拟,激活诱导的细胞凋亡机制障碍,MHCⅡ类分子的异常表达,TH 细胞旁路激活。

4. 自身免疫病的诊断和治疗原则。

**第十六章　免疫缺陷病**

免疫缺陷的概念、分类及共同特征。

1. 原发性免疫缺陷病:①原发性 B 细胞缺陷病;性联无丙种球蛋白血症、选择性 IgA 缺陷或 IgA 缺陷、性联高 IgM 综合症。②原发性 T 细胞缺陷病;先天性胸腺发育不全,T 细胞信号转导缺陷。③联合免疫缺陷病;重症联合免疫缺陷病,毛细血管扩张性共济失调综合症,伴湿疹血小板减少的免疫缺陷病。④吞噬细胞功能缺陷;白细胞粘附缺陷,慢性肉芽肿瘤,chediak-Higashi 综合症。⑤补体系统缺陷;补体固有成分缺陷,补体调节成分缺陷,补体受体病。

2. 继发性免疫缺陷症:AIDS:流行情况,临床特点,发病机制,免疫学异常和预防。

3. 免疫缺陷病防治原则和临床举例:骨髓移植,基因治疗,输入 Ig 或免疫细胞,抗感染。

**第十七章　移植免疫**

移植的类型:自体移植,同种同基因移植,同种异基因移植,异种移植。

1. 同种异基因移植排斥反应的机理:同种异基因移植的本质,移植抗原,在同种异基因移植中 T 细胞的重要作用(T 细胞对同种 MHC 抗原分子的超常反应性,T 细胞对同种异基因的直接识别和间接识别)。

2. 同种异基因移植排斥反应的类型和机制:超急排斥反应,急性血管性排斥反应,急性细胞性排斥反应,慢性排斥反应,移植物抗宿主反应。

3. 同种异基因移植排斥反应的防治:组织配型及交叉配合试验,免疫抑制疗法(全身淋巴组织照射,免疫抑制疗法,对移植抗原特异性耐受的诱导)。

4. 临床移植举例:肾移植,骨髓移植。

5. 异种移植。

**第十八章　肿瘤免疫**

1. 肿瘤免疫的概念:肿瘤抗原:肿瘤特异性抗原;TSA(理化同素诱导的肿瘤特异性抗原、病毒诱生的肿瘤抗原),TAA(AFP、CEA),病毒诱发的肿瘤抗原,突变的癌基因与抑癌基因编码的蛋白质,人黑色素瘤细胞上表达的 TATAS。

2. 机体抗肿瘤免疫的机制:体液免疫应答,细胞免疫应答(T 细胞,NK 细胞,巨噬细胞,树突状细胞)。

3. 肿瘤的免疫逃逸机制:肿瘤方面的因素;肿瘤细胞免疫原性弱及抗原调变,肿瘤细胞表面抗原覆盖或被封闭,肿瘤细胞 MHCⅠ类分子表达低下或缺失,缺乏协同刺激分子,加工递呈障碍,分泌免疫抑制因子。

4. 肿瘤的免疫学治疗:主动免疫疗法,免疫导向疗法,过继免疫疗法,细胞因子疗法,基因疗法。

### 第十九章　免疫学检测

1. 抗原抗体的检测(体外法):抗原抗体反应的特点,主要影响因素,抗原抗体的制备,血清学反应的种类——凝集反应(直接、间接、间接凝集抑制,协同凝集,抗人球蛋白试验),沉淀反应(单向琼扩,火箭电泳,双向琼扩,对流免疫电泳等),补体结合试验,中和反应(病毒中和试验,毒素中和试验),免疫标记技术(免疫酶标技术-ELISA),免疫荧光技术,放射免疫测定,免疫胶体金标记技术。

2. 免疫细胞的检测:免疫细胞的检测,分离,计数,免疫细胞功能的测定——T 细胞功能测定(淋巴细胞转化试验,淋巴细胞参与的细胞毒性试验,T 细胞功能的体内测定),B 细胞功能的检测(空斑形成细胞检测,定量溶血分光光度法,ELISA-空斑试验),其他淋巴细胞功能的检测(NK、LAK 细胞活性检测,吞噬细胞功能检测)。

3. 细胞因子的检测:人类干扰素的检测,IL-1 的检测,TNF 的检测。

4. 分子生物学技术在免疫检测中的应用:分子杂交技术,转基因技术,PCR 技术。

### 第二十章　免疫预防与免疫治疗

1. 免疫预防:人工主动免疫——人工主动免疫生物制剂(死疫苗、活疫苗、类毒素,亚单位疫苗,合成疫苗,基因工程疫苗,DNA 疫苗,转基因植物口服疫苗),人工自动免疫注意事项(接种对象,剂量,途径,接种后反应,禁忌症);人工被动免疫——人工被动免疫生物制剂(抗毒素,正常人丙球和胎球,人特异性 Ig),人工被动免疫注意事项(防止超敏反应,注意早期足量,不滥用丙球)。

2. 免疫治疗:特异性主动免疫治疗,特异性被动免疫治疗,非特异性免疫治疗。生物应答调节剂:①重组细胞因子(IFN,ILs,CSFs,TNF);②微生物制剂(OK-432,卡介苗,短小棒状);③化学合成剂(左旋咪唑、西咪替叮、胞壁酰二肽、异丙肌苷、多糖类物质);④过继免疫细胞(LAK,TIL,CIK,细胞因子基因重组免疫细胞)。免疫抑制剂:①微生物制剂(CsA,FK-506);②化学合成制剂(肾上腺皮质类固醇,Cy);③淋巴细胞抗体(多克隆抗体、单克隆抗体)。免疫重建:①骨髓移植(同种异体移植,自体移植);②胚胎肝移植或脐血干细胞移植。

### 第二十一章　免疫学实验

1. 非特异性免疫功能实验:溶菌酶的杀菌试验,白细胞吞噬功能试验,NBT 试验,NK 细胞活性检测。

2. 体液免疫实验:凝集反应,沉凝反应,补体的测定,补体介导的细胞毒试验,EA 花环形成试验,B 细胞膜表面 Ig 的检测,抗体生成细胞的检测,McAb 的制备和杂交瘤细胞株的冻存和复苏。

3. 细胞免疫实验:结核菌素试验与植物血凝素皮试,E 花环形成试验,淋巴细胞转化试验,单向混合淋巴细胞培养,LAK 细胞活性的检测。

4. 细胞因子的检测:IFN 的活性检测,IL-1 的活性检测,IL-2 的活性检测,TNF 的活化检测。

5. 过敏反应性实验:豚鼠过敏性休克,局部皮肤试验。

(吴敏毓　袁栎)

## 附录 3

# 中英文名词对照表

| 英文名 | 缩 写 | 中文名 |
|---|---|---|
| accessibility | | 易接近性 |
| accessory cells | A cells | 辅佐细胞,A 细胞 |
| accessory membrane molecules | | 膜辅助分子 |
| acquired immunodeficiency syndrome | AIDS | 获得性免疫缺陷综合症(艾滋病) |
| activation induced cell death | AICD | 活化诱导的细胞死亡 |
| active immunization | | 主动免疫 |
| acute cellular rejection | | 急性细胞排斥反应 |
| acute lymphocytic leukemia | ALL | 急性淋巴细胞白血病 |
| acute rejection reation | | 急性排斥反应 |
| addressin | | 居住素,地址素 |
| adenosine deaminase | ADA | 腺苷脱氨酶 |
| adhesion molecule | AM | 粘附分子 |
| adjuvant | | 佐剂 |
| adoptive immunity | | 过继免疫 |
| adult T cell leukemia | ATL | 成人 T 细胞白血病 |
| afferent suppressor factor | ASF | 传入相抑制因子 |
| affinity | | 亲和 |
| agar diffusion test | | 琼脂扩散试验 |
| agglutination | | 凝集反应 |
| AIDS-related complex | ARC | AIDS 相关征候群 |
| alexin | | 防御素 |
| allelic exclusion | | 等位基因排斥 |
| allergen | | 变应原 |
| alloantigen | | 同种异体抗原 |
| allogenenic bone marrow transplanation | allo-BMT | 异基因骨髓移植 |
| allograft | | 同种异体移植 |
| allotype | | 同种异型 |
| alternative pathway | | 替代途径;旁路途径 |
| anaphylaxis | | 过敏反应 |

| 英文名 | 缩　写 | 中文名 |
| --- | --- | --- |
| anchor residue | | 锚定残基 |
| anergy | | 失能 |
| ankylosing spondylitis | AS | 强直性脊柱炎 |
| antibody dependent cell-mediated cytotoxicity | ADCC | 抗体依赖的细胞介导的细胞毒性 |
| antibody engineering | | 抗体工程 |
| antibody feedback inhibition | | 抗体的反馈性抑制 |
| antibody forming cells | AFC | 抗体形成细胞 |
| antigen | Ag | 抗原 |
| antigen presenting | | 抗原递呈 |
| antigen presenting cells | APC | 抗原递呈细胞 |
| antigen processing | | 抗原处理/加工 |
| antigen providing cells | APC | 抗原提供细胞 |
| antigen reactive cells | ARC | 抗原反应细胞 |
| antigen recognition activation motif | ARAM | 抗原识别活化构型 |
| antigenic determinant | | 抗原决定簇 |
| antigenic valence | | 抗原结合价 |
| anti-idiotype antibody | | 抗独特型抗体 |
| antitoxin | | 抗毒素 |
| antilymphocyte γ-globulin | ALG | 抗淋巴细胞丙种球蛋白 |
| antinuclear antibody | ANA | 抗核抗体 |
| antiseptic determinant | | 抗原决定簇 |
| apoptosis | | 凋亡 |
| artificial antigen | | 人工抗原 |
| association | | 关联 |
| attenuated vaccine | | 减毒活疫苗 |
| autoantibody | | 自身抗体 |
| autoantigen | | 自身抗原 |
| autocrine | | 自分泌 |
| autograft | | 自身移植物 |
| autoimmune disease | AID | 自身免疫病 |
| autoimmune hemolytic anemia | AIHA | 自身免疫性溶血性贫血 |
| autoimmunity | | 自身免疫 |
| autophagosomes | | 自吞小泡 |
| autoradiography | | 放射自显影法 |
| autovaccine | | 自身疫苗 |

| 英文名 | 缩　写 | 中文名 |
|---|---|---|
| avidin-biotin complex technic | ABC | 亲和素-生物素复合技术 |
| avidity | | 亲和力 |
| B cell antigen receptor | BCR | B 细胞抗原受体 |
| B cell coreceptor complex | | B 细胞协同受体复合体 |
| B cell differentiation factor | BCDF | B 细胞分化因子 |
| B cell growth factor | BCGF | B 细胞生长因子 |
| B memory cell | Bm | 记忆 B 细胞 |
| Bacille Calmette-Guerin | BCG | 卡介苗 |
| bare lymphocyte syndrome | BLS | 裸淋巴细胞综合征 |
| Bence Jone's protein | | 本周氏蛋白 |
| beta-lysin | | β-溶素 |
| $\beta_2$ microglobulin | $\beta_2$m | $\beta_2$ 微球蛋白 |
| binding motif | | 结合基序 |
| biological response modifier | BRM | 生物应答调节剂 |
| biotin-avidin system | BAS | 生物素-亲和素系统 |
| bispecific monoclonal antibody | bsMcAb | 双功能特异性单抗 |
| blastogenic factor | BF | 母细胞形成因子 |
| blocking antibody | | 封闭抗体,阻断抗体 |
| bone marrow | | 骨髓 |
| bone marrow dependent lymphocytes | | 骨髓依赖性淋巴细胞 |
| bone marrow transplanation | BMT | 骨髓移植 |
| bridged avidin-biotin technic | BAB | 桥联亲和素-生物素技术 |
| Bruton's tyrosine kinase | Btk | Bruton 酪氨酸蛋白激酶 |
| bursa of Fabricius | | 法氏囊 |
| C1 esterase inhibitor | C1 INH | C1 脂酶抑制物 |
| C4 binding protein | | C4 结合蛋白 |
| C3 inactivator | C3b INA | C3b 灭活因子 |
| Cachexia | | 恶病质 |
| Cadherin | | 钙粘附素 |
| calnexin | | 钙联素 |
| calreticulin | | 钙网素 |
| carcinoembryonic antigen | CEA | 癌胚抗原 |
| carrier | | 载体 |
| celiac disease | CD | 乳靡泻 |
| cell adhesion molecules | CAM | 细胞粘附分子 |
| cell mediated immunity | CMI | 细胞介导的免疫 |
| cellular immunity | | 细胞免疫(性) |

| 英文名 | 缩　写 | 中文名 |
|---|---|---|
| centers for disease control | CDC | 疾病控制中心 |
| centimorgan | CM | 分摩 |
| chemiluminescence | | 化学发光 |
| chemokine | | 趋化因子 |
| chemotaxis | | 趋化作用 |
| chimera | | 嵌合体 |
| chronic lymphocytic leukemia | CLL | 慢性淋巴细胞白血病 |
| chronic granulomatous disease | CGD | 慢性肉芽肿病 |
| chronic rejection | | 慢性排斥反应 |
| class Ⅱ-associated invariant chain peptide | CLIP | 与Ⅱ类分子结合的非变异链肽段 |
| class Ⅱ gene transactivator | CⅡTA | Ⅱ类基因反式活化子 |
| classical pathway | | 经典途径 |
| cleft on groove | | 沟、槽 |
| clonal abortion | | 克隆流产 |
| clonal anergy | | 克隆无能 |
| clonal deletion | | 克隆排除 |
| cluster of differentiation | CD | 分化群 |
| coagglutination | | 协同凝集反应 |
| codominance | | 共显性 |
| collagen | CA | 胶原蛋白 |
| colony stimulating factor | CSF | 集落刺激因子 |
| Comb's test | | 抗人球蛋白试验 |
| common antigen | | 共同抗原 |
| common γ chain | γC | 共同 γ 链 |
| complement | C | 补体 |
| complement dependent cytotoxicity | CDC | 补体依赖的细胞毒性 |
| complement receptor | CR | 补体受体 |
| complement system | | 补体系统 |
| complete antigen | | 完全抗原 |
| complete Freund's adjuvant | CFA | 弗氏完全佐剂 |
| concanavalin A | Con A | 刀豆蛋白 A |
| conformational determinant | | 构象决定簇 |
| congenic mice | | 同类系小鼠 |
| conjugated antigen | | 结合抗原 |
| constant region | | 恒定区 |
| coreceptors | | 协同受体 |
| corynebacterium parvum | CP | 短小棒状杆菌 |

| 英文名 | 缩　写 | 中文名 |
|---|---|---|
| costimulatory receptor | | 协同刺激受体 |
| costimulatory signal | | 协同刺激信号 |
| counter immunoelectrophoresis | CIE | 对流免疫电泳 |
| cross immunelectrophoresis | | 交叉免疫电泳 |
| crossmatching | | 交叉配合 |
| cross reaction | | 交叉反应 |
| cutaneous immune system | CIS | 皮肤免疫系统 |
| cutaneous lymphocyte antigen | CLA | 皮肤淋巴细胞抗原 |
| cyclosporin A | Cy A | 环孢霉素 A,环孢菌素 A |
| cytokine network | | 细胞因子网络 |
| cytokine receptor | CKR | 细胞因子受体 |
| cytokine synthesis inhibitory factor | CSIF | 细胞因子合成抑制因子 |
| cytokines | CKS | 细胞因子 |
| cytolytic type | | 细胞溶解型 |
| cytomegalovirus | CMV | 巨细胞病毒 |
| cytotoxic T lymphocyte | CTL/Tc | 细胞毒性 T 淋巴细胞 |
| decay | | 衰变 |
| decay acceleration factor | DAF | 衰变促进因子 |
| delayed type hypersensitivity | DTH | 迟发型超敏反应 |
| delayed type hypersensitivity T cells | TDTH/TD | 迟发型超敏反应性 T 细胞 |
| dendritic cells | D cells | 树突状细胞,D 细胞 |
| deoxyspergualin | DAS | 脱氧精胍菌素 |
| differentiation stage | | 分化阶段 |
| diversity | | 多样性 |
| dizygotic twin | | 异卵双生 |
| donor | | 供者 |
| dot immunofiltration assay | DIFA | 免疫斑点渗滤试验 |
| double agar diffusion | | 双向琼脂扩散 |
| early pregnancy factor | EPF | 早孕因子 |
| endocytois | | 胞吞作用 |
| endogenous antigen | | 内源性抗原 |
| endoplasmic reticulu | ER | 内质网 |
| endorphin | End | 内啡肽 |
| endosome | | 内体 |
| enkephalin | EnK | 脑啡肽 |
| enzyme linked immunoelectrotransfer blot | ELIB | 酶联免疫转移印渍法 |
| enzyme linked immunosorbent assay | ELISA | 酶联免疫吸附试验 |

| 英文名 | 缩　写 | 中文名 |
|---|---|---|
| eosinophil cationic protein | ECP | 嗜酸性粒细胞阳离子蛋白 |
| eosinophil chemotactic factor of abaphylaxis | ECF-A | 过敏反应性嗜酸细胞趋化因子 |
| eosinophil-derived neurotoxin | EDN | 嗜酸性粒细胞神经毒素 |
| eosinophil peroxidase | EPO | 嗜酸性粒细胞过氧化物酶 |
| epitope | | 表位 |
| Epstein-Barr virus | EBV | EB病毒 |
| equivalence zone | | 等价带 |
| erythropoietin | EPO | 红细胞生成素 |
| E-selectin | | E-选择素 |
| E-selectin ligand-1 | ESL-1 | E-选择素配体1 |
| erythrocyte rosette | E rosette | 红细胞玫瑰花结,E花结 |
| exocytosis | | 胞吐作用 |
| exogenous antigen | | 外源性抗原 |
| exotoxin | | 外毒素 |
| extracellular matrix | ECM | 细胞外基质 |
| fibrinogen | FB | 纤维蛋白原 |
| fibronectin | FN | 纤粘连蛋白 |
| fingerprinting | | 指纹图 |
| first-set rejection | | 初次排斥反应 |
| flexibility | | 灵活性 |
| flocculation precipitation | | 絮状沉淀试验 |
| flow cytometry | FCM | 流式细胞计数 |
| fluorescein immunoassay | | 荧光免疫测定 |
| fluorescein isothiocyanate | FITC | 异硫氰酸荧光素 |
| fluorescence-activated cell sorter | FACS | 荧光激活细胞分离器 |
| fluorescent antibody technic | FAT | 荧光抗体技术 |
| follicular dendritic cells | FDC | 滤泡树突状细胞 |
| forbidden clone | | 禁忌细胞株 |
| forssman's antibody | | 异嗜性抗体 |
| fragment antigen binding | Fab | 抗原结合晶片段 |
| fragment crystalirable | Fc | 可结晶片段 |
| Freund adjuvant | | 弗氏佐剂 |
| gene immunization | | 基因免疫 |
| gene knockout | | 基因敲除 |
| gene transfected animal | | 转基因动物 |
| genetic engineering antibody | | 基因工程抗体 |
| genotype | | 基因型 |

| 英文名 | 缩　写 | 中文名 |
| --- | --- | --- |
| glycosylation dependent cell adhesion molecule-1 | Gly-CAM-1 | 糖酰化依赖的细胞粘附分子 |
| Goodpasture's syndrom | | 戈氏综合征，肺出血肾炎综合征 |
| graft versus host reaction | GVHR | 移植物抗宿主反应 |
| granule exocytosis | | 颗粒胞外分泌 |
| granule membrane protein | GMP | 颗粒膜蛋白 |
| granzymes | | 颗粒酶 |
| Graves' diease | | 突眼性甲状腺肿(甲亢症) |
| growth factor | GF | 生长因子 |
| hairy cell leukemia | HCL | 毛细胞白血病 |
| haplotype | | 单元型 |
| hapten | | 半抗原 |
| Hashimoto's thyroiditis | | 桥本氏甲状腺炎 |
| Hassall's corpusles | | 哈氏小体，胸腺小体 |
| heat shock protein | HSP | 热休克蛋白 |
| heavy chain disease | | 重链病 |
| help T cells | TH | 辅助性 T 细胞 |
| hematopoietic stem cells | | 造血干细胞 |
| hematopoietic stem cell transplantation | | 造血干细胞移植 |
| hemolytic plaque test | | 溶血性空斑试验 |
| hemopoietic receptor | HPR | 造血因子受体 |
| hepatitis B virus | HBV | 乙型肝炎病毒 |
| herseradish peroxidase | HRP | 辣根过氧化酶 |
| heterodimer | | 异二聚体 |
| heterogenous | | 非均相 |
| heterophile antigen | | 异嗜性抗原 |
| high endothelial venule | HEV | 高内皮小静脉 |
| high zone tolerance | | 高区带耐受 |
| hinge region | | 铰链区 |
| homing receptor | | 归巢受体 |
| homogeneous | | 均相 |
| horror autotoxicus | | 自身中毒禁忌 |
| host versus graft reaction | HVGR | 宿主抗移植物反应 |
| human anti-mouse antibody | HAMA | 人抗鼠抗体 |
| human immunodeficiency virus | HIV | 人类免疫缺陷病毒 |
| human leucocyte antigen | HLA | 人类白细胞抗原 |
| human T lymphotropic virus type-Ⅰ | HTLV-Ⅰ | Ⅰ型人类嗜 T 细胞病毒 |
| human T lymphotropic retrovirus Ⅲ | HTLV-Ⅲ | 人类嗜 T 细胞逆转录病毒 |

| 英文名 | 缩　写 | 中文名 |
|---|---|---|
| hyperacute rejection | HR | 超急性排斥反应 |
| hypersensitivity | | 超敏反应 |
| hypervariable region | HVR | 高变区 |
| hyperviscosity syndrome | | 高粘性综合征 |
| Ia-associated invariant chain | Ii chain | Ia 相关的非变异链；Ii 链 |
| Idiopathic Addison's disease | | 特发性爱狄森氏病 |
| Idiopathic thrombocytopenic purpura | | 特发性血小板减少性紫癜 |
| idiotype | Id | 独特型 |
| idiotype network theory | | 独特型网络学说 |
| idiotype-anti-idiotype network theory | | 独特型-抗独特型网络学说 |
| immune | | 免疫 |
| immune adherence | | 免疫粘附 |
| immune adherence hemagglutination | | 免疫粘附血凝试验 |
| immune complex | IC | 免疫复合物 |
| immune complex disease | ICD | 免疫复合物病 |
| immune deviation | | 免疫偏离现象 |
| immune deficiency disease | ID | 免疫缺陷病 |
| immune network theory | | 免疫网络学说 |
| immune paralysis | | 免疫麻痹 |
| immune receptor tyrocine activation motif | ITAM | 免疫受体酪氨酸活化基序 |
| immune reconstruction | | 免疫重建 |
| immune response | | 免疫应答 |
| immune response gene | Ir gene | 免疫应答基因 |
| immune RNA | iRNA | 免疫核糖核酸 |
| immune tolerance | | 免疫耐受 |
| immune unresponsiveness | | 免疫无应答性 |
| immunity | | 免疫性 |
| immunoadjuvant | | 免疫佐剂 |
| immunoassay | | 免疫测定 |
| immunocompetent cells | ICC | 免疫活性细胞 |
| immunodiffusion | | 免疫扩散 |
| immunoelectromicroscopy | IEM | 免疫电子显微镜 |
| immunoelectrophoresis | | 免疫电泳 |
| immunoenzymatic technic | | 免疫酶技术 |
| immunofluorescence technic | | 免疫荧光技术 |
| immunogen | | 免疫原 |
| immunogenicity | | 免疫原性 |

| 英文名 | 缩　写 | 中文名 |
| --- | --- | --- |
| immunoglobulin super family | IgsF | 免疫球蛋白超家族 |
| immunohistochemical technic | | 免疫组织化学技术 |
| immunolabelling technic | | 免疫标记技术 |
| immunologic colloidal gold signature | ICS | 免疫胶体金标记技术 |
| immunologic defence | | 免疫防御 |
| immunologic homestasis | | 免疫稳定 |
| immunologic surveillance | | 免疫监视 |
| immunological infertility | | 免疫性不孕 |
| immunopotentiation agents | IPA | 免疫增强剂 |
| immunoprophylaris | | 免疫预防 |
| immunoproliferative disease | | 免疫增生病 |
| immunoreactivity | | 免疫反应性 |
| immunoreceptor tyrosine-based activation motif | ITAM | 免疫受体酪氨酸活化基序 |
| immunoreceptor tyrosine-based inhibitory motif | ITIM | 免疫受体酪氨酸抑制基序 |
| immunoregulation | | 免疫调节 |
| immunoradiometric assay | IRMA | 免疫放射测定 |
| immunosuppressive agents | ISA | 免疫抑制剂 |
| immunotoxin | | 免疫毒素 |
| inactivated vaccine | | 灭活疫苗 |
| incomplete antigen | | 不完全抗原 |
| incomplete Freunt's adjuvant | IFA | 弗氏不完全佐剂 |
| indirect agglutination inhibition | | 间接凝集抑制 |
| infective mononucleosis | IM | 传染性单核细胞增多症 |
| inflammatory factor | | 发炎因子 |
| inflammatory factor of anaphylaxis | If-A | 过敏反应性炎症因子 |
| initial C3 convertase | | 原始 C3 转化酶 |
| inositol triphosphate | $IP_3$ | 三磷酸肌醇 |
| instruction theory | | 模板学说 |
| insulin-dependent diabetes mellitus | IDDM | 胰岛素依赖型糖尿病 |
| integrin | | 整合素 |
| interdigital dendritic cells | IDC | 并指状树突状细胞 |
| interdigitating dendritic cells | IDC | 并指状 D 细胞 |
| interferon | IFN | 干扰素 |
| interleukin | IL | 白细胞介素 |
| internalization | | 内化作用 |
| intraepidermal lymphocytes | | 表皮内淋巴细胞 |

| 英文名 | 缩　写 | 中文名 |
|---|---|---|
| intraepithelial lymphocytes | IEL | 上皮内淋巴细胞 |
| invariant chain | Ii chain | 非变异链 |
| irACTH | | 免疫活性 ACTH |
| irEnd | | 免疫活性内啡肽 |
| irtracellular adhesion molecule 1 | ICAM 1 | 细胞间粘附因子 1 |
| isoelectric point | | 等电点 |
| isograft | | 同种移植 |
| isograft or syngenic graft | | 同系移植物 |
| isotype | | 同种型 |
| isotope labling technic | | 同位素标记技术 |
| joining chain | | 连结链 |
| Kupffer cells | | 库普弗细胞 |
| Kupffle's cells | | 枯否氏细胞 |
| lactate dehydrogenase-C4 | LDH-C4 | 乳酸脱氢酶 |
| lamin | LM | 层粘连蛋白 |
| lamina propria lymphocytes | LPL | 固有层淋巴细胞 |
| Langerhans cells | L cells | 郎格罕斯细胞,L 细胞 |
| large granular lymphocyte | LGL | 大颗粒淋巴细胞 |
| large size suppressor cell | | 大抑制细胞 |
| latex pregnancy test | | 乳胶妊娠反应 |
| lectin | | 外源性凝集素 |
| leukin | | 白细胞素 |
| leukocyte adhesion deficiency | LAD | 白细胞粘附缺陷症 |
| leukocyte function associated antigen | LFA | 白细胞功能相关抗原 |
| leukocyte migration inhibition test | | 白细胞移动抑制试验 |
| leukotrienes | LT | 白三烯 |
| light chain | | 轻链,L 链 |
| linear determinant | | 线性决定簇 |
| linkage disequilibrium | | 连锁不平衡 |
| lipopolysaccharide | LPS | 脂多糖 |
| liposome | | 脂质体,微脂体 |
| lipoteichoic acid | LTA | 脂磷壁酸 |
| locus | | 座位 |
| long acting thyroid stimulator | LATS | 长效甲状腺刺激激素 |
| low molecular weight peptide | LMP | 低分子量多肽 |
| low zone tolerance | | 低区带耐受 |
| L-selectin | | L 选择素 |

| 英文名 | 缩写 | 中文名 |
|---|---|---|
| luminescent immunoassay | LIA | 发光免疫测定法 |
| lymph nodes | | 淋巴结 |
| lymphocyte blastagensis test | | 淋巴细胞转化试验 |
| lymphocyte function associate antigen-2 | LFA-2 | 淋巴细胞功能相关抗原-2 |
| lymphocyte homing | | 淋巴细胞归巢 |
| lymphocyte mediated cytotoxicity test | LMC-T | 淋巴细胞参与的细胞毒性试验 |
| lymphocyte transformation | | 淋巴细胞转化 |
| lymphocytic leukemia | | 淋巴细胞白血病 |
| lymphoid DC | LDC | 淋巴系 DC |
| lymphokine | | 淋巴因子 |
| lymphokine activated killer cells | LAK cells | 淋巴因子激活的杀伤细胞，LAK 细胞 |
| lymphokine induced cytotoxic cells | LICC | 淋巴因子诱导的细胞毒细胞 |
| lymphotoxin | LT | 淋巴毒素 |
| lymphoyte recirculation | | 淋巴细胞再循环 |
| lyso lecithin | | 溶血卵磷脂 |
| lysosome | | 吞噬体，溶酶体 |
| macrophage activating factor | MAF | 巨噬细胞活化因子 |
| macrophage chemotactic factor | MCF | 巨噬细胞趋化因子 |
| macrophage migration inhibition factor | MIF | 巨噬细胞移动抑制因子 |
| macrophages | Mϕ | 巨噬细胞 |
| major basic protein | MBP | 主要碱性蛋白 |
| MBL pathway | | MBL 途径 |
| membrane attack complex | MAC | 膜攻击复合物 |
| membrane cofactor protein | MCP | 膜辅助蛋白 |
| membranous cells | | M 细胞 |
| memory B cells | Bm | 记忆性 B 细胞 |
| MHC class Ⅱ compartment | MⅡC | MHCⅡ类分子腔室 |
| MHC class Ⅱ-containing vesicle | CⅡV | 含Ⅱ类分子小泡 |
| MHC restriction | | MHC 限制性 |
| migration inhibition test | MIT | 移动抑制试验 |
| minor histocompatibility complex | mHC | 次要组织相容性复合体 |
| mitogenic factor | MF | 有丝分裂原因子 |
| mitogen | | 有丝分裂原 |
| mitomycin | | 丝裂霉素 |
| mixed lymphocyte culture | MLC | 混合淋巴细胞培养 |
| mixed lymphocyte reaction | MLR | 混合淋巴细胞反应 |
| molecular mimicry | | 分子模拟 |
| monoclonal antibody | McAb | 单克隆抗体 |

| 英文名 | 缩　写 | 中文名 |
| --- | --- | --- |
| monocytes | | 单核细胞 |
| monokine | | 单核因子 |
| mononuclear phagocyte system | | 单核吞噬细胞系统 |
| mucin-like | | 粘蛋白样 |
| mucosal addressin cell adhesion molecule | Mad-CAM-1 | 粘膜居住素细胞粘附分子 |
| mucosal associated lymphoid tissue | MALT | 粘膜相关淋巴组织 |
| mucosal immune system | MIS | 粘膜免疫系统 |
| multiple myeloma | | 多发性骨髓瘤 |
| muramyl dipeptide | MDP | 胞壁酰二肽 |
| mutation | | 突变 |
| Myasthenia gravis | MG | 重症肌无力 |
| mycoplasma arthritis mitogen | MAM | 关节炎支原体丝裂原 |
| myelin basic protein | MBP | 髓磷脂基质蛋白质 |
| myeloid DC | MDC | 髓系 D 细胞 |
| naive T cell | | 童贞(初始)T 细胞;未遇抗原的成熟 T 细胞 |
| natural cytotoxic cells | NC | 自然细胞毒细胞,NC 细胞 |
| natural killer cells | NK cells | 自然杀伤细胞,NK 细胞 |
| natural suppressor cell | NS cells | 自然抑制细胞 |
| natural thymocytotoxic autoantibody | NTA | 自然胸腺细胞毒性自身抗体 |
| network of cytokines | | 细胞因子网络 |
| neutralization | | 中和反应 |
| nitroblue tetrazolium | NB | 硝基蓝四氮唑 |
| nonself | | 非己 |
| nucleic acid immunization | | 核酸免疫 |
| nucleic acid vaccine | | 核酸疫苗 |
| nucleoside phosphorylase | NP | 核苷磷酸化酶 |
| null cells | | 裸细胞 |
| old tuberculin | OT | (旧)结核菌素 |
| one-way MLR | | 单向混合淋巴细胞培养 |
| open reading frame | ORF | 开放读码框 |
| opsonin | | 调理素 |
| oral vaccine in transgenic plants | | 转基因植物口服疫苗 |
| paracrine | | 旁分泌 |
| PCR-fingerprints | | PCR-指纹图 |
| peptide binding cleft | | 多肽结合沟槽 |
| perforin | | 穿孔素 |
| peripheral lymphonode addressin | PNAd | 外周淋巴结地址素 |

| 英文名 | 缩　写 | 中文名 |
| --- | --- | --- |
| Peyer's patches | | 肠道粘膜集合淋巴结 |
| phage antibody library | | 噬菌体抗体库 |
| phage display technology | | 噬菌体显示技术 |
| phagocytin | | 吞噬细胞素 |
| phagocytosis | | 吞噬作用 |
| phagolysosome | | 吞噬溶酶体 |
| phagosome | | 吞噬体 |
| phenotype | | 表型 |
| phosphatidylinositol bisphosphate | PIP2 | 二磷酸磷脂酰肌醇 |
| phytohemagglutinin | PHA | 植物血凝素 |
| pinocytosis | | 胞饮作用 |
| plaque forming cell assay | PFCA | 空斑形成细胞测定法 |
| plasmacyte dyscrasis | | 浆细胞恶性增生 |
| plateform | | 站台 |
| platelet-derived growing factor | | 血小板源性生长因子 |
| pleiotropism | | 亲多细胞性 |
| pocket | | 小袋 |
| polyethylene glycol | PEG | 聚乙二醇 |
| polygenic | | 多基因性 |
| polymerase chain reaction | PCR | 多聚酶链反应 |
| polymorphism | | 多态性 |
| postzone | | 后带 |
| programmed cell death | | 程序化细胞死亡 |
| prostaglandin D2 | PGD2 | 前列腺素 D2 |
| prosthetic group labeled enzyme immunoassay | PGLEIA | 辅基标记的酶免疫分析 |
| proteasome | | 蛋白酶体 |
| protein binding to the $X_2$ box | $X_2$BP | $X_2$ 盒结合蛋白 |
| protein binding to the Y box | | Y 盒结合蛋白 |
| protein tyrosine kinase | PTK | 蛋白酪氨酸激酶 |
| protein tyrosine phosphatase | PTP | 蛋白酪氨酸磷酸酶 |
| P-selectin | | P-选择素 |
| P-selectin glycoprotein ligand-1 | PSGL-1 | P-选择素糖蛋白配体 1 |
| precipitation | | 沉淀反应 |
| quantitative hemolysis spectrophotometry | QHS | 定量溶血分光光度测定法 |
| radioallergasorbent test | RAST | 放射变应原吸附试验 |
| radioimmunoassay | RIA | 放射免疫分析 |
| radio-isotype labeling technic | | 放射性同位素标记技术 |

| 英文名 | 缩　写 | 中文名 |
|---|---|---|
| receptorwa mediated endocytosis | | 受体介导的胞吞作用 |
| recipient | | 受者 |
| recombinant vaccine | | 基因工程疫苗 |
| recombinated human clony stimulating factor | rhCSF | 重组人集落刺激因子 |
| recombination signal sequence | RSS | 重组信号序列 |
| reed-sternburg cell | R-S 细胞 | 雷-斯氏细胞 |
| I-region associated antigen | Ia | I 区相关抗原 |
| relative risk | RR | 相对危险率 |
| reminiscences response | | 回忆反应 |
| resting cell | | 休止期细胞 |
| restriction fragment length polymorphism | RFLP | 限制性片段长度多态性 |
| rheumatoid arthritis | RA | 类风湿性关节炎 |
| rheumatoid factor | RF | 类风湿因子 |
| rocket electrophoresis | | 火箭电泳 |
| sandwich technic | | 夹心技术 |
| second-set rejection | | 再次排斥反应 |
| secondary immunodeficiency | SID | 继发性免疫缺陷 |
| secondary rejection reaction | | 继发性排斥反应 |
| secondary response | | 再次应答 |
| secretory piece | Sp | 分泌片 |
| selectin | | 选择素 |
| self tolerance | | 自身耐受 |
| sequence specific oligonucleotide | SSO | 顺序特异核苷酸 |
| sequence specific oligonecleotide probe | SSOP | 序列特异性寡核苷酸探针 |
| sequence specific primer | SSP | 顺序特异性引物 |
| sequential determinant | | 顺序决定簇 |
| sequestered antigen | | 隐蔽抗原 |
| serological reaction | | 血清学反应 |
| severe combined immunodificiency disease | SCID | 严重联合免疫缺陷病 |
| shaperone | | 伴随蛋白 |
| sheep red blood cell | SRBC | 绵羊红细胞 |
| sialyl-Lewis | S-Le | Lewis 唾液酸寡糖 |
| single agar diffusion | | 单向琼脂扩散 |
| single strand conformational polymorphism | SSCP | 单链构象多态性 |
| skin associated lymphoid tissue | SALT | 皮肤相关淋巴组织 |
| skin-reactive factor | SRF | 皮肤反应因子 |

| 英文名 | 缩　写 | 中文名 |
| --- | --- | --- |
| slow reaction substance of anaphylaxis | SRS-A | 过敏反应性慢反应物质 |
| solid phase radioimmunoassay | SPRIA | 固相放射免疫测定 |
| soluble cytokine receptor | SCK-P | 可溶性细胞因子受体 |
| specificity | | 特异性 |
| spleen | | 脾脏 |
| staphylococcal enterotoxin | SE | 金黄色葡萄球菌肠毒素 |
| staphylococcus protein A | SPA | 金黄色葡萄球菌蛋白 A |
| stem cell stimutated factor | SCF | 干细胞刺激因子 |
| stimulation index | SI | 刺激指数 |
| streptococcal pyrogenic exotoxin | SPE | 链球菌致热外毒素 |
| subunit vaccine | | 亚单位疫苗 |
| superantigen | SAg | 超抗原 |
| suppressor B cells | Bs | 抑制性 B 细胞 |
| suppressor T cells | Ts cells | 抑制性 T 细胞;Ts 细胞 |
| surface membrane immunoglobulin | SmIg | 膜表面免疫球蛋白 |
| switch region | | 转换区 |
| sympathetic ophthalmia | | 交感性眼炎 |
| synegenic bone marrow transplanation | | 同基因骨髓移植 |
| synegenic graft | | 同基因移植 |
| synthetic vaccine | | 合成疫苗 |
| systemic lupus erythematosus | SLE | 系统性红斑性狼疮 |
| T cell antigen receptor | TCR | T 细胞抗原受体 |
| T cell growth factor | TCGF | T 细胞生长因子 |
| T supressor factor | TsF | 抑制性 T 细胞因子 |
| TCR repertoire | | TCR 库 |
| terminal protein | | 终末蛋白 |
| TH cell by-pass activation | | TH 细胞旁路激活 |
| three-cell cluster | | 三细胞群 |
| thrombopoietin | TPO | 血小板生成素 |
| thymic nurse cell | TNC | 胸腺哺育细胞 |
| thymichumoral factor | THF | 胸腺体液因子 |
| thymocytes | | 胸腺细胞 |
| thymopoietin | | 胸腺生成素 |
| thymus | | 胸腺 |
| thymus dependent antigen | TD-Ag | 胸腺依赖性抗原 |
| thymus dependent lymphocytes | | 胸腺依赖性淋巴细胞 |
| thymus independent antigen | TI-Ag | 胸腺非依赖性抗原 |

| 英文名 | 缩　写 | 中文名 |
| --- | --- | --- |
| thymusin | | 胸腺素 |
| thyroid stimulating hormone | TSH | 甲状腺刺激素 |
| time resolved flurescence immunoassay | TR-FIA | 时间分辨荧光免疫测定 |
| tissue-specific antigen | | 组织特异性抗原 |
| tolerance | | 耐受 |
| tolerogen | | 耐受原 |
| total lymphoid irradiation | | 全身淋巴细胞照射 |
| toxic shock syndrome toxin 1 | TSST1 | 毒素休克综合征毒素 1 |
| toxin neutralizotion | | 毒素中和试验 |
| toxoid | | 类毒素 |
| trangenic mice | | 转基因小鼠 |
| transforming growth factor-β | TCF-β | 转化生长因子-β |
| transplantation artigen | | 移植抗原 |
| transplantation immunity | | 异体移植 |
| transplantation rejection | | 移植排斥 |
| transporter associated with antigen processing | TAP | 抗原处理相关转运体 |
| transporter of antigenic peptide | TAP | 抗原肽转运体 |
| Tuftsin | | 特夫素，促吞噬素 |
| tumor associated antigen | TAA | 肿瘤相关抗原 |
| tumor-infiltrating lymphocyte | TIL | 肿瘤浸润性淋巴细胞 |
| tumor necrosis factor | TNF | 肿瘤坏死因子 |
| tumor specific antigen | TSA | 肿瘤特异性抗原 |
| two-site ELISA | | 双表位 ELISA |
| ubiquitous self-antigen | | 共同自身抗原 |
| variable region | | 易变区 |
| vascular addressin | | 血管居住素 |
| vascular cell adhesion molecule | VCAM | 血管粘附分子 |
| veiled cells | | 隐蔽细胞 |
| very late antigen | VLA | 较晚期抗原 |
| vitronectin | VN | 玻璃粘连蛋白 |
| virus neutualization | | 病毒中和试验 |
| X box binding complex | | X 盒结合复合物 |
| xenoantigen | | 异种抗原 |
| xenograft | | 异种移植物 |

（袁栎整理，米娜校）

# 主要参考书目


［1］ 陈慰峰主编. 医学免疫学(第二版). 北京:人民卫生出版社,2001

［2］ 龚非力主编. 医学免疫学. 北京:科学出版社,2000

［3］ 陆德源主编. 现代免疫学. 上海:上海科技出版社,1998

［4］ 林学颜,张玲. 现代细胞与分子免疫学. 北京:科学出版社,1999

［5］ Roitt I and Rabson A. Really Essential Medical Immunology Oxford. Malden MA. Blackwell Science, 2000

［6］ Goldsby R et al. Kuby Immunology. New York. WH Freeman, 2000

［7］ Abbas AK et al. Cellular and Molecular Immunology (4th, ed.). Philadelphia, Saunders, 2000

［8］ Decker JM. Introduction to Immunology. Metden Mass. Blackwell Science, 2000

［9］ Paul WE. Fundamental Immunology (4th, ed.) Philadelphia. Lippincott Raven Publishers, 1999